国家出版基金项目

国家出版基金项目
NATIONAL PUBLICATION FOUNDATION

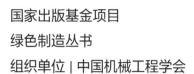

绿色制造丛书

组织单位 | 中国机械工程学会

绿色供应链治理
与价值创造

朱庆华　著

机械工业出版社
CHINA MACHINE PRESS

本书较为详细地介绍了绿色供应链管理的历史、概念发展及国内外实践，提出了绿色供应链治理的概念；系统梳理了绿色供应链管理的国内外研究现状；重点讨论了绿色供应链的最新理念，包括绿色采购、价值创造、循环经济等；系统总结了绿色供应链管理到治理相关的三种实践活动及其最新发展，包括低碳技术及供应链扩散、再制造供应链管理、绿色包装与物流。

本书可供绿色供应链领域的工程技术人员、研究人员使用，也可作为高等院校相关专业研究生的教材或参考书。

图书在版编目（CIP）数据

绿色供应链治理与价值创造/朱庆华著.—北京：机械工业出版社，2021.7

（国家出版基金项目·绿色制造丛书）

ISBN 978-7-111-68906-5

Ⅰ.①绿…　Ⅱ.①朱…　Ⅲ.①供应链管理–研究　Ⅳ.①F252

中国版本图书馆 CIP 数据核字（2021）第 162483 号

机械工业出版社（北京市百万庄大街 22 号　邮政编码 100037）
策划编辑：罗晓琪　　　　　责任编辑：罗晓琪　单元花　刘　静
责任校对：李　杉　王　延　责任印制：李　楠
北京宝昌彩色印刷有限公司印刷
2021 年 12 月第 1 版第 1 次印刷
169mm×239mm·19.25 印张·372 千字
标准书号：ISBN 978-7-111-68906-5
定价：98.00 元

电话服务　　　　　　　　　网络服务
客服电话：010-88361066　机　工　官　网：www.cmpbook.com
　　　　　010-88379833　机　工　官　博：weibo.com/cmp1952
　　　　　010-68326294　金　书　网：www.golden-book.com
封底无防伪标均为盗版　机工教育服务网：www.cmpedu.com

"绿色制造丛书" 编撰委员会

主 任
宋天虎　中国机械工程学会
刘　飞　重庆大学

副主任（排名不分先后）
陈学东　中国工程院院士，中国机械工业集团有限公司
单忠德　中国工程院院士，南京航空航天大学
李　奇　机械工业信息研究院，机械工业出版社
陈超志　中国机械工程学会
曹华军　重庆大学

委 员（排名不分先后）
李培根　中国工程院院士，华中科技大学
徐滨士　中国工程院院士，中国人民解放军陆军装甲兵学院
卢秉恒　中国工程院院士，西安交通大学
王玉明　中国工程院院士，清华大学
黄庆学　中国工程院院士，太原理工大学
段广洪　清华大学
刘光复　合肥工业大学
陆大明　中国机械工程学会
方　杰　中国机械工业联合会绿色制造分会
郭　锐　机械工业信息研究院，机械工业出版社
徐格宁　太原科技大学
向　东　北京科技大学
石　勇　机械工业信息研究院，机械工业出版社
王兆华　北京理工大学
左晓卫　中国机械工程学会
朱　胜　再制造技术国家重点实验室
刘志峰　合肥工业大学
朱庆华　上海交通大学

张洪潮　大连理工大学
李方义　山东大学
刘红旗　中机生产力促进中心
李聪波　重庆大学
邱　城　中机生产力促进中心
何　彦　重庆大学
宋守许　合肥工业大学
张超勇　华中科技大学
陈　铭　上海交通大学
姜　涛　工业和信息化部电子第五研究所
姚建华　浙江工业大学
袁松梅　北京航空航天大学
夏绪辉　武汉科技大学
顾新建　浙江大学
黄海鸿　合肥工业大学
符永高　中国电器科学研究院股份有限公司
范志超　合肥通用机械研究院有限公司
张　华　武汉科技大学
张钦红　上海交通大学
江志刚　武汉科技大学
李　涛　大连理工大学
王　蕾　武汉科技大学
邓业林　苏州大学
姚巨坤　再制造技术国家重点实验室
王禹林　南京理工大学
李洪丞　重庆邮电大学

"绿色制造丛书" 编撰委员会办公室

主　任
刘成忠　陈超志

成　员（排名不分先后）
王淑芹　曹　军　孙　翠　郑小光　罗晓琪　罗丹青　张　强　赵范心　李　楠
郭英玲　权淑静　钟永刚　张　辉　金　程

制造是改善人类生活质量的重要途径，制造也创造了人类灿烂的物质文明。

也许在远古时代，人类从工具的制作中体会到生存的不易，生命和生活似乎注定就是要和劳作联系在一起的。工具的制作大概真正开启了人类的文明。但即便在农业时代，古代先贤也认识到在某些情况下要慎用工具，如孟子言："数罟不入洿池，鱼鳖不可胜食也；斧斤以时入山林，材木不可胜用也。"可是，我们没能记住古训，直到 20 世纪后期我国乱砍滥伐的现象比较突出。

到工业时代，制造所产生的丰富物质使人们感受到的更多是愉悦，似乎自然界的一切都可以为人的目的服务。恩格斯告诫过：我们统治自然界，决不像征服者统治异民族一样，决不像站在自然以外的人一样，相反地，我们同我们的肉、血和头脑一起都是属于自然界，存在于自然界的；我们对自然界的整个统治，仅是我们胜于其他一切生物，能够认识和正确运用自然规律而已（《劳动在从猿到人转变过程中的作用》）。遗憾的是，很长时期内我们并没有听从恩格斯的告诫，却陶醉在"人定胜天"的臆想中。

信息时代乃至即将进入的数字智能时代，人们惊叹欣喜，日益增长的自动化、数字化以及智能化将人从本是其生命动力的劳作中逐步解放出来。可是蓦然回首，倏地发现环境退化、气候变化又大大降低了我们不得不依存的自然生态系统的承载力。

不得不承认，人类显然是对地球生态破坏力最大的物种。好在人类毕竟是理性的物种，诚如海德格尔所言：我们就是除了其他可能的存在方式以外还能够对存在发问的存在者。人类存在的本性是要考虑"去存在"，要面向未来的存在。人类必须对自己未来的存在方式、自己依赖的存在环境发问！

1987 年，以挪威首相布伦特兰夫人为主席的联合国世界环境与发展委员会发表报告《我们共同的未来》，将可持续发展定义为：既满足当代人的需要，又不对后代人满足其需要的能力构成危害的发展。1991 年，由世界自然保护联盟、联合国环境规划署和世界自然基金会出版的《保护地球——可持续生存战略》一书，将可持续发展定义为：在不超出支持它的生态系统承载能力的情况下改善人类的生活质量。很容易看出，可持续发展的理念之要在于环境保护、人的生存和发展。

世界各国正逐步形成应对气候变化的国际共识，绿色低碳转型成为各国实现可持续发展的必由之路。

中国面临的可持续发展的压力尤甚。经过数十年来的发展，2020 年我国制造业增加值突破 26 万亿元，约占国民生产总值的 26%，已连续多年成为世界第一制造大国。但我国制造业资源消耗大、污染排放量高的局面并未发生根本性改变。2020 年我国碳排放总量惊人，约占全球总碳排放量 30%，已经接近排名第 2~5 位的美国、印度、俄罗斯、日本 4 个国家的总和。

工业中最重要的部分是制造，而制造施加于自然之上的压力似乎在接近临界点。那么，为了可持续发展，难道舍弃先进的制造？非也！想想庄子笔下的圃畦丈人，宁愿抱瓮舀水，也不愿意使用桔槔那种杠杆装置来灌溉。他曾教训子贡："有机械者必有机事，有机事者必有机心。机心存于胸中，则纯白不备；纯白不备，则神生不定；神生不定者，道之所不载也。"（《庄子·外篇·天地》）单纯守纯朴而弃先进技术，显然不是当代人应守之道。怀旧在现代世界中没有存在价值，只能被当作追逐幻境。

既要保护环境，又要先进的制造，从而维系人类的可持续发展。这才是制造之道！绿色制造之理念如是。

在应对国际金融危机和气候变化的背景下，世界各国无论是发达国家还是新型经济体，都把发展绿色制造作为赢得未来产业竞争的关键领域，纷纷出台国家战略和计划，强化实施手段。欧盟的"未来十年能源绿色战略"、美国的"先进制造伙伴计划 2.0"、日本的"绿色发展战略总体规划"、韩国的"低碳绿色增长基本法"、印度的"气候变化国家行动计划"等，都将绿色制造列为国家的发展战略，计划实施绿色发展，打造绿色制造竞争力。我国也高度重视绿色制造，《中国制造 2025》中将绿色制造列为五大工程之一。中国承诺在 2030 年前实现碳达峰，2060 年前实现碳中和，国家战略将进一步推动绿色制造科技创新和产业绿色转型发展。

为了助力我国制造业绿色低碳转型升级，推动我国新一代绿色制造技术发展，解决我国长久以来对绿色制造科技创新成果及产业应用总结、凝练和推广不足的问题，中国机械工程学会和机械工业出版社组织国内知名院士和专家编写了"绿色制造丛书"。我很荣幸为本丛书作序，更乐意向广大读者推荐这套丛书。

编委会遴选了国内从事绿色制造研究的权威科研单位、学术带头人及其团队参与编著工作。丛书包含了作者们对绿色制造前沿探索的思考与体会，以及对绿色制造技术创新实践与应用的经验总结，非常具有前沿性、前瞻性和实用性，值得一读。

丛书的作者们不仅是中国制造领域中对人类未来存在方式、人类可持续发展的发问者，更是先行者。希望中国制造业的管理者和技术人员跟随他们的足迹，通过阅读丛书，深入推进绿色制造！

华中科技大学　李培根

2021 年 9 月 9 日于武汉

在全球碳排放量激增、气候加速变暖的背景下，资源与环境问题成为人类面临的共同挑战，可持续发展日益成为全球共识。发展绿色经济、抢占未来全球竞争的制高点，通过技术创新、制度创新促进产业结构调整，降低能耗物耗、减少环境压力、促进经济绿色发展，已成为国家重要战略。我国明确将绿色制造列为《中国制造 2025》五大工程之一，制造业的"绿色特性"对整个国民经济的可持续发展具有重大意义。

随着科技的发展和人们对绿色制造研究的深入，绿色制造的内涵不断丰富，绿色制造是一种综合考虑环境影响和资源消耗的现代制造业可持续发展模式，涉及整个制造业，涵盖产品整个生命周期，是制造、环境、资源三大领域的交叉与集成，正成为全球新一轮工业革命和科技竞争的重要新兴领域。

在绿色制造技术研究与应用方面，围绕量大面广的汽车、工程机械、机床、家电产品、石化装备、大型矿山机械、大型流体机械、船用柴油机等领域，重点开展绿色设计、绿色生产工艺、高耗能产品节能技术、工业废弃物回收拆解与资源化等共性关键技术研究，开发出成套工艺装备以及相关试验平台，制定了一批绿色制造国家和行业技术标准，开展了行业与区域示范应用。

在绿色产业推进方面，开发绿色产品，推行生态设计，提升产品节能环保低碳水平，引导绿色生产和绿色消费。建设绿色工厂，实现厂房集约化、原料无害化、生产洁净化、废物资源化、能源低碳化。打造绿色供应链，建立以资源节约、环境友好为导向的采购、生产、营销、回收及物流体系，落实生产者责任延伸制度。壮大绿色企业，引导企业实施绿色战略、绿色标准、绿色管理和绿色生产。强化绿色监管，健全节能环保法规、标准体系，加强节能环保监察，推行企业社会责任报告制度。制定绿色产品、绿色工厂、绿色园区标准，构建企业绿色发展标准体系，开展绿色评价。一批重要企业实施了绿色制造系统集成项目，以绿色产品、绿色工厂、绿色园区、绿色供应链为代表的绿色制造工业体系基本建立。我国在绿色制造基础与共性技术研究、离散制造业传统工艺绿色生产技术、流程工业新型绿色制造工艺技术与设备、典型机电产品节能减排技术、退役机电产品拆解与再制造技术等方面取得了较好的成果。

但是作为制造大国，我国仍未摆脱高投入、高消耗、高排放的发展方式，资源能源消耗和污染排放与国际先进水平仍存在差距，制造业绿色发展的目标尚未完成，社会技术创新仍以政府投入主导为主；人们虽然就绿色制造理念形成共识，但绿色制造技术创新与我国制造业绿色发展战略需求还有很大差距，一些亟待解决的主要问题依然突出。绿色制造基础理论研究仍主要以跟踪为主，原创性的基础研究仍较少；在先进绿色新工艺、新材料研究方面部分研究领域有一定进展，但颠覆性和引领性绿色制造技术创新不足；绿色制造的相关产业还处于孕育和初期发展阶段。制造业绿色发展仍然任重道远。

本丛书面向构建未来经济竞争优势，进一步阐述了深化绿色制造前沿技术研究，全面推动绿色制造基础理论、共性关键技术与智能制造、大数据等技术深度融合，构建我国绿色制造先发优势，培育持续创新能力。加强基础原材料的绿色制备和加工技术研究，推动实现功能材料特性的调控与设计和绿色制造工艺，大幅度地提高资源生产率水平，提高关键基础件的寿命、高分子材料回收利用率以及可再生材料利用率。加强基础制造工艺和过程绿色化技术研究，形成一批高效、节能、环保和可循环的新型制造工艺，降低生产过程的资源能源消耗强度，加速主要污染排放总量与经济增长脱钩。加强机械制造系统能量效率研究，攻克离散制造系统的能量效率建模、产品能耗预测、能量效率精细评价、产品能耗定额的科学制定以及高能效多目标优化等关键技术问题，在机械制造系统能量效率研究方面率先取得突破，实现国际领先。开展以提高装备运行能效为目标的大数据支撑设计平台，基于环境的材料数据库、工业装备与过程匹配自适应设计技术、工业性试验技术与验证技术研究，夯实绿色制造技术发展基础。

在服务当前产业动力转换方面，持续深入细致地开展基础制造工艺和过程的绿色优化技术、绿色产品技术、再制造关键技术和资源化技术核心研究，研究开发一批经济性好的绿色制造技术，服务经济建设主战场，为绿色发展做出应有的贡献。开展铸造、锻压、焊接、表面处理、切削等基础制造工艺和生产过程绿色优化技术研究，大幅降低能耗、物耗和污染物排放水平，为实现绿色生产方式提供技术支撑。开展在役再设计再制造技术关键技术研究，掌握重大装备与生产过程匹配的核心技术，提高其健康、能效和智能化水平，降低生产过程的资源能源消耗强度，助推传统制造业转型升级。积极发展绿色产品技术，研究开发轻量化、低功耗、易回收等技术工艺，研究开发高效能电机、锅炉、内燃机及电器等终端用能产品，研究开发绿色电子信息产品，引导绿色消费。开展新型过程绿色化技术研究，全面推进钢铁、化工、建材、轻工、印染等行业绿色制造流程技术创新，新型化工过程强化技术节能环保集成优化技术创新。开展再制造与资源化技术研究，研究开发新一代再制造技术与装备，深入推进废旧汽车（含新能源汽车）零部件和退役机电产品回收逆向物流系统、拆解/破碎/分离、高附加值资源化等关键技术与装备研究并应用示范，实现机电、汽车等产品的可拆卸和易回收。研究开发钢铁、冶金、石化、轻工等制造流程副产品绿色协同处理与循环利用技术，提高流程制造资源高效利用绿色产业链技术创新能力。

在培育绿色新兴产业过程中，加强绿色制造基础共性技术研究，提升绿色制造科技创新与保障能力，培育形成新的经济增长点。持续开展绿色设计、产品全生命周期评价方法与工具的研究开发，加强绿色制造标准法规和合格评判程序与范式研究，针对不同行业形成方法体系。建设绿色数据中心、绿色基站、绿色制造技术服务平台，建立健全绿色制造技术创新服务体系。探索绿色材料制备技术，培育形成新的经济增长点。开展战略新兴产业市场需求的绿色评价研究，积极引领新兴产业高起点绿色发展，大力促进新材料、新能源、高端装备、生物产业绿色低碳发展。推动绿色制造技术与信息的深度融合，积极发展绿色车间、绿色工厂系统、绿色制造技术服务业。

非常高兴为本丛书作序。我们既面临赶超跨越的难得历史机遇，也面临差距拉大的严峻挑战，唯有勇立世界技术创新潮头，才能赢得发展主动权，为人类文明进步做出更大贡献。相信这套丛书的出版能够推动我国绿色科技创新，实现绿色产业引领式发展。绿色制造从概念提出至今，取得了长足进步，希望未来有更多青年人才积极参与到国家制造业绿色发展与转型中，推动国家绿色制造产业发展，实现制造强国战略。

中国机械工业集团有限公司　陈学东
2021 年 7 月 5 日于北京

丛书序三

绿色制造是绿色科技创新与制造业转型发展深度融合而形成的新技术、新产业、新业态、新模式，是绿色发展理念在制造业的具体体现，是全球新一轮工业革命和科技竞争的重要新兴领域。

我国自20世纪90年代正式提出绿色制造以来，科学技术部、工业和信息化部、国家自然科学基金委员会等在"十一五""十二五""十三五"期间先后对绿色制造给予了大力支持，绿色制造已经成为我国制造业科技创新的一面重要旗帜。多年来我国在绿色制造模式、绿色制造共性基础理论与技术、绿色设计、绿色制造工艺与装备、绿色工厂和绿色再制造等关键技术方面形成了大量优秀的科技创新成果，建立了一批绿色制造科技创新研发机构，培育了一批绿色制造创新企业，推动了全国绿色产品、绿色工厂、绿色示范园区的蓬勃发展。

为促进我国绿色制造科技创新发展，加快我国制造企业绿色转型及绿色产业进步，中国机械工程学会和机械工业出版社联合中国机械工程学会环境保护与绿色制造技术分会、中国机械工业联合会绿色制造分会，组织高校、科研院所及企业共同策划了"绿色制造丛书"。

丛书成立了包括李培根院士、徐滨士院士、卢秉恒院士、王玉明院士、黄庆学院士等50多位顶级专家在内的编委会团队，他们确定选题方向，规划丛书内容，审核学术质量，为丛书的高水平出版发挥了重要作用。作者团队由国内绿色制造重要创导者与开拓者刘飞教授牵头，陈学东院士、单忠德院士等100余位专家学者参与编写，涉及20多家科研单位。

丛书共计32册，分三大部分：① 总论，1册；② 绿色制造专题技术系列，25册，包括绿色制造基础共性技术、绿色设计理论与方法、绿色制造工艺与装备、绿色供应链管理、绿色再制造工程5大专题技术；③ 绿色制造典型行业系列，6册，涉及压力容器行业、电子电器行业、汽车行业、机床行业、工程机械行业、冶金设备行业等6大典型行业应用案例。

丛书获得了2020年度国家出版基金项目资助。

丛书系统总结了"十一五""十二五""十三五"期间，绿色制造关键技术与装备、国家绿色制造科技重点专项等重大项目取得的基础理论、关键技术和装备成果，凝结了广大绿色制造科技创新研究人员的心血，也包含了作者对绿色制造前沿探索的思考与体会，为我国绿色制造发展提供了一套具有前瞻性、系统性、实用性、引领性的高品质专著。丛书可为广大高等院校师生、科研院所研发人员以及企业工程技术人员提供参考，对加快绿色制造创新科技在制造业中的推广、应用，促进制造业绿色、高质量发展具有重要意义。

当前我国提出了 2030 年前碳排放达峰目标以及 2060 年前实现碳中和的目标，绿色制造是实现碳达峰和碳中和的重要抓手，可以驱动我国制造产业升级、工艺装备升级、重大技术革新等。因此，丛书的出版非常及时。

绿色制造是一个需要持续实现的目标。相信未来在绿色制造领域我国会形成更多具有颠覆性、突破性、全球引领性的科技创新成果，丛书也将持续更新，不断完善，及时为产业绿色发展建言献策，为实现我国制造强国目标贡献力量。

中国机械工程学会　宋天虎
2021 年 6 月 23 日于北京

　　2007 年，党的十七大报告提出要建设生态文明，基本形成节约能源资源和保护生态环境的产业结构、增长方式、消费模式；2012 年，党的十八大报告提出建设中国特色社会主义总体布局由经济建设、政治建设、文化建设、社会建设"四位一体"拓展为包括生态文明建设的"五位一体"，报告中明确指出着力推进绿色发展、循环发展、低碳发展；2017 年，党的十九大报告更是强调了生态文明建设，明确提出要建立绿色生产和消费的法律制度和政策导向，建立健全绿色低碳循环发展的经济体系。为此，国务院推出了"中国制造 2025"，明确绿色发展是基本方针之一；工业和信息化部《工业绿色发展规划（2016—2020年）》中制定了节能减排的明确目标，把绿色供应链作为绿色制造的创新方法开展试点示范。绿色供应链管理就是将环境管理纳入供应链管理实践。工业化进程带来的资源稀缺和环境恶化问题迫使人们意识到保护环境的重要性，企业、学者、政府等各方开始不断地寻求解决方法，以减少和消除企业生产运营活动中对资源能源和生态环境造成的负面影响。而企业是追求利润的独立个体，不可能一味地追求环境保护，忽略经济效益，绿色供应链管理作为一种系统的企业环境管理机制，力图实现企业在环境保护和经济发展上的双赢。

　　绿色供应链管理大力倡导绿色制造、积极推行绿色流通、建立逆向物流体系，希望打造全过程、全链条、全环节的发展体系，但是在实践过程中依然面临一些问题。工业和信息化部的调研发现仍然存在以下问题：部分企业仍只关注内部的环境管理实践，并普遍认为绿色供应链建设难度大，绿色供应链管理要求难以向更前端（二级及以上）供应商传递，绿色供应链末端生产企业对废旧产品资源化利用与协同创新履责不充分等。由于区域经济发展的不平衡，地方环保法规的不一致，社会环保意识参差不齐，企业的产品类型和生产规模也千差万别，因此企业在绿色供应链管理方面的压力、实践和绩效也大相径庭。

　　基于以上背景和问题，本书立足于绿色供应链管理从起步向更成熟过渡的时期，力图在已有基础上，考虑股东、债权人、政府、职工、社区等利益相关者的影响，把绿色供应链管理拓展到绿色供应链治理，目标从减少和避免环境问题拓展到价值创造，继续梳理绿色供应链在近十几年发展中遇到的新问题和新挑战，希望能对读者有所启发。

本书第 1 章从绿色供应链管理的产生出发，介绍并讨论了绿色供应链管理的概念、研究范畴、国内外相关法规、典型实践和基本发展趋势，提出绿色供应链治理和绿色价值链的概念。

本书第 2 章从已有文献角度回顾、梳理了绿色供应链管理领域近十几年的发展变化。文献梳理的一个很重要的目的是帮助读者更清晰地了解目前及过去绿色供应链管理领域国内外学者关注的话题。一些关键的内容（如绿色采购）是绿色供应链管理领域内始终关注的焦点，并随着企业采购实践的发展产生了新的趋势。文献梳理的另一个目的是在总结现有文献的基础上，对未来该领域的发展做出预测，这对企业进行有效的绿色供应链风险预防和管理很有意义。

本书第 3 章重点讨论了绿色供应链治理中的一个重要实践——绿色采购治理。绿色采购在近十几年的发展中遇到了一些问题。一个典型的问题是核心企业如何有效管理其一级以上的供应商。我们知道，绿色供应链管理需要在企业间开展，而企业间合作的基础是业务往来，但业务往来只限于基于合同的供应链上的逐级传递，此时核心企业若想跨过一级供应商直接对其二级或更高级供应商进行环境管理，离开业务合同将变得非常困难。另外，绿色供应链管理主要剖析供应链上下游的合作，如何分析不同利益相关者（如非政府组织、社区）等的影响与角色，也是绿色供应链治理面临的困难，如何解决这一问题也是多数企业和学者一直在探索和思考的。

本书第 4 章重点讨论了绿色供应链的另一个发展趋势——价值创造。传统的绿色供应链管理是在供应关系基础上形成的以环境绩效改善为目标的实践，但绿色供应链管理的发展不应该停留在只考量环境绩效上，而要考虑通过绿色供应链管理到治理，实现价值创造。

本书第 5 章讨论了另一个与绿色供应链管理到治理紧密相关的范畴——循环经济，并分析了两者的关系。

本书第 6 章系统介绍了绿色供应链管理到治理相关的三种实践活动及其最新发展，即低碳技术及供应链扩散、再制造供应链管理、绿色包装与物流，以进一步为绿色供应链管理到治理提供新的研究思路和见解。

本书第 7 章对全书进行了总结，并对未来研究方向进行了展望。

在书稿整理过程中，相关博士后、博士生和硕士生参与了大量的材料收集、整理和校核工作：应丽娜、许朝纪负责第 1 章，陈渊、陈俊钦负责第 2 章，尉芳芳负责第 3 章，冯云婷、靳海洲负责第 4 章，刘军军负责第 5 章。

本书涉及的研究得到了多个课题的资助，主要包括国家自然科学基金重点项目"可持续供应链协同管理与创新"（71632007）、国家自然科学基金重大项目"制造循环工业系统的资源高效利用与低碳管理"（72192833）课题"制造循环工业系统管理理论与方法"（72192830）、国家自然科学基金重大项目"绿色低碳发展转型中的关键管理科学问题与政策研究"课题"经济发展新常态下的绿色低碳转型特征与模式研究"（71690241）、上海市优秀学术带头人计划"汽车行业可持续供应链协同管理与创新研究"（18XD1402100）。

在此，对于课题的资助者及参与者，一并表示深深的感谢。

作 者
2020 年 9 月

目录 CONTENTS

第 1 章

——

绪　　论

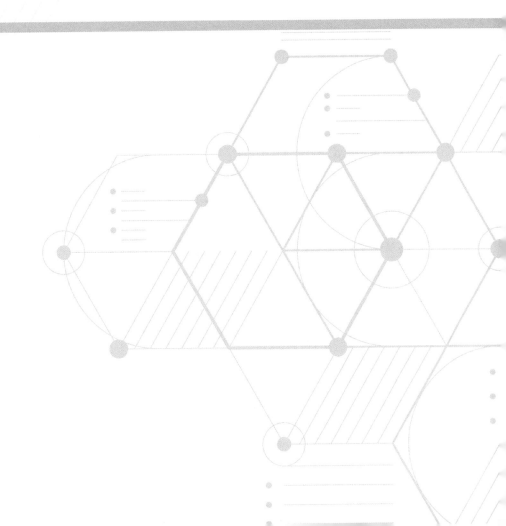

1.1　绿色供应链管理的提出

绿色供应链（Green Supply Chain，GSC）的理念萌芽于20世纪70年代美国的物流管理行业（刘莹和王田，2016）。1996年，密歇根州立大学制造研究协会在"环境负责制造"（Environmental Responsible Manufacturing，ERM）的研究中，首次提出了绿色供应链的概念，认为要在产品设计、采购、制造、组装、包装、物流和分配等环节考虑环境因素。当把环境问题纳入供应链时，绿色供应链的概念应运而生。绿色供应链管理日益成为许多行业竞争和改变竞争格局的重要战略与实践。目前，绿色供应链已被融入创新战略，用以引导企业获得竞争优势。由于绿色供应链管理的成功实施，企业得以在运营管理中实现经济、环境和社会层面的整合，最终促成整体的可持续发展。

20世纪90年代，随着企业间竞争的加剧、全社会绿色意识的提高，企业开始在供应链管理中承担起环境责任（Srivastava，2007）。与此同时，随着经济全球化的不断加深，全球环境问题日益突出，绿色供应链管理作为一种兼顾环境效益和资源效率的管理模式日益受到重视。作为一种防范供应链环境污染风险、推动产业转型升级的创新性管理手段，绿色供应链管理的理念逐渐融入企业运营管理中。

传统供应链管理被定义为一个集成制造过程（Mentzer，2001）；绿色供应链管理在此基础上，考虑如何通过供应链管理提高资源利用效率，保障自然生态环境。根据Deshmukh和Vasudevan（2014），表1-1给出了传统供应链管理与绿色供应链管理的区别。

表1-1　传统供应链管理与绿色供应链管理的区别

特　　征	传统供应链管理	绿色供应链管理
目标和价值	经济	经济和环境
供应商选择准则	价格，短期关系	生态，长期关系
成本	低	可能高，也可能通过供应链合作创新比传统供应链更低
灵活性	高	低

绿色供应链管理目前尚无统一定义，但基本都符合本书作者在《绿色供应链管理》（朱庆华，2004）中给出的定义：

"绿色供应链管理就是在供应链管理中考虑和强化环境因素，即通过与上下游企业的合作以及企业内各部门的沟通，从产品设计、材料选择、产品制造、产品销售及产品回收的全过程实现环境整体效益最优化，同时提高企业环境和经济绩效，从而实现企业和所在供应链的可持续发展。"

总而言之，绿色供应链管理是一种从全生命周期角度出发，对整个供应链进行生态设计，促进各环节在环境管理方面协调统一，提升整条供应链环境效益和资源效率的创新管理模式。

1.2 国内外绿色供应链管理法律法规

绿色供应链管理的实现依托于企业自身的环境保护需求，进而约束供应链上各级供应商的环境行为，从而提升整条供应链的环境绩效。在企业的绿色供应链管理实践过程中，法律法规是其实施的主要动机和保障。尽管国内外目前尚未出台专门针对"绿色供应链管理"的法律法规，但是现有的环境规制已在实施过程中起到调整绿色供应链各环节企业行为的作用。

日本、美国等发达国家和欧盟等国际组织较早地重视并推行绿色供应链管理工作，在实践的基础上积累了不少经验。我国的绿色供应链管理工作起步较晚，在现阶段正结合我国国情，一方面加强对国外绿色供应链管理经验的学习，另一方面探索适合中国的绿色供应链管理模式，推进绿色发展和生态文明建设。

▶ 1.2.1 国外绿色供应链管理法律法规

▶ 1. 欧盟

20 世纪 50 年代后，西欧出现了战后 20 年的经济"黄金时代"。伴随着资本主义经济的高速发展，工业生产和城市生活产生大量废弃物。最终造成环境污染的大爆发，如 1952 年伦敦烟雾事件[⊖]。当时西欧的环境问题主要源于工业污染，西欧各国政府普遍认为污染可通过技术处理和加强控制得以解决，故而仅针对污染末端采取治理措施。

20 世纪 70 年代以后，欧盟成为绿色供应链管理的有力推动者。为保障绿色供应链管理的实施，欧盟制订了一系列行动规划和指令[⊜]，其发展可大致分为三个阶段。

（1）萌芽阶段（20 世纪 70 年代）

1973 年，"欧共体第一个环境行动规划（First European Community Environment Action Programme）"的通过拉开了欧盟环保立法的序幕。

（2）发展阶段（20 世纪 80 年代至 90 年代末）

这一阶段的法律法规奠定了欧盟环境保护和可持续发展的宏观基础。例如：

⊖ 伦敦烟雾事件是 20 世纪十大环境公害事件之一。1952 年 12 月 5 日—9 日，伦敦上空受反气旋影响，大量工厂生产和居民燃煤取暖排出的废气难以扩散，积聚在城市上空。伦敦被浓厚的烟雾笼罩，交通瘫痪，行人小心翼翼地摸索前进。市民不仅生活被打乱，健康也受到严重侵害。许多市民出现胸闷、窒息等不适感，发病率和死亡率急剧增加。直至 12 月 9 日，一股强劲而寒冷的西风吹散了笼罩在伦敦的烟雾。据统计，当月因这场大烟雾而死的人多达 4 000 人。
来源：https://baike.baidu.com/item/1952 年伦敦烟雾事件。
⊜ 来源：http://eu.mofcom.gov.cn/article/ddfg/k/201601/20160101230187.shtml。

1987 年，《单一欧洲法案》（Single European Act，SEA）的生效为环境保护提供了立法基础。1992 年，《马斯特里赫特条约》（Maastricht Treaty）正式形成了欧盟法律的可持续发展的概念。1997 年，《阿姆斯特丹条约》（Amsterdam Treaty）把可持续发展列为欧盟的优先目标，要求将环保贯彻到欧盟的其他经济和社会的政策中。

该阶段的立法成果大多只针对原材料采购、生产、运输、分销及回收的某一环节。例如：1994 年，《包装和包装废物指令》（European Parliament and Council Directive 94/62/EC of 20 December 1994 on Packaging and Packaging Waste）的颁布，促进了包装物的回收，形成了循环经济的概念；1999 年，《废弃物填埋指令》（Council Directive 1999/31/EC of 26 April 1999 on the Landfill of Waste）的颁布规定了垃圾处理的技术标准，还对相关垃圾处理的工艺选择起到了引导作用。

（3）成熟阶段（21 世纪初至今）

这一阶段的立法已经体现了绿色供应链管理的基本思想和要求，如绿色供应链管理所倡导的"资源闭环利用"思路。

2003 年 2 月 13 日，欧盟颁布了《关于报废电子电气设备指令》（Waste Electrical and Electronic Equipment Directive，WEEE 指令），旨在提高报废电子电气产品的回收及再循环率，要求从 2005 年 8 月 13 日开始，欧盟市场上所有电子电气产品的生产商和经销商，必须承担报废产品的回收、处理与再循环利用的费用。2005 年，《用能产品生态设计框架指令》（Eco-design of Energy-using Products，EuP）规定将用能产品的节能环保要求贯穿产品的整个生命周期（设计、制造、使用、维护、回收、后期处理）。2013 年，欧盟要求"建立统一的绿色产品市场（Communication on Building the Single Market for Green Products）"，采用产品环境足迹（Product Environmental Footprint，PEF）评估绿色产品。

欧盟基于"绿色产品"战略，积极出台环境法案，颁布生态标签、绿色公共采购等制度，建立原料信息系统。

（1）环境法案

欧盟在推进绿色供应链管理方面具有较强的政策连贯性和系统性，其环境法案实时更新，涉及的范围越来越广、限制物质的种类越来越多。其中较为成熟和典型的是《电气、电子设备中限制使用某些有害物质指令》（Restriction of Hazardous Substances Directive，RoHS 指令）和《关于报废电子电气设备指令》。RoHS 指令由欧洲议会及理事会提出，2006 年 7 月 1 日开始在欧盟成员国强制实施，禁止电子电气产品中使用铅（Pb）、汞（Hg）、镉（Cd）、六价铬（Cr^{6+}）、多溴联苯（PBB）和多溴二苯醚（PBDE）等有害物质，见表 1-2。RoHS 指令和 WEEE 指令的实施解决了产品设计和产品寿命终止阶段的问题，在规范电子电气产品的材料及工艺标准、降低电子电气设备废弃物的产生、提高报废电子电气产品的回收及再利用率等方面起到了积极作用。

表 1-2　欧盟 RoHS 指令的颁布及主要修订

指　令	版　　本	产 品 范 围	限 制 物 质
RoHS 指令	2002/95/EC 指令（RoHS 1 指令）	大型家用电器 小型家用电器 IT 及通信设备 消费性电子产品 照明设备 电动工具 玩具、休闲与运动器材 自动售货设备	铅（Pb）、汞（Hg）、镉（Cd）、六价铬（Cr^{6+}）、多溴联苯（PBB）、多溴二苯醚（PBDE）
	2011/65/EU 指令（RoHS 2 指令）	大型家用电器 小型家用电器 IT 及通信设备 消费性电子产品 照明设备 电动工具 玩具、休闲与运动器材 自动售货设备 医用设备、监视控制设备	铅（Pb）、汞（Hg）、镉（Cd）、六价铬（Cr^{6+}）、多溴联苯（PBB）、多溴二苯醚（PBDE） 选定 4 种有害物质作为限制物质的候选：六溴环十二烷（HBCDD）、邻苯二甲酸二（2-乙基己基）酯（DE-HP）、邻苯二甲酸二丁酯（DBP）、邻苯二甲酸甲苯基丁酯（BBP）
	2015/863 指令（RoHS 2 修订指令）	大型家用电器 小型家用电器 IT 及通信设备 消费性电子产品 照明设备 电动工具 玩具、休闲与运动器材 自动售货设备 医用设备、监视控制设备	铅（Pb）、汞（Hg）、镉（Cd）、六价铬（Cr^{6+}）、多溴联苯（PBB）、多溴二苯醚（PBDE） 增加了 4 种新的限制物质：邻苯二甲酸二（2-乙基己基）酯（DEHP）、邻苯二甲酸二丁酯（DBP）、邻苯二甲酸甲苯基丁酯（BBP）、邻苯二甲酸二异丁酯（DIBP）

来源：https：//eur-lex. europa. eu/legal-content/EN/TXT/？qid = 1579341215279&uri = CELEX：32002L0095。

　　　https：//eur-lex. europa. eu/legal-content/EN/TXT/？qid = 1579350328644&uri = CELEX：32011L0065。

　　　https：//eur-lex. europa. eu/legal-content/EN/TXT/？qid = 1579349489510&uri = CELEX：32015L0863。

（2）生态标签制度 ⊖

1992 年，欧洲经济共同体理事会条例第 880/92 号（Council Regulation (EEC) No. 880/92 on a Community Eco-label Award Scheme）制定生态标签制度以促进生产和消费的可持续。评价产品的生态标准基于"从摇篮到坟墓"的方法、高水平的环境保护、"清洁"技术的使用和最大化产品寿命的愿望。1993 年，委员会条例 93/326/EEC（Commission Decision 93/326/EEC）确定了与生态标签有关的成本和费用；理事会指令 93/43/EEC（Council Directive 93/43/EEC）为向

⊖　来源：https：//ec. europa. eu/commission/presscorner/detail/en/IP_96_1150。

洗衣机授予生态标签制定了标准。

尽管欧盟生态标签是一项自愿性计划，但随着制度的不断完善，越来越多的生产商、进口商、零售商等将生态标签纳入企业可持续发展行为和报告中，作为高品质和高性能的表现。

（3）绿色公共采购制度⊖

欧盟将绿色公共采购作为可持续发展政策的核心。绿色公共采购激励产业界大力发展绿色技术与产品，给欧洲市场乃至世界市场带来了巨大的变化。

在欧盟，公共机构作为主要消费者每年在采购方面的支出占欧盟 GDP 的 19%，许多公共机构都要制定绿色采购政策或者在其他政策中表明致力于执行绿色采购。绿色采购在欧盟具有一定的自愿性——各个成员和公共机构自行决定执行绿色采购政策的程度，欧盟为绿色采购的实施制定了大量的法律和政策。欧盟法律框架是通过欧盟功能条约和欧盟采购指令界定的。

1）法律基础：《关于欧盟功能的条约》（Treaty on the Functioning of the European Union，TFEU）、《欧盟采购指令》（EU Procurement Directive）、《关于签订公共工程合同、公共供给合同和公共服务合同的规则》（Rules on Public Works Contracts，Public Supply Contracts and Public Service Contracts）、《关于水、能源、运输和邮政服务领域具体程序指令》（Procurement by Entities Operating in The Water，Energy，Transport and Postal Services Sectors）、《员工工作文件》（Commission Staff Working Document）、《预先商用采购：激励创新确保欧洲高质量公共服务》（Pre-commercial Procurement：Driving Innovation to Ensure Sustainable High Quality Public Services in Europe）等。

2）政策支持：《欧洲智能，可持续和包容性增长战略》（Europe 2020：A strategy for Smart，Sustainable and Inclusive Growth）、《可持续生产和消费行动计划》（Action Plan on Sustainable Consumption and Production）、《绿色采购：为了一个更好的环境》（Public Procurement for A Better Environment）等。

3）部门条例：《关于推广清洁和高效道路运输车辆的指令》（Directive on the Promotion of Clean and Energy Efficient Road Transport Vehicles）、《关于建筑节能的指令》（Energy Performance of Buildings Directive，EPBD）、《关于办公设备的社区能效标签项目规则》（Community Energy-efficiency Labelling Programme for Office Equipment）等。

（4）原料信息系统（Raw Materials Informatin System，RMIS）⊜

欧盟联合研究中心（Joint Research Centre，JRC）分别于 2015 年和 2017 年

⊖　来源：http：//www. prcfe. com/web/zfcg/2014-08/13/content_1114985. htm。

⊜　来源：https：//rmis. jrc. ec. europa. eu/？page = goal-and-scope-00f939。

发布了 RMIS 1.0 和 RMIS 2.0，建立非燃料、非农业原材料相关知识的结构化存储库，所提供的信息涵盖整个价值链（包含非生物和生物材料）。RMIS 旨在提高欧盟原材料政策和服务所需知识的可得性、一致性和质量；从欧洲和欧洲以外的知识库获取关键原材料信息。该信息库支撑欧盟委员会的各项循环经济激励政策，为欧盟各经济体更加高效地使用原料提供了技术帮助，对欧盟推进绿色可持续发展具有重要的参考价值。

由此可见，欧盟采取基于生命周期的环境保护方法，强调产品外部性，关注产品从原材料获取到分销、消费者使用，直至废弃的整个周期中对环境的影响。欧盟环境规制以降低产品全周期环境影响为总体目标。

▷▷ 2. 日本

第二次世界大战后，日本优先发展重化工业，以煤炭为主要能源，大力推动以京滨（东京、横滨、千叶）、中京（名古屋）、阪神（大阪、神户）、北九州这四大工业带为核心，以"太平洋条形地带构想"为基础的"新产业城市"规划⊖。战后 50 年，日本经济取得飞速增长，一跃成为世界第二大经济大国，被称为 20 世纪的"奇迹"。但由于当时没有环境保护和公害治理的措施，工业污染和各种公害病泛滥成灾。20 世纪世界八大公害事件的四起（水俣病事件⊜、富山事件⊜、四日市事件㉓、米糠油事件㉔）发生在日本。20 世纪 60 年代中期

⊖ 来源：http：//www.xinhuanet.com//world/2017-01/19/c_129453137.htm。
⊜ 日本水俣病事件，在 1956 年日本水俣湾出现，是最早出现的由于工业废水排放污染造成的公害病。"水俣病"的罪魁祸首是当时处于世界化工业尖端技术的氮（N）生产企业。氯乙烯和醋酸乙烯在制造过程中要使用含汞（Hg）的催化剂，这使排放的废水含有大量的汞。当汞在水中被水生生物食用后，会转化成剧毒物质甲基汞（CH_3Hg）。水俣湾由于常年工业废水的排放而被严重污染，污染物通过食物链进入人体，进入脑部的甲基汞使脑萎缩，侵害神经细胞，破坏掌握身体平衡的小脑和知觉系统。来源：https：//baike.baidu.com/item/日本水俣病事件。
⊜ 富山事件又称"骨痛病事件"，是指始于 1931 年于日本富山县神通川流域发现的一种土壤污染公害事件。1963 年至 1979 年 3 月共有患者 130 人，其中死亡 81 人。由于锌、铅冶炼厂等排放的含镉废水污染了神通川水体，两岸居民引用河水灌溉使稻米含镉，居民食用含镉稻米和饮用含镉水而中毒。来源：https：//baike.baidu.com/item/富山事件。
㉓ 1961 年，四日市哮喘病大发作；1964 年，四日市烟雾不散，致使一些哮喘病患者在痛苦中死去；1967 年，又有一些哮喘病患者因不堪忍受疾病的折磨而自杀；到 1970 年，四日市哮喘病患者达到 500 多人，其中有 10 多人在哮喘病的折磨中死去，实际患者超过 2 000 人；1972 年全市共确认哮喘病患者达 817 人。到 1979 年 10 月底，四日市确认大气污染性疾病的患者人数为 775 491 人。来源：https：//baike.baidu.com/item/日本四日市事件。
㉔ 日本米糠油事件是由多氯联苯（PCB）所造成的典型污染事件。1968 年 3 月，日本的九州、四国等地区的几十万只鸡突然死亡，由于没弄清楚中毒根源，并没有得到进一步的重视和追究。1968 年 6 月—10 月，福岛县先后有 4 家 13 人患有病因不明的皮肤病而到九州大学附属医院求诊。到 1978 年 12 月，日本有 28 个县正式承认 1 684 名患者（包括东京都、京都郡和大阪府），到 1977 年已死亡 30 余人。来源：https：//baike.baidu.com/item/日本米糠油事件。

以后，企业的社会责任问题在日本引起广泛关注。20世纪80年代以后，日本政府从单纯注重经济增长向经济发展与社会环境规制双向转移，在环境治理方面取得了较大成效。政府、企业、公众等社会各界对环境问题的关注，为环境治理制度设计奠定了良好的社会基础。日本率先颁布了一套涵盖国内环境政策，全球气候变化，空气、水、废物和再循环的法律，是最早通过回收和处理报废产品生产者责任延伸法的国家之一，见表1-3。

表1-3　日本主要的环境法规

监管类型	关键法规	简介及范围
绩效要求	《空气污染控制法》（Air Pollution Control Law, 1996） 《关于在特定地区削减汽车排放氮氧化物总量的特别措施法》（The Law Concerning Special Measures for Total Emission Reduction of Nitrogen Oxides from Automobiles in Specified Areas, 1992）	日本的排放标准是世界上最严格的，包括二氧化硫、一氧化碳、碳氢化合物、氮氧化物、悬浮颗粒物和光化学氧化剂
原料要求	《日本绿色采购调查标准化倡议》（Japan Green Procurement Survey Standardization Initiative, 2006） 《基本环境法》（Basic Environmental Law, 1993）	日本环境部（Ministry of the Environment, MOE）和其他部委已经在一些领域提出并实施对各种现有法律和制度的修正，以配合欧盟的RoHS指令
生产者责任延伸	《促进资源有效利用法》（Law for Promotion of Effective Utilization of Resources, 2003, 2001） 《家用电器再循环法》（Home Appliance Recycling Law, 2001） 《报废汽车再循环法》（Law for the Recycling of End-of-life Vehicles, 2005）	要求各行业减量化、再利用和再循环（Reduce, Reuse, Recycle, 3R）; 2001年3月起增加制造商回收企业和家用个人计算机的要求，报废费包含在销售价格中，旧产品由日本邮政公司回收 制造商收集、融资和再循环本公司生产的电器，空调、冰箱、电视和洗衣机的再循环率要求为50%~60%; 零售商有"以旧换新"义务；以消费者在废弃时支付的报废费为资金 汽车制造商需要清除车辆中的氟碳化合物、安全气囊和汽车切碎机残渣（Automo tive Shredder Residue, ASR），并在车辆返回处理时回收（或销毁）
税收和补贴	税收：汽车购置；汽车，航空燃料；汽油；轻油运输；地方公路；机动车吨位；轻型机动车；液化石油气；石油、煤炭 补贴：污染控制设备投资加速折旧；污染控制补助/贷款；污染控制设备补助支持；低排放货车和运输运营商汽车补助；减少污染补助	日本利用各种税收和补贴作为控制空气污染和限制驾驶的政策工具

随着社会要求的不断变化，日本政府不断调整环境治理的相关制度，大致可分为四个阶段，见表1-4。21世纪以来，低碳节能成为当今日本环境治理的一个重要节点（Bourque和Witter，2016）。

表1-4　日本环境治理的制度变迁

时　　期	主要的环境治理特征	相关主要法律政策
20世纪60年代	公害对策	1967年颁布《公害对策基本法》
20世纪70年代	从"公害对策"向"环境保护"转变	1977年颁布《自然环境保护法》
20世纪80年代至21世纪初期	以"能源问题"及全球变暖等全球环境问题防止为主	以能源问题和地球环境问题相结合，提出"地球环境开发技术"研究计划。1993年颁布《基本环境法》、1997年颁布《环境影响评价法》等
21世纪初期至今	强调低碳循环经济在环境治理中的作用	确立了大气环境管理及碳交易、碳足迹认证等一系列法律规范

来源：http://www.env.go.jp/。

21世纪以来，日本以减量化、再利用和再循环（Reduce，Reuse，Recycle，3R）作为重要的发展目标和手段（Brondizio和Tourneau，2016），逐步树立循环型绿色经济理念。2000年被称作日本"循环型社会元年"（中国国家环境保护总局赴日考察团，2005）。为确保社会的物质循环、抑制天然资源的消耗和降低环境负荷，日本于2000年制定《循环型社会推进基本法》，确立了循环型社会法规的基本框架⊖。其主要内容包括基本原则、国家和地方公共团体、企业和国民的义务、国家的政策和国家的其他基本计划。在此框架下分为《废弃物处理法》（1970）和《促进资源有效利用法》（1991）两个分支。其中《废弃物处理法》主要内容包括抑制废弃物的排放、废弃物的适当处理、废弃物处理设施的规划、对于废弃物处理业者的规制和废弃物处理标准的设置等。《促进资源有效利用法》主要内容包括再生资源的再利用、再利用容器的构造和材质、区别回收的表示、促进副产物的有效利用等。

按照所规范的物品进行分类，循环型社会法规可以分为《促进包装容器的分类收集和循环利用法》（1997）、《建筑再循环法》（2000）、《家用电器再循环法》（2001）、《食品再循环法》（2001）、《报废汽车再循环法》（2005）等。此外，日本还制定了《绿色采购法》（2000），规定国家等机构要率先促进再生品的调配，以保证整个循环型社会法规体系的实施。

随着产业经济的综合发展，日本在供应链的资源供应、生产、物流、消费

⊖　来源：http://tfs.mofcom.gov.cn/article/ba/bh/200605/20060502206495.shtml。

等环节逐步形成了协同参与的环境治理体系。在资源供应和生产运营环节方面强调链式协作，政府制定了《有关增进环保意愿以及推进环保教育的法律》(2003)、《环境教育等促进法》（2012）等推进环保教育和环保知识的学习，逐步形成能够被社会公众所理解的资源环境保护理念及制度措施。日本政府重视绿色物流，将发展绿色物流作为其主要政策目标之一，在制定综合性物流政策的基础上，颁布专项物流立法与政策，推动和鼓励绿色物流发展，见表1-5。随着社会经济发展，家庭消费层面的污染排放比重越来越大。为此，日本着力于改善消费环节的环境治理，积极推动家庭垃圾的类别化处理、鼓励上班族乘用公共交通工具通勤、推进家庭及企业废弃物处理方式等方面的改革等。

表1-5　日本的绿色物流立法与政策

类别	制定时间	概　　　要
《综合物流施策大纲》	1997年	建立能够应对与物流相关的能源问题、环境问题、交通安全问题等的物流系统
	2001年	创建一个能够减轻环境负荷的物流体系和循环型社会，所构建的能够减轻环境负荷的物流体系要对循环型社会做出贡献
	2005年	建立绿色与环境融洽的环保型物流系统
	2009年	实现减少环境污染的绿色物流系统
	2013年	致力于进一步降低环境压力，进一步推动日本物流的效率化，同时采取积极引进对环境友好的运输车辆等措施
专项物流立法和政策	1966年	《流通业务城市街道整备法》：统筹规划大城市中心部位物资流通设施的合理布局，提高大城市的流通机能
	1973年	日本通产省编发《大规模物流基地的合理配置构想》报告书，对日本的物流系统进行了详尽的分析和规划
	1989年	"物流二法"：《货物自动车运送事业法》和《货物运送经营事业法》
	1992年	《中小企业流通业务效率化促进法》（简称《物流效率化法》）：旨在解决物流系统效率下降和外部不经济等各种各样的问题
	2005年	《关于促进流通业务综合化及效率化的法律》（简称《物流效率化新法》）：旨在提高流通和物流效率

⫸ **3. 美国**

20世纪30年代—60年代是资本主义社会工业高速发展的时期，也是环境污染最为严重的时期。日益严重的环境污染事件，如代表性的多诺拉烟雾事件⊖和

⊖ 多诺拉烟雾事件也称多诺拉事件。1948年10月，由于二氧化硫及其氧化产物等多种污染物综合形成的污染，一周内造成20余人死亡，近6 000人（约占当地居民的43%）感到不适。该事件被认为是"美国历史上最严重的空气污染灾难之一"。来源：https://baike.baidu.com/item/多诺拉烟雾事件。

洛杉矶光化学烟雾事件[⊖]，推动了美国环境立法的进程，迅速建立起包括法律、行政及其他创新性管理手段在内的应对体系。绿色供应链的概念最早就由美国学者提出。美国基于多年实践经验，以科学研究为支撑，逐步建立起完善的、健全的法律法规体系。其发展可大致分为三个阶段[⊖]。

（1）萌芽阶段（20 世纪 60 年代末）

1969 年，《国家环境政策法》（National Environmental Policy Act，NEPA）的颁布标志着美国环境管理体系的初步建立；1970 年，美国环境保护局（United States Environmental Protection Agency，EPA）成立，奠定了美国绿色供应链管理的发展基础。

（2）发展阶段（20 世纪 70 年代至 90 年代末）

1976 年，美国修订《资源保护与再生法案》（Resources Conservation and Recovery Act，RCRA），该法案随后经过四次修改，逐步建立起美国废物循环利用的 4R 原则 ［Reduce（减量化），Reuse（再利用），Recycle（再循环），Recovery（再生）］，实现了美国绿色供应链管理的初步发展。1978 年，《国家节能政策法案》（National Energy Act of 1978，NEA78）的颁布，拉开了对需求侧管理研究和实践的序幕。1986 年，《应急计划和社区知情权法案》（Emergency Planning and Community Right-to-know Act，EPCRA）的颁布，加强了产品环境信息的公开透明要求。1988 年，环境标志制度的推行，激励了供应链企业调整产品和产业结构，推广清洁生产工艺及资源循环利用。1990 年，《污染预防法案》（Pollution Prevention Act，PPA）的通过，在国家层面上确认了污染的"源削减"政策。

（3）成熟阶段（21 世纪初至今）

进入 21 世纪，美国各州逐渐达成了绿色供应链管理的共识，出台了涉及各行业的法律法规。例如，针对电子设备行业的电子废弃物问题，2000 年美国环境保护局出版《废弃物的更新：电子产品的再利用和再循环》（WasteWise Update：Electronics Reuse and Recycling）。2005 年美国国会通过《国家计算机再循

⊖ 美国洛杉矶光化学烟雾事件是世界有名的公害事件之一，1940 年—1960 年发生在美国洛杉矶。洛杉矶 20 世纪 40 年代就已拥有 250 万辆汽车，每天消耗大约 1 100t 汽油，排出 1 000 多吨碳氢化合物（C_xH_y）、300 多吨氮氧化物（NO_x）、700 多吨一氧化碳（CO）。光化学烟雾就是大量聚集的汽车尾气中的碳氢化合物在阳光作用下，与空气中其他成分发生化学作用而产生的有毒气体，包括臭氧、氮氧化物、醛、酮、过氧化物等。光化学烟雾事件导致远离城市 100km 以外、海拔 2 000m 高山上的大片松林枯死，柑橘减产。仅 1950 年—1951 年，美国因大气污染造成的损失就达 15 亿美元。1955 年，因呼吸系统衰竭死亡的 65 岁以上的老人达 400 多人；1970 年，约有 75% 以上的市民患上了红眼病。来源：https：//baike. baidu. com/item/洛杉矶光化学烟雾事件。

⊖ 来源：http：//world. chinadaily. com. cn/2016-10/13/content_27051569. htm。

环法案》（National Computer Recycling Act），目前已有部分州颁布法律，见表1-6，建立全州范围内的电子废弃物再循环计划。

表1-6 美国部分州的电子废弃物法案

区 域	法规及签署年份
阿肯色州	2003年，《计算机和电子固体废物管理法案》（Computer and Electronic Solid Waste Management Act）
加利福尼亚州	2003年，《电子废弃物再循环法案》（Electronic Waste Recycling Act of 2003），建立电子废弃物（Covered Electronic Waste, CEW）再循环计划 《指定认可收集商条例》（Designated Approved Collectors Regulations）2017年被采用为应急条例，2019年再次被采用 2018年，《电子废弃物再生和再循环收费率应急管理办法》（Covered Electronic Waste Recovery and Recycling Payment Rates Emergency Regulations）、《修订电子废弃物再循环计划的条例》（Regulations Amending the Electronic Waste Recycling Program）、《DTSC阴极射线管和阴极射线管玻璃处置选择条例》（DTSC CRT and CRT Glass Disposition Options Regulations） 2019年，《电子废弃物再循环收费应急条例》（Covered Electronic Waste Recycling Fee Emergency Regulations） 2020年，《电子废弃物再循环收费制应急条例》（Structure for Pursuing Multiple Covered Electronic Waste Recycling Payment Rates Emergency Regulations）
科罗拉多州	2012年，133号参议院法案（SB 133），禁止在固体废物填埋场处置电子设备
康涅狄格州	2007年，《电子产品再循环法》（Electronics Recycling Law）
夏威夷州	2008年，《电子设备和电视再循环法》（Electronic Device and Television Recycling Law）
伊利诺伊州	2008年，《电子产品再循环和再利用法案》（Electronic Products Recycling and Reuse Act）
印第安纳州	2009年，《印第安纳州环境法修正案》 2009年，《印第安纳州电子废弃物条例》（Indiana's e-waste Regulations（329 IAC 16））将进入再利用和再循环的电子废弃物从固体有害物排除
缅因州	2004年，缅因州修订法规第1610条——电子废弃物（38 M. R. S. §1610-Electronic Waste），2011年和2018年修订 2005年，缅因州修订法规第1306条第4款——阴极射线管处置禁令（38 M. R. S. §1306.4-CRT Disposal Prohibition） 2007年，缅因州修订法规第2143条——手机再循环（38 M. R. S. §2143-Cell Phone Recycling）
马里兰州	2005年，《环境条款》第9-1727至9-1730章，明确了马里兰州电子产品再循环计划（Maryland's Statewide Electronics Recycling Program）
密歇根州	2008年，电子废弃物回收计划（Electronic Waste Takeback Program）
明尼苏达州	2007年《电子产品再循环法案》（Minnesota Electronics Recycling Act），2016年修订
密苏里州	2008年，《制造商责任和消费者便利设备收集和再生法案》（Manufacturer Responsibility and Consumer Convenience Equipment Collection and Recovery Act）

（续）

区 域	法规及签署年份
新泽西州	2007 年，《电子废弃物管理法案》（Electronic Waste Management Act，EWMA），2008 年、2016 年修改
纽约州	2007 年，《无线电话再循环法案》（Wireless Telephone Recycling Act） 2010 年，《电子设备再循环和再利用法案》（Electronic Equipment Recycling and Reuse Act）
北卡罗来纳州	2007 年，北卡罗来纳州一般法规 130A-309.130 到 130A-309.141 "废弃计算机设备和电视管理"（Discarded Computer Equipment and Television Management）建立了电子产品再循环计划
俄克拉荷马州	2008 年，《计算机设备再生法案》（Computer Equipment Recovery Act）
俄勒冈州	2007 年，《电子产品再循环法》（Electronics Recycling Law）
宾夕法尼亚州	2010 年，《覆盖设备再循环法案》（Covered Device Recycling Act，CDRA）
罗得岛州	2008 年，《电子废弃物预防、再利用和再循环法案》（Electronic Waste Prevention, Reuse and Recycling Act） 2013 年，《管理和执行电子废弃物预防、再利用和再循环法的规章制度》（Regulations Governing the Administration and Enforcement of the Electronic Waste Prevention, Reuse and Recycling Act）
南卡罗来纳州	2010 年，《制造商责任和消费者便利信息技术设备收集和回收法案》（Manufacturer Responsibility and Consumer Convenience Information Technology Equipment Collection and Recovery Act），2014 年修订
佛蒙特州	2010 年，《电子产品再循环法规》（E-Cycles Statute）
弗吉尼亚州	2008 年，《计算机再生和再循环法案》（Computer Recovery and Recycling Act）
华盛顿州	2006 年，电子产品再循环计划（E-Cycle Washington），2009 年开始收集电视、计算机和显示器
西弗吉尼亚州	2008 年 3 月，746 号参议院法案（SB 746）进一步推进电子产品
威斯康星州	2009 年，《电子产品再循环法案》（Wisconsin Act 50），建立了电子产品再循环计划（E-Cycle Wisconsin Program）

来源：https://www.ncsl.org/research/environment-and-natural-resources/e-waste-recycling-legislation.aspx。

美国依托经济、法律和行政手段，出台一系列机制、制度和计划，保障绿色供应链管理的实施。

（1）市场激励机制

美国政府利用调整税收、财政支出等财政政策，充分发挥市场机制的作用，引导企业加强对整个供应链的绿色管理。为降低供应链能源消耗，美国政府出台了一系列市场激励措施。例如：①加大财政拨款，用于绿色科技补贴、低收入居民能源补贴等；②对节能设备和新技术研发项目给予低息或无息贷款和贷款担保，加大对新能源项目的投资，如风能和太阳能等；③实行鼓励节能的税收政策，如对节能投资提供税收优惠等。

（2）信息公开机制

早在 20 世纪 80 年代，美国就颁布了环境信息披露法案，随后逐步建立了企业环境信息公开制度。该制度要求企业，尤其是使用有毒物质的企业，在生产过程中定期向社会公开供应链中各操作环节的环境影响信息。1986 年，美国颁布《应急计划和社区知情权法案》（Emergency Planning and Community Right-to-Know Act，EPCRA），规范了化学产品的生产和危险化学品事故的应急救援，导入了有毒化学物质排放清单。以《应急计划和社区知情权法案》为基础，国会以及美国环境保护局扩展有毒化学物质排放清单（Toxics Release Inventory，TRI），逐步形成了较为完整的规则体系——有毒化学物质排放清单制度体系。作为强制性法规的补充，美国积极推行环境信息自愿报告制度，鼓励企业发布环境报告。

（3）政府绿色采购制度⊖

美国政府绿色采购发展较早，并通过行政命令逐步建立较为完善的环境管理体系和绿色采购制度，在绿色市场的形成和绿色供应链的发展方面起到了推动作用。政府绿色采购的法律基础主要包括 1976 年《资源保护与再生法案》（Resource Conservation and Recovery Act，RCRA）第 6002 条、1978 年《国家节能政策法案》（National Energy Act of 1978，NEA78）、1990 年《污染预防法案》（Pollution Prevention Act，PPA）、1992 年《能源政策法案》（Energy Policy Act of 1992，EPAct92）第 303 条、2002 年《农业安全和农村投资法案》（Farm Security and Rural Investment Act of 2002）第 9002 条等。

此外，《联邦采购条例》（Federal Acquisition Regulations，FAR）第 23 部分在能源和水资源利用效率及可再生能源、使用回收材料、签订环保产品和服务合同、臭氧层消除物质、承包商遵守有毒化学物质释放报告、联邦遵守知情权和防止污染等方面对政府绿色采购做出具体规定。

政府绿色采购的行政命令主要包括：1999 年《节能管理》（Energy Efficient Management）（EO 13123）和《开发和推广生物基产品和生物能源》（Developing and Promoting Biobased Products and Bioenergy）（EO 13134），2000 年《废弃物预防、回收、联邦采购》（Waste Prevention，Recycling，Federal Acquisition）（EO 13101）、《环境管理领导力》（Leadership in Environmental Management）（EO 13148）和《联邦舰队和运输效率》（Federal Fleet and Transportation Efficiency）（EO 13149），2001 年《节能备用功率设备》（Energy Efficient Standby Power Devices）（EO 13221）等。

⊖ 来源：https://www.orf.od.nih.gov/EnvironmentalProtection/GreenPurchasing/Pages/greenlaws.aspx。

（4）自愿合作计划

为促进绿色供应链管理的实施，美国政府自20世纪90年代起推行灵活而切实的企业自愿性伙伴合作计划——企业保证在整个供应链中达到承诺的节能减排量；政府为企业提供一定的财政支持或政策倾斜。自愿合作计划鼓励企业在现行的环境标准之上，实施更严格的环境保护监督管理措施。例如，美国政府于1992年开始推行能源之星（Energy Star）计划，促进产品节能标示体系建立和节能产品的推广应用。目前，该非强制性认证已在美国电子产品行业中形成广泛共识，并逐渐推广至其他行业。

由此可见，美国采取基于设施的应对环境的方法，关注生产外部性，强调通过限制排放、控制污染物及规制系统的严格技术来减轻生产外部性（Lees 和Viñuales，2019）。

1.2.2 国内绿色供应链管理法律法规

在当前全球经济一体化、环境问题全球化的背景下，我国政府开始重视并推动绿色供应链管理工作，通过经济、法律和行政等手段，逐步营造有利于企业发展绿色供应链的宏观环境⊖。我国绿色供应链的研究和实践虽起步较晚，但发展迅速。进入21世纪以来，我国政府通过不断制定和颁布法律法规、政策及规划文件，以保障企业的绿色供应链管理。

1. 绿色供应链管理体系建设萌芽与初步发展阶段

（1）绿色产业链法律法规

早在1956年，我国就针对工业污染防治提出综合利用"工业废物"的方针，经过多年努力，已建立并逐步完善了环境与资源保护基本法律制度框架，如节能减排制度、环境监测和报告制度、环境资源规划制度、环境保护目标责任制度和城市环境综合整治定量考核制度、环境影响评价制度、"三同时"制度、排污申报登记制度、自然资源权属制度、环境资源领域的许可制度、自然资源有偿使用制度和排污收费制度等。根据中国环境与发展国际合作委员会（2011），表1-7给出了促进绿色产业链管理相关的环境法律法规及政策。

表1-7 促进绿色产业链管理相关的环境法律法规及政策

法律法规及政策	颁布部门	实施时间	相关内容及主要意义
《中华人民共和国固体废物污染环境防治法》	全国人大常委会	1996年4月	该法律文件是直接针对固体废物污染防治的单体法，它以减量化、资源化和无害化为处理固体废物的原则，倡导循环理念

⊖ 来源：http://www.cgpnews.cn/articles/13534。

（续）

法律法规及政策	颁布部门	实施时间	相关内容及主要意义
《中华人民共和国节约能源法》	全国人大常委会	1998 年 1 月	降低从能源生产到消费的各环节的消耗、损失和污染物排放，为能源的有效合理利用提供法律依据，也为绿色供应链管理实践提供法律保障
《中华人民共和国环境影响评价法》	全国人大常委会	2003 年 9 月	该法律文件强调了从源头预防环境污染的重要性，要求所有新建项目在开工前都必须获得环境影响评估报告的批准
《中华人民共和国清洁生产促进法》	全国人大常委会	2003 年 1 月	清洁生产是绿色供应链中的重要节点，该法要求生产者自生产步骤起就要削减污染，对推动清洁生产、推动绿色供应链的发展意义重大
《中华人民共和国可再生能源法》	全国人大常委会	2006 年 1 月	可再生能源利用率是绿色供应链评价指标中的重要方面。该法对可再生能源发展提供扶植、培育与引导
《关于落实环保政策法规防范信贷风险的意见》	国家环境保护总局 中国人民银行 中国银行业监督管理委员会	2007 年 7 月	该法律文件是落实国家环保政策法规、推进节能减排、防范信贷风险出台的重要文件。分别对新建项目和已建成项目的环保和信贷提出了原则性意见
《上市公司环保核查行业分类管理名录》	环境保护部	2008 年 7 月	该法律文件对上市公司核查的行业分类给出具体规定
《中华人民共和国循环经济促进法》	全国人大常委会	2009 年 1 月	该法律文件的主要目的是促进经济结构调整和经济增长模式转变，以"减量化、再利用、资源化"为主线，规定了循环经济规划制度，抑制资源浪费和污染物排放总量控制制度，循环经济的评价和考核制度，以生产者为主的责任延伸制度，对高耗能、高耗水企业设立重点监管制度，强化经济措施，建立激励机制，鼓励走循环经济的发展道路
《企业环境报告书编制导则》	环境保护部	2011 年 10 月	该法律文件进一步规范了企业的环境信息公开行为

2006 年 2 月 28 日，国家七大部委，包括信息产业部、国家发展和改革委员会、商务部、海关总署、国家工商行政管理总局、国家质量监督检验检疫总局、国家环境保护总局，联合颁布了《电子信息产品污染控制管理办法》（中国版RoHS 指令），这是我国绿色供应链管理领域的里程碑管理办法，在电子信息产品率先开展供应链污染控制。中国版 RoHS 指令采用"自我声明"和"强制认

证"两种做法。"自我声明"要求企业从 2007 年 3 月 1 日开始,在中国市场上销售的电子信息产品如含有六种有毒、有害物质,必须贴"橙标";同时对于进入重点目录的电子产品,要求强制认证。2009 年 10 月 9 日正式发布了《电子信息产品污染源控制重点管理目录》(征求意见稿)。

除了对供应链上游的规制,中国政府借鉴发达国家经验,对废旧产品的处理处置也出台了相关法律法规,其中最有代表性的是中国版 WEEE 指令。欧盟 WEEE 指令 2003 年正式生效,紧随其后,国家发展和改革委员会 2004 年 9 月发布了《废旧家电及电子产品回收处理管理条例》(中国版 WEEE 指令)的征求意见稿。2008 年 8 月 20 日,国务院第二十三次常务会议审议通过中国版 WEEE 指令;2009 年 2 月 25 日,《废弃电器电子产品回收处理管理条例》公布。由于金融危机的影响,推迟到 2011 年 1 月 1 日,中国版 WEEE 指令正式施行。

(2)政府绿色采购法律法规

日本、美国、欧盟等发达国家和国际组织的经验表明,政府绿色采购是推动绿色供应链的重要手段。与发达国家相比,我国的政府绿色采购制度起步较晚,但发展较快。根据中国环境与发展国际合作委员会(2011),表 1-8 给出的法律法规由全国人大常委会通过,是中国政府绿色采购制度的主要法律基础。

表 1-8　政府绿色采购制度的主要法律基础

开始实施时间	法律名称	内涵	具体条款
2003 年	《中华人民共和国清洁生产促进法》	规定了要优先采购绿色产品,这标志着我国政府将绿色采购的思想纳入法律迈出了第一步	第十六条规定:各级人民政府应当优先采购节能、节水、废物再生利用等有利于环境与资源保护的产品
2003 年	《中华人民共和国政府采购法》	对政府采购支持环境保护的功能提出了要求	第九条规定:政府采购应当有助于实现国家经济和社会政策目标,包括保护环境,扶持不发达地区和少数民族地区,促进中小企业发展等
1996 年	《中华人民共和国固体废物污染环境防治法》	鼓励购买再生产品和可重复利用产品	第一百条规定:国家鼓励单位和个人购买、使用综合利用产品和可重复利用产品
2009 年	《中华人民共和国循环经济促进法》	政府采购应优先采购有利于保护环境的产品	第四十七条规定:国家实行有利于循环经济发展的政府采购政策。使用财政性资金进行采购的,应当优先采购节能、节水、节材和有利于保护环境的产品及再生产品

2004 年，财政部、国家发展和改革委员会印发《节能产品政府采购实施意见》，标志着我国绿色采购制度的启动。2005 年《国务院关于加快发展循环经济的若干意见》（国发〔2005〕22 号）和《国务院关于落实科学发展观加强环境保护的决定》（国发〔2005〕39 号）的颁布，更加明确地表述了政府机构实施绿色采购的政策导向，进一步强调了要建立政府绿色采购制度。

为贯彻落实《国务院关于加快发展循环经济的若干意见》（国发〔2005〕22 号），积极推进环境友好型社会建设，发挥政府采购的环境保护政策功能，根据《中华人民共和国政府采购法》和《中华人民共和国环境保护法》，财政部、国家环境保护总局于 2006 年 10 月联合印发《关于环境标志产品政府采购实施的意见》。《意见》要求"各级国家机关、事业单位和团体组织（以下统称采购人）用财政性资金进行采购的，要优先采购环境标志产品，不得采购危害环境及人体健康的产品"，发布了首批 14 大类产品的"环境标志产品政府采购清单"。这一制度的建立表明中国已正式将环境准则纳入政府采购的模式之中，是中国政府在公共采购政策和制度上的一个重要突破。

为切实加强政府机构节能工作，发挥政府采购的政策导向作用，建立政府强制采购节能产品制度，国务院办公厅于 2007 年印发了《关于建立政府强制采购节能产品制度的通知》。在积极推进政府机构优先采购节能（包括节水）产品的基础上，选择部分节能效果显著、性能比较成熟的产品，予以强制采购。自此，我国形成以节能环保产品政府采购清单为基础的强制采购和优先采购制度。

▶ 2. 绿色供应链管理体系建设快速发展期

2014 年 12 月，商务部、环境保护部及工业和信息化部联合印发《企业绿色采购指南（试行）》，引导和促进企业积极履行环境保护责任，建立绿色供应链，实现绿色、低碳和循环发展。

2015 年 5 月，《中国制造 2025》以全面推行绿色制造为九大战略任务之一，将绿色制造工程作为重点工程大力推进，制定体现绿色发展的指标作为"制造强国"的发展目标之一。2015 年 9 月，中共中央、国务院印发《生态文明体制改革总体方案》，提出"建立统一的绿色产品体系。将目前分头设立的环保、节能、节水、循环、低碳、再生、有机等产品统一整合为绿色产品，建立统一的绿色产品标准、认证、标识等体系"的工作任务。2016 年 1 月，中央全面深化改革领导小组将"制定绿色产品标准、认证、标识整合方案"列为 2016 年重点改革任务。

"十三五"以来，我国以生态文明建设为统领，着力推进绿色、循环、低碳发展，绿色供应链管理的发展进入新阶段。政府对绿色供应链发展的引导和推进逐步由生产、制造环节拓展到各个环节，绿色供应链相关政策密集出台和实施。"十三五"时期绿色供应链管理相关法律法规见表 1-9。

表 1-9 "十三五"时期绿色供应链管理相关法律法规

时 间	政 策	出台部门	政策目标
2016 年 2 月	《关于促进绿色消费的指导意见》	国家发展和改革委员会、中央宣传部等 10 部门	对绿色供应链的末端环节——消费环节提出了具体的指导要求,大力推动消费理念绿色化
2016 年 4 月	《关于积极发挥环境保护作用促进供给侧结构性改革的指导意见》	环境保护部	将绿色供应链作为环境保护供给侧结构性改革的重要抓手,强调以绿色采购和绿色消费为重点,利用市场杠杆效应,带动产业链上下游采取节能环保措施
2016 年 6 月	《工业绿色发展规划(2016—2020 年)》	工业和信息化部	绿色发展理念成为工业全领域、全过程的普遍要求,工业绿色发展推进机制基本形成。绿色制造产业成为经济增长新引擎和国际竞争新优势,工业绿色发展整体水平显著提升
2016 年 8 月	《推进快递业绿色包装工作实施方案》	国家邮政局	推进快递业供应链强化绿色包装管理
2016 年 8 月	《装备制造业标准化和质量提升规划》	国家质量监督检验检疫总局、国家标准化管理委员会、工业和信息化部	完善绿色制造标准体系:重点研究绿色设计、工艺、装备、材料及管理等绿色生产标准,绿色采购、绿色消费、绿色物流等绿色供应链标准;推动绿色制造标准实施及效果评估;开展绿色供应链标准化试点,推动建立绿色供应链评估体系
2016 年 9 月	《绿色制造工程实施指南(2016—2020 年)》	工业和信息化部、国家发展和改革委员会、财政部、科学技术部	推动制造业绿色供应链重点领域标准制定
2016 年 9 月	《绿色制造标准体系建设指南》	工业和信息化部、国家标准化管理委员会	将标准化理论与绿色制造目标相结合,提出了绿色制造标准体系框架,梳理了各行业绿色制造重点领域和重点标准
2016 年 11 月	《关于建立统一的绿色产品标准、认证、标识体系的意见》	国务院办公厅	推动绿色低碳循环发展、培育绿色市场;加强供给侧结构性改革、提升绿色产品供给质量和效率
2016 年 12 月	《生产者责任延伸制度推行方案》	国务院办公厅	实施生产者责任延伸制度,把生产者对其产品承担的资源环境责任从生产环节延伸到产品设计、流通消费、回收利用、废物处置等全生命周期

（续）

时　间	政　策	出台部门	政策目标
2016 年 11 月	《关于印发"十三五"生态环境保护规划的通知》	国务院	要求促进绿色制造和绿色产品生产供给，强化产品全生命周期绿色管理，全面推进绿色制造体系建设
2016 年 12 月	《中华人民共和国环境保护税法》	全国人民代表大会常务委员会	构建绿色税制体系，发挥"税收"调节作用，加速高污染、高排放企业绿色转型
2017 年 5 月	《绿色产品评价通则》	国家质量监督检验检疫总局、国家标准化管理委员会	基于生命周期理念，构建绿色产品评价指标体系
2017 年 5 月	《绿色制造 制造企业绿色供应链管理 导则》	国家质量监督检验检疫总局、国家标准化管理委员会	首次对绿色供应链的相关标准进行统一规定
2017 年 10 月	《关于积极推进供应链创新与应用的指导意见》	国务院办公厅	促进我国绿色供应链发展水平的全面提升
2018 年 4 月	《关于开展供应链创新与应用试点的通知》	商务部、工业和信息化部、生态环境部、农业农村部、人民银行、国家市场监督管理总局、中国银行保险监督管理委员会和中国物流与采购联合会	推进在试点城市建立发展全过程全环节的绿色供应链体系，倡导试点企业供应链全程绿色化
2018 年 5 月	《绿色工厂评价通则》	国家市场监督管理总局、国家标准化管理委员会	工厂是绿色制造的主体，对绿色工厂进行评价，促进行业内标杆的树立，引导和规范工厂实施绿色制造
2018 年 5 月	《关于开展 2018 年流通领域现代供应链体系建设的通知》	财政部、商务部	围绕供应链"四化"（标准化、智能化、协同化、绿色化），以"五统一"（统一标准体系、统一物流服务、统一采购管理、统一信息采集、统一系统平台）为主要手段，充分发挥"链主"企业的引导辐射作用，供应链服务商的一体化管理作用，加快推动供应链各主体各环节设施设备衔接、数据交互顺畅、资源协同共享，促进资源要素跨区域流动和合理配置，整合供应链、发展产业链、提升价值链，加快发展大市场、大物流、大流通，实现供应链提质增效降本

时　间	政　策	出台部门	政策目标
2018 年 11 月	《关于推进金融支持县域工业绿色发展工作的通知》	工业和信息化部、中国农业银行	增强金融服务实体经济能力，促进工业绿色低碳循环发展，推进县域工业绿色转型升级
2018 年 12 月	《绿色物流指标构成与核算方法》	国家市场监督管理总局、国家标准化管理委员会	用于绿色物流的建设、评价和考核，为政府、行业管理部门、第三方评价机构及企业绿色物流水平评估提供依据
2019 年 3 月	《关于加快推进工业节能与绿色发展的通知》	工业和信息化部办公厅、国家开发银行办公厅	进一步发挥部行合作优势，充分借助绿色金融措施，大力支持工业节能降耗、降本增效，实现绿色发展
2019 年 5 月	《绿色包装评价方法与准则》	国家市场监督管理总局、国家标准化管理委员会	将绿色包装从概念转化为明确的评价要求，培育绿色化先进技术及绿色包装意识，减轻包装废弃物对环境的压力
2019 年 6 月	《绿色供应链管理体系基础和术语》（征求意见稿）	国家认证认可监督管理委员会	明确绿色供应链管理体系的基础知识和术语，鼓励采用生命周期和过程管理方法管理组织的绿色供应链
2019 年 6 月	《绿色供应链管理体系绩效评价通则》（征求意见稿）	国家认证认可监督管理委员会	为组织衡量绿色供应链管理体系绩效水平，提升绿色供应链管理体系整体绩效，履行环境保护责任，实现环境、经济社会效益的共同提高提供评价指南
2019 年 6 月	《绿色供应链管理体系审核指南》（征求意见稿）	国家认证认可监督管理委员会	规定了绿色供应链管理体系审核的特定要求
2019 年 8 月	《化学物质环境风险评估技术方法框架性指南（试行）》	生态环境部、国家卫生健康委员会	加强化学物质环境管理，建立健全化学物质环境风险评估技术体系，规范和指导化学物质环境风险评估工作
2020 年 2 月	《环保装备制造业（固废处理装备）规范条件》	工业和信息化部	加快引导环保装备制造业高质量发展，促进行业技术创新，提升绿色发展水平
2020 年 3 月	《关于构建现代环境治理体系的指导意见》	中共中央办公厅、国务院办公厅	牢固树立绿色发展理念，深化企业主体作用，为推动生态环境根本好转、建设生态文明和美丽中国提供有力制度保障

（续）

时间	政策	出台部门	政策目标
2020 年 3 月	《产业园区基础设施绿化指标体系及评价方法》	国家市场监督管理总局、国家标准化管理委员会	规定了产业园区基础设施绿色化的基本要求、评价指标体系与评价方法、评价指标的定义及计算方法，有助于产业园区基础设施的建设、改造、评价和管理
2020 年 4 月	《新化学物质环境管理登记办法》	生态环境部	规范新化学物质环境管理登记行为，科学、有效评估和管控新化学物质环境风险，聚焦对环境和健康可能造成较大风险的新化学物质，保护生态环境，保障公众健康
2020 年 5 月	《关于完善废旧家电回收处理体系 推动家电更新消费的实施方案》	国家发展和改革委员会、工业和信息化部、财政部、商务部、生态环境部、住房和城乡建设部、国家市场监督管理总局	进一步完善废旧家电回收处理体系

　　2016 年 1 月，工业和信息化部联合国家发展和改革委员会、科学技术部、财政部、环境保护部、商务部、海关总署、国家质量监督检验检疫总局颁布了《电器电子产品有害物质限制使用管理办法》（中国版 RoHS 2 指令），将调整对象由电子信息产品扩大为电器电子产品；增加了限制使用的有害物质，将"铅""汞""镉"分别修改为"铅及其化合物""汞及其化合物""镉及其化合物"，将"六价铬"修改为"六价铬化合物"；增加有关科技、财政政策支持的规定，国家鼓励、支持电器电子产品有害物质限制使用的科学研究、技术开发和国际合作，积极推广电器电子产品有害物质替代与减量化等技术、装备；完善产品有害物质限制使用的管理方式。电器电子产品有害物质限制使用采取目录管理的方式，编制"达标管理目录"、建立合格评定制度。2019 年 5 月 17 日，国家市场监督管理总局、工业和信息化部发布《电器电子产品有害物质限制使用合格评定制度实施安排》，明确评定制度采用国家统一推行的电器电子产品有害物质限制使用自愿性认证（简称国推自愿性认证）和电器电子产品有害物质限制使用供方符合性声明（简称自我声明）两种方式。国推自愿性认证明确了认证机构的工作要求，自我声明要求供方在产品投放市场后 30 日内在公共服务平台完成符合性信息报送。2019 年 7 月，国家市场监督管理总局发布《关于明确电器电子产品有害物质限制使用合格评定制度"供方符合性标志"的公告》，明确电器电子产品有害物质限制使用合格评定制度中采用自我声明方式所使用的"供方符合性标志"。绿色供应链是我国推进国际合作的重点任务之一。2014 年

11 月，亚太经合组织（APEC）第二十二次领导人非正式会议在北京举行，就建立亚太经合组织绿色供应链合作网络达成共识，批准在中国天津建立首个亚太经合组织绿色供应链合作网络示范中心。2016 年，成立 APEC 绿色供应链合作网络专家组，在国内建立首个 APEC 绿色供应链合作网络示范中心。2017 年 4 月，我国发布了《关于推进绿色"一带一路"建设的指导意见》，明确提出加强绿色供应链管理，加强绿色供应链国际合作与示范。

一些地方政府结合国家法律法规要求，制定了地方性的法律法规，因地制宜地引导企业参与绿色供应链管理。作为首个亚太经合组织绿色供应链合作网络示范中心，天津是我国最早开展绿色供应链管理试点工作的城市。为确保绿色供应链管理的实施，天津市充分发挥政策规范和标准引领的作用，先后颁布了《天津市绿色供应链管理试点实施方案》《天津市绿色供应链管理工作导则》《天津市绿色供应链管理暂行办法》《天津市绿色供应链产品政府采购管理办法》《天津市绿色供应链产品政府采购目录》等政策，而且配套出台了《绿色供应链管理体系　要求》（DB 12/T 632—2016）、《绿色供应链管理体系　实施指南》（DB 12/T 662—2016）等标准。作为全国制造业重地和开放型经济高地，2015 年 10 月东莞市政府与环境保护部东盟中心签署了战略合作协议，筹建"绿色供应链合作东莞示范中心"，并发布"绿色供应链东莞指数框架"。同年 12 月，获环境保护部批准成为全国首个绿色供应链试点示范城市，并列入"十三五"广东省与环境保护部的省部共建示范项目。2016 年 12 月，东莞颁布实施《东莞市绿色供应链环境管理试点工作方案》，提出围绕家具、制鞋、电子和机械四大行业以及零售服务业开展试点工作（毛涛，2016）。

1.3　国内外绿色供应链管理实践及发展

1.3.1　国内绿色供应链管理实践

党的十八大以来，中国经济进入了新常态。在新常态下，由于受到了外部复杂的国际经济环境影响和国内资源生态约束不断强化这两方面的作用，制造业转型升级、绿色发展的任务已经迫在眉睫。近几年来，中国在绿色供应链方面进行了许多实践，包括政府层面、城市层面和企业层面。

1. 政府的绿色供应链管理实践

自 2016 年起，为贯彻落实《中国制造 2025》，我国加快构建绿色制造体系，打造绿色供应链，推动建立绿色低碳循环发展的产业体系，到 2019 年，我国已连续举办了四届制造企业绿色供应链管理论坛。在第四届论坛上，相关机构和企业介绍了在推广绿色供应链管理方面的相关经验和做法，中国绿色供应链联盟官方网站也在会上宣布上线。

2017 年 10 月，在国务院办公厅印发的《关于积极推进供应链创新与应用的指导意见》中，第三部分重点任务的第五点针对绿色供应链实践提出了三点措施。

（1）大力倡导绿色制造

推行产品全生命周期绿色管理，在汽车、电器电子、通信、大型成套装备及机械等行业开展绿色供应链管理示范。强化供应链的绿色监管，探索建立统一的绿色产品标准、认证、标识体系，鼓励采购绿色产品和服务，积极扶植绿色产业，推动形成绿色制造供应链体系。

（2）积极推行绿色流通

积极倡导绿色消费理念，培育绿色消费市场。鼓励流通环节推广节能技术，加快节能设施设备的升级改造，培育一批集节能改造和节能产品销售于一体的绿色流通企业。加强绿色物流新技术和设备的研究与应用，贯彻执行运输、装卸、仓储等环节的绿色标准，开发应用绿色包装材料，建立绿色物流体系。

（3）建立逆向物流体系

鼓励建立基于供应链的废旧资源回收利用平台，建设线上废弃物和再生资源交易市场。落实生产者责任延伸制度，重点针对电器电子、汽车产品、轮胎、蓄电池和包装物等产品，优化供应链逆向物流网点布局，促进产品回收和再制造的发展。

绿色供应链的一大特点就是全过程闭环，它包括采购、生产、营销、回收、消费、物流等环节。为了更好地推进绿色供应链构建，相关部门也针对绿色供应链的各个环节，出台了相应的规范性指导文件。根据《中国制造业绿色供应链发展研究报告 2018》，表 1-10 给出了各部门关于绿色供应链的指导性文件。

表 1-10　各部门关于绿色供应链的指导性文件

环　节	发文部门	发文时间	文件名称
采购	商务部 环境保护部 工业和信息化部	2014 年 12 月	《企业绿色采购指南（试行）》
生产	工业和信息化部 国家发展和改革委员会 环境保护部	2013 年 1 月	《关于开展工业产品生态设计的指导意见》
	工业和信息化部	2015 年 5 月	《工业清洁生产审核规范》 《工业清洁生产实施效果评估规范》

（续）

环　节	发文部门	发文时间	文件名称
生产	财政部 国家发展和改革委员会 工业和信息化部 环境保护部	2015 年 6 月	《环保"领跑者"制度实施方案》
	国家发展和改革委员会 财政部 工业和信息化部等	2014 年 12 月	《能效"领跑者"制度实施方案》
流通	商务部	2014 年 9 月	《关于大力发展绿色流通的指导意见》
消费	商务部	2018 年 4 月	《关于做好 2018 年绿色循环消费有关工作的通知》
回收再利用	国务院	2016 年 12 月	《生产者责任延伸制度推行方案》
	工业和信息化部 商务部 科学技术部	2016 年 12 月	《关于加快推进再生资源产业发展的指导意见》

2018 年 4 月，商务部、生态环境部等八部门联合印发《关于开展供应链创新与应用试点的通知》，将构建绿色供应链列为重点任务，引导地方和企业践行绿色发展理念，促进生态环境质量改善。此次八部门联合推进供应链创新与应用试点，有效落实了《关于积极推进供应链创新与应用的指导意见》。

试点有两类，包括城市和企业实体。试点城市的主要任务是：推动完善重点产业供应链体系；规范发展供应链金融服务实体经济；融入全球供应链打造"走出去"战略升级版；发展全过程全环节的绿色供应链体系；构建优质高效的供应链质量促进体系；探索供应链政府公共服务和治理新模式。

试点企业则应发挥产业龙头地位的带动作用，加强与供应链上下游企业的协同和整合。其主要任务是：提高供应链管理和协同水平；加强供应链技术和模式创新；建设和完善各类供应链平台；规范开展供应链金融业务；积极倡导供应链全程绿色化。

通过实行试点计划，创新形成适合我国的供应链管理模式，培养一批具有带动作用的优秀供应链企业，并且总结出具有普适性的可以进行推广的供应链发展经验。

下面详细介绍国内绿色供应链试点城市和部分绿色供应链企业的管理实践。

▶▶ 2. 绿色供应链试点城市

在 2018 年之前，我国主要有四个绿色供应链试点城市：天津、上海、深圳和东莞。其中，天津和上海是中国环境与发展国际合作委员会（以下简称国合会）绿色供应链政策示范的两个试点城市，天津还是首个亚太经合组织绿色供应链合作网络示范中心。四个城市在促进绿色供应链实施过程中形成了自己独具特色的发展模式。绿色供应链使城市更加绿色，更加美丽。

（1）天津——政府主导的绿色供应链试点城市

2012 年 11 月，天津市发展和改革委员会向国合会提交了绿色供应链管理试点申请。2012 年 12 月 10 日，国合会正式回复天津市发展和改革委员会，同意天津绿色供应链管理试点作为国合会的政策示范项目（2013 年—2015 年）。2013 年，天津市绿色供应链试点工作正式启动，同时绿色供应链管理试点工作被写入《关于深入贯彻落实习近平总书记在津考察重要讲话精神加快建设美丽天津的决定》（津党发〔2013〕18 号）。2014 年 11 月 11 日，APEC 第二十二次领导人非正式会议批准在中国天津建立首个 APEC 绿色供应链合作网络示范中心。在天津绿色供应链试点城市建设中，天津市政府发挥了积极带头作用。

早在 2013 年 11 月，天津市发改委、天津市建设交通委、天津市财政局和天津市环保局就联合拟定了《天津市绿色供应链管理试点实施方案》。该方案主要包括开展绿色供应链管理试点基础条件、总体要求和工作目标、主要任务、试点工作安排和保障措施等内容。其中主要任务有以下七项：①推行绿色产品政府采购，健全配套审批监督机制；②促进钢铁行业绿色供应链管理，改善钢铁企业生态足迹状况；③加强建筑领域绿色供应链管理，促进绿色建筑产业化发展；④构建绿色商品服务平台，打造于家堡亚太经合组织绿色商品服务示范区；⑤加强与国际组织合作，制定绿色标准和建立市场服务体系；⑥促进企业和公众绿色消费，培育绿色消费文化；⑦建立绿色财税金融支持体系。

2014 年 7 月，颁布了《天津市绿色供应链产品政府采购管理办法》，对产品认证、预算和计划、优先采购和强制采购、供应商扶持和监督检查等各方面进行了具体规定，最终成效显著，政府绿色采购的比例从 2013 年的 76.8% 增加到 90%。

2014 年 APEC 会议批准在天津建立首个 APEC 绿色供应链合作网络示范中心后，天津市政府更是加快了天津市绿色供应链项目的建设。2015 年 7 月，天津市政府颁布了《天津市亚太经合组织绿色供应链标准化工作方案》，方案明确了 APEC 绿色供应链标准体系的总体目标，按照系统统筹、目标明确、层次清晰、结构合理的原则，初步拟定了绿色供应链标准体系结构框架的初始构想，包括通用基础、绿色设计、绿色采购、绿色建筑、绿色生产、绿色服务、绿色物流、绿色消费、绿色回收与再利用九个子体系，各子体系既相互独立，又相互依存，从而为后续绿色供应链相关标准的研制明确了基本路径。

2015 年 9 月，天津市政府批准筹建天津市绿色供应链标准化技术委员会。委员会下设基础与管理、绿色建筑、绿色生产、绿色包装、绿色物流、回收再利用六个分技术委员会。委员会主要负责天津市绿色供应链领域的标准体系建设和规划、标准制定和修订、标准宣传贯彻和标准实施情况调研分析等。

2015 年 12 月，天津市发改委、天津市工业和信息化委、天津市商务委等八部委联合颁布《天津市绿色供应链管理暂行办法》，对标准化建设和标准化管理、经济管理和采购管理及市场服务管理等方面做出了详细规划。

2016 年 4 月，天津市标准化委员会办公室会同天津市绿色供应链标准化技术委员会制定了《天津市实施百项绿色供应链标准工程工作方案》，明确了工作目标，制定了工作原则，对各部委进行了任务安排和工作分工，并对绿色供应链标准工程工作提供了技术支持和经费。

2017 年，天津选择了许多生产和供应链较长、规模较大、标准化管理的公司和项目作为新的试点。另外，为进一步扩大绿色供应链管理的范围，天津市还利用园区帮助企业建立绿色供应链。目前，已经将滨海高新区、市开发区、子牙循环经济产业区等在节能环保、循环经济及低碳发展等方面具有良好基础的典型工业园区设为新的试点。

（2）上海——试点企业带动的绿色供应链试点城市

2013 年，在国合会的支持下，上海绿色供应链管理示范项目于当年 3 月在上海启动。该项目的主要目的是在百联集团、上海通用汽车和宜家（上海）进行绿色供应链管理试点工作，通过试点提高公司的绿色供应链管理意识，并对相关行业的绿色供应链管理模式和标准进行探索，提供经验。

参加试点的三家公司都有各自的特点。百联集团是国有企业，属于贸易产业，拥有很多店铺。根据独特的业务现实情况，百联集团基于对"绿色消费，绿色市场和绿色渠道"理念的考量，对联华超市的绿色环保商店进行改造并对其供应商的环境管理水平进行了评估。2013 年，联华超市的一家商店通过改造，节约了 30 万度（30 万 kW·h）的电力，减少了 765t 的二氧化碳排放。上海通用汽车是一家中外合资公司，属于汽车产业。它一直引领着行业绿色供应链管理体系的建立，鼓励和动员供应商主动参与绿色改善和持续改善计划，以及进行"绿色供应商"和"优秀绿色供应商"的评选。此外，还聘请第三方机构为供应商提供技术上的支持，鼓励供应商在改进能效、改善管理、改进流程、更新设备、循环利用材料等方面继续努力。宜家是一家外资企业，属于家居行业。宜家建立了专门的 IWAY 系统对供应商进行管理，将环境合规性和绩效改进要求纳入采购指南和供应商行为准则中，并建立专门的团队来审核以帮助供应商提高其环境绩效。

在试点过程中，三家公司都推出了自己的绿色供应链规范性文件，有《宜家供应链节水管理指南》《上海通用汽车绿色供应链管理规范性指南》和《上海商贸企业绿色门店标准框架》等。

自 2016 年起，上海市每年都会举办上海绿色供应链高峰论坛，并对上一年在绿色供应链管理方面表现出色的公司授予绿色供应链优秀案例奖，以及绿色供应链行业先锋奖。在 2018 年的论坛上，来自各个行业的 23 个企业案例获得了 2017

年度绿色供应链优秀案例奖，2 个案例获得了 2017 年度绿色供应链行业先锋奖。

（3）深圳——政府与企业合作的绿色供应链试点城市

2006 年 4 月，深圳在政府领导、多家公司自愿参加的情况下，发起了一项特殊的环保行动——"鹏城减废行动"，以鼓励实行绿色制造，提高内部环境管理水平，进而提高资源生产效率并减少生产中的浪费及废弃物的排放。该活动被公认是深圳发展绿色供应链的起点。自此开始，"鹏城减废行动"的参与者迅速增加，从 2006 年的 113 家增加到 2013 年的 1 000 多家。为了将单个公司的减废活动延伸到供应链中的大多数公司，使之变成整条供应链上公司的集体行动，减废活动已从生产方扩展到采购方，通过绿色采购的方式推动上游供应商改善资源和能源的使用，从而达到保护环境的效果。2006 年 8 月，在深圳市政府的号召下，华为等 13 家大型公司共同发布了绿色采购宣言，承诺今后将会进行绿色采购。

2008 年，深圳市政府和多家企业进行合作，以促进绿色供应链的进一步发展。2008 年 9 月，深圳市环境保护局和其他 15 家产值较高、社会影响力大且规模较大的公司（如华为等）签署了一份基于共识的《深圳市企业绿色采购合作协议》。合作协议的一项重要内容是，深圳环境保护局根据公司的环境绩效，对其进行三种不同等级的评定，分别是绿色、黄色和红色，并定期在网站上公布环境绩效较低的公司名单，通过电子邮件等形式告知参与绿色采购协议的公司，为其进行绿色采购提供及时有效的信息。

2014 年，深圳市以华为公司作为试点企业，开展了"深圳绿色供应链"试点项目，并研究了如何建设"政府指导、大企业采购牵引、中小企业改善环境"的新型政企合作模式。2018 年，华为终端（东莞）有限公司成为国家绿色供应链管理示范企业。

2019 年 4 月，在由深圳市政府、工业和信息化部联合举办的"中国电子信息行业 2019 可持续发展与企业社会责任高峰论坛"上，深圳市发布了《电子信息行业绿色供应链最佳实践 2019》，选取了松下、索尼等公司的供应链管理案例作为优秀示范，为行业内其他企业提供更多经验与指导。

（4）东莞——首个建立城市指数的绿色供应链试点城市

东莞作为绿色供应链试点城市，所研究创建的东莞市绿色供应链管理评价指标体系——"东莞指数"是东莞的特色。在东莞指数的指导下，公司可以进行评估，以有效地识别环境保护、节能和低碳等方面的状况和问题。

此外，东莞市还发布了《东莞市绿色供应链环境管理试点工作方案》，在方案中提出通过东莞绿色供应链环境管理工作先行对家具、鞋类、电子产品和机械四大制造业以及零售服务业，共五个行业开展试点工作。试点示范时间为 2016 年—2018 年，在此期间，市政府每年拨款 50 万元作为专项补贴，以促进推广绿色供应链管理。在四个进行试点工作的制造行业中，其工作重点是：在家具和鞋类制造业，控制企业的挥发性有机污染物排放；在电子产品和机械制造业，提高企业对于排放废水的处理能力和水平。在零售服务行业，鼓励公司进行绿色采购，建立绿色商店和促进绿色物流。在每个试点行业选择五家绿色供应链管理表现优异的公司作为补贴或奖励对象，进行财政奖励或补贴。

▶▶ 3. 企业的绿色供应链管理实践

（1）华为技术有限公司（简称华为）

作为国内绿色供应链管理实践的先行者和带头人，华为将绿色供应链管理实践应用到生产运营的各个环节，主要涉及公司的采购及对供应商的管理两个方面。

1）绿色采购。2006 年，华为与其他 12 家企业一起发布了绿色采购宣言，承诺在效能相同或相似条件下优先考虑采购具有良好环境性能的产品或可回收材料；建立绿色采购认证管理系统，对所购产品和服务实施绿色认证；不从违反环境法律法规的公司处购买产品或服务。2008 年，华为与深圳市环境保护局签署了《深圳市企业绿色采购合作协议》。华为把供应商的可持续发展绩效作为采购份额和合作机会的影响因素，在相同条件下优先采购绩效表现好的供应商的产品和服务。华为不仅在供应链选择系统中对供应商的可持续表现采用严格的评估和选择标准，而且在后续的运营过程中积极地为供应商提供绿色支持和改造实践方面的帮助。

2）绿色供应商管理。华为拥有严格的评估标准和完善的供应商选择系统。华为的绿色供应商管理包括供应商选择、绩效评估和协作三个方面。绩效评估过程建立了处理问题和终止问题的机制。在选择供应商的过程中，华为将可持续发展要求加入供应商认证和审核过程，所有正式供应商都必须通过其供应商认证。华为调查目标供应商以供确定和选择的主要方式是使用公众环境研究中心（Institute of Public and Environmental Affairs，IPE）的全国企业环境绩效数据库。根据电子行业行为准则（Electronic Industry Code of Conduct，EICC），华为与正式供应商签署"供应商企业社会责任协议"，该协议包括管理体系、劳工标准、环境保护、商业道德、安全健康及供应商管理等要素。

华为对供应商绩效的评估过程如下：首先，使用 IPE 的"蔚蓝地图"数据库定期获取华为的 500 家主要供应商在中国的环境绩效数据，以促进供应商自我管理。其次，对供应商进行风险评估和分类管理，将供应商分为低、中、高三个风险级别，根据风险等级由高到低分别采用现场审核和抽样现场审核等管理评估方式。最后，根据供应商的现场审核和补救措施评估供应商的可持续发展绩效，并将供应商分为优秀、良好、合格和不合格四个级别。评估结果在内部发布，并由采购经理传达给供应商的高级管理人员，以促进供应商的整改。如果供应商的绩效还维持在低水平，则逐渐减少从该供应商处的采购份额，直到从供应商列表中剔除该供应商。

在供应链管理系统中，华为还从被动转变为主动，积极增强对合作供应商的绿色转型和升级。2014 年，华为与深圳市人居环境委员会联合推出了"深圳市绿色供应链"试点项目，并提出了一个面向市场的绿色供应链模式，以通过节能和环保变革提高公司的市场竞争力。根据供应商的信息收集、审查、评估和考核，该项目会有针对性地组织一系列研讨会和专家现场技术指导活动，以交流行业先进的环保技术并帮助供应商挖掘节能和减排的潜力。另外，主动实施污染防治和控制设施升级的供应商将获得资金支持上的倾斜。同时，该项目还帮助华为改进绿色采购基准并构建绿色供应链管理系统，将该公司的环境管理模式从被动变为主动，从最初的末端治理管理模式到完整生命周期管理模式，从产品开发、生产、分销、使用、再利用到废物管理，实现全过程的环境友好。在此基础上，华为委托第三方技术机构进行了有关绿色供应链主题的研究，总结了其试点经验，最终编成深圳绿色供应链指南。

有关华为绿色供应链实践的内容将在本书后面章节的案例部分进行详细介绍。

（2）北汽集团

北汽集团的绿色供应链管理实践主要体现在绿色生产和供应商管理两个方面。

1）绿色生产。北汽集团的绿色生产包括绿色工厂、绿色技术和绿色产品三个部分。首先，为了保证集团生产符合绿色制造及生态文明建设的要求，北汽集团从制造源头——工厂设计建设开始就将环保理念融入其中。以北汽集团新能源蓝谷区为例，该生产园区拥有一套完备的污水处理系统，确保了绿色制造的实现。同时北汽集团还不断地引进和改造生产技术，实现生产过程中的低消耗和低污染。此外，北汽集团积极推进绿色包装，通过使用可降解材料、采用无害化材料、包装减量等手段，实现了绿色包装。

2）供应商管理。北汽集团对供应商有严格的要求，并制定了供应商准入与考核管理制度。以北汽集团旗下子公司福田康明斯为例，在选择供应商时除了采用传统供应商衡量标准外，还考虑了供应商的环境表现，并将供应商的环境管理行为纳入本企业的环境管理体系。

在供应商准入方面北汽集团着重关注了供应商的第三方环境认证，目前在其所拥有的 500 多家供应商中，有将近 70% 的供应商都通过了环境体系的认证。

（3）联想集团

在供应链运营方面，联想集团非常重视供应链的可持续发展，并要求供应商与其共同打造绿色供应链。

1）供应商管理。联想集团实行责任商业联盟（Responsible Business Alliance，RBA）计划：与大部分供应商签订合同，并通过独立审核及正式的评估报告以检验供应商的合规性。RBA 计划包含多项内容。例如：要求供应商每年按照 RBA 模板进行正式的自我评估；要求供应商进行独立的第三方审核；要求部分二级和三级供应商加入计划；要求供应商获得相关认证等。

此外，联想集团还就气体排放、水资源利用及废弃物处理等方面对供应商提出要求。截至 2018 年，已有 70% 的供应商设定了公开的用水及废弃物削减目标，有 50% 的供应商实现了 ISO 50001 能源管理认证。另外，联想集团还向所有供应商和相关人员提供教育课程、咨询等有针对性的培训，以提高供应商的可持续发展能力。

2）绿色产品。联想集团通过改进产品设计生产等环节，实现产品的绿色生产。

在产品包装方面，联想集团采用生物材料，减少包装物料并降低包装污染程度。在产品设计方面，一方面采用先进技术提高产品能源效率，另一方面选用可循环材料替换有害材料。

3）绿色回收。联想集团还实行了产品生命周期末端管理，实现对已停止使用、生命周期即将结束或报废的产品、零部件及外围设备的再利用、翻新、再生制造、拆除、回收、分解、循环再用和处理。联想集团与供应商签订合约，对处于生命周期末端的产品进行回收及处理，实现废旧产品的翻新转售或废弃物无害化处理。

2018 年期间，联想为处理 40 300t 联想自有及客户退回的计算机设备提供资金或管理服务。其中，2.8% 再利用为产品或零部件、91.7% 经回收制成物料、3.2% 经过焚化转废为能、1.1% 做焚化处置及 1.2% 做填埋处置。

1.3.2 国外绿色供应链管理实践

1. 政府的绿色供应链管理实践

（1）欧盟

1）生态标签。早在 1992 年，欧盟就启动了一项自愿性生态标签计划，鼓励私营部门开发和销售环保产品和服务。标有简单花朵徽标的产品和服务作为具有生态标签的标志，在包括挪威、冰岛和列支敦士登在内的 27 个国家中得到认可和识别。

2）绿色公共采购。欧盟可持续发展政策的核心是绿色公共采购，它是鞭策私营部门力争达标的激励办法和指导政策，并在欧盟各国国内生产总值中占据了重要比例。在欧洲范围内，各国政府部门在此方面的花费接近 2 万亿欧元，约占欧洲各国国内生产总值的 17%，因此已经构成了使市场转变为可持续发展方向的主要动力。绿色公共采购激励各产业大力发展绿色技术与产品，并且为生产这些可持续产品和服务的行业提供了足够大的市场，以帮助它们达到基本规模生产要求。毫无疑问，该政策给整个欧洲市场带来了巨大变化。

（2）日本

前文提到，日本政府在 19 世纪后期工业化进程加快过程中，由于缺乏相应的绿色处理技术，造成了在日本肆意蔓延的污染。因此，从1992年开始，日本政府实施了一系列措施，以学习欧美的绿色技术和管理模式。日本政府在绿色供应链方面给予企业极大的支持，尤其是在财政方面制定了详细合理的环保经费分配政策，对建立绿色供应链和应用绿色技术的企业给予一定的资金补贴（王玉和张颖川，2015）。日本政府在绿色物流和绿色采购等方面也有许多措施。

1）绿色物流。日本政府不断修订《综合物流施策大纲》的内容，每一版修订都将发展绿色物流作为主要的政策目标之一。绿色物流政策随着经济社会变革及时调整，具有较强的稳定性和连续性（高泉，2016）。目前，日本已经构建了较为完善的绿色物流体系，降低企业物流运营方面的成本，使绿色供应链能够得到持续可观的收益，不再是一个"无底洞"。日本政府非常清楚日本绿色物流应该在什么方向上进行发展，管理的侧重点已经从经济规制转向社会环境规制，并强调相关部门要联合协作，共同提高绿色物流系统效率（翁心刚和姜旭，2011）。

2）绿色采购。在绿色采购方面，由于地方政府会有更多的自治权，日本政府在制定相关法案时会考虑地方政府、社团和民众对其理解程度和执行能力，采取不同的要求标准（邹刚，2012）。同时，采用许多宣传、示范的手段，以便绿色采购的观念能够深入人心。此外，日本政府还设立了广泛、有效传递绿色采购信息的网络，促进了日本的消费者、公司和政府组织的绿色采购（姜爱华，2007）。

（3）美国

作为绿色供应链管理的发起者和推动者，美国政府针对绿色供应链政策指导制定了一系列以科学为基础且灵活有力的法律法规，建立了有效的监督和控制机制，主要包括以下几个方面：

1）制定市场激励措施，影响企业环境行为。美国政府通过制定经济刺激和税收政策措施，影响企业的金融决策，并以此增加可再生能源的使用，推动企业提高效率。

2）通过法律或指南，强制或鼓励企业在报告中展示供应链的环境状况。美国政府要求公司披露有关其供应链中各部分运营对环境影响的信息。美国环境保护局建立的"有害物质排放清单"制度就是这种政策的一个例子。该清单要求公司报告有关有毒化学物质释放的信息，包括其释放的位置。美国还积极促进自愿环境信息报告制度的建立。国内外公司需要向有关当局报告其财务和公司管理状况。大多数公司报告均由美国证券交易委员会监控和发布，国会可以要求证券交易委员会报告新类别的信息，例如公司运营和产品分销，以及其他供应链服务对环境产生的影响。

3）政府推动企业自愿开展合作计划，以减少供应链上的企业对环境的影响。为鼓励企业积极参与绿色供应链管理流程，美国政府资助了一系列自愿项目，以帮助企业改善可持续运营。自愿项目具有指导性、激励性和合作性，都是为了更好地激励企业参与其中。最典型的例子是智能运输项目，这是美国环境保护局于 2004 年启动的政府行业合作项目。该项目旨在通过实施能源效率措施为物流公司提供低能耗的策略。

⯈ 2. 企业绿色供应链管理实践

（1）戴尔

戴尔公司的绿色供应链建设主要围绕供应商管理展开，通过监管、直接参与和给予帮助的方式。戴尔十分注重用户需求，自身在做到信息充分披露的同时还要求供应商提高其透明度。

戴尔作为责任商业联盟的成员，按照责任商业联盟准则来对供应商进行监管。同时对上游高风险工厂及可能违反其要求的工厂进行预期评估和审核。2018 年，戴尔对 1 865 家工厂进行了风险评估，将其中归类为社会或环境高风险问题的项目列入审计计划中，并对 97% 的工厂完成了审计。

2018 年，戴尔首先选取 144 家工厂，为其提供个性化的可持续改进方案；同时派遣专家通过现场咨询分享了他们的专业知识；并跟进供应商，帮助供应商提高内部审计能力，从而可以更好地监控风险。戴尔通过直接参与供应商完成纠正措施计划，解决审计发现的风险问题。在 2018 年的审核周期中，62% 的工厂审计分数相比前一年得到了提高。

戴尔还通过对供应商进行培训、与供应商分享知识技术等方式建立强有效的管理系统。2018 年，戴尔通过现场培训和网络会议等方式为 252 家供应商工厂的 811 位领导者提供了培训，并通过这些领导者在其工厂进行进一步的团队学习与培训，高效提升供应商的整体水平。

（2）阿迪达斯

由于阿迪达斯几乎所有产品生产都是外包的，因此在绿色供应链实践中，阿迪达斯对供应商的管理占据了很大一部分。

1）供应商管理。阿迪达斯通过为供应商提供环境管理的政策和最佳实践指导，提供针对供应商需求的培训课程，以及衡量它在能源、水和废物减排目标方面的预期成果的进展来确保整条供应链实现绿色环保。

阿迪达斯还支持其供应商逐步增加供应链中可再生能源的产生和使用，并帮助供应商与经验丰富的太阳能公司建立联系与合作，以便它们共同致力于可再生能源项目的开发和实施。截至 2019 年，有超过 20% 的战略供应商已经在采用可再生能源，包括屋顶光伏太阳能和生物质能。

阿迪达斯尝试最大限度地减少供应商在其制造工厂对环境的影响的另一种方法是帮助它们建立完善的环境管理系统。除了要求生产工厂获得相关环境认证，阿迪达斯还向生产工厂发布了自己的化学物品使用准则，同时采用创新的及对环境无害的鞋底黏合和底漆技术，使得运动鞋供应商能够大幅减少挥发性有机化合物的使用。挥发性有机化合物的使用已经从 1999 年的每双 100g 以上减少到 2019 年的 11g 左右，且实现了一直维持低水平排放。

2）绿色产品设计。阿迪达斯注重对产品的整个生命周期的设计。2019 年，阿迪达斯展示了首款可完全循环利用和可生物降解的产品，成功展示了针对循环和再生循环的概念验证产品。Futurecraft Loop 是阿迪达斯第一款完全由一种材料（TPU）制成且不使用胶水或溶剂的 100% 可回收的性能鞋。此外，阿迪达斯正在与合作伙伴和政府机构一起探索用于产品回收和再利用的基础设施。

3）绿色物流。阿迪达斯还定期跟踪产品运输对环境产生的影响，通过采用海运为主的物流模式，不仅降低了运输成本，而且提高了环保效益，减少了能源消耗。

（3）松下电器

松下电器是世界知名老牌公司，在绿色供应链实践上取得了许多成果。

松下电器注重生产和运营等各个环节的资源节约和污染控制，在产品设计、生产制造、包装物流等全生命周期的各个环节积极推动节能减排，降低环境影响。

松下电器建立绿色工厂评价制度，并以此为基础持续开展节能减排活动。通过制定、实践和改善废弃物、化学物质等相关计划，实现节能减排。2018 年，松下冷链（大连）有限公司和杭州松下家用电器有限公司分别获得了辽宁省工业和信息化委员会及工业和信息化部颁发的"绿色工厂"称号。

在绿色包装和物流方面，松下电器通过不断完善产品包装与物流运输环节，使用环保包装材料、缩小包装尺寸、改进运输线路与环保型运输工具、选择合理的运输方式等手段，科学地减少碳排放。

松下电器在全球范围内开展环境会计统计工作，建立松下环境绩效系统，收集和管理所有制造工厂的环境数据，并将其作为环境经营的基础信息有效利用。中国松下各生产工厂重视对保护环境的投入，通过不断完善和建设环境保护设施，减少污染物排放，进而推动企业的经营活动与环境保护措施相协调。

2018 年，松下电器中国有限公司还进一步强化信息公开，利用公司网站公示环境信息的活动，促使在华企业利用公司平台履行社会责任，不断改善自身环境经营水平。

（4）惠普

作为电子行业的老牌龙头企业，惠普公司在绿色供应链实践上也形成了一套较为成熟的做法，主要特色在绿色供应商管理与绿色循环经济等方面。此外，惠普还设置了绿色供应链专门执行机构，进行企业内部绿色供应链相关决策。

1）供应商管理。为了让供应商更好地解决环境问题，惠普为供应商制定了社会和环境责任绩效标准，并形成评估供应商绩效的社会环境评分卡，以推动供应商履行自身的环境社会责任。另外，惠普基于行业全球供应链中使用的标准——《电子行业行为准则》（Electronic Industry Code of Conduct，EICC）制定了针对其供应商的《供应商行为准则》，并不断完善。为了帮助供应商，惠普还经常对供应商进行培训，并举办供应商大会等分享企业的最佳实践。

2）绿色循环经济。惠普的绿色循环经济包括绿色物流以及绿色回收再利用。

在绿色物流方面，惠普通过调整运输结构及提高物流效率的方式，降低物流成本、减少能源消耗。在运输结构方面，惠普通过增大海运比例，降低碳排放较高的空运，实现了节能减排。此外，惠普通过优化运输网络提高物流整体运输效率，进一步减少能源消耗、降低运输成本。

惠普面向世界 76 个国家和地区收集废旧产品，截至 2018 年，惠普已回收了 39.52 万 t 废旧产品。目前，惠普超过 80% 的墨盒和 100% 的激光打印机鼓粉盒都是由可回收的材料制造的。

为了应对海洋塑料污染并改善人们的生活，惠普于 2016 年在海地启动了一项雄心勃勃的计划，以帮助应对日益增长的海洋塑料挑战，并为收集材料的人们改善生活条件。惠普还与第一英里联盟（First Mile Coalition）及其供应商合作伙伴一起，建立了一个功能完备的海洋塑料供应链，该供应链已经收集了数百万个塑料瓶，用于制作惠普的耗材和硬件产品。截至 2018 年，惠普已经使用了超过 50 万 t 的海洋塑料来制造原装的惠普墨盒。

有关惠普绿色供应链实践的内容在本书后面章节的案例部分还会有更加详细的介绍。

▶▶ 1.3.3 我国绿色供应链管理的现状和发展方向

▶ 1. 我国绿色供应链管理实践的现状

目前，我国绿色供应链管理实践呈现以下几大特点：

（1）形成多层面推动的管理模式

现阶段，我国绿色供应链管理实践所采取的是一种"专门政策驱动、第三方助力、龙头企业引领"的多层面推动管理模式（毛涛，2019）。相比于发达国家，我国的环境保护法律政策体系还不完善，因此需要一些第三方机构进行帮助和监督。同时，因为龙头企业在行业内具有较大的影响力和号召力，且国家资源有限，因此需要重点引导龙头企业进行绿色供应链的实践，进而带动整个行业的发展。

（2）形成闭环管理模式

目前，我国致力于打造闭环管理的绿色供应链，提倡企业统筹考虑从产品设计、采购、生产、销售、流通、使用、回收、处理到再利用等环节的生态环境影响，即力求实现绿色产品的再制造，完善逆向供应链，使企业在绿色实践中得到切实收益，激发企业在绿色供应链实践上的更大积极性。

（3）绿色供应链参与主体逐步扩大

作为绿色供应链实践的主体，企业参与的深度与广度是影响绿色供应链实践效果的主要因素。许多企业逐渐意识到一旦供应链上游中小企业出现环保违规问题，很有可能出现零部件断供而导致停产的风险。基于供应链安全考虑，一些中小企业也已经开始关注并尝试打造绿色供应链。

2. 我国绿色供应链管理的不足

虽然我国在绿色供应链管理的实践上取得了许多成果，但相比于西方发达国家，我国的绿色供应链实践仍有许多不足之处。

（1）环境保护法律体系尚不完善

我国绿色供应链主要受有关环境保护的法律法规的约束，例如《中华人民共和国政府采购法》和《中华人民共和国节约能源法》，但还没有针对绿色供应链管理的法律，以保障供应链管理实施，而且由于政府在绿色管理实践上经验不足，现有的相关法律法规分布较为分散，相比于西方发达国家不够系统。

（2）民众和企业绿色意识还不够强

由于我国绿色供应链相关实践起步较晚，因此部分公众和企业还受传统观念的影响，对绿色供应链的认识不够深刻。对企业来说，部分企业担心实行绿色供应链管理会增加成本，积极性不高，使整个供应链上各企业难以形成统一协调的合作机制。对消费者来说，虽然消费者的环保意识普遍提高，但是对产品的绿色功能要求不高，绿色消费观念不够深刻。

（3）绿色供应链标准及管理体系尚不健全

由于缺乏相应经验，我国的绿色供应链管理模式较单一，标准也不健全。在信息公开和共享方面还只能借助媒体和第三方机构，以弥补政府和企业间信息不对称的问题。此外，由于管理模式及标准较为单一，不能为企业提供较多打造绿色供应链的参考。

3. 我国绿色供应链管理的发展方向

（1）完善相关法律政策

在相关法律政策上可以参考西方发达国家，西方发达国家虽然也鲜有专门的绿色供应链法律政策，但由于其环境保护法律政策体系较为完善（毛涛，2019），相关法律法规联系密切，也可以对企业的绿色供应链实践进行约束和指导。因此，我国需要完善相关法规，细化对企业在绿色生产、绿色采购、绿色运输和绿色回收等各方面的具体要求；通过出台绿色供应链管理标准，为企业打造绿色供应链提供必要的模式参考；加强对企业的绿色环保技术的保护，以提高企业发展绿色环保技术的热情。

（2）加强绿色意识的宣传引导

在绿色理念的宣传引导上我们应学习日本等发达国家的措施，使绿色观念深入人心。对于企业和消费者等不同的群体，应该从不同的角度和侧重点出发，加强绿色理念的宣传教育。对于企业可以介绍模范企业的经验，如工业和信息化部公布的绿色供应链示范企业案例。对于消费者则着重宣传绿色生活方式，确保从消费者角度对绿色供应链实践产生积极影响。

（3）推进绿色发展的市场化

同西方发达国家相比，我国尚未形成成熟的绿色发展市场化推进机制，企业自发打造绿色供应链的热情还不够高。通过运用市场手段，如将公司的环境绩效与信贷门槛或税收绑定等，使环保"红利"（率先打造绿色供应链的企业，其供应链不仅更加绿色安全，所获市场份额也随之增多）逐步释放，从而激发企业进行绿色供应链实践的积极性。

1.4　绿色供应链管理基本实践

绿色供应链管理的日常运作体现在企业的绿色供应链实践中。为保证绿色供应链管理的成功实现，企业需要加强与供应商、消费者以及物流服务提供者的合作。根据 Tseng 等（2019），图 1-1 给出了绿色供应链管理框架。根据 Islam 等（2017），表 1-11 总结了目前绿色供应链管理基本实践所涉及的几个方面。

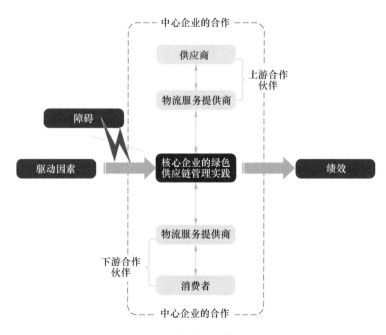

图 1-1　绿色供应链管理框架

表 1-11　绿色供应链管理基本实践总结

方　面	实　践	来　源
逆向物流	回收企业的报废物品 旧零件或部件的再贩卖或再利用 正在使用或替换旧的/过时的物品 修理和翻新用过的零件或部件	Büyüközkan 和 Çifçi（2012）；Govindan 等（2015）；Srivastava（2007）；Tseng 和 Chiu（2013，2012）
工业共生	废物处理厂共享 协助供应商建立环境管理系统（EMS） 使用其他公司的废物	Berlina 等（2016）；Tseng 和 Bui（2016）；Albu（2017）；Puente 等（2015）；Mahmood 等（2013）；Tseng 和 Chiu（2012）
生态创新实践	用环保物质替代有毒物质 转向清洁技术 废物的内部回收	Crum 等（2011）；Rao 和 Holt（2005）
绿色信息技术和系统	使用节能技术和数据中心 使用虚拟化软件合并服务器 减少与过时设备有关的废物 网真系统 协作团队软件 IT 产品的生态标签	Jenkin 等（2011）；Chou 和 Chou（2012）；Setterstrom（2008）；Standing 等（2008）；Uddin 和 Rahman（2012）
绿色设计	降低材料/能源消耗的产品设计 在整个生命周期减少产品对环境的负面影响 使用再利用、循环、回收材料或零部件设计产品 以最节能的方式为用户设计易于安装的产品 减少对环境有害物质的设计，加强对回收废物和再制造的设计	Fiksel 和 Fiksel（1996）；Gungor 和 Gupta（1999）；Arena 等（2003）；Beamon（1999）；Zhu 等（2007）；Eltayeb 等（2011）；Lin（2013）；Tseng 和 Chiu（2012）；Sarkis（1998）
碳管理	碳减排目标 碳管理培训 强调供应商参与公布温室气体排放情况并设立减排目标以管理其碳排放	Govindan 等（2015）；Hsu 等（2013）；Lee（2011）
供应商环境合作	与供应商合作，制订减少或消除浪费的计划 共享环境管理技术和知识 监督供应商的环境合规状况和运作 与供应商合作管理物料和包装的逆向流动 向供应商传达可持续发展目标	Lawson 等（2006）；Vachon 和 Klassen（2006）；Vachon 和 Klassen（2008）；Gunasekaran 等（2008）
客户环境合作	与客户合作开发环境管理解决方案 与客户合作管理物料和包装的逆向流动	Lawson 等（2006）；Lin（2013）；Azevedo 等（2011）
ISO 14001 认证	参加环境认证，如 ISO 14001 认证	Nawrocka 等（2009）；Robèrt（2000）；ISO（2010）；Prajogo 等（2012）

方　面	实　践	来　源
内部管理	环境合规监测和审计 全面质量环境管理 污染预防计划 环境经理和员工培训 员工提出环境建议的激励计划	Olugu 等（2011）；Rao 和 Holt（2005）；Tsoulfas 和 Pappis（2008）；Zhu 和 Sarkis（2004）；Lawson 等（2006）
绿色采购	考虑环境标准的供应商选择 购买环保原材料 促使供应商采取环境行为	Carter 和 Ellram（1998）；Carter 等（2000）；Saghiri 和 Hill（2014）；Yang 等（2013）；Kannan 等（2014）
绿色制造	最小化废弃物的产生，减少环境污染 再制造和精益生产 清洁生产 提高产能利用率 降低原材料成本，提高生产效率，提升企业形象 增加按时交货的数量 在制造过程中不使用危险或受限制的材料，并在生产过程中尽量减少废物	Walker 等（2014）；Tseng 等（2009）；De Giovanni（2012）；Zhu 和 Sarkis（2007）；Van Hoek（1999）；Tseng 和 Chiu（2012，2013）
绿色包装	环保包装（生态包装） 可回收包装、再利用包装、循环包装	González-Torre 等（2004）；Wu 和 Dunn（1995）；Hsu 等（2016）；Lin 等（2013）；Liu 等（2013）
绿色物流	环保运输 环保配送 使用低硫等绿色燃料和液体天然气等替代燃料 运输过程中的社区/环境、员工健康和安全问题	González-Benito 和 González-Benito（2006）；Murphy 和 Poist（2000）
绿色外包	全球外包中的环保责任 向所有外包利益相关者展示环保文化	Tseng 等（2011）；Babin 和 Nicholson（2011）；Brown（2008）
绿色仓储	减少库存水平 过剩库存物料的投资回收（IR）（出售） 出售超额资本设备	Zhu 等（2008）

▷▷ 1.4.1　绿色采购

绿色采购是绿色供应链管理的源头和关键环节，其核心内容是如何将环境因素融入采购环节。关于绿色供应链的研究开始于绿色采购，1994 年，Webb 研究了一些产品对环境的影响，建议按照环境准则选择合适的原材料，同时注重再生利用，进而提出绿色采购的概念（Webb，1994）。

绿色采购有狭义和广义之分。狭义的绿色采购是指所采购的产品（原材料、零部件及成品）或服务本身不含有污染环境和危害人体健康的有毒有害物质；广义的绿色采购还包括所采购的产品（原材料、零部件及成品）或服务在制造过程中没有使用或产生污染环境和危害人体健康的有毒有害物质。因此，绿色采购一般包括两方面的内容：绿色产品购买和绿色供应商选择。此外，企业尤其是核心企业会考虑促使供应商采取环境保护行为。

》》**1. 绿色产品购买**

目前，对于绿色产品尚无统一定义，不同学者对产品的"绿色"性质有不同的认识。从考虑产品对环境的影响角度出发，1995 年，Peattie 认为重要的是要辨别一种产品何时（When）、为什么（Why）及多大程度上（How much）是绿色的。

1）When：产品生命周期不同阶段的绿色特征。

2）Why：产品被认为是绿色的原因，涉及认识产品的环境重点。

3）How much：对于环境影响的程度。

关于产品生命周期，主要考虑三个阶段：①使用前（包含原材料提取、生产过程、运输过程）；②使用时；③使用后（寿命终止）。环境重点指的是绿色产品对环境影响的主要类别，可以根据绿色产品的主要环境重点来区分绿色产品，分为以材料、能源和污染为重点的绿色产品。一旦认识到绿色产品的三种主要环境重点，就可指定影响的具体类型，分为较消极影响、零影响或积极影响。若一种产品的环境影响低于传统产品，或其影响为零，甚至有积极的贡献，则可视为绿色产品。

总结来说，绿色采购就是通过源头控制，企业在采购时就应该从产品生命周期角度出发，评估产品（原材料、零部件和产成品）对环境的影响。

》》**2. 绿色供应商选择**

由于良好的经济和社会效益，绿色供应链管理越来越成为企业在市场竞争中占据优势的有效途径。目前，国际上许多大型公司非常重视并审慎选择供应商，并且把环境能力作为评估供应商的重要标准。国内许多树立起环境意识的企业，已经或正在通过招投标等形式，寻找和选择合适的供应商，建立供应商档案。在首次合作时，会采取以下方式选择绿色供应商：①对供应商提出环境标准要求；②要求 ISO 14000 等环境认证；③对供应商的环境审计。由于道德风险和逆向选择等原因，企业并不能保证供应商在运营中遵守环境要求，因而在与供应商建立采购关系之后，还需要对供应商环境合规状况和运作进行监管：①逐级供应商管理；②企业直接管理；③第三方管理。

》》**3. 促使供应商采取环境行为**

在现代市场经济中，供应链间的竞争已经被认为是市场竞争的本质。正如供应链管理专家 Martin Christopher 所说："市场上只有供应链没有企业""真正的竞争不是企业与企业之间的竞争，而是供应链和供应链之间的竞争"。相应地，社会责任行为也从企业行为扩展至供应链行为。供应链上各个企业作为利益共同体，任何企业的不负责行为都可能引发供应链风险，进而导致整条供应链危机。实践表明，上游供应商的违规行为往往会对下游企业的形象和绩效产生巨大的负面影响。

因此，在选定供应商后，企业可以通过指导、支持和帮助供应商等途径与供应商建立双赢的合作伙伴关系，保证供应商行为符合环境要求。此外，由于政府环境法规和企业环境要求的不断提升，企业还可考虑帮助其供应商通过革新技术、创新生产模式等手段适应发展要求，实现合规生产。

目前，学界的研究主要集中在供应商环境合作方面，主要涉及：

1）合作制订减少或消除浪费的计划。

2）共享环境管理技术和知识。

3）监督供应商的环境合规状况和运作。

4）合作管理物料和包装的逆向流动。

5）传达可持续发展目标。

1.4.2 内部环境管理

企业内部环境存在于组织边界内，是保证企业正常运行并实现利润目标的内部条件与内部氛围的总和，是由企业物质基础、企业组织结构、企业家精神、企业文化相互区别又紧密联系的四要素组成的有机整体。其中，前两者构成企业内部硬环境，后两者构成企业内部软环境。

企业内部环境管理贯穿于企业整个生产经营过程。内部环境建设的好坏，直接关系企业的运营与竞争力，是企业生死存亡的大事。因此，企业必须从战略上高度重视内部环境建设（李晓明，2005）。

随着供应链间竞争日益加剧、环境规制的不断完善和规范，企业为了适应可持续发展理念、形成绿色供应链生态，必须从内部环境入手——整合内部竞争优势，实现动态能力调整。为适应日益动态化的市场环境，企业必须充分认识环境规制所带来的机会和威胁，通过外部知识获取和内部知识创造在竞争中占据优势。在学习现有知识和技术的基础上，企业结合自身情况通过优化配置资源以采取恰当的行动，提供绿色产品或服务、构建绿色生产流程能力，实现创新驱动下的绿色转型（王涛、陈金亮和沈孟如，2019）。

1. 环境合规性监测和审计

环境合规性监测是在组织日常运营中运用现代科技手段监视、测定、控制反映生产经营过程中的各项环境指标，从而对合规性做出综合评价。环境合规性审计是对组织所处环境状况进行系统、定期和客观的评估和记载，识别组织活动造成的或可能造成的环境问题，并采取相应措施加以消除。

开展环境合规性监测和审计，保证企业环境信息的有效性，一方面有助于企业控制或合理规避环境风险；另一方面有助于企业树立环保形象。

2. 全面质量环境管理（Total Quality Environmental Management，TQEM）

全面质量环境管理（TQEM）将战略环境管理集成到全面质量管理（Total Quality Management，TQM）的整体方法中，是对直接影响环境质量的制造过程和程序实施质量管理标准和原则的过程。对不断改善组织的环境绩效，创建TQEM体系有助于：①识别其客户和各个环境小组；②激励管理层和员工致力于提高组织的环境绩效；③消除潜在的环境问题。正确实施 TQEM 的关键是，协调继承系统各部分以共同实现所提出的目标。

全球环境倡议（The Global Environmental Management Initiative，GEMI）成立于 1990 年 4 月，最初由包括 IBM、AT&T 和 Kodak 在内的 21 家公司组成，以制定企业环境绩效的战略和标准为组织目标。客户识别、持续改进、第一次做好工作、系统方法是 GEMI 确立的 TQEM 四大基本要素。

3. 污染预防（Pollution Prevention，P2）计划

污染预防（P2）是从源头减少、消除或预防污染的任何实践，也称为"源头减少"。污染预防与回收、处理及处理后排放有本质区别且更为可取（见图 1-2）。通过在生产、运营和原材料使用方面进行具有成本-效益的转变，工业界在减少或预防污染方面具有巨大前景。

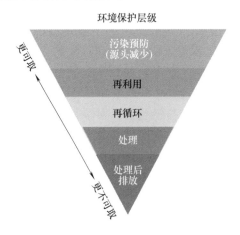

图 1-2　环境保护层级

来源：https://www.epa.gov/p2。

各国政府、国际组织相继出台法律法规规范污染预防计划并取得良好成效。例如，1999年《加拿大环境保护法》（Canadian Environmental Protection Act, CEPA）第4部分要求授予环境和气候变化部长制定和实施CEPA有毒物质（已添加到附表中的物质）P2计划的权限，并给出污染预防计划准则[⊖]。

1991年，美国佛蒙特州立法通过了《佛蒙特州污染预防计划法（第100号法案)》（Vermont's Pollution Prevention Planning law（Act 100)），要求超过特定阈值的企业完成污染预防计划，提交年度进度报告以描述在计划中制定的减少目标方面取得的进展，并提交年费。自2006年以来，佛蒙特州污染预防计划实施了近600个污染预防项目，减少了280万磅（1 270t）的危险废物和200万磅（907t）的有毒物质[⊖]。

▶ 4. 环境经理和员工培训

环境经理负责确保组织遵守内部和外部环境要求，既在空气质量、废物、清洁水和污染等外部方面符合环境法规，又要达到公司内部环境标准。环境经理的工作需要上级、同级和下级的配合，开展员工培训，使员工树立环境意识，是实现组织环境目标、改善环境绩效的关键。

富士通集团（Fujitsu Group）基于"在所有员工中加强环保意识和积极主动的努力对于推行环境管理至关重要"的信念开展了各种环境教育培训活动（见图1-3）。所有员工都接受了环境培训，以促进对环境管理的基本了解。除了为

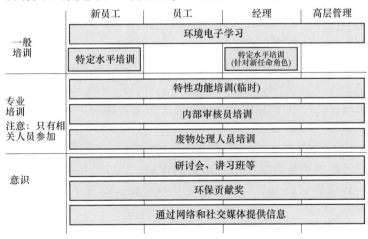

图1-3　富士通的培训框架

来源：https：//www. fujitsu. com/global/about/environment/education/。

⊖　来源：https：//www. canada. ca/en/environment-climate-change/services/canadian-environmental-pro-tection-act-registry/plans-policies/pollution-prevention. html。

⊜　来源：https：//dec. vermont. gov/environmental-assistance/pollution-prevention/plans。

新员工和经理提供培训外，还按部门进行培训，同时为负责与环境有关任务的员工进行专门培训，例如内部审核员培训和针对负责废物处理人员的培训。

▶▶ 5. 员工提出环境建议的激励计划

员工是现代企业管理制度中最活跃的因素。只有充分重视人的作用，以人为本，充分发挥员工的主动性和能动性，企业才会持续发展。

员工是企业生产经营活动的具体实施者。当员工通过培训等方式树立起环境意识后，企业可设立员工建议计划（Employee Suggestion Program，ESP）、采取激励措施，鼓励员工对企业的环境管理提出意见和建议。

▶▶ 1.4.3 生态设计

生态设计的思想可以追溯到 20 世纪 60 年代，美国设计理论家 Victor Papanek 在《为真实世界而设计》（*Design for the Real World*）中强调设计应该认真考虑有限的地球资源，为保护地球的环境服务。1996 年，Sim Van der Ryn 和 Stuart Cowan 将生态设计定义为"通过将自身与生活过程整合在一起，从而最小化对环境负面影响的任何形式的设计"。生态设计最初是指在设计过程中"加入"环境因素，但后来集中于生态设计实践的细节，例如产品系统、单个产品或整个行业。在绿色供应链管理中，生态设计是企业通过内部各个部门协作努力而进行的环境管理实践，主要包括产品生态设计和清洁生产（朱庆华和阎洪，2013）。

▶▶ 1. 产品生态设计

产品生态设计是指在产品及其全生命周期中，充分考虑对环境和资源的影响，在兼顾功能、质量、开发周期、成本等因素的同时，优化各有关设计因素，实现对环境的负面影响和资源消耗最小化。生态设计强调平衡经济和生态（包括资源环境影响等），具体来说，就是在产品开发的各阶段均考虑环境因素，通过产品开发减少产品整个生命周期对环境的影响，最终可以带来更可持续的生产和消费。

产品生态设计需要企业内部各部门及供应链上下游企业多方合作与参与。产品生态设计的成功与否取决于管理层的重视、供应链关系、企业全体员工的环保理念、环保专家的参与、对员工的环保奖励，以及企业各个部门的知识、能力与合作等。

企业在产品生态设计时可以考虑以下五个目标：①降低材料/能源消耗的产品设计；②在整个生命周期减少产品对环境的负面影响；③使用再利用、循环、回收材料或零部件设计产品；④以最节能的方式为用户设计易于安装的产品；⑤减少对环境有害物质的设计，加强对回收废物和再制造的设计。

▶▶ 2. 清洁生产

广义上，清洁生产也是生态设计的一部分。在实践中，企业往往更关注清洁生产过程。联合国环境规划署（United Nations Environment Programme，UNEP）将清洁生产定义为："清洁生产是一种新的创造性的思想，该思想将整体预防的环境战略持续应用于生产过程、产品和服务中，以提高生态效率和减少人类及环境的风险。"

清洁生产致力于减少生产过程和产品全过程对人类和环境造成的危害。对于生产过程，清洁生产要求节约原材料和能源，淘汰有毒有害物质，减少和降低废弃的数量和毒性；对于产品，清洁生产要求减少产品从原材料提炼到产品最终处置整个生命周期的环境负面影响；对于服务，清洁生产要求将环境因素纳入设计和所提供的服务中。清洁生产可以为企业带来实质性的经济节约和更干净的环境。清洁生产可同时考虑所有与产品系统有关的环境问题并注意各个方面的相互联系，从而为企业带来经济效益和环境效益。

1.4.4　与客户环境合作

企业在建立供应链合作伙伴关系时，往往考虑加强与供应商的合作，在绿色供应链中主要表现为绿色采购。近年来，绿色供应链的另一环——与客户的关系，也日益受到企业的重视，主要表现为与客户环境合作。根据企业在供应链上所处的位置，可将企业的客户分为消费者和下游企业。若企业生产最终产品或服务，其客户为消费者；若企业生产原材料、零部件、半成品或为下游客户提供服务的产品（如清洗材料、检测设备等），其客户为下游企业。因此，要根据客户的类型分别研究与客户的环境合作。

1. 与消费者的环境合作

企业与消费者的关系主要体现在绿色营销上。绿色营销是对环保产品和服务的营销。随着消费者环境意识和生态意识的提高和绿色消费观的树立，企业越来越将绿色环保主义作为企业生产的价值观导向，以绿色文化为生产理念，力求满足消费者对绿色产品的需求。

从绿色营销的角度分析，企业与消费者的环境合作可分为两个方面：①消费者向企业传递其环境偏好，然后根据企业的自身情况，选择合适的绿色营销战略；②企业向消费者传递环保产品"绿色度"，消费者对此足够了解并信任。

2. 与下游企业的环境合作

对于下游企业，上游企业作为供应商可与其建立绿色客户关系，进行环境合作。

首先，企业作为供应商，要实现其经济效益，在遵守法律法规的基础上，还需符合下游企业的环境标准。与下游企业开展环境合作，增强对其环境标准的理解，一方面有利于建立合作关系，另一方面有利于企业合规生产经营。其次，除了被动按照客户的要求组织生产、建立环境管理体系以外，供应商也可通过环境实践获得市场甚至影响客户。

1.4.5 逆向物流

逆向物流（Reverse Logistics）是相对于正向物流（Forward Logistics）而言的，正向物流处理产品从原材料到最终消费者的流动过程，逆向物流与之相反，适用于与产品和材料的再利用有关的所有操作。它是"为了获取价值或适当处置而将货物从其通常的最终目的地转移的过程。再制造和翻新活动也可能包括在逆向物流的定义中"。

随着绿色意识的提高、绿色供应链管理概念和实践的进步，逆向物流日益受到企业的重视。过去20年中，有关"逆向物流"的出版物大大增加。1992年，James R. Stock 在由物流管理委员会（Council of Logistics Management）发布的白皮书《逆向物流》（*Reverse Logistics*）中首次使用了"逆向物流"一词。此概念在随后的出版物中得到了进一步完善，如1998年Stock《逆向物流程序的开发和实施》（*Development and Implementation of Reverse Logistics Programs*）、1999年Rogers 和 Tibben-Lembke《逆向发展：逆向物流趋势与实践》（*Going Backwards：Reverse Logistics Trends and Practices*）。

根据逆向物流的形成原因、回收路径、处理处置方法、所在行业形态的差别，逆向物流对象可以分为投诉退货、维修退回、商业退回、终端退回、生产报废、副产品与包装物的回收这六类。根据对象性质，逆向物流又可分为退货逆向物流和回收逆向物流。退货逆向物流是指消费者将不满意的产品返还给厂商，回收逆向物流是指产品生命周期结束后上游生产商从消费者手里回收废旧产品，进行进一步的处理和加工。这里说的逆向物流主要是指回收逆向物流。

随着环境意识的提升和环境规制的增强，逆向物流的经济价值逐步显现，企业把逆向物流作为强化竞争优势、增加顾客价值、提高供应链整体绩效的重要手段。

1.5 绿色供应链管理的发展趋势

1.5.1 从一级向多级供应商拓展的绿色供应链管理

随着环境和资源问题受到公众的日益关注，绿色供应链管理正逐渐成为供应链核心企业减少环境影响、降低环境风险和提高资源利用效率的重要手段。然而，由于供应链中的信息不透明，供应链上下游成员之间存在信息不对称，上游供应商可能会因为追求短期收益而产生环境违规行为。随着当地政府对环境保护的重视程度日益增强，以及非政府组织对绿色供应链的关注度日益提升，上述环境违规行为极有可能会对绿色供应链中的核心企业造成供应中断或声誉损失的负面影响。此时，基于运营层次的绿色供应链管理难以抑制上游供应商的机会主义行为，故核心企业需要在绿色采购中，从绿色供应链管理上升到战略层次开展绿色供应链治理。

在绿色采购中，对上游供应商来说，最常见的一类治理机制是实施正规的评估合同，以此来减少供应链中的信息不对称，最小化风险。正规的评估合同是以委托代理关系为基础，局限于核心企业和供应商双方的利益冲突和对短期利益的追求，从而可能导致环境违规等机会主义行为的发生。另一类治理机制是非正式的，是与供应商建立信任与合作关系，并逐渐演变成比供应商评估更重要的治理机制，尤其是对于中小型供应商。许多知名企业（例如宝马、沃尔玛）意识到委托代理关系的局限性，已经尝试开展一类新型的监管合作关系——管家（Stewardship）伙伴关系，引导供应商从被动反应转变为主动遵守环境标准，并考虑所有利益相关者的利益，建立长期的战略伙伴关系。因此，绿色采购中的供应链治理是从正式向非正式拓展的绿色供应商关系治理。

在绿色供应链外部，环境非政府组织对供应商环境违规行为的披露，及其在绿色供应链领域的探索（包括供应商数据库、环境违规监管数据平台建立等），推动了核心企业对绿色供应外部治理的关注，并且越来越重视环境非政府组织在绿色供应链治理中所扮演的角色。

在绿色采购方面，随着环境非政府组织对上游供应商环境信息的深入挖掘，出现在二级以上供应商的环境问题被披露，推动了核心企业将绿色供应链治理主体从一级供应商延伸至多级供应商，尤其是在全球供应链中（多级供应商位于不同国家或距离较远）。一级供应商由于存在合同和业务关系，对其开展绿色供应链管理有效性最高，而随着供应链向上延伸和供应链网络复杂程度增加，对二级及以上的数目庞大的供应商进行治理是如今大多数核心企业面临的重点和难点问题。

▷▷ 1.5.2 从绿色供应链到绿色价值链

绿色价值链可定义为：从产品设计、原材料采购、产品销售到回收再生的外部实践上，通过与上下游创新的模式，以产生或提高企业或供应链的价值过程。

绿色价值链是在绿色供应链基础上的拓展。首先，企业的绿色供应链管理主要是出于避免来自法律法规、市场等风险的考量，因而忽视了通过绿色供应链管理产生价值的过程。事实上，企业可以通过重新构建绿色供应链管理实践的模式，通过与外部利益相关者（如客户、供应商）的创新合作模式，从而实现绿色价值链管理。例如，在绿色采购方面，企业的绿色价值链管理实践可以拓展到与设备供应商合作进行绿色设备改进，而不仅局限在材料和材料供应商的监管上；在与客户合作方面，企业的绿色价值链管理实践需要突破传统的制造企业价值创造（卖产品），与客户合作创新业务模式（如从卖产品到提供服务等），进行价值创造。正如本书第4章所述，实现绿色价值创造有多种方式，企业应该结合自身特性、行业特性等，选择适合的绿色价值链的实践和管理模式。

▶▶ 1.5.3 绿色供应链管理与循环经济集成

循环经济在本质上属于生态经济，它的根本目的是达到人类、经济、社会及自然生态系统的共赢。为了达到这一目的，循环经济在其发展过程中有必要构建出一个由资源、企业、产业、环境、管理和组织等要素组成的完善的复杂生态体系。要保证整个生态体系的正常运行，实现3R原则，就需要研究相关环节、系统等的优化组合问题，研究采用何种理论和方法才能构建出如此复杂的系统。早在1990年年初，钱学森就指出："现在能用的、唯一有效处理开放的复杂巨系统的方法，就是定性定量相结合的综合集成方法"。集成理论在电路中应用，收到节省资源、提高功能、减少体积等效果；在管理、产业等领域应用，提高资源共享程度，取得良好的经济效益；集成理论在经济领域应用将有很好的发展空间。目前，对集成的研究主要体现在产业集群、生产过程集成、管理集成等方面，部分学者已开始关注集成理论在循环经济方面的应用研究，但对循环经济体系集成原理、方法等方面的研究相对较少。循环经济集成涉及供应链的各个方面，包括资源集成、企业集成、产业集成及系统集成。

1）资源集成。循环经济这样一个生态体系，首先要研究资源合理配置与利用问题，即资源集成问题。资源集成方法主要有资源环节集成、资源流动路径集成和资源流动网络集成等。

2）企业集成。在循环经济体系中各个企业的行为、体系目标、功能、所需资源及生产的产品是不相同的，为了达到企业之间的资源共享、技术合作及协同发展的目的，实现各个企业的规模最佳化、机构合理化及经济效益最大化，需要研究循环经济体系的企业集成问题。企业集成方法主要有纵向企业集成和横向企业集成。纵向企业集成是指处在企业不同控制和管理层之间的集成，它打破了以往组织中上下级那种明显的等级关系，目的是实现上下级之间关系的和谐，以便共享企业的信息。横向企业集成是指为了实现企业业务过程的不同功能部门之间的集成，它有助于消除部门之间、产品线之间的界限，使不同部门之间为了实现对业务过程的支持而自由进行沟通，以便达到共同的目的。

3）产业集成。产业集成是指一组存在积极的纵向或横向联系的产业所形成的创新结合体，其实质是产业间的技术集成、资源集成和市场集成。产业集成一方面通过整合现存资源和潜在资源使资源效用达到最大化，从而带动相关产业的发展，为产业的可持续发展创造广阔的空间；另一方面通过对产业结构进行重新布局，将产业发展模式由不可持续的转变为可持续的。产业集成的核心是尽最大努力突破资源约束，实现从生产、消费到废弃物处理过程的物质和能量的循环利用，达到不同产业之间及产业的不同部门之间的相互融合。产业集成的目的是建立结构合理、功能完善，并能促进物质和能量高效循环的体系。

4）系统集成。相关产业构成同系列资源开发利用的有机体，而循环经济体系是由许多这种有机体或产业体系构成的。循环经济体系也包括物流、信息、资金、技术、人员等系统。要保证循环经济体系的正常运行，就需要将相关系统有机组合在一起，这就需要研究循环经济体系的系统集成问题。系统集成并不是各种要素的简单组合，而是利用系统工程方法，按照整体性和最优性的原则，以最优化的综合统筹设计为出发点，以循环经济中的技术和集成技术为手段，按照循环经济集成原理，把各种产业按照一定的方式组合成一个系统集合体，实现对资源、技术、企业、组织层面等的整体创新。

参 考 文 献

［1］刘莹，王田．绿色供应链管理：发展进程、国外经验和借鉴启示［J］．生态经济，2016，32（6）：138-141，4.

［2］SRIVASTAVA S K. Green supply chain management：a state of the art literature review［J］．International journal of management reviews，2007，9（1）：53-80.

［3］MENTZER J T. Supply chain management［M］．Los Angeles：SAGE Publications，Inc，2001.

［4］DESHMUKH A J，VASUDEVAN H. Emerging supplier selection criteria in the context of traditional vs green supply chain management［J］．International journal of managing value and supply chain，2014，5（1）：19-33.

［5］朱庆华．绿色供应链管理［M］．北京：化学工业出版社，2004.

［6］BOURQUE M，WITTER R. Moments of influence in global environmental governance［J］．Environmental politics，2015，24（6）：894-912.

［7］BRONDIZIO E，TOURNEAU F. Environmental governance for all［J］．Science，2016（6）：1272-1273.

［8］中国国家环境保护总局赴日考察团．从理念到行动：日本建设循环型社会的主要做法［J］．环境保护，2005（9）：68-72.

［9］LEES E，VIÑUALES J E. Oxford handbook of comparative environmental law［M］．Oxford：Oxford University Press，2019.

［10］中国环境与发展国际合作委员会．绿色供应链的实践与创新［R］．北京：中国环境与发展国际合作委员会，2011.

[11] 毛涛. 我国绿色供应链管理法律政策进展及完善建议 [J]. 环境保护, 2016, 44 (23): 57-60.

[12] 王玉, 张颖川. 日本成功打造绿色供应链的秘诀——访北京物资学院教授、物流学院 副院长日本物流研究中心常务副主任姜旭 [J]. 物流技术与应用, 2015, 20 (8): 110-112.

[13] 高泉. 日本绿色物流政策与立法及其借鉴 [J]. 商业经济研究, 2016 (17): 119-120.

[14] 翁心刚, 姜旭. 日本绿色物流发展的状况及启示 [J]. 中国流通经济, 2011, 25 (1): 16-20.

[15] 邹刚. 政府绿色采购案例浅析——日本政府绿色采购法及其实施过程的启示 [J]. 环境与可持续发展, 2012 (5): 97-99.

[16] 姜爱华. 政府绿色采购制度的国际比较与借鉴 [J]. 财贸经济, 2007 (4): 37-40.

[17] 毛涛. 我国绿色供应链呈三大发展趋势 [N]. 中国工业报, 2019-12-20 (001).

[18] 毛涛. 我国绿色供应链实践呈现四大特点 [N]. 中国工业报, 2019-12-04 (002).

[19] TSENG M L, ISLAM M S, KARIA N, et al. A literature review on green supply chain management: trends and future challenges [J]. Resources, conservation and recycling, 2019, 141: 145-162.

[20] ISLAM M S, KARIA N, FAUZI F B A, et al. A review on green supply chain aspects and practices [J]. Management and marketing, 2017, 12 (1): 12-36.

[21] BÜYÜKÖZKAN G, ÇIFÇI G. A novel hybrid MCDM approach based on fuzzy DEMATEL, fuzzy ANP and fuzzy TOPSIS to evaluate green suppliers [J]. Expert systems with applications, 2012, 39 (3): 3000-3011.

[22] GOVINDAN K, SOLEIMANI H, KANNAN D. Reverse logistics and closed-loop supply chain: a comprehensive review to explore the future [J]. European journal of operational research, 2015, 240 (3): 603-626.

[23] SRIVASTAVA S K. Green supply-chain management: a state-of-the-art literature review [J]. International journal of management reviews, 2007, 9 (1): 53-80.

[24] TSENG M L, CHIU A S. Evaluating firm's green supply chain management in linguistic preferences [J]. Journal of cleaner production, 2013, 40: 22-31.

[25] TSENG M L, CHIU A S. Grey-entropy analytical network process for green innovation practices [J]. Procedia-social and behavioral sciences, 2012, 57: 10-21.

[26] BERLINA A, MIKKOLA N, TERäS J. Industrial symbiosis—a key driver of green growth in Nordic regions? [R]. Copenhagen: Nordic Council of Ministers, 2016.

[27] TSENG M L, BUI T D. Identifying eco-innovation in industrial symbiosis under linguistic preferences: a novel hierarchical approach [J]. Journal of cleaner production, 2016, 140 (3): 1376-1389.

[28] ALBU A. Industrial symbiosis: an innovative tool for promoting green growth [M] // FILHO W L, TIRCA D-M, AL-AMIN A Q. Sustainable economic development. Berlin: Springer, 2017.

[29] PUENTE M R, AROZAMENA E R, EVANS S. Industrial symbiosis opportunities for small and medium sized enterprises: preliminary study in the Besaya region (Cantabria, Northern

Spain) [J]. Journal of cleaner production, 2015, 87: 357-374.

[30] MAHMOOD W, HASRULNIZZAM W, AB RAHMAN M N, et al. Manufacturing performance in green supply chain management [J]. World applied sciences journal, 2013, 21: 76-84.

[31] RAO P, HOLT D. Do green supply chains lead to competitiveness and economic performance? [J]. International journal of operations and production management, 2005, 25 (9): 898-916.

[32] JENKIN T A, WEBSTER J, MCSHANE L. An agenda for 'Green' information technology and systems research [J]. Information and organization, 2011, 21 (1): 17-40.

[33] CHOU D C, CHOU A Y. Awareness of green IT and its value model [J]. Computer standards and interfaces, 2012, 34 (5): 447-451.

[34] SETTERSTROM A. The natural resource-based view of a firm: strategic opportunities in IT [C] // Annual Academy of Management Meetings, Anaheim, CA. New York: Academy of Management, 2008.

[35] STANDING C, JACKSON P, SARKIS J, et al. Information technology and systems in China's circular economy: implications for sustainability [J]. Journal of systems and information technology, 2008, 10 (3): 202-217.

[36] UDDIN M, RAHMAN A A. Energy efficiency and low carbon enabler green IT framework for data centers considering green metrics [J]. Renewable and sustainable energy reviews, 2012, 16 (6): 4078-4094.

[37] FIKSEL J, FIKSEL J R. Design for environment: creating eco-efficient products and processes [M]. New York: McGraw-Hill Professional Publishing, 1996.

[38] GUNGOR A, GUPTA S M. Issues in environmentally conscious manufacturing and product recovery: a survey [J]. Computers and industrial engineering, 1999, 36 (4): 811-853.

[39] ARENA U, MASTELLONE M L, PERUGINI F. The environmental performance of alternative solid waste management options: a life cycle assessment study [J]. Chemical engineering journal, 2003, 96 (1): 207-222.

[40] BEAMON B M. Designing the green supply chain [J]. Logistics information management, 1999, 12 (4): 332-342.

[41] ZHU Q, SARKIS J. The moderating effects of institutional pressures on emergent green supply chain practices and performance [J]. International journal of production research, 2007, 45 (18-19): 4333-4355.

[42] ELTAYEB T K, ZAILANI S, RAMAYAH T. Green supply chain initiatives among certified companies in Malaysia and environmental sustainability: Investigating the outcomes [J]. Resources, conservation and recycling, 2011, 55 (5): 495-506.

[43] LIN R J. Using fuzzy DEMATEL to evaluate the green supply chain management practices [J]. Journal of cleaner production, 2013, 40: 32-39.

[44] SARKIS J. Evaluating environmentally conscious business practices [J]. European journal of operational research, 1998, 107 (1): 159-174.

[45] GOVINDAN K, RAJENDRAN S, SARKIS J, et al. Multi criteria decision making approaches

for green supplier evaluation and selection: a literature review [J]. Journal of cleaner production, 2015, 98: 66-83.

[46] HSU C W, KUO T C, CHEN S H, et al. Using DEMATEL to develop a carbon management model of supplier selection in green supply chain management [J]. Journal of cleaner production, 2013, 56: 164-172.

[47] LEE K H. Integrating carbon footprint into supply chain management: the case of Hyundai Motor Company (HMC) in the automobile industry [J]. Journal of cleaner production, 2011, 19 (11): 1216-1223.

[48] LAWSON B, SQUIRE P D C, VACHON B, et al. Extending green practices across the supply chain: the impact of upstream and downstream integration [J]. International journal of operations and production Management, 2006, 26 (7): 795-821.

[49] VACHON S, KLASSEN R D. Green project partnership in the supply chain: the case of the package printing industry [J]. Journal of cleaner production, 2006, 14 (6): 661-671.

[50] VACHON S, KLASSEN R D. Environmental management and manufacturing performance: the role of collaboration in the supply chain [J]. International journal of production economics, 2008, 111 (2): 299-315.

[51] GUNASEKARAN A, LAI K H, CHENG T E. Responsive supply chain: a competitive strategy in a networked economy [J]. Omega, 2008, 36 (4): 549-564.

[52] AZEVEDO S G, CARVALHO H, MACHADO V C. The influence of green practices on supply chain performance: a case study approach [J]. Transportation research part E: logistics and transportation review, 2011, 47 (6): 850-871.

[53] NAWROCKA D, BRORSON T, LINDHQVIST T. ISO 14001 in environmental supply chain practices [J]. Journal of cleaner production, 2009, 17 (16): 1435-1443.

[54] ROBÈRT K H. Tools and concepts for sustainable development, how do they relate to a general framework for sustainable development, and to each other? [J]. Journal of cleaner production, 2000, 8 (3): 243-254.

[55] International Organization for Standardization. The ISO Survey of Certifications 2009 [R]. Geneva: ISO, 2010.

[56] PRAJOGO D, TANG A K, LAI K H. Do firms get what they want from ISO 14001 adoption?: an Australian perspective [J]. Journal of cleaner production, 2012, 33: 117-126.

[57] OLUGU E U, WONG K Y, SHAHAROUN A M. Development of key performance measures for the automobile green supply chain [J]. Resources, conservation and recycling, 2011, 55 (6): 567-579.

[58] TSOULFAS G T, PAPPIS C P. A model for supply chains environmental performance analysis and decision making [J]. Journal of cleaner production, 2008, 16 (15): 1647-1657.

[59] ZHU Q, SARKIS J. Relationships between operational practices and performance among early adopters of green supply chain management practices in Chinese manufacturing enterprises [J]. Journal of operations management, 2004, 22 (3): 265-289.

[60] CARTER C R, KALE R, GRIMM C M. Environmental purchasing and firm performance: an

empirical investigation [J]. Transportation research part E: logistics and transportation re-
view, 2000, 36 (3): 219-228.

[61] SAGHIRI S, HILL A. Supplier relationship impacts on postponement strategies [J]. Interna-
tional journal of production research, 2014, 52 (7): 2134-2153.

[62] YANG C L, LIN R J, KRUMWIEDE D, et al. Efficacy of purchasing activities and strategic
involvement: an international comparison [J]. International journal of operations and produc-
tion management, 2013, 33 (1): 49-68.

[63] KANNAN D, DE SOUSA JABBOUR A B L, JABBOUR C J C. Selecting green suppliers based
on GSCM practices: using fuzzy TOPSIS applied to a Brazilian electronics company [J]. Euro-
pean journal of operational research, 2014, 233 (2): 432-447.

[64] WALKER H, DI SISTO L, MCBAIN D. Drivers and barriers to environmental supply chain
management practices: lessons from the public and private sectors [J]. Journal of purchasing
and supply management, 2008, 14 (1): 69-85.

[65] WALKER H, SARKIS J, KLASSEN R, et al. The impact of environmental supply chain sus-
tainability programs on shareholder wealth [J]. International journal of operations and produc-
tion management, 2014, 34 (5): 586-609.

[66] TSENG M L, CHIANG J H, LAN L W. Selection of optimal supplier in supply chain manage-
ment strategy with analytic network process and Choquet integral [J]. Computers and industri-
al engineering, 2009, 57 (1): 330-340.

[67] DE GIOVANNI P. Do internal and external environmental management contribute to the triple
bottom line? [J]. International journal of operations and production management, 2012, 32
(3): 265-290.

[68] ZHU Q, SARKIS J, LAI K H. Green supply chain management: pressures, practices and per-
formance within the Chinese automobile industry [J]. Journal of cleaner production, 2007,
15 (11): 1041-1052.

[69] VAN HOEK R I. From reversed logistics to green supply chains [J]. Supply chain manage-
ment, 1999, 4 (3): 129-135.

[70] GONZÁ LEZ-TORRE P, ADENSO-D B, ARTIBA H. Environmental and reverse logistics poli-
cies in European bottling and packaging firms [J]. International journal of production econom-
ics, 2004, 88 (1): 95-104.

[71] WU H J, DUNN S C. Environmentally responsible logistics systems [J]. International journal
of physical distribution and logistics management, 1995, 25 (2): 20-38.

[72] HSU C C, TAN K C, ZAILANI S H M. Strategic orientations, sustainable supply chain initia-
tives, and reverse logistics: empirical evidence from an emerging market [J]. International
journal of operations and production management, 2016, 36 (1): 86-110.

[73] LIU H, KE W, KEE WEI K, et al. Effects of supply chain integration and market orientation
on firm performance: evidence from China [J]. International journal of operations and produc-
tion management, 2013, 33 (3): 322-346.

[74] GONZÁLEZ-BENITO J, GONZÁLEZ-BENITO Ó. The role of stakeholder pressure and manage-

rial values in the implementation of environmental logistics practices [J]. International journal of production research, 2006, 44 (7): 1353-1373.

[75] MURPHY P R, POIST R F. Green logistics strategies: an analysis of usage patterns [J]. Transportation journal, 2000, 40 (2): 5-16.

[76] ENARSSON L. Evaluation of suppliers: How to consider the environment [J]. International journal of physical distribution and logistics management, 1998, 28 (1): 5-17.

[77] TSENG M L, DIVINAGRACIA L, SHI L. Achieving green outsourcing performance in uncertainty [J]. African journal of business management, 2011, 5 (14): 5946.

[78] BABIN R, NICHOLSON B. How green is my outsourcer? measuring sustainability in global IT outsourcing [J]. Strategic outsourcing: an international journal, 2011, 4 (1): 47-66.

[79] BROWN D. It is good to be green: environmentally friendly credentials are influencing business outsourcing decisions [J]. Strategic outsourcing: an international journal, 2008, 1 (1): 87-95.

[80] ZHU Q, SARKIS J, LAI K H. Confirmation of a measurement model for green supply chain management practices implementation [J]. International journal of production economics, 2008, 111 (2): 261-273.

[81] WEBB L L. Green purchasing: forging a new link in the supply chain [J]. Resource, 1994, 1: 14-18.

[82] 李晓明. 基于复杂性理论的企业内部环境管理研究 [J]. 西安电子科技大学学报 (社会科学版), 2005 (4): 40-45.

[83] 王涛, 陈金亮, 沈孟如. 外部知识获取与内部知识创造的融合——组织交互嵌入情境下的跨界团队 [J]. 经济与管理研究, 2019, 40 (7): 90-101.

[84] 朱庆华, 阎洪. 绿色供应链管理: 理论与实践 [M]. 北京: 科学出版社, 2013.

第 2 章

———

绿色供应链管理研究综述

随着供应链和运营管理的逐渐成熟，供应链管理的目标逐渐从原来的仅仅考虑运营和经济问题，发展到全面考虑当今组织面临的更广泛的环境和社会问题的领域。成功整合经济、环境和社会可持续发展目标，一直是领先企业供应链和运营管理的目标。绿色供应链管理作为一个新兴领域，从20世纪90年代起开始受到学术界的关注。尤其是在最近10年，绿色供应链管理受到社会各界更多的重视，相关的研究呈现爆发式增长，并形成了多个新兴的研究集群。本章将运用文献计量分析法和网络分析法，对绿色供应链管理领域的文献进行系统的综述，从而了解该领域的研究发展历史、研究现状以及未来可能的研究方向。

2.1 绿色供应链管理概念界定及研究方法

▷▷ 2.1.1 研究背景

随着经济的发展和全球化进程的加快，企业的供应链管理出现了许多环境和资源问题。为了应对全球范围内气候变化和其他环境问题，以及满足公众日益增长的社会福利需求，一些旨在推动环境、社会与经济协调发展的国际性政策和措施相继出台。例如1988年，世界气象组织与联合国环境规划署成立联合国政府间气候变化专门委员会（Intergovernmental Panel on Climate Change，IPCC），致力于推动全球碳减排，该委员会于2014年发布的第五次评估报告指出：2010年工业活动产生的二氧化碳已占到全球温室气体排放总量的30%（IPCC，2014）。为了降低环境影响和避免环境风险，提高资源效率并获取竞争优势，绿色供应链管理的概念受到越来越多的关注。

在欧美等发达国家，企业较早开始实施绿色供应链管理，具备了较为成熟的经验，并在一些行业建立起了完备的法规体系，实践的范围也从企业内部拓展和延伸到供应链层次（Carter和Jennings，2002；Webb，1994）。以电子电气行业为例，德国于2005年8月13日开始实施《关于报废电子电气设备指令》。该指令明确提出生产者责任延伸制度，即要求生产企业对使用后电子电气产品的处理承担经济责任。这就促使企业必须开展逆向供应链管理，同时为了降低处理成本，企业会主动进行产品的生态设计。2006年，欧盟启动实施了ROHS指令。该指令规定禁止产品中包含六种有害物质，将企业的责任延伸至供应链上游的零部件、原材料等环节。美国、加拿大和欧洲等国家和地区政府都纷纷立项支持绿色供应链管理研究，以此指导企业提高环境绩效，同时降低成本，实现环境和经济的共赢。在企业实践层面，一些领先企业，如摩托罗拉、3M、福特汽车公司、诺维信等早在20多年前就开始开展绿色供应链管理实践，并显著提升了环境和经济绩效（Narasimhan和Carter，1998）。

在中国，绿色供应链管理的主题也日益呈现其重要性。生态文明建设作为"五位一体"的重要内容之一，已经上升到与政治、经济、社会、文化同样重要的战略地位，成为中国未来发展的重要指导思想。《中国制造 2025》将绿色发展列入五大基本发展方针，提出全面构建绿色制造体系。2016 年—2018 年，工业和信息化部启动了绿色制造系统的试点和示范项目，通过提供资金支持和政策扶持等方式，促进制造企业积极开展绿色设计、绿色工艺和绿色供应链管理实践，从而进一步建立绿色供应链管理的标准。2017 年 10 月，国务院办公厅在《关于积极推进供应链创新与应用的指导意见》中，将积极倡导绿色供应链作为重点任务之一。除此之外，中国移动（2007）、华为（2015）、海尔（2010）等中国本土企业也陆续投入绿色供应链管理实践活动中，履行企业环境与社会责任，提高自身竞争优势。

早在 20 世纪 60 年代后期，在环境管理运动的早期阶段，供应链管理和环境管理交叉的重要性便开始显现（Sarkis 等，2011）。直到 20 世纪 90 年代中期，绿色供应链管理领域逐渐受到更多关注，相关研究才开始日趋成熟（Seuring 和 Müller，2008）。正如在后面对文献的综述中所提到的，从这些比较早的时期开始，该领域的学术论文发表呈现几何增长的趋势（向上增长，非线性增长）。同时，从实践的角度来看，绿色供应链管理相关的主题也受到空前的重视。在此背景下，本章对绿色供应链管理相关研究文献进行梳理，运用文献计量分析法和网络分析法，归纳总结研究发展路径和现状，并在此基础上提出未来可能的研究发展趋势，以期能给绿色供应链管理的研究和实践带来启示。

▷▷2.1.2 概念界定

对于绿色供应链管理的定义，在初期有明显的差别。美国国家科学基金资助密歇根州立大学的制造研究协会进行了一项"环境负责制造"的研究，该项目组于 1996 年提出了绿色供应链的概念。联合国环境规划署 2003 年指出：绿色供应链管理实践包括对供应商环境绩效进行监测、与供应商合作开展绿色设计，为供应商提供培训和信息以建立它们环境管理的能力。通用汽车 2005 年启动绿色供应链项目，提出：相比自己单独做环境管理，与供应商合作能够实现更多的环境绩效提升。

在学术界，对于绿色供应链管理的概念界定更丰富多样，角度和边界各有不同。一篇专门研究绿色和可持续供应链定义的综述性文章，共发现了 22 种绿色供应链管理的定义（Ahi 和 Searcy，2013）。比较早期的定义是 1997 年 Handfield 等提出的：认为绿色供应链（价值链）就是将环境管理原则应用于客户订单整个周期的整套活动，包括设计、采购、制造和装配、包装、物流和配送（Handfield 等，1997）。Zhu 等（2005）认为绿色供应链管理是企业通过降低供应商环境风险和影响，同时提高生态效率，实现利润和市场份额目标的一种重要的新方法。Sheu 等（2005）从供应链方向的角度出发，认为绿色供应链包括产品制造的正向供应链，以及产品使用过后的逆向物流链。Srivastava（2007）认为绿色供应链管理其实就是将环境思维融入供应链管理，包括产品设计、材料采购和选择、制造流程，最终产品交付给消费者，以及产品使用寿命结束后的生命末端产品管理。Lee 和 Klassen（2008）指出绿色供应链管理就是采购组织的计划和活动，将环境问题整合到供应链管理中，以改善供应商和客户的环境绩效。El Saadany 等（2011）提出绿色供应链管理旨在减少能源和原始原材料的使用及废物的产生，并增加产品回收率，通常指的是前向供应链功能，如生产、采购、物料管理和仓储。KIM 等（2011）认为绿色供应链管理是旨在通过分配可能的人力资源以及重新定义组织责任和程序，从而影响、控制和支持企业环境绩效的一系列实践。

可以看出，以上定义大致可以分为三类。第一类是只关注上游供应商和下游客户，或者拓展到正向的供应链。第二类是从产品生命周期的角度出发，认为绿色供应链管理应该贯穿整个产品生命周期的各个阶段，或者说包括正向的供应链和逆向的供应链管理，是更加广义的定义。第一类和第二类均为实践导向的定义，而第三类则是目标导向。第三类定义关注绿色供应链管理的目标和结果，即降低环境风险，同时提高环境绩效和经济绩效，实现环境经济共赢。

从时间维度上，绿色供应链管理的概念和边界也在不断地发展和延伸。自20 世纪 90 年代起，绿色供应链管理已提出约 30 年，关于绿色供应链的定义在不同时期也有着不同的内涵。早期的观点认为环境管理是制造企业中的一个内部过程，概念仅局限于企业的内部操作层上，注重企业自身资源的利用。后来绿色供应链概念的提出，开始注重与其他企业的联系，通过合作或者信息分享，共同提高供应链企业的环境绩效，具体就是在供应链中不同企业的制造、组装、分销、零售等将原材料转换成产品再到最终用户的过程中，不仅考虑经济目标和传统运营实践，而且关注环境与经济目标与实践的协同。最近几年，绿色供应链的概念更加注重围绕核心企业的网链关系，如核心企业与供应商、供应商的供应商乃至多级供应商，与客户、客户的客户及一切后向的关系。另外，绿色供应链更加重视逆向，也就是说正向供应链中融入对环境的关注，进一步关注产品报废处理及回收利用，包括再利用、再循环、再制造和再生。近年来，这类企业（统称为"再生企业"）也应运而生，由于原材料、零部件相对便宜，另外因其废物处理再利用的特征获得政府的各种支持，因此取得了良好的经济效益，但其供需不确定相比传统企业更为突出。

由于存在许多定义，对该主题的文献综述成为一项非常困难却又十分重要的工作。这个困难一部分源于对绿色供应链的定义以及界定的范围，但目前日趋形成明确的共识。本章旨在对绿色供应链管理整个领域进行较为翔实的文献综述，了解该领域的发展脉络及相关研究情况，存在的研究分支等，因此本书采用作者 2004 年提出的广义的绿色供应链管理定义，具体见第 1 章。

2.1.3 研究方法

文献综述旨在描绘和评估文献主体，以确定潜在的研究差距并突出知识的界限（Tranfield 等，2003）。结构化的文献综述通常首先定义适当的搜索关键词，然后搜索文献，最后通过迭代循环完成分析。这里选取与主题相关度高的英文文献作为研究对象，刻画绿色供应链管理研究的发展趋势，归纳总结出主要的研究子领域并进行文献综述，识别最有影响力的研究，发现研究的主题领域，并归纳当前研究的热点，提出未来的研究方向。研究设计具体步骤如下：

首先，本章参考 Securing 和 Müller（2008）的研究，从检索关键词确定、检索方式和样本来源三个方面确定样本搜集程序，以最大限度地确保所选取样本符合研究要求。

其次，对样本文献的基本情况进行描述性统计分析，主要包括文章总量的变化趋势和期刊分布情况，从而对绿色供应链管理领域的研究概况形成初步的了解。

再次，进行数据分析。本章参考 Fahimnia 等（2015）的研究，主要采用的数据分析方法包括两大部分：文献计量分析（Bibliometric Analysis）和网络分析（Network Analysis）。文献计量分析方法对所选样本文献的作者、标题和关键词进行了分析，以进一步分析领域内文献的研究重点。由于 BibExcel 可以处理较大的数据集，并且与其他计算机应用如 Excel、Pajek、Gephi 兼容，具有较强的灵活性，因此，本书选择运用文献处理工具 BibExcel 对所选取的样本文献进行文献计量分析，即作者影响力分析、关键词统计分析等，以刻画绿色供应链管理研究领域的整体发展趋势（Zupic 和 Cater，2015 年）。此外，BibExcel 还用于为网络分析所需的数据进行准备和预处理。网络分析主要是引文分析和对绿色供应链管理领域现有的文献进行基于内容的主题分类。现有的可供进行网络分析的软件主要有 Pajek、VOSviewer 和 Gephi。Gephi 一方面在有效处理大数据集的能力上优于另外两个软件，另一方面能够提供一系列创新的可视化、分析和调查选项。因此，本章选择 Gephi 软件作为网络分析的工具。

最后，基于上述分析的结果，本章对绿色供应链管理领域的发展历程进行总结，并提出了未来可能的研究方向。

2.2 绿色供应链管理样本文献收集及研究方法

2.2.1 样本文献收集

1. 关键词确定

收集样本文献的第一步便是确定检索关键词。由于中文期刊中对绿色供应链管理领域研究的文章较少且发展不够成熟，因此本文选择英文文献作为研究对象。

绿色供应链管理的关键词主要有 green supply chain 和 environmental supply chain。同时，根据本书对绿色供应链管理的定义，即绿色供应链管理是从产品整个生命周期的角度去降低对环境的影响。因此，我们的检索关键词还应当包括产品整个生命周期不同阶段的绿色供应链管理相关关键词，即源头的绿色设计（eco-design，green design），上游的绿色采购（green purchasing，green sourcing，green procurement，green supplier，environmental supplier），企业内部的绿色生产、制造和运营（green operation，green production，green manufacturing），销售到下游客户时涉及的绿色物流（green logistics），产品回收过程中涉及的逆向物流和供应链（reverse supply chain，reverse logistics，closed-loop supply chain），以及回收之后的再制造过程（remanufacturing）。需要特别说明的是，本次文献检索所使用的关键词中并未包含绿色供应链管理的销售环节（green marketing）。这是由于 green marketing 相关的研究大多是市场营销方向，以消费者为主要研究对象，并未涉及企业的运营管理层面。综上，所选样本搜索主题词和期刊来源见表 2-1。

表 2-1　所选样本搜索主题词和期刊来源

搜索主题词	期　刊　名
green operation，environmental supply chain，green supply chain，green supplier，environmental supplier，reverse supply chain，reverse logistics，remanufacturing，closed-loop supply chain，green purchasing（sourcing，procurement），eco-design，green design，green logistics，green manufacturing，green production	Journal of Operations Management，Production and Operations Management，Management Science，Manufacturing & Service Operations Management（M&SOM），International Journal of Operations & Production Management，Supply Chain Management，Journal of Supply Chain Management，International Journal of Production Economics，Journal of Purchasing and Supply Management，International Journal of Production Research，Transportation Research Part E：Logistics and Transportation Review，Omega：International Journal of Management Science

第二步是确定样本来源。由于本章聚焦于英文文献，因此主要选择的期刊为英文期刊。为了聚焦绿色供应链管理的研究主题，且聚焦于较高质量的研究文献，本文选取运营管理领域的 Journal of Operations Management 等 12 种主流期刊作为文献的来源，选择标准基于中科院 JCR 期刊分区⊖和 ABS 列表⊜，并请教

⊖ 中科院 JCR 期刊分区（又称分区表、分区数据）是中科院文献情报中心世界科学前沿分析中心的科学研究成果。分区表设计的思路始于 2000 年年初，旨在纠正当时国内科研界对不同学科期刊影响因子数值差异的忽视。中科院分区表基于汤森路透每年度发布的《期刊引证报告》（Journal Citation Reports，JCR），按照 SCI 期刊在学科内三年平均影响因子的高低来划分分区。它包括大类分区和小类分区：大类分区是将期刊按照自定义的 13 个学科所做的分区，大类分区包括 TOP 期刊；而小类分区是将期刊按照 JCR 已有学科分类体系所做的分区。

⊜ 英国商学院协会（the Association of Business School，ABS）出版的高质量学术期刊指南（ABS Academic Journal Quality Guide）包含了管理学与经济学的各类 SSCI 与 SCI 期刊，并按照具体领域进行划分，有助于各个研究领域的学者锁定各自的目标期刊。

多位运营管理领域专家后确定。具体见表 2-1。

第三步是确定检索方式。本章采用的检索方式为主题检索，包括标题、摘要和关键词。只要上述检索关键词出现在文献里的标题、摘要和关键词中的任意一处及以上，则会被检索到样本中。此外，根据检索词在检索结果中出现的情况，可以分为精确检索和模糊检索。精确检索就是指输入的检索词在检索结果字序、字间间隔是完全一样的；模糊检索就是输入的检索词在检索结果中出现即可，字序、字间间隔可以产生变化。采用模糊检索，检索结果可能会出现一些完全不相关的文献。因此，本章选择使用精确检索，从而在初始检索结果中便尽可能地排除掉不相关的文献。

▶▶2. 样本文献收集及结果

按照上述文献检索方式，在 Web of Science 核心数据库中进行检索，检索文献出版时间截至 2019 年 5 月 30 日，得到的初始检索结果为 768 篇样本文献。完成文献检索之后，需要进一步对所有文献进行筛选，剔除不属于绿色供应链管理研究领域的文献。有的文献只是提及了我们的检索关键词之一，其研究问题、背景、领域和结论可能均与绿色供应链管理无关。我们对所有的文献进行筛查，通过阅读其标题和简介，确定其具体的研究问题、研究领域和结论。对于研究问题与绿色供应链无关的文献，我们会进一步确定其研究领域和结论，以确定其对绿色供应链管理研究是否有贡献，对于问题无关且没有贡献的文献我们将其剔出集合。

在我们剔除的文献中，最大的一类是与逆向物流相关的文章，它们主要研究的问题是在不同行业的消费者退换货（Mihi-Ramirez，2012；Mukhopadhyay 和 Setoputro，2005；Ruiz-Benitez 等，2014；Ulku 和 Gurler，2018）、召回（Ni 等，2014）和维修（Guide 等，2000；Piplani 和 Saraswat，2012）的情形下，如何达到高效率或者是减少企业的成本和提高利润等，还有的是外包（Serrato 等，2007；Sharif 等，2012）、信息技术（Daugherty 等，2005；Toyasaki 等，2013）、算法（Lieckens 和 Vandaele，2012；Min 等，2006）等问题。虽然回收用于再制造的废旧产品的逆向物流属于绿色供应链中闭环供应链的一部分，但这些逆向物流是有关退货等的，其研究目标与结论均与绿色供应链无关，其考察指标也不涉及企业社会责任或者环境绩效，因此，虽然它们属于供应链的研究范围，但不属于绿色供应链的研究范围。其余与逆向物流相关的研究，如果考察了逆向物流的环境绩效表现，例如 Abdulrahman 等人发表于 2014 年的文章，得到了关于如何减少碳排放或提高能源效率等与环境保护有关的文献，例如 Choudhary 等人发表于 2015 年的文献，那么它就对供应链的绿色化（环保）做出了贡献，属于绿色供应链管理研究领域。

仅研究供应链中的某一环节，例如定价（Yoo 等，2015）、设计（Longinidis

和 Georgiadis，2014）、库存（Kulp 等，2004；Vlachos 和 Tagaras，2001；Wei 等，2011）、营销、采购、生产（Wei 等，2011）等的文献，其考察指标是为股东创造多大收益（Schenkel 等，2015）、时间效率、经济效率等，没有考察与环境相关的指标，因此对"如何使供应链更环保"这一议题没有贡献，我们认为它们都不属于绿色供应链管理的研究范围。研究绿色供应链中的某一环节的文章，例如再制造产品的定价（Abbey 等，2015；Abbey 等，2017）、库存（Aras 等，2011）、销售（Yalabik 等，2014）等，尽管只是对某一环节进行研究，但其研究结论或提高效率（Abbey 等，2019）、利润（Phantratanamongkol 等，2018），或提高环境绩效（Inman 和 Green，2018；Yalabik 等，2014）表现，均是对绿色供应链的贡献，因此我们将它们归为绿色供应链管理研究范围。

对于研究供应链整体理论模型或者实证研究的文献，我们进一步确认所研究的供应链是否为绿色供应链。绿色供应链的逆向物流应当包含回收、拆解等环节，然后进入再制造。对于闭环供应链（包含逆向物流、产品翻新、再制造等的供应链）的整体研究，即使未考察环境绩效表现，仅考察利润，例如 Ma 等人发表于 2016 年的文章，也属于绿色供应链范畴。如果逆向物流的最终去向不是再制造，逆向物流仅是产品召回、退货等，那这样的供应链就不属于绿色供应链。根据此标准，我们进一步剔除了部分文献。

完成筛选之后，我们的样本一共剩下 696 篇有效文献用于最终的数据分析。

2.2.2 研究方法

1. 文献计量分析法

文献计量分析法是基于文献数据的定量分析方法，运用数学和统计学等计量研究方法，将文献信息交流过程中的基本规律用数学语言和方法表示出来，进而探讨某一研究领域的发展规律（邱均平和王曰芬，2009）。用于计量分析的文献数据大致包括两个方面：一是文献及其内容信息，包括文献的题名、主题、词汇等；二是与文献相关的指标，如文献的被引次数。文献分析法通过定量研究这些文献信息的特征，从而梳理和总结某科学领域的研究现状和未来发展趋势。

过去用于文献计量分析的几个软件均有各自的功能和局限。其中最受欢迎的工具有 Publish or Perish、HistCite 和 BibExcel。Publish or Perish 只接受来自谷歌学术（Google Scholar）和微软学术搜索（Microsoft Academic Search）的数据。HistCite 只接受来自 Web of Science 的数据。BibExcel 可以修改和调整从不同的数据库（包括 Scopus 和 Web of Science）导入的数据，具有较高的灵活性。同时，BibExcel 还能够提供综合性的数据分析，其结果能够导入 Gephi、VOSviewer 和

Pajek 等网络分析工具，进行后续的分析（Persson 等，2009）。此外，这些工具都没有在其输出中提供足够详细的网络分析数据。但是 BibExcel 也存在局限性。作为分析文献数据（或以类似方式格式化的任何文本性质的数据）的强大工具，BibExcel 的一个缺点是其操作环境相对复杂，一般需要几个小时的培训时间。基于 BibExcel 在数据灵活性和分析功能强大等方面的优势，我们使用 BibExcel 执行一些初步的文献计量和统计分析，并为 Gephi 中的其他网络分析准备输入数据。

在 BibExcel 中输入的数据源是纯文本（txt）格式（Web of Science 输出），包含文章的书目信息。我们的分析侧重于以下信息：作者、标题、期刊、出版年份、关键词和参考文献。这些分析需要将纯文本文件重新格式化为多种不同的格式，从而生成多种文件类型。首先需要将 txt 文件转化为 tx2 文件，再进一步转化为 doc 文件，从而 BibExcel 能够直接进行处理。进入 BibExcel 之后，选中用于分析的 doc 数据文件，单击"View File"，将随即创建一个 out 文件，以用于在 BibExcel 中启用数据分析。有兴趣的读者可以参考 Paloviita（2009）和 Persson 等（2009）的文章，获取更多有关 BibExcel 在文献计量和统计分析中的程序和应用的详细内容。

▷▷ 2. 网络分析法

网络分析是将样本视作一个网络，样本内的文献是网络的节点，从时间、作者、关键词、引用等维度对这个网络进行分析，可以得到我们所关心的领域的研究发展历程概况、重点领域和方向、影响力大的作者和地区等信息，进而全面地掌握这个领域的概况。我们应用文献网络分析法来全面理解绿色供应链管理研究领域，这部分内容一共分为四个部分：引用分析（Citation Analysis）、页面排名分析（PageRank Analysis）、共引分析（Co-citation Analysis）和动态共引分析（Dynamic Co-citation Analysis）。

网络分析需要将文献的引用信息转化为拓扑网络图，使用一定的统计方法可视化以供直观分析。有很多软件可以完成这项工作，最流行的软件有 Pajek、VOSviewer、HistCite Graph Maker 和 Gephi。Gephi 最方便和灵活，因此我们选择它来将我们的分析结果绘制成图（可视化分析）。Gephi 软件有许多优点，例如有用户友好型交互界面、集成多种网络分析工具、实时渲染、有多种数据过滤方法、支持多种格式输入和输出数据。另外几款软件或多或少都有各种各样的限制，例如，Pajek 必须用 NET 格式的文件，VOSviewer 提供的分析工具较少，HistCite Graph Maker 必须使用 Web of Science 数据格式。Gephi 开源、工具多且实时渲染大型网络的图像，可帮助研究人员加速数据挖掘探索的过程（Bastian 等，2009；Khokhar，2015）。我们将使用 Gephi 完成网络分析中的页面排名分析和共引分析。

网络分析的目的是找出最有影响力的研究和分析研究发展趋势。为了找出最有影响力的研究，我们用引用分析和页面排名分析来衡量一篇文献的重要程度或影响力。共引分析和动态共引分析则是通过文献的引用文献列表来建立文献之间的联系以分析研究的发展趋势。

最常用也最简单的衡量文献重要性和影响力的方法就是以其引用量作为衡量指标。引用量越高则意味着文献越重要（Ding 和 Cronin，2011）。引用分析便是在样本文献集内，以局部引用量（Local Citation）进行排序分析。局部引用量是指文献被样本文献集内其他文献引用的次数。这样可以衡量文献在我们关心的领域的重要性。如果一篇文献引用量很高，但都是被我们关心的领域之外的文章引用，那么它应该是在其他领域有很大的影响力，对我们关心的领域而言并不重要。因此，必须使用局部引用量作为重要性的衡量指标才能真正找出最重要的文献。借此方法我们可以发现哪些作者、地区、学校贡献最大，哪些方面最为人们所关注。此方法的一个缺点是近几年发表的文献由于发表时间较短，必然引用量较少，因此在此无法反映出其重要程度。但是在后面的动态共引分析中可以对此做出一定程度的弥补。我们将在第 2.3.3 小节中具体阐述引用分析的结果。

衡量文献重要性的另一种指标是威望（Prestige）（Ding 等，2009）。威望是指一篇文献被高引用文献所引用的次数。一篇具有高引用量的文献不一定是有威望的文献。高引用量文献意味着这篇文献具有较高的影响力或者重要程度，但不一定是在这篇文献的研究领域内，引用可以来自领域外的很多地方，我们将在分析结果中对此举例说明。

具有高威望的文献通常意味着它对很多重要的研究工作都很重要，往往是具有奠基或者开拓性的研究成果，因此称得上威望一词。页面排名最早由 Brin 和 Page（1998）提出，正是用来同时衡量文献的威望的算法。页面排名的原理是当一个页面所包含的一个关键词在搜索引擎内被搜索了一次，这个页面的优先度会被提升，以此来确定各个页面的优先顺序。这个原理最早被应用到搜索结果排序中，现在也应用到探索文献引用网络（Citation Network）中文献之间的关系之中，具体算法如下。

假设文献 A 被其他文献 T_1，…，T_n 引用了，记 d 为阻尼系数，通常在 0 和 1 之间，代表这些引用之间随机传播的随机游走（Random Walk）。$C(T_i)$ 为文献 T_i 的引文数量。文献 A 的页面排名权重指数（以后简称页面排名）计算公式如下：

$$PR(A) = \frac{1-d}{N} + d \sum_{i=1}^{n} \frac{PR(T_i)}{C(T_i)} \tag{2-1}$$

当 $C(T_i)$ 为 0 时，$PR(T_i)$ 将会除以文献的数量 N。页面排名形成了一个由文献组成的概率分布，因此所有文献的页面排名是归一化的。这个公式通过迭代计算出结果。在谷歌的原始文献当中，参数 d 是根据经验设置的。此处，对于文献的网络而言，$d=0.5$ 比较合适（Chen 等，2007）。

共引分析全称为共同引用分析，它将文献视作节点（Node），文献之间的共同被引用关系以边（Edge）表示，节点和边组成一个网络。共同被引用关系是指两篇文献一同被另一篇文献引用，那么它们就有共同被引用关系（以后简称共引关系），即文献 A 和 B 被 C 共引，在网络中就用一条边连接 A 和 B 节点，如此便形成了一个网络。如果两篇文献经常被其他文献共引，直觉上可以认为它们之间的关联性应当强，也因此有更大可能属于一个相似或者相同的研究范围（Hjørland，2013）。我们依据此原理来分析和归类绿色供应链管理研究领域的文献，以找出子领域，提供对绿色供应链管理研究的整体概况的认知。

以上三种分析方法都是将检索到的所有文献一同分析，不区分时间等因素。动态共引分析根据年代将文献分成几个不同的部分，再对每个部分进行共引分析，绘制出不同年代的网络图，可以从几幅图的变化上直观地看出随着年代的变化，不同领域发展的情况。

完成以上所有的分析之后，实际上我们就找出了样本中最重要最有影响力的文献，把文献分类，找出子研究领域中最重要的几篇文献，发现各个领域随时间发展的情况，这样我们对绿色供应链管理研究就有了直观、全面的认知。网络分析的缺陷在于，它依赖于样本集当中文献之间的相互引用关系，对于发表时间较晚的文献，它们没有足够的时间建立引用量和与其他文章的引用关系，因此无法捕捉到它们在这个领域的重要程度和与其他文献的关系。因此网络分析无法找到或者分析目前这个领域亟须解决的问题和未来的发展方向，毕竟看清楚过去的发展并不代表能判断未来的发展。

2.3 样本文献分析及结果

2.3.1 描述性分析及结果

首先，我们按照文献的发表年份，对各年发表的文章数量趋势进行了统计，并绘制出绿色供应链管理样本文献发表数量变化趋势，如图 2-1 所示。

图 2-1 展示了绿色供应链管理领域样本文献发表数量变化趋势。从图中可以看出，绿色供应链管理领域最早的文章发表于 1997 年，当年共发表了 4 篇文章（Daniel 和 Guide，1997；Guide 等，1997a；Guide 等，1997b；Guide 等，1997c）。其中 2 篇发表在 *International Journal of Production Economics* 期刊，2 篇发表在 *International Journal of Production Research* 期刊上。值得注意的是，这 4 篇文章的研究均聚焦于再制造主题，主要研究再制造过程中涉及的运营计划和调

度问题。另外，值得一提的是，Guide 这位学者同时是这 4 篇文章的作者，且为其中 3 篇文章的第一作者。可以看出，Guide 是绿色供应链管理学术领域的开创性人物，具有重大和深远的影响。

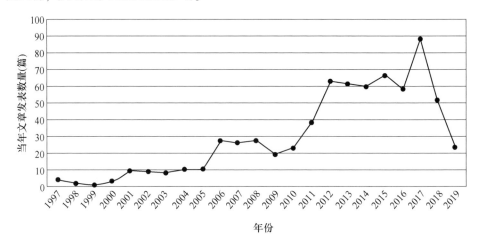

图 2-1　绿色供应链管理领域样本文献发表数量变化趋势

1997 年—2000 年，这个阶段我们称为萌芽期。在这个阶段，绿色供应链管理领域的文章开始出现，但每年发表的文章数量不超过 5 篇。2001 年—2005 年，每年的文章发表数量在 10 篇左右。这个阶段陆续有新的研究者开始绿色供应链管理的研究。自 2006 年起，一直到 2017 年，文章发表数量总体呈现大幅增长的趋势。绿色供应链管理领域涌现了越来越多新的文章，2017 年达到了最高点，发表的文章数量为 88 篇。2018 年有所下降，但仍保持在 50 篇以上。截至 2019 年 5 月 30 日，文章发表数量达到了 24 篇。总的来说，绿色供应链管理领域的研究仍处于发展上升期，但已经在逐渐走向成熟的过程中。

按照样本文献发表的期刊来源，表 2-2 展示了样本文献在各期刊的分布情况。从表 2-2 中我们可以看出，文章发表数量最多的期刊是 *International Journal of Production Economics*，共发表了 254 篇文章，占样本文献总数的 36.49%。*International Journal of Production Research* 期刊，以发表文章总数 229 篇排名第二，占样本文献的 33% 左右。在 *International Journal of Production Economics* 期刊上和 *International Journal of Production Research* 期刊上发表的文章总数占样本文献的比例高达将近 70%。发表文章数量排名第三的期刊是 *Transportation Research Part E：Logistics and Transportation Review*，共发表 64 篇文章，约占总数的 9%。可以看出，发表量第三名的期刊与前两名的期刊发表量相比出现了断层式的降低。表 2-2 中绿色供应链管理文章发表数量最少的 2 本期刊是 M&SOM 和 *Journal of Supply Chain Management*，分别为 6 篇和 5 篇。

表 2-2　样本文献发表期刊分布情况

发表期刊名称	文献发表数量	所占比例（%）
International Journal of Production Economics	254	36.49
International Journal of Production Research	229	32.90
Transportation Research Part E：Logistics and Transportation Review	64	9.20
Production and Operations Management	49	7.04
Omega：International Journal of Management Science	36	5.17
International Journal of Operations & Production Management	23	3.30
Journal of Operations Management	12	1.72
Management Science	9	1.29
Journal of Purchasing and Supply Management	9	1.29
M&SOM	6	0.86
Journal of Supply Chain Management	5	0.72
合计	696	—

2.3.2　文献计量分析及结果

本小节运用 BibExcel 软件，对所选样本文献的作者、标题和关键词进行了计量分析，并展示和讨论了分析结果。

1. 作者影响力分析

BibExcel 可用于分析书目数据的不同字段中文本的出现频率。从数据文件中提取作者字段并记录所有作者的出现频率。在样本文献中，作者字段共包含了501 名不重复的作者。表 2-3 列出了绿色供应链管理领域的出现频率前十的作者，以及他们作为独立作者或共同作者撰写的论文数量。

表 2-3　绿色供应链管理领域贡献前十的作者及其发表论文数量

作　　者	论文发表数量（篇）
Sarkis	22
Guide	19
Van Wassenhove	18
Zhu	15
Tang	13
Lai	12
Atasu	10
Govindan	10
Souza	10
Lee	9

从表 2-3 中我们可以看出，在绿色供应链管理领域发表文章数量排名第一的作者是 Sarkis，共发表文章 22 篇。Sarkis 的研究兴趣涵盖绿色供应链管理的多个内容，如绿色供应链管理实践与财务绩效的关系、再制造、逆向物流等。Sarkis 的文章主要采用问卷数据进行实证研究，同时也有建模等分析模型。在样本文献中，Sarkis 的第一篇文章于 2004 年发表在 *Journal of Operations Management*（Zhu 和 Sarkis，2004）。截至 2019 年 5 月 30 日，该文章的被引用量达到 885 次，是绿色供应链管理领域最有影响力的文章之一。排名第二的作者是 Guide，在绿色供应链管理领域共发表文章 19 篇。Guide 的研究兴趣主要为再制造和闭环供应链，采用的方法主要是运筹学相关的建模方法，主要涉及运营计划与调度、定价、订货决策等。Guide 是最早在绿色供应链管理领域发表文章的学者，于 1997 年发表了 4 篇文章。Van Wassenhove 共发表了 18 篇文章，排名第三。其研究兴趣也主要聚焦于再制造和闭环供应链，分析方法主要是决策模型。文章发表数量排名第四的作者是 Zhu，共发表文章 15 篇。Zhu 的研究兴趣主要是在绿色供应链管理实践与绩效、再制造领域，近几年开始拓展到多级供应商的管理问题，Zhu 采用的方法多种多样，主要是一手数据实证分析、多目标决策分析模型等。

接下来，本章对作者字段进行了共现分析。所谓作者共现（Co-occurrence），是指如果两名作者共同出现在同一篇文章里的作者名单中，那么这两名作者即共现一次。共同出现的文章为几篇，那么共现次数相应也就是几次。一般来说，进行共现分析的作者数量应该在 200～500，因此常选择出现频次较高的作者作为作者共现分析的对象（Chai 和 Xiao，2012）。由于样本文献共涉及 501 位作者，以出现频次大于 1 为标准，对选出的 296 位作者进行了共现分析。表 2-4 为作者共现分析的结果，展示了共现次数排名前十的作者组及其发表文章的数量。

表 2-4　绿色供应链管理领域作者共现分析

共 现 作 者 1	共 现 作 者 2	合作发表文章数量（篇）
Zhu	Sarkis	11
Sarkis	Lai	8
Zhu	Lai	8
Ozceylan	Paksoy	6
Fahimnia	Sarkis	4
Kenne	Gharbi	4
Genovese	Koh	4
Atasu	Van Wassenhove	4
Abbey	Souza	4
Guide	Van Wassenhove	4

从表 2-4 展示的结果来看，作者共现排名第一的作者组是 Zhu 和 Sarkis，一共合作发表文章 11 篇。Zhu 和 Sarkis 合作的第一篇文章于 2004 年发表于 *Journal*

of Operations Management（Zhu 和 Sarkis，2004）。该文章研究了绿色供应链管理实践与环境和经济绩效之间的关系，使用 186 位受访者对中国制造企业绿色供应链管理实践的问卷数据和调节分层回归分析，得出了不同绿色供应链管理实践与绩效之间的一般关系。然后，研究了两种主要类型的管理运营理念，即质量管理和准时生产（Just-in-time，JIT）原则如何影响绿色供应链管理实践与绩效之间的关系。该文章的创新点和突出贡献在于，针对绿色供应链管理与质量管理、JIT 协同困难，把质量管理和 JIT 作为绿色供应链管理提升绩效的调节变量，进一步通过"定中心"的方法解决了数据分析中分层回归的多重共线性问题。

合作发表文章数量排名并列第二的作者组分别是 Sarkis 和 Lai，以及 Zhu 和 Lai，均合作发表了 8 篇文章。这三位作者均为绿色供应链管理领域发表文章数量排名前十的作者。值得注意的是，这 8 篇文章实际是这三位作者共同发表的，且均为实证分析文章。从 2008 年起，Sarkis、Zhu 和 Lai 开始开展合作，在绿色供应链领域进行研究和发表论文。另外，Guide 和 Van Wassenhove 的共现次数为 4，即合作发表文章 4 篇，排名并列第五。Guide 和 Van Wassenhove 分别是绿色供应链管理领域文章发表数量排名第二和第三的作者。两人的合作从 2001 年开始，合作研究的主题为再制造及闭环供应链，具体方法包括理论分析、文献综述和建模分析。

▷▷ 2. 标题分析

与作者频数分析类似，我们对文章标题词也进行了频数分析。我们将文章标题的每个单词独立分开，去除掉"and""or""what""a/an""of"等无实意单词，仅对名词和形容词进行分析。表 2-5 列示了绿色供应链管理领域文章中的高频标题词前 20 的单词。

表 2-5　绿色供应链管理领域文章中的高频标题词

单　词	频数（次）	单　词	频数（次）
supply	276	model	62
chain（s）	262	design	62
remanufacturing	147	environmental	53
green	131	performance	51
product（s）	128	approach	46
system（s）	98	manufacturing	43
closed-loop	89	production	43
reverse	82	practices	42
management	76	network	41
logistics	74	planning	40

从表 2-5 我们可以得出，在绿色供应链管理领域文章的标题中，出现频次最高的单词是"supply"，频数为 276。频数排名第二的单词是"chain（s）"，共出现 262 次，略低于"supply"出现的频数。供应链作为绿色供应链管理的核心词之一，频数位居第一和第二。当然，这也是由于 supply chain 是重要的搜索主题词之一。"remanufacturing"以频数 147 排名第三。可见，再制造是绿色供应链管理领域下一个十分重要且热点的主题。同时，"closed-loop"和"reverse"也是出现频数前十的单词，分别出现了 89 次和 82 次。因此，闭环供应链、逆向物流等反向绿色供应链主题也是研究的热点话题。另外，"environmental"和"performance"的出现频数分别为 53 次和 51 次，排名分别为第 13 和第 14。可见，环境绩效也是研究比较关注的主题。此外，显示方法的单词"model""planning"的频数分别为 62 次和 40 次，排名分别为第 11 和第 20。从标题体现出来的信息中可以看出，建模分析和运营优化分析是绿色供应链管理领域应用得较多的方法。

⧉ 3. 关键词分析

与作者频数分析和标题词频数分析类似，我们对绿色供应链管理领域文章的关键词也进行了频数分析。值得注意的是，关键词的分析与标题词分析的不同在于，标题词是严格按照单个的单词进行频数分析，而对关键词来说，是按照文章列示的关键词，可能是单个的单词，也可能是多个单词组成的词组。在696 篇样本文献中，一共有 2 238 个关键词。其中不重复的关键词一共有 497 个。对这 497 个关键词进行了频数分析，结果见表 2-6。

表 2-6　绿色供应链管理领域高频关键词

关　键　词	频数（次）	关　键　词	频数（次）
remanufacturing	203	recycling	20
reverse logistics	138	game theory	18
closed-loop supply chain	91	environmental management	17
supply chain management	57	reverse supply chain	16
sustainability	51	environment	16
green supply chain management	39	environmental performance	15
supply chain	31	green logistics	14
pricing	24	case study	12
green supply chain	22	environmental sustainability	11
product recovery	21	sustainable manufacturing	10

从表 2-6 可以看出，"remanufacturing"是绿色供应链管理领域频数排名第一的关键词，共出现 203 次。可见，再制造是绿色供应链管理领域目前研究得最多的主题。从图 2-1 的分析可以知道，早在 1997 年，就有学者发表了再制造研究的文章。经历了 20 多年，再制造仍是绿色供应链管理领域学者研究的重点内

容。排名第二和第三的关键词分别是"reverse logistics"和"closed-loop supply chain"，频数分别为 138 次和 91 次。除此之外，"reverse supply chain"的频数为 16 次，也是排名第十四的高频关键词。逆向物流和闭环供应链均为考虑产品生命周期末端的回收处理和处置问题，是传统供应链的拓展和延伸。有关逆向物流的第一篇文章于 1998 年发表在 *Transportation Research Part E: Logistics and Transportation Review* 期刊（Johnson，1998），闭环供应链的研究最早于 2003 年发表在 *Journal of Operations Management* 期刊（Guide 等，2003）。作为文献综述的核心词，"green supply chain management"的频数为 39 次，排名第六，远低于前三名的再制造、逆向物流和闭环供应链。以绿色供应链管理为关键词的文章最早于 2004 年发表在 *Journal of Operations Management* 期刊（Zhu 和 Sarkis，2004）。可见，绿色供应链管理领域最早萌芽的研究主题为再制造、逆向物流、闭环供应链等延伸供应链的内容。

关键词"pricing"的频数为 24 次，排名第八。可以看出，定价问题是绿色供应链管理领域被广泛关注的问题。这与标题频数分析的结果不太一致。标题分析的结果显示，运营计划问题（planning）是频数更高的标题词。原因可能是，标题并不能反映所有的关键词，而关键词中包含的信息与文章的内容更紧密和相关。另外，"game theory"和"case study"排名分别为第十二和第十八，频数分别为 18 和 12。这表明博弈论和案例研究是绿色供应链管理领域应用较多的两种研究方法。

2.3.3　网络分析及结果

1. 引用分析

引用分析用于检查创建的文献对或节点对之间的网络连接性自由度（Degree of Connectivity）。引用分析显示，在 696 篇绿色供应链管理样本文献中，一共有 481 篇文献被样本文献中除自己以外的其他文献所引用。表 2-7 列出了样本文献中，局部引用量最高的 10 篇文献。文献 A 的局部引用量是指，A 被 696 篇样本文献引用的数量。文献 A 当然很可能会被 696 篇样本文献以外的其他文献所引用，但是以外的文献意味着出了绿色供应链管理这个研究领域，被这之外的文献引用意味着 A 在更大的一个范围内有重要的地位。至于在绿色供应链管理领域有怎样的重要性，以局部引用衡量的话应当具有更高的准确性。

表 2-7　局部引用量最高的 10 篇文献（总引用量数据更新于 2019 年 6 月 10 日）

作者（发表年）	局部引用量（篇）	总引用量（篇）
Savaskan 等（2004）	102	1 018
Guide（2000）	86	636

（续）

作者（发表年）	局部引用量（篇）	总引用量（篇）
Debo 等（2005）	71	389
Ferrer 和 Swaminathan（2006）	67	390
Zhu 和 Sarkis（2004）	66	1 122
Atasu 等（2008）	64	377
Rao 和 Holt（2005）	57	1 014
Fleischmann 等（2000）	46	517
Sarkis 等（2011）	44	733
Vachon 和 Klassen（2006）	42	694

从表 2-7 的总引用量一栏可以看到，这些文献的总引用量都是局部引用量的数倍甚至数十倍以上，这表示它们不仅在绿色供应链管理研究领域里有很重要的地位和贡献，还受到了很多其他领域的研究者的关注。以 Zhu 和 Sarkis 发表于 2004 年的文章为例，从 Scopus 数据库检索的自动分类可以看到，此文章引起了包括工程、社会科学、计算机科学、数学、农业和生物学等很多领域的关注，影响广泛，见表 2-8。但是其局部引用量只有 66 篇，排名第五，约为总引用的 1/20。这并不意味着它在绿色供应链管理领域就不如其他人的工作重要，这篇文献界定了绿色供应链与企业绩效表现的一般性的关系，排名第一的 Savaskan 等发表于 2004 年的文章则是建立了闭环供应链的去中心化决策的数学模型，以后几乎所有关于闭环供应链或逆向物流决策的研究都会提到它，因此 Savaskan 等的文章的局部引用量远高于 Zhu 和 Sarkis（2004）的局部引用量。

表 2-8　引用了 Zhu 和 Sarkis（2004）的文献的学科类别

学 科 类 别	数量（篇）
Business，Management and Accounting	789
Engineering	449
Decision Sciences	324
Environmental Science	282
Social Sciences	195
Computer Science	186
Economics，Econometrics and Finance	180
Energy	158
Mathematics	39
Agricultural and Biological	18

此外，这十篇文献的研究方向也不尽相同。具体而言，Guide 发表于 2000 年的文章是关于再制造的生产控制的，提出了再制造系统与传统普通制造系统不同的七个复杂特征，这些特征需要生产规划和控制活动的重大变革以适应再制造面对的回收产品的不确定性、质量的随机性等问题。Debo 等人发表于 2005 年的文章，解决了向异质消费者市场引入可用于再制造的产品时的联合定价和产品技术选择问题，不同的技术会影响从废旧产品中回收到的价值的多少。Ferrer 和 Swaminathan 发表于 2006 年的文章则研究了双寡头垄断环境的再制造产品多期纳什均衡和竞争策略。Atasu 则在 2008 年研究了再制造与市场的关系，证明再制造产品可以成为一个有效的市场营销策略。Rao 和 Holt 在 2005 年首次以实证研究证明了在东南亚地区，供应链的绿色化能够有效地提升企业竞争力和经济表现。Fleischmann 等在 2000 年指出了产品回收网络的逆向物流的基本特征并分类。Sarkis 等（2011）则是以九大组织理论对绿色供应链管理的最新文献进行分类和回顾。Vachon 和 Klassen（2006）则是研究了前向一体化和后向一体化与绿色供应链的关系。

总体而言，从生产决策到物流管理（Fleischmann 等，2000），从市场竞争（Ferrer 和 Swaminathan，2006）到市场营销（Atasu 等，2008），从理论模型（Savaskan 等，2004）到实践实证（Sarkis 等，2011；Zhu 和 Sarkis，2004），从局部细节研究到整体，引用量最高的前十篇文献涉及了绿色供应链管理研究的方方面面，有的甚至就是一个细分领域的研究开创工作。

引用分析的一个缺憾是，发表时间比较靠后的文章没有足够的时间引起他人注意或得到足够的引用量。引用量前十的文献仅有一篇（Sarkis 等，2011）是近十年内发表的，还是一篇文献综述类型的文章，其余均是十年前发表的。对此，我们有一个补救措施：使用年均引用量作为衡量指标来排序。

从表 2-9 中可以看到，年均局部引用量前十名中的前七名仍然与局部引用量前十名中的重合，排序稍有不同，仅第八名、第九名不属于局部引用量前十名中的，分别是 Agrawal 等（2015）和 Chaabane 等（2012）。从内容上看，Agrawal 等（2015）通过行为实验，以消费者视角探究再制造产品的感知价值与普通产品的差异，实验结果表明，由原始设备制造商（OEM）销售再制造产品的行为会导致新产品的感知价值下降高达 8%，而由第三方来进行再制造活动能够增加高达 7% 的感知价值。这个结果对于研究再制造产业当中的竞争关系、OEM 与第三方再制造商的关系十分重要，因此虽然发表不到四年（截至 2019 年），但有很高的年均引用量。Chaabane 等（2012）则建立了一个考虑了生命周期评估原则和区分了固液气废物的混合整数线性规划框架，这个框架被用于评估铝工业当中的经济利益目标和环境目标之间的权衡。

表 2-9　年均局部引用量前十的文章（截至 2019 年）

作者（年）	年均局部引用量（篇）
Savaskan 等（2004）	6.8
Atasu 等（2008）	5.8
Sarkis 等（2011）	5.5
Ferrer 和 Swaminathan（2006）	5.2
Debo 等（2005）	5.1
Guide（2000）	4.5
Zhu 和 Sarkis（2004）	4.4
Agrawal 等（2015）	4.3
Chaabane 等（2012）	4.1
Rao 和 Holt（2005）	4.1

2. 页面排名分析

页面排名的计算方法已经在前文介绍过了。表 2-10 列出了页面排名前十的文章引用情况。与表 2-7 相比，仅有一篇，Zhu 等（2005）不属于局部引用量前十的。在局部引用量前十中仅有一篇，Fleischmann 等（2000），在页面排名中未入前十。需要注意的是，一篇文章的页面排名的数值会被引用它的高引用文献显著影响，而发表时间较近的文章没有足够的时间来被其他文章引用，也更难以被高引用文献引用，因此很难获得高的页面排名。所以页面排名前十名与局部引用量前十名有 9 个重合，不重合的 Zhu（2005）局部引用量为 36 篇，排名第十四。作者通过实证调查得出"由于监管、竞争和营销压力等驱动因素，中国企业提高了环保意识但没有将其转化为强有力的绿色供应链的实践做法，也没有转化为业绩领域的改进"的结论。这是一篇实证性研究，通常对于中国的绿色供应链管理涉及实践的研究都绕不开它，因此它必然被后来的高引用实证性研究的文章引用，因此具有较高的页面排名数值。但由于发表时间较早，且某些实证性研究具有时效性，最近几年引用它的文章数量减少，因此未能进入局部引用量前十名。

表 2-10　页面排名前十的文章引用情况

作者（年）	页面排名	局部引用量（篇）	总引用量（篇）
Savaskan 等（2004）	0.023 263	102	1 018
Atasu 等（2008）	0.017 946	64	377
Ferrer 和 Swaminathan（2006）	0.016 238	67	390
Debo 等（2005）	0.015 443	71	389

（续）

作者（年）	页面排名	局部引用量（篇）	总引用量（篇）
Guide（2000）	0.014 958	86	636
Zhu 和 Sarkis（2004）	0.013 200	66	1 122
Rao 和 Holt（2005）	0.012 182	57	1 014
Sarkis 等（2011）	0.010 897	44	733
Zhu 等（2005）	0.009 313	36	1 117
Vachon 和 Klassen（2006）	0.016 238	42	694

总结起来看，局部引用量前十名、年均局部引用量前十名和页面排名前十名总共从 696 篇样本文献中选出了 13 篇文献。显然做出重大贡献的重要文章在任何一种统计方法中都会脱颖而出，其余有细微差别往往是有的文献在更细分的子研究领域里有重要影响，但扩大到整个绿色供应链管理研究领域，影响力不足，例如 Fleischmann 等（2000），当然也有可能是因为时间的关系。

不需要对绿色供应链管理研究有多少了解，也能把它大致分成几类，理论与实证、整体和局部。理论包括了理论模型框架的建立（方法论）（Chaabane 等，2012；Savaskan 等，2004）、特定情况的模型研究（Ferrer 和 Swaminathan，2006），实证研究包括了实证调查（Agrawal 等，2015；Rao 和 Holt，2005；Zhu 和 Sarkis，2004；Zhu 等，2005），以及实际情况结合理论模型以提供指导（Atasu 等，2008）。在筛选出来的样本文献集里最重要的 13 篇中，共有 5 篇文献（Chaabane 等，2012；Debo 等，2005；Savaskan 等，2004；Zhu 和 Sarkis，2004；Zhu 等，2005）是从绿色供应链的整体视角，实证性或理论地研究了绩效、规划决策等问题，其余基本均为供应链的局部问题研究，例如：Guide（2000）着眼于绿色供应链中再制造生产环境的研究；Fleischmann 等（2000）则是对绿色供应链的逆向物流环节进行研究，不涉及市场、生产规划技术等问题；Agrawal 等（2015）则是探究以消费者的角度看待再制造产品的价值，不涉及物流、生产规划技术等问题。唯一既不属于整体也不属于局部的文章应当是 Sarkis 等（2011），这是一篇文献综述，回顾过去的研究。总体而言，这 13 篇文献是典型代表，为绿色供应链管理研究的方方面面打下了基础。

但仅是这样的分类是不够的，分类不够具体，局部性的研究具体有哪些局部？哪些局部研究较多，哪些较重要？整体性的研究都是从什么角度着手？已经解决了哪些主要问题？理论研究都有哪些类型？理论是如何影响实践的？这些问题，仅分析到这一步是无法回答的。但是下面的共引分析和动态共引分析能够大致回答这些问题。

▶ 3. 共引分析

共引分析的概念在前面已经介绍过了。首先，需要使用 BibExcel 软件从 696

篇样本文献的引用文献列表中生成共引文献频率统计表——.coc 文件。.coc 文件记录了任意两篇文献（文献对）出现在同一篇文章的引用文献列表里的次数（共引数）。.coc 文件本质上也就是一个 .txt 文本文件，其内以三列文字记录数据，第一列是两篇文献的共引数，第二列和第三列是以标准引用格式表示的对应的文献对。然后剔除所有不属于样本的文献所构成的共引关系，即文献对的两篇文献必须既是 696 篇样本文献里面的两篇，也同时被 696 篇样本文献中的其他文献引用。如果两篇文献均属于相同的研究方向，如都是研究绿色供应链管理中的逆向物流的文章，它们就比不同领域的文章更有可能被同时引用。因此，共引数越多，它们越有可能属于同一细分研究方向。因为我们的目的是分析出绿色供应链管理领域细分的子研究方向和热点，696 篇样本文献以外的文献对就超出了此次分析的范围。

得到 .coc 文件之后，需要再次使用 BibExcel 生成可以被数据可视化软件 Gephi 打开的 .net 文件。尽管 NET 文件比原始的包含所有信息的引用文献列表文件少了很多信息，但是它包含了足够的由文献组成的网络的拓扑信息，足够用它来分析出 696 篇样本文献之间有何种关系。

生成的 .net 文件显示在 696 篇样本文献中，有 478 篇文献有共同引用关系。共引分析以每一篇文献为一个节点，如果两篇文章（即两个节点）之间存在共引关系，它们之间就由一条边相连，每条边均有一个权重，权重为两篇文章被共同引用的次数（共引数）。通过赋予节点的连接性和边的权重，可以使用 Gephi 内置的算法（Blondel 等，2008）计算出每一个节点（文献）的 modularity class，即将样本文献分成了几类，每篇文献属于且仅属于一类，这样就得到绿色供应链管理领域的子研究领域。

具体而言，Gephi 允许边具有方向，边所代表的共同被引用关系显然是不具有方向性的，因此在首次导入 Gephi 时，需要先选择无向。首次导入的时候，Gephi 默认以随机布局的方式给每个节点定下位置，以图的方式显示在屏幕上。这种默认的布局方式无法显示出任何可以分辨的规律或特征，因为所有的节点具有相同的大小、颜色、形状和随机的位置，所有的边也具有相同的粗细、颜色。

除了默认布局（Default Layout）以外，Gephi 提供了一系列不同的算法来创造不同的网络布局。其中一种由力驱动的算法——Force Atlas，因为其简洁性和极高的可读性，成为开发者最推荐的一种布局方式。Force Atlas 通过让相连的节点，也就是由边连接起来的节点，具有吸引力和所有的节点相互排斥来形成具有特征的网络（Jacomy 等，2014）。

图 2-2a 显示了 Gephi 提供的名为 "Circular layout" 的布局，图 2-2b 显示了使用 Force Atlas 布局的结果。可以看到，对于一个相同的网络，不同的布局方

式会严重影响网络的形状，进而影响人们对网络的解读。图 2-2a 能看出节点圆周的一些地方产生了聚集，但无法解读出更多信息了。因此，对于网络布局方式的选择也是非常重要的。对于 Force Atlas 算法，其中的斥力和吸引力等参数是可调的，经过调整之后，样本形成的共引网络呈现了一定的规律，如图 2-2b。

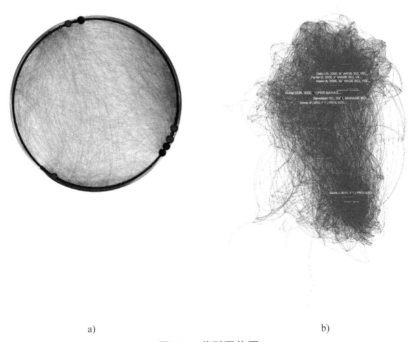

a)   b)

图 2-2　共引网络图

从图 2-2 中可以看到，图的上部和下部有两个密集的集团，左上方也有一个集团但不太显著。由于所有节点都相互排斥，Force Atlas 布局注定不会收缩成一团无法分辨的图形，同时相连接的节点具有吸引力，待运动稳定后，吸引力和排斥力达到相对平衡，相互之间具有最多连接的团体会聚集形成一个较大的密集的集团，由于这个集团与其他集团之间只具有较少的连接，所以集团与集团之间会被相互排斥，进而分开。

因此可以从图 2-2 上读出，密集的集团是相对独立的团体，与其他团体的连接较少，关联也相对团体内部而言较少。通过这种方法可以将属于不同团体的节点分开。但是，Force Atlas 算法并不将边的权重考虑进去，仅考虑有和无。因此，样本的共引网络在图 2-2 中显示出了一定的肉眼可分辨特征，但不够显著，不够具体。毕竟共引数是非常重要的数据，它标志着两篇文献（节点）之间联系有多紧密。此外，Gephi 允许调整边的颜色、粗细（依据权重或其他参数），调整节点的大小（依据连接度，即与多少个其他节点有边相连接，或其他参数）

和颜色。

样本形成了如图 2-2 的 Force Atlas 布局的图。在这张图中，设定连接度越高的节点在图中显示为半径越大的圆，因此可以明显看出，在上下两个大集团中，有多个大小不同的圆点，同时附着大小不一的标签，标签显示着这个节点是哪一篇文献。显然可以看到，这几篇基本上与前面引用分析和页面排名分析中的最重要的 13 篇文献重合。

现在来初步验证一下 Force Atlas 算法分类的结果是否正确。图 2-2b 最大的三个圆点分别代表的文献是 Debo 等（2005）、Ferrer 和 Swaminathan（2006）、Atasu 等（2008）。Debo 等（2005）解决了面对异质性消费者组成的市场时引入再制造产品的制造商面临的联合定价和产品技术选择问题。Ferrer 和 Swaminathan（2006）研究了双寡头垄断的市场环境下的再制造作业的门槛问题，结论是如果再制造利润很高，原始设备制造商（OEM）会通过降低价格的方式让出一些第一阶段的利润，以多销售产品增加市场上的用于未来再制造的可用核心部件数量，并且竞争加剧的话，原始设备制造商更有可能去完全利用可用的核心部件以提供更低价格的再制造产品。Atasu 等（2008）考虑了在细分的绿色环保市场存在的情况下，原始设备制造商之间的竞争和产品生命周期的影响问题，结论是再制造系统的盈利能力很大程度上取决于以上几个方面之间的相互作用，对于垄断企业，在再制造成本节约、细分市场规模、增长率和消费者估值几个方面都存在门槛，高于门槛再制造才是有利可图的。总体而言，这三篇文献都讨论了再制造与市场之间的关系，并不是任意的市场、产品都适合使用再制造这一策略，因此三者的研究方向比较相近。

再将 Force Atlas 布局放大来看，如图 2-3 所示，在上一段讨论的三篇文献下面还有三个较大的节点，分别是 Guide（2000）、Savaskan 等（2004）、Kenne 等（2012），且这三篇距离较远，每个节点向外发散的线条较多，但三者的线条没有聚拢形成一个集团，可以推测三者的研究方向较 Debo 等（2005）与 Force Atlas 布局下方的 Zhu 和 Sarkis（2004）二者的距离更近，但比 Debo 等（2005）、Ferrer 和 Swaminathan（2006）、Atasu 等（2008）三者差别明显。下面来看看这三篇文献的具体内容，Guide（2000）讨论的是再制造中生产计划和控制活动的管理，再制造中生产计划和控制活动的管理与传统的单纯制造业中的管理有很大的不同，作者圈定了七个需要在生产计划和控制活动中进行更改的复杂特征，还描述了每个复杂特征未来的研究机会。Savaskan 等（2004）建立了一个有三种回收废旧产品的渠道的闭环供应链分散决策系统。Kenne 等（2012）则是更加具体地提出了一个再制造策略，调控制造和再制造的生产率以最大限度地减少库存成本。三者发表年份分别是 2000 年、2004 年和 2012 年，相距较远。Guide（2000）更为宏观，描述了七个特征。Savaskan 等（2004）建立了具体的闭环供应链决策模型，而 Kenne 等（2012）则是更加细致地给出了制造的决策策略。三者均是有关绿色供应链管理中的决策控制问题的研究，都是考虑一定的现实情况的理论模型研究，通过各种数学工具得出结论，但问题和结论都越来越细致，结论也越来越具体，可以看出三者之间的差别确实比 Debo 等（2005）、Ferrer 和 Swaminathan（2006）、Atasu 等（2008）之间要大。当然这种细致化的变化趋势也是和时间有关系的。随着时间的流逝，研究一步步深入，到了 2012 年研究不可能还只是抽象而粗略的结论了。

图 2-3　共引网络图局部

我们再来看看 Force Atlas 布局最下方的文献集团具体情况，如图 2-4 所示。在下方的文献中，最大的（也就是连接数最多，一般而言也是最重要的）三篇文献为 Sarkis 等（2011）、Zhu 和 Sarkis（2004）、Rao 和 Holt（2005）。最早的 2004 年发表的 Zhu 和 Sarkis 的文献通过问卷调查界定了中国的绿色供应链与企业绩效表现之间的关系，属于实证研究。2005 年 Rao 和 Holt 的文献也是通过问卷调查的方式在东南亚地区收集数据，进行结构化方程建模，得出绿色供应链与企业经济绩效表现正相关等结论，也是属于实证研究。2011 年 Sarkis 等的文献则是以九大组织理论对绿色供应链管理的最新（截至 2011 年的最新）文献进行分类和回顾，并且特别强调绿色供应链管理实践的采用、传播和结果的调查研究，即 Zhu 和 Sarkis（2004）及 Rao 和 Holt（2005）的研究结果。很显然，这三篇文献与上方的文献研究方向完全不同，是实证研究。

图 2-4　共引网络图局部

但是，Force Atlas 布局所揭示出的这种分类不够细致和具体，它并没有明确标识出一个节点到底是属于哪个类别，仅依靠人眼观察，不具体不准确。此外，任何人都能够把一个领域内的研究分成理论研究和实证研究、理论整体宏观研究和具体局部的问题等，Force Atlas 布局并不比这分类更细致，因此对于我们所需要的更具体的分类帮助不大，我们需要更加具体和更加有效的算法使样本文献组成的网络分类、分块（模块化，Modularity），明确地将每个节点（文献）归属于某个类，或者说块（Cluster）。这样就将文献定性地分成了几个领域，而非像之前的 Force Atlas 布局，仅靠肉眼分辨有几类不同的块，既不准确，又不优雅。

除了最通用的 Force Atlas 布局算法之外，Gephi 有许多非常有效的可以令网络模块化的算法，最基本的默认算法是基于 Louvain 算法，通过不断的迭代计算来达到最高的模块化指数（Modularity Index）和获得最好的网络分块数量（Blondel 等，2008）。一个网络分块的模块化指数是一个介于 −1 到 +1 的测量值，测量某一块内节点连接的密度与块之间连接的密度之比。这一最大化指数背后思想也很容易理解，假设绿色供应链管理研究领域能继续分成 7 个细分的研究方向，或者说子领域，那么每个子领域内部肯定比子领域之间具有更高的相互关联性，同一个领域的文章有比不同领域的文章更高的被共引的概率。因此，必然一个子领域内部会有更密集的连接和更大的边的权重，反映在图上就是有更多的（更粗的）边连接两个节点。根据 Blondel 等 2008 年的研究，对于一个有权重（即每条边有权重，每条边的权重即是这条边所连接的两篇文章的共引频率）的无向网络，模块化指数公式为

$$Q = \frac{1}{2m} \sum_{ij} \left(A_{ij} - \frac{k_i k_j}{2m} \right) \delta(c_i, c_j) \tag{2-2}$$

$$m = \frac{1}{2} \sum_{ij} A_{ij}$$

式中　A_{ij}——节点 i 和节点 j 之间的边的权重；

k_i——与节点 i 相连的所有边的权重和，即 $k_i = \sum_j A_{ij}$；

c_i——节点 i 所分配的代表其所属块的数字，如总共有 7 个块（以 Modularity Class 数值标记），每个块就由 0、1、2、3、4、5、6 代表，若节点 i 属于块 1，$c_i = 1$，当 $c_i = c_j$ 的时候，$\delta(c_i, c_j) = 1$，其他情况为 0，也就是说，式中的求和只在同一个块内进行。

将这个算法应用到样本文献组成的共引网络，如图 2-5 所示，共引网络一共被分成 7 个块，然后使用 Circle Pack 布局，以 Modularity Class 为第一控制参数（记 Modularity Class 为每个节点属于哪个块的编号，从 0 到 6 总共 7 个块），页面排名为第二参数，每个节点大小与页面排名大小成比例，不同的块以不同颜色显示，得到如图 2-5 所示的网络分布图。值得注意的是，因为这是一个迭代计算的算法，有一些控制参数需要根据经验确定，不同的参数会导致不同的收敛结果。根据经验我们认为绿色供应链管理领域往下应该能细分成三个以上十个

以下的子领域；另一层考虑是样本文献只有696篇，不可能分出太多类别，否则每个类别内节点数量很少，这样的分类准确性也值得怀疑。

每个块内的节点（文献）数量如图2-6所示，数量最少的块6只有2篇文献，占整个网络比重为0.42%，因此在图2-5中基本看不见。其余6个块，数量最多的是块2，总共有118篇文献，数量最少的是块5，有40篇文献。图2-5的模块化指数为0.406，这表示每个块的内部具有较强的关联性，块之间关联性较弱，证明我们的分类应当是比较成功的。

至此，我们通过Louvain算法成功地将绿色供应链管理领域的696篇样本文献中的480篇文献分成了7个部分。其余216篇文献因为与其他研究关联性不大，或者是研究质量较差因而没有被其他文献引用，无法与其余文献建立共引关系，因此不会出现在共引网络和图2-5中，无法被分类。每个块内部的线条比块之间更加密集，每个块的最重要的几篇文献也显著地标识出来了。为了更好地区分不同的块，我们让属于相同块的节点使用相同的颜色表示，不同的块的节点颜色不同，边的颜色由与其相连的节点的颜色决定，节点的大小由其连通度（边的数量）决定，节点上标志的文献颜色也保持一致，此外，我们还让边的粗细与其权重（共引数）成正比。

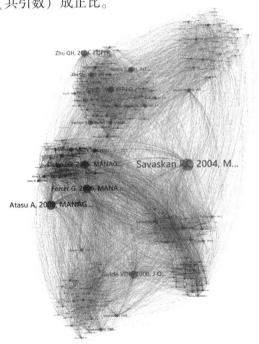

图2-5　网络分布图

注：不同的颜色代表文献属于不同的类，圆点的大小代表文献的页面排名的大小。696篇
文献被分成类7类，第7类占比只有0.42%，因此在图上基本看不到。

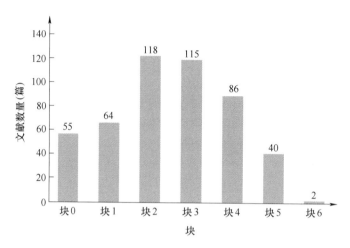

图 2-6　每个块的大小（节点数量）

　　根据相同领域相同研究方向的论文更加容易被其他文章一同引用的原理，通过对每个块中最突出的几个节点（文献）进行审阅，可以人为地总结出每个块的研究领域的具体内容。表 2-11 列出了每个块中最大的最具有代表性（页面排名指数最高）的 5 篇文献，块 6 由于只有 2 篇文献，略去不表。以下先陈述 5 篇文献的主要内容和其贡献与意义，然后总结出每个块代表的子领域的具体内容，再总结进表 2-11 中。

　　在块 0 中，有 3 篇属于局部引用量前十名。页面排名最高的是 Atasu 等（2008）也是局部引用量前十名之一，研究的是再制造与市场的关系，证明再制造产品可以成为一个有效的市场营销策略。排第二名的文献 Ferrer 和 Swami-nathan（2006）也在之前的局部引用量前十名中出现过，研究的是双寡头垄断的市场环境下再制造的策略问题。排第三名的文献 Debo 等（2005）研究的是细分市场和技术选择问题。排第四名的文献是 Ovchinnikov（2011），没有出现在局部引用量前十中，研究的是在一个存在需求分流（Demand Cannibalization）的市场，同时提供新产品和再制造产品的企业的定价和再制造战略问题。最后一篇文献 Atasu 等（2008）与第一名的 Atasu 等（2008）不同，它发表在 *International Journal of Production Economics* 杂志上，使用一个数学模型讨论一个提供新产品租赁和再制造产品销售的公司的最佳定价和租赁产品的付款结构，总结而言，仍是产品的市场策略问题。总结起来就是，以这 5 篇文献为代表的块 0 主要研究的是各种市场条件下，再制造企业的再制造战略、新产品和再制造产品定价、销售等问题。从这 5 篇文献中也可以看出，它们所关注的主要指标并不是企业或者供应链的环境维度的表现，而是利润等经济指标。尽管如此，它们仍然属于绿色供应链管理范畴，因为它们的研究对象本身就是绿色供应链，从经济指标上达到了最优，也是提高了绿色供应链的运行效率，也是对绿色供应链管理做出了贡献。

表 2-11　6 块的页面排名前五的文献列表（排名分先后）

块 0	块 1	块 2
Atasu 等（2008） Ferrer 和 Swaminathan（2006） Debo 等（2005） Ovchinnikov（2011） Atasu 等（2008）	Savaskan 等（2004） Savaskan 和 Van Wassenhove（2006） Choi 等（2013） Mitra 和 Webster（2008） Ostlin 等（2008）	Zhu 和 Sarkis（2004） Rao 和 Holt（2005） Sarkis 等（2011） Zhu 等（2005） Vachon 和 Klassen（2006）
特定市场条件下企业的战略、定价、技术选择等决策问题，主要指标是利润等经济指标	以数学模型等理论方法研究闭环供应链在不同的条件时，各个部分的关系、整体效率和决策问题	各种各样的实证研究

块 3	块 4	块 5
Guide（2000） Fleischmann 等（2000） Srivastava（2008） Jayaraman（2006） van der Laan 等（1999）	Kenne 等（2012） Chaabane 等（2012） Kumar 和 Putnam（2008） Hassini 等（2012） Paksoy 等（2011）	Wu（2013） Pokharel 和 Liang（2012） Bulmus 等（2014） Xiong 等（2014） Minner 和 Kiesmuller（2012）
绿色供应链管理当中物流、库存方面的问题	为绿色供应链、闭环供应链提供了整体性的数学模型和研究框架，主要贡献在于提供框架、指标和模型	绿色供应链中的废旧收购和新产品与再制造产品的定价问题

在块 1 当中，Savaskan 等（2004）建立了闭环供应链的去中心化决策模型，模拟了分别使用三种不同回收产品渠道时，闭环供应链的经济效率。Savaskan 和 Van Wassenhove（2006）讨论了面对不同的产品回收渠道，零售商的市场战略决策和制造商所面临的经济权衡问题，制造商向负责回收废旧产品的零售商支付一定的回购款（Buy-back payments），此回购款使得制造商在批发价的定价上具有一定的灵活性，进而可以实现对零售商的价格歧视。Choi 等（2013）讨论了由零售商、产品回收者和制造商三个角色组成的闭环供应链中，在不同的领导者情况下，闭环供应链的效率等方面的表现，再制造系统的效率高度取决于供应链代理商与市场的距离，且与直觉相反，回收者领导的模型并不是回收二手商品最有效的模型。Mitra 和 Webster（2008）分析了政府补贴下销售再制造产品和新产品的制造商的两期模型，发现补贴增加了再制造活动和再制造商的利润，减少了制造商的利润。Ostlin 等（2008）确定了七种回收用于再制造核心的闭环关系，分别是所有权、服务合同、直接订单、存款、信贷、回购和自愿关系。总体而言，块 1 讨论的是闭环供应链在各种不同的简化条件下，例如有政府补

贴时（Mitra 和 Webster，2008）或者不同的产品回收渠道时（Savaskan 和 Van Wassenhove，2006），或者只有三个角色时（Choi 等，2013），闭环供应链的不同部分之间的关系、整体效率和一些决策问题。仅从这些文献的简介中就能看出，它们使用的主要方法都是数学建模，将实际情况简化抽象再加以分析，从理论上提供对现实的指导，而且它们也没有特意关注供应链在环境方面的表现。

在块 2 当中，Zhu 和 Sarkis（2004）、Rao 和 Holt（2005）是实证研究，分别界定在中国和东南亚地区的绿色供应链与企业绩效表现的关系。Sarkis 等（2011）是侧重于实证研究的文献回顾。Zhu 等（2005）调查了中国地区的供应链绿色化的驱动因素和现状。Vachon 和 Klassen（2006）是关于绿色供应链前向和后向一体化的整合问题，发现主要供应商与主要客户的技术整合与环境监测和协作呈正相关等，是在美国地区的实证研究。综上，块 2 是实证研究的代表。由于实证研究都比较困难，这几篇代表性文献都没有显示出所关注问题的倾向性。

在块 3 当中，Guide（2000）发表时间较早，描述了再制造企业的生产规划和控制活动中的七个复杂特征，为后续绿色供应链的物流和生产规划方面的研究奠定基础。Fleischmann 等（2000）确定了逆向物流（回收用于再制造的废旧产品的物流网络）的一般特征，并推导了一个对回收废旧物品的逆向物流分类方式。Srivastava（2008）结合了描述性建模与方法学级别的优化技术，提出了综合的整体性逆向物流概念框架，为绿色供应链管理中的产品回收的物流网络提供解决方案。Jayaraman（2006）提供了一种包含产品回收再利用的闭环供应链的产品生产计划和控制方法，可用于生产规划、库存控制和其他战术决策系统的协调中心，并使用了一家公司的数据来验证他们的数学模型。van der Laan 等（1999）研究对包含制造和再制造的混合系统中的生产规划和库存控制系统，主要贡献是关于库存方面的管理上的见解。至此，我们很清楚地看见，块 3 是关于绿色供应链管理当中物流、库存方面的问题的。因为对于用于再制造的废旧产品回收具有时间、责任主体等诸多方面的不确定性，所以再制造的生产规划和库存控制都与原先的普通传统供应链不同。因此，需要新的研究和新的方法。

在块 4 当中，Kenne 等（2012）以制造和再制造机器的生产效率为决策变量，研究机器受到随机故障和修理需求的影响时，闭环供应链的生产计划和控制问题，利用数值计算方法给出最优解。Chaabane 等（2012）提出了一个可持续供应链设计的混合整数线性编程框架。Kumar 和 Putnam（2008）研究了三个行业中推动绿色供应链发展的三个方面因素，市场、再制造创造的经济效率和供应链协调赋能。Hassini 等（2012）回顾了过去十年中关于可持续供应链的文献，并提供了可持续供应链管理和绩效测量的框架。Paksoy 等（2011）调查了闭环供应链中的运营和环境绩效指标，特别是与运输相关的指标，并使用线性编程公式的数学模型来模拟问题。总体而言，块 4 的文献主要是为绿色供应链、闭环供应链提供了整体性的数学模型和研究框架，不同的文献侧重点有所不同，例如 Kenne 等（2012）侧重了生产，Paksoy 等（2011）侧重与运输相关的环境指标。

在块 5 当中，Wu（2013）建立了由原始设备制造商和再制造商组成的两期供应链模型来调查原始设备制造商的产品设计决策和其竞争定价策略。Pokharel 和 Liang（2012）提出了一种基于回收的产品质量来评估最佳收购价格的分析模型。Bulmus 等（2014）研究再制造产品的采购管理和营销（定价）问题，开发了一个确定原始设备制造商的最优价格和对应的利润的方法。Xiong 等（2014）面对随机价格回报和随机需求条件下的单类二手产品（核心）定价的再制造问题，通过建模为连续时间马尔可夫链模型提出动态定价策略。Minner 和 Kiesmuller（2012）在运营和市场营销界面提出了一个联合回购定价和制造、再制造决策模型，以找到成本最小化的制造和再制造策略。显然，块 5 均是关于绿色供应链中的各种定价问题，例如竞争市场中的定价问题（Wu，2013）、废旧产品回收定价问题（Pokharel 和 Liang，2012）、随机需求等条件的回收定价问题（Xiong 等，2014）。

在分类出来的六个大类当中，块 2 所代表的实证研究文献数量最多，总共 118 篇文献，我们暂时不清楚这能不能再细分为两个子领域。第二大的块 3 是有关物流和库存方面的研究，而这方面的研究不涉及具体的生产技术，也容易进行数学建模，文献数量多于其他子领域也容易理解。值得注意的是，这些块当中，并没有能分类出专门研究考察各种条件各种情形下，供应链环境方面的指标的子领域。一个原因可能在于这并不容易进行理论研究，不论是数学建模还是行为动机方面的定性研究，因为经济指标例如利润十分容易计算，而与环境相关的指标，例如碳排放、污染物排放都显著地与企业的技术水平、利润、管理者和利益相关者的道德水平相关，最大的共识是推动绿色供应链的发展需要相关法律法规、政策制度的健全推动（Abdulrahman 等，2014）。

考虑到对实证研究部分最重要的前 5 篇的内容进行分析的时候，5 篇文献的研究方向都有较大的不同，因此其内部可能继续细分成子领域。这时我们删掉除块 2 以外的所有数据，再次应用前面提到的方法，可以得到如图 2-7 所示的分类结果，具体的以页面排名筛选出的代表文献列于表 2-12 中，每个子领域列出了 4 篇文献。但是经过对五个子领域代表性文献的简介的阅读，我们没有发现子领域有明显的方向性或者倾向性，无法归纳出每个子领域所代表的研究方向，有不少子领域的文献研究问题与其他领域的文献重合。且模块化指数只有 0.10，代表着极低的块内部的关联性，也佐证了已经无法再使用算法进行自动分类了。考虑到数据量的不足和研究问题的接近程度，这样模糊的结果属于意料之中。

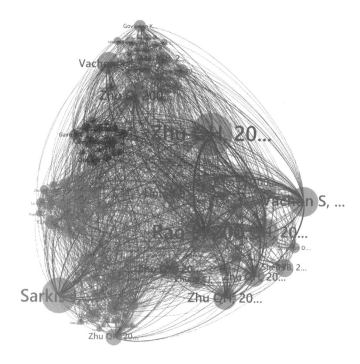

图 2-7　实证研究的 5 个子领域网络图

表 2-12　实证研究的 5 个子领域的代表性文献

块 0	块 1	块 2
Yang 等（2010） Zhu 等（2012b） Kumar 等（2012） Golicic 和 Smith（2013）	Zhu 和 Sarkis（2004） Rao 和 Holt（2005） Zhu 等（2005） Vachon 和 Klassen（2006）	Gunasekaran 和 Spalanzani（2012） Chiou 等（2011） Azevedo 等（2011） Gavronski 等（2011）
块 3	块 4	—
Sarkis 等（2011） Sarkis 等（2010） Zhu 等（2013） Dubey 等（2015）	Zhu 和 Sarkis（2007） Vachon（2007） Tsai 和 Hung（2009） Lu 等（2007）	—

▶ **4. 动态共引分析**

　　为了更好地理解绿色供应链管理研究领域随时间变化的发展历程，我们还完成了动态共引分析。动态共引分析以共引分析的分类结果为基础，从发表数量等维度刻画每个分类的变化情况，从而分析出其发展历程。表 2-13 显示了1997 年—2019 年 6 块每年发表的文章数。

表 2-13　1997 年—2019 年 6 块每年发表的文章数　　（单位：篇）

年份	块 0	块 1	块 2	块 3	块 4	块 5	总计
1997				2		2	4
1998				2			2
1999				1			1
2000				3			3
2001			1	5			6
2002			1	3			4
2003					1	1	2
2004	1	1	2	6			10
2005	1		3	6			10
2006	2	1	2	9	1		15
2007	2		10	11	1	1	25
2008	2	2	7	10	4	1	26
2009		3	3	6	1		13
2010	1		6	6	2	1	16
2011	2	4	11	11	4	2	34
2012	4	11	20	6	13	7	61
2013	8	6	12	11	14	5	56
2014	3	5	17	7	12	7	51
2015	8	5	10	2	16	6	47
2016	4	7	8	2	6	7	34
2017	13	14	4	4	7		42
2018	3	5	1	2	4		15
2019	1						1
总计	55	64	118	115	86	40	478

　　从表 2-13 中可以看出，研究库存和物流方面问题的第四个子领域（块 3）最早开始发展，最早受到大家的关注。这也容易理解，从生产产品、使用、丢弃、垃圾掩埋的消费逻辑走向绿色供应链的生产产品、使用、回收、再制造的环保逻辑第一步就是将废旧产品回收，这也是大部分制造业供应链走向绿色环保面临的第一个大问题。因此这方面的问题最早开始受到关注和研究。

2.4　绿色供应链管理研究发展历程和趋势

≫ 2.4.1　发展历程

　　基于文献计量分析和网络分析的结果，绿色供应链管理研究发展路径可以总结为"内部运营到外部运营"和"正向供应链到逆向供应链"两个方面。

▶ 1. 从内部运营到外部运营

企业最初的环境管理主要聚焦在对自身环境问题的管理。20 世纪 80 年代，各国陆续出台和执行了一系列环保法规。在此压力之下，企业开始在运营管理活动中考虑环境的影响，并采取一系列管理和技术手段来减少生产过程中的污染和排放（Hunt 和 Auster，1990；Webb，1994）。

20 世纪 90 年代中期，企业将绿色供应链管理的范围从企业内部延伸到上游供应商，即考虑在采购活动中减少环境影响。如 Webb（1994）在研究中提到，企业实施原材料绿色采购，有利于减少资源浪费和降低环境影响。Carter 和 Narasimhan（1996）通过对采购经理进行访谈，得出结论：在采购标准制定过程中，环境因素已成为一项重要的参考维度。为更好地回应和满足客户对环保的相关要求，企业主动与客户进行环保方面的合作（Handfield 等，1997；Min 和 Galle，1997）。由此，环境管理进一步从供应链上游延伸到下游，贯穿了整条供应链。绿色供应链管理的研究大多聚焦于整条供应链的管理活动，同时也包含企业内部环境管理相关内容，内外部实践之间相互影响并共同作用于企业环境目标的实现（Zhu 等，2012）。

综上所述，绿色供应链管理研究的边界经历了"从企业内部扩展到企业外部（供应链）"和"从供应链上游延伸至下游"两个发展过程。研究争论的焦点主要在于环境管理活动带来的成本和经济效益之间的平衡。学术界和企业界的主流观点是，绿色供应链管理带来的经济成本显而易见，而带来的声誉和竞争优势却更偏向于难以量化的感性认知；这使得绿色供应链管理具有被动性和不确定性的特点。事实上，企业可以通过实施绿色供应链管理实现价值创造，从而获得经济动力去提升环境绩效。因此，绿色供应链管理如何通过创新实现从降低环境风险向价值创造的转变，仍有待研究。

▶ 2. 从正向供应链到逆向供应链

在传统的供应链管理中，价值流动的方向为"供应商—制造商—客户"，即正向供应链。绿色供应链管理的研究最早也是遵循正向供应链的管理思想而展开，包括管理供应商和与客户开展合作。到目前为止，基于正向供应链视角的研究也越发成熟和深入，如环境风险管理从一级供应商进一步延伸至更上游的供应商（Villena 和 Gioia，2018）。随着社会面临的废旧产品的处理处置问题越发严峻，与正向供应链相对应的概念——逆向供应链受到越来越多的关注。实际上，逆向供应链是一个较早就被提出的概念，其主要内容包括末端产品的获取、逆向物流、检查和处理（决定是否处置，哪种处置方式等），再制造和再营销等（Guide 和 Van Wassenhove，2001）。由于缺乏足够的逆向供应链相关实践支撑，早期的研究较为零散。Carter 和 Ellram（1998）曾在一篇关于逆向物流的综述文章中指出，当时的研究主要停留在对理念和想法的探索和讨论，大多为描述性的分析，有少量案例分析，而罕有运用实证研究方法，且大部分文章发表在非研究类的刊物上。当时的绿色供应链管理，无论是在实践上还是学术研究上，均处于从内部向供应链上下游延伸的阶段，而对逆向供应链的关注相对较少。在绿色供应链管理的概念被提出之后，逆向物流作为其中重要的一项实践，逐步得到系统性的研究和总结（Van Hoek，1999；Zhu 和 Sarkis，2004）。

进入 21 世纪之后，逆向供应链的研究大量涌现，主要包括再制造和逆向物流两个研究分支。这一趋势的出现主要基于两方面的原因。一是领先企业在外部环境变化的驱使下开始转变理念，意识到其对产品整个生命周期的责任，不仅是制造和销售产品的环节，还包括生命周期末端对产品的循环利用和处置（Kleindorfer 等，2005）。在满足法律法规要求的基础上，企业主动去发掘和创造价值。因而逆向物流和再制造相关的企业实践也相应增加。二是制造商的责任在法律层面上延伸到产品使用以后的环节。例如，德国 2005 年 8 月 13 日颁布实施了 WEEE 指令，政府通过推行生产者责任延伸制，要求生产企业对废旧产品的处理处置负责。随后中国等也出台类似的法规，如 2011 年正式实施的《废弃电器电子产品回收处理管理条例》。在此背景下，逆向供应链成为研究的热点，逆向供应链研究样本发表时间分布如图 2-8 所示。

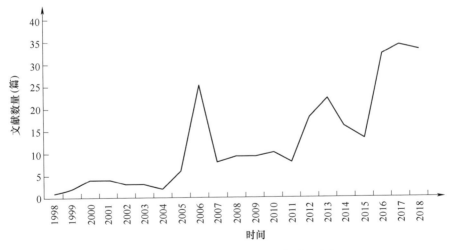

图 2-8　逆向供应链研究样本发表时间分布

从以上内容可知，绿色供应链管理的研究视角经历了从正向供应链延伸至逆向供应链的发展过程。逆向供应链和正向供应链虽然视角不同，但二者相互协同，以实现价值最大化为共同目标（Kocabasoglu 等，2007）。逆向供应链的起始点是从客户手中回收使用后的产品，终点是对其价值的最大化利用（Kleindorfer 等，2005）。已有研究的主题集中在：产品获取、逆向物流网络优化、不同渠道的协调和定价策略、再制造的时机选择、市场供需和竞争分析和产品服务化模式等（Banguera 等，2018；Hahler 和 Fleischmann，2017；Sadeghi 等，2019）。总体而言，现有逆向供应链的研究基本建立在"制造商-客户"的二元结构基础之上。此外，已有研究将供应商也作为研究主体，探讨了逆向供应链中"供应商-制造商"的责任分摊（Jacobs 和 Subramanian，2012）。然而，逆向供应链的运转和生产者责任延伸制度实施的关键在于上游供应商和下游客户的参与，因此围绕逆向供应链参与者（客户-制造商-供应商）三元结构的研究则显得尤为重要且必要。

2.4.2 未来研究发展趋势

基于对已有研究的发展历程和研究中存在的问题分析，本章提出绿色供应链管理的研究发展趋势："从绿色供应链到价值链"和"逆向供应链上下游集成"。

1. 从绿色供应链到价值链

在竞争形态发生变化的背景下，在传统供应链的基础上进行突破，实现以价值创造为导向的价值链逐渐受到当前管理实践和研究的关注。在数量极少的绿色价值链相关研究中，主要是通过案例研究来描述和分析绿色供应链如何创造价值（Choi，2013；Soosay 等，2012），而价值链分析也主要基于全球供应链的视角展开（Chen 等，2017；Golini 等，2018）。Chen 等（2017）探讨了供应链伙伴间的相互承诺对社会可持续价值创造带来的影响。Lee 和 Tang（2018）发表文章指出：运营管理领域新的研究方向和趋势是对社会和环境负责任的价值链。从成本最小化转向价值创造，需要多学科多方法的应用和融合。

目前，绿色价值链的研究尚处于初期起步阶段，存在很多重要的问题需要深入研究和讨论。例如，从绿色供应链管理的视角去识别价值创造的机会，以案例分析为基础，构建绿色价值链管理理论分析框架；借鉴绿色供应链管理相关工具，探索绿色价值链的分析方法，并建立计量模型等分析模型；梳理全球价值链的成功实践，总结其对区域或局部价值链管理和研究带来的启示；通过建立优化和博弈模型，分析价值链上的利益分配和风险管理等。

2. 逆向供应链上下游集成

在逆向供应链管理中系统性考虑"客户-制造商-供应商"的三元结构，要求生产企业进行上下游集成。过去的文献对供应链上下游的集成进行了少量的研究，分为以下两个方面：一是上下游集成对绿色供应链管理带来的影响（Vachon 和

Klassen，2006；Vachon 和 Klassen，2007），如促进了绿色供应链管理实践在供应链成员之间的扩散，扩展了环保技术的应用对象，提高了供应链的节能减排效果；二是直接讨论供应链集成（协调和协作）对环境、经济和社会绩效的影响（Wiengarten 和 Longoni，2015）。值得注意的是，以上研究均基于正向供应链视角，而在逆向供应链中，供应链上下游的角色和关系发生了变化，会产生新的协调和协作机制。

首先需要考虑的是逆向供应链中的利益和责任分配模式，如何有效地实现供应链整体的可持续发展，而不是以单个企业的利益最大化为目标。已有学者探讨了在再制造逆向物流体系设计时，利润最大化目标是否会损害环境（Wang 等，2017）。其次，要清晰地界定产品回收之后如何流向、上游企业之间的分工、价值梯级利用、逆向物流渠道的建立问题等，还需要借助社会的力量以及相关政策法规的引导和支持。最后，上下游集成的关键之一在于供应链成员之间的信息集成和技术的共享，这就要求建立有效的信息沟通和共享机制，例如前端的原材料、零部件和产品的设计有助于末端的产品回收和再制造，终端客户也可以将环保的要求传达给前端的原材料和零部件供应商。

本 章 小 结

本章回顾了整个绿色供应链管理领域的相关研究文献。通过关键词和期刊搜索出了 696 篇样本。文献采用文献计量分析法，对样本文献的发表时间趋势、发表期刊、标题、关键词和作者进行了分析。随后通过网络分析法，分析了样本文献的引用情况、页面排名和共引情况。通过这些分析，得到了绿色供应链管理的研究现状，最后采用动态共引分析，分析了绿色供应链管理的研究发展历程，并提出了未来的研究方向和趋势。

参 考 文 献

［1］IPCC. Climate change 2014：mitigation of climate change Contribution of Working Group Ⅲ to the Fifth Assessment Report of the Intergovernmental Panel on Climate Change［M］. Cambridge：Cambridge university Press，2014.

［2］WEBB L. Green purchasing：forging a new link in the supply chain［J］. Resource，1994，1（6）：14-18.

［3］CARTER C R，JENNINGS M M. Social responsibility and supply chain relationships［J］. Transportation research part E：logistics and transportation review，2002，38（1）：37-52.

［4］SARKIS J，ZHU Q H，LAI K H. An organizational theoretic review of green supply chain management literature［J］. International journal of production economics，2011，130（1）：1-15.

［5］ SEURING S, MÜLLER M. From a literature review to a conceptual framework for sustainable supply chain management [J]. Journal of cleaner production, 2008, 16 (15): 1699-1710.

［6］ AHI P, SEARCY C. A comparative literature analysis of definitions for green and sustainable supply chain management [J]. Journal of cleaner production, 2013, 52: 329-341.

［7］ HANDFIELD R B, WALTON S V, SEEGERS L K, et al. 'Green' value chain practices in the furniture industry [J]. Journal of operations management, 1997, 15 (4): 293-315.

［8］ ZHU Q H, SARKIS J, GENG Y. Green supply chain management in China: pressures, practices and performance [J]. International journal of operations & production management, 2005, 25 (5-6): 449-468.

［9］ SHEU J B, CHOU Y H, HU C C. An integrated logistics operational model for green-supply chain management [J]. Transportation research part E: logistics and transportation review, 2005, 41 (4): 287-313.

［10］ SRIVASTAVA S K. Green supply-chain management: a state-of-the-art literature review [J]. International journal of management reviews, 2007, 9 (1): 53-80.

［11］ LEE S-Y, KLASSEN R D. Drivers and enablers that foster environmental management capabilities in small- and medium-sized suppliers in supply chains [J]. Production and operations management, 2008, 17 (6): 573-586.

［12］ EL SAADANY A M A, JABER M Y, BONNEY M. Environmental performance measures for supply chains [J]. Management research review, 2011, 34 (11): 1202-1221.

［13］ KIM J H, YOUN S, ROH J J. Green supply chain management orientation and firm performance: evidence from South Korea [J]. International journal of services and operations management, 2011, 8 (3): 283-304.

［14］ TRANFIELD D, DENYER D, SMART P. Towards a methodology for developing evidence-informed management knowledge by means of systematic review [J]. British journal of management, 2003, 14 (3): 207-222.

［15］ ZUPIC I, CATER T. Bibliometric methods in management and organization [J]. Organizational research methods, 2015, 18 (3): 429-472.

［16］ MUKHOPADHYAY S K, SETOPUTRO R. Optimal return policy and modular design for build-to-order products [J]. Journal of operations management, 2005, 23 (5): 496-506.

［17］ MIHI-RAMIREZ A. Product return and logistics knowledge: influence on performance of the firm [J]. Transportation research part E: logistics and transportation review, 2012, 48 (6): 1137-1151.

［18］ ULKU M A, GURLER U. The impact of abusing return policies: a newsvendor model with opportunistic consumers [J]. International journal of production economics, 2018, 203: 124-133.

［19］ RUIZ-BENITEZ R, KETZENBERG M, VAN DER LAAN E A. Managing consumer returns in high clockspeed industries [J]. Omega: international journal of management science, 2014, 43: 54-63.

［20］ NI J Z, FLYNN B B, JACOBS F R. Impact of product recall announcements on retailers' financial value [J]. International journal of production economics, 2014, 153: 309-322.

[21] PIPLANI R, SARASWAT A. Robust optimisation approach to the design of service networks for reverse logistics [J]. International journal of production research, 2012, 50 (5): 1424-1437.

[22] GUIDE V D R, SRIVASTAVA R, KRAUS M E. Priority scheduling policies for repair shops [J]. International journal of production research, 2000, 38 (4): 929-950.

[23] SERRATO M A, RYAN S M, GAYTAN J. A Markov decision model to evaluate outsourcing in reverse logistics [J]. International journal of production research, 2007, 45 (18-19): 4289-4315.

[24] SHARIF A M, IRANI Z, LOVE P E D, et al. Evaluating reverse third-party logistics operations using a semi-fuzzy approach [J]. International journal of production research, 2012, 50 (9): 2515-2532.

[25] DAUGHERTY P J, RICHEY R G, GENCHEV S E, et al. Reverse logistics: superior performance through focused resource commitments to information technology [J]. Transportation research part E: logistics and transportation review, 2005, 41 (2): 77-92.

[26] TOYASAKI F, WAKOLBINGER T, KETTINGER W J. The value of information systems for product recovery management [J]. International journal of production research, 2013, 51 (4): 1214-1235.

[27] MIN H, KO H J, KO C S. A genetic algorithm approach to developing the multi-echelon reverse logistics network for product returns [J]. Omega: international journal of management science, 2006, 34 (1): 56-69.

[28] LIECKENS K, VANDAELE N. Multi-level reverse logistics network design under uncertainty [J]. International journal of production research, 2012, 50 (1): 23-40.

[29] ABDULRAHMAN M D, GUNASEKARAN A, SUBRAMANIAN N. Critical barriers in implementing reverse logistics in the Chinese manufacturing sectors [J]. International journal of production economics, 2014, 147: 460-471.

[30] CHOUDHARY A, SARKAR S, SETTUR S, et al. A carbon market sensitive optimization model for integrated forward-reverse logistics [J]. International journal of production economics, 2015, 164: 433-444.

[31] YOO S H, KIM D, PARK M S. Pricing and return policy under various supply contracts in a closed-loop supply chain [J]. International journal of production research, 2015, 53 (1): 106-126.

[32] LONGINIDIS P, GEORGIADIS M C. Integration of sale and leaseback in the optimal design of supply chain networks [J]. Omega: international journal of management Science, 2014, 47: 73-89.

[33] VLACHOS D, TAGARAS G. An inventory system with two supply modes and capacity constraints [J]. International journal of production economics, 2001, 72 (1): 41-58.

[34] WEI C S, LI Y J, CAI X Q. Robust optimal policies of production and inventory with uncertain returns and demand [J]. international journal of production economic, 2011, 134 (2):

93

357-367.

[35] KULP S C, LEE H L, OFEK E. Manufacturer benefits from information integration with retail customers [J]. Management science, 2004, 50 (4): 431-444.

[36] SCHENKEL M, KRIKKE H, CANIELS M C J, et al. Creating integral value for stakeholders in closed loop supply chains [J]. Journal of purchasing and supply management, 2015, 21 (3): 155-166.

[37] ABBEY J D, BLACKBURN J D, GUIDE V D R. Optimal pricing for new and remanufactured products [J]. Journal of operations management, 2015, 36: 130-146.

[38] ABBEY J D, KLEBER R, SOUZA G C, et al. The Role of Perceived Quality Risk in Pricing Remanufactured Products [J]. Production and operations management, 2017, 26 (1): 100-115.

[39] ARAS N, GULLU R, YURULMEZ S. Optimal inventory and pricing policies for remanufactur-able leased products [J]. International journal of production economics, 2011, 133 (1): 262-271.

[40] YALABIK B, CHHAJED D, PETRUZZI N C. Product and sales contract design in remanufac-turing [J]. International journal of production economics, 2014, 154: 299-312.

[41] ABBEY J D, GEISMAR H N, SOUZA G C. Improving remanufacturing core recovery and prof-itability through seeding [J]. Production and operations management, 2019, 28 (3): 610-627.

[42] PHANTRATANAMONGKOL S, CASALIN F, PANG G, et al. The price-volume relationship for new and remanufactured smartphones [J]. International journal of production economics, 2018, 199: 78-94.

[43] INMAN R A, GREEN K W. Lean and green combine to impact environmental and operational performance [J]. International journal of production research, 2018, 56 (14): 4802-4818.

[44] MA Z J, ZHANG N A, DAI Y, et al. Managing channel profits of different cooperative models in closed-loop supply chains [J]. Omega: international journal of management science, 2016, 59: 251-262.

[45] PERSSON O, DANELL R, SCHNEIDER J W. How to use Bibexcel for various types of biblio-metric analysis [M]. Leuven, Belgium: International Society for Scientometrics and Informet-rics, 2009.

[46] PALOVIITA A. Stakeholder perceptions of alternative food entrepreneurs [J]. World review of entrepreneurship, management and sustainable development, 2009, 5 (4): 395-406.

[47] KHOKHAR D. Gephi cookbook [M]. Birmingham: Packt Publishing Ltd, 2015.

[48] BASTIAN M, HEYMANN S, JACOMY M. Gephi: an open source software for exploring and manipulating networks [C] // Proceedings of the International AAAI Conference on Web and Social Media. Palo Alto: Association for the Advancement of Artificial Intelligence, 2009.

[49] DING Y, CRONIN B. Popular and/or prestigious? Measures of scholarly esteem [J]. Informa-tion processing & management, 2011, 47 (1): 80-96.

[50] DING Y, YAN E, FRAZHO A, et al. PageRank for ranking authors in co-citation networks

[J]. Journal of the American Society for Information Science and Technology, 2009, 60 (11): 2229-2243.

[51] BRIN S, PAGE L. The anatomy of a large-scale hypertextual web search engine [J]. Computer networks and ISDN systems, 1998, 30 (1-7): 107-117.

[52] CHEN P, XIE H, MASLOV S, et al. Finding scientific gems with Google's PageRank algorithm [J]. Journal of informetrics, 2007, 1 (1): 8-15.

[53] HJØRLAND B. Citation analysis: a social and dynamic approach to knowledge organization [J]. Information processing & management, 2013, 49 (6): 1313-1325.

[54] DANIEL V, GUIDE R. Scheduling with priority dispatching rules and drum-buffer-rope in a recoverable manufacturing system [J]. International journal of production economics, 1997, 53 (1): 101-116.

[55] GUIDE V D R, KRAUS M E, SRIVASTAVA R. Scheduling policies for remanufacturing [J]. International journal of production economics, 1997, 48 (2): 187-204.

[56] GUIDE V D R, SRIVASTAVA R, KRAUS M E. Product structure complexity and scheduling of operations in recoverable manufacturing [J]. International journal of production research, 1997, 35 (11): 3179-3199.

[57] GUIDE V D R, SRIVASTAVA R, SPENCER M S. An evaluation of capacity planning techniques in a remanufacturing environment [J]. International journal of production research, 1997, 35 (1): 67-82.

[58] ZHU Q H, SARKIS J. Relationships between operational practices and performance among early adopters of green supply chain management practices in Chinese manufacturing enterprises [J]. Journal of operations management, 2004, 22 (3): 265-289.

[59] CHAI K-H, XIAO X. Understanding design research: a bibliometric analysis of Design Studies (1996-2010) [J]. Design studies, 2012, 33 (1): 24-43.

[60] JOHNSON P F. Managing value in reverse logistics systems [J]. Transportation research part E: logistics and transportation review, 1998, 34 (3): 217-227.

[61] GUIDE V D R, JAYARAMAN V, LINTON J D. Building contingency planning for closed-loop supply chains with product recovery [J]. Journal of operations management, 2003, 21 (3): 259-279.

[62] SAVASKAN R C, BHATTACHARYA S, VAN WASSENHOVE L N. Closed-loop supply chain models with product remanufacturing [J]. Management science, 2004, 50 (2): 239-252.

[63] GUIDE V D R. Production planning and control for remanufacturing: industry practice and research needs [J]. Journal of operations management, 2000, 18 (4): 467-483.

[64] DEBO L G, TOKTAY L B, VAN WASSENHOVE L N. Market segmentation and product technology selection for remanufacturable products [J]. Management science, 2005, 51 (8): 1193-1205.

[65] FERRER G, SWAMINATHAN J M. Managing new and remanufactured products [J]. Management science, 2006, 52 (1): 15-26.

[66] ATASU A, SARVARY M, VAN WASSENHOVE L N. Remanufacturing as a marketing strate-

gy [J]. Management science, 2008, 54 (10): 1731-1746.

[67] RAO P, HOLT D. Do green supply chains lead to competitiveness and economic performance? [J]. International journal of operations & production management, 2005, 25 (9-10): 898-916.

[68] FLEISCHMANN M, KRIKKE H R, DEKKER R, et al. A characterisation of logistics networks for product recovery [J]. Omega: international journal of management science, 2000, 28 (6): 653-666.

[69] VACHON S, KLASSEN R D. Extending green practices across the supply chain - the impact of upstream and downstream integration [J]. International journal of operations & production management, 2006, 26 (7): 795-821.

[70] AGRAWAL V V, ATASU A, VAN ITTERSUM K. Remanufacturing, third-party Competition, and consumers' perceived value of new products [J]. Management science, 2015, 61 (1): 60-72.

[71] CHAABANE A, RAMUDHIN A, PAQUET M. Design of sustainable supply chains under the emission trading scheme [J]. International journal of production economics, 2012, 135 (1): 37-49.

[72] BLONDEL V D, GUILLAUME J-L, LAMBIOTTE R, et al. Fast unfolding of communities in large networks [J]. Journal of statistical mechanics: theory and experiment, 2008, 2008 (10): P10008.

[73] JACOMY M, VENTURINI T, HEYMANN S, et al. ForceAtlas2, a continuous graph layout algorithm for handy network visualization designed for the Gephi software [J]. PloS one, 2014, 9 (6): 98679.

[74] KENNE J P, DEJAX P, GHARBI A. Production planning of a hybrid manufacturing-remanufacturing system under uncertainty within a closed-loop supply chain [J]. International journal of production economics, 2012, 135 (1): 81-93.

[75] OVCHINNIKOV A. Revenue and cost management for remanufactured products [J]. Production and operations management, 2011, 20 (6): 824-840.

[76] SAVASKAN R C, VAN WASSENHOVE L N. Reverse channel design: the case of competing retailers [J]. Management science, 2006, 52 (1): 1-14.

[77] CHOI T M, LI Y J, XU L. Channel leadership, performance and coordination in closed loop supply chains [J]. International journal of production economics, 2013, 146 (1): 371-380.

[78] MITRA S, WEBSTER S. Competition in remanufacturing and the effects of government subsidies [J]. International journal of production economics, 2008, 111 (2): 287-298.

[79] OSTLIN J, SUNDIN E, BJORKMAN M. Importance of closed-loop supply chain relationships for product remanufacturing [J]. International journal of production economics, 2008, 115 (2): 336-348.

[80] SRIVASTAVA S K. Network design for reverse logistics [J]. Omega: international journal of management science, 2008, 36 (4): 535-548.

[81] JAYARAMAN V. Production planning for closed-loop supply chains with product recovery and reuse: an analytical approach [J]. International journal of production research, 2006, 44 (5): 981-998.

[82] VAN DER LAAN E, SALOMON M, DEKKER R, et al. Inventory control in hybrid systems with remanufacturing [J]. Management science, 1999, 45 (5): 733-747.

[83] KUMAR S, PUTNAM V. Cradle to cradle: reverse logistics strategies and opportunities across three industry sectors [J]. International journal of production economics, 2008, 115 (2): 305-315.

[84] HASSINI E, SURTI C, SEARCY C. A literature review and a case study of sustainable supply chains with a focus on metrics [J]. International journal of production economics, 2012, 140 (1): 69-82.

[85] PAKSOY T, BEKTAS T, OZCEYLAN E. Operational and environmental performance measures in a multi-product closed-loop supply chain [J]. Transportation research part E: logistics and transportation review, 2011, 47 (4): 532-546.

[86] WU C H. OEM product design in a price competition with remanufactured product [J]. Omega: international journal of management science, 2013, 41 (2): 287-298.

[87] POKHAREL S, LIANG Y J. A model to evaluate acquisition price and quantity of used products for remanufacturing [J]. International journal of production economics, 2012, 138 (1): 170-176.

[88] BULMUS S C, ZHU S X, TEUNTER R H. Optimal core acquisition and pricing strategies for hybrid manufacturing and remanufacturing systems [J]. International journal of production research, 2014, 52 (22): 6627-6641.

[89] XIONG Y, LI G D, ZHOU Y, et al. Dynamic pricing models for used products in remanufacturing with lost-sales and uncertain quality [J]. International journal of production economics, 2014, 147: 678-688.

[90] MINNER S, KIESMULLER G P. Dynamic product acquisition in closed loop supply chains [J]. International journal of production research, 2012, 50 (11): 2836-2851.

[91] HUNT C B, AUSTER E R. Proactive environmental management: avoiding the toxic trap [J]. Sloan management review, 1990, 31 (2): 7.

[92] KLEINDORFER P R, SINGHAL K, VAN WASSENHOVE L N. Sustainable operations management [J]. Production and operations management, 2005, 14 (4): 482-492.

[93] CARTER J R, NARASIMHAN R. A comparison of North American and European future purchasing trends [J]. International journal of purchasing and materials management, 1996, 32 (1): 12-22.

[94] LEE H L, TANG C S. Socially and environmentally responsible value chain innovations: new operations management research opportunities [J]. Management science, 2018, 64 (3): 983-996.

[95] MIN H, GALLE W P. Green purchasing strategies: trends and implications [J]. International journal of purchasing and materials management, 1997, 33 (2): 10-17.

[96] ZHU Q, SARKIS J, LAI K H. Examining the effects of green supply chain management practices and their mediations on performance improvements [J]. International journal of production research, 2012, 50 (5): 1377-1394.

[97] VILLENA V H, GIOIA D A. On the riskiness of lower-tier suppliers: managing sustainability in supply networks [J]. Journal of operations management, 2018, 64: 65-87.

[98] GUIDE V D R, VAN WASSENHOVE L N. Managing product returns for remanufacturing [J]. Production and operations management, 2001, 10 (2): 142-155.

[99] CARTER C R, ELLRAM L M. Reverse logistics: a review of the literature and framework for future investigation [J]. Journal of business logistics, 1998, 19 (1): 85-102.

[100] VAN HOEK R I. From reversed logistics to green supply chains [J]. Supply chain management, 1999, 4 (3): 129-134.

[101] KOCABASOGLU C, PRAHINSKI C, KLASSEN R D. Linking forward and reverse supply chain investments: the role of business uncertainty [J]. Journal of operations management, 2007, 25 (6): 1141-1160.

[102] HAHLER S, FLEISCHMANN M. Strategic grading in the product acquisition process of a reverse supply chain [J]. Production and operations management, 2017, 26 (8): 1498-1511.

[103] BANGUERA L A, SEPÚLVEDA J M, TERNERO R, et al. Reverse logistics network design under extended producer responsibility: the case of out-of-use tires in the Gran Santiago city of Chile [J]. International journal of production economic, 2018, 205: 193-200.

[104] SADEGHI R, TALEIZADEH A A, CHAN F T S, et al. Coordinating and pricing decisions in two competitive reverse supply chains with different channel structures [J]. International journal of production research, 2019, 57 (9): 2601-2625.

[105] JACOBS B W, SUBRAMANIAN R. Sharing responsibility for product recovery across the supply chain [J]. Production and operations management, 2012, 21 (1): 85-100.

[106] NARASIMHAN R, CARTER J R. Environmental supply chain management [M]. Tempe: Center for Advanced Purchasing Studies, 1998.

[107] FAHIMNIA B, SARKIS J, DAVARZANI H. Green supply chain management: a review and bibliometric analysis [J]. International journal of production economics, 2015, 162: 101-114.

[108] 邱均平, 王曰芬. 文献计量内容分析法 [M]. 北京: 国家图书馆出版社, 2009.

第 3 章

绿色采购：从一级到多级供应商的绿色供应链治理

3.1 绿色供应链治理的提出

3.1.1 绿色供应链治理的动因：从运营到战略层面

随着经济全球化和企业对资源环境问题的日益关注，绿色供应链管理受到了国内外企业、政府和学术界的高度重视。从企业层面来看，绿色供应链管理实践包括绿色采购、绿色客户管理、生态设计和涉及正向环境友好物流和逆向物流的绿色物流（朱庆华和阎洪，2013）。绿色供应链管理对环境绩效和经济绩效具有积极影响（Green 等，2012；Zhu 和 Sarkis，2004），为了获得绩效的提升，需要企业从运营层面的实施提升到战略层面的重视。

在运营层面，核心企业与其供应商之间属于委托代理关系，双方的关系在本质上是对抗的。供应链存在信息不对称的问题，作为代理人的供应商如果没有得到足够的控制而出现环保违规行为，生产受到环保监管的影响，将对整个供应链造成重大影响，严重的甚至直接导致供应链中断，最终对委托人（核心企业）造成损失。如果供应商的原材料或者零部件没有满足环保要求，就会影响制造商所生产产品的环保合规性，如电子产品可能会因为原材料重金属超标达不到环保要求而无法上市；如果供应商自身无法满足环保要求就会影响产品的供应，如汽车厂可能会因为供应商在生产关键零件的过程环保不合规，而造成关键零部件供应中断，影响最终产品的生产。为了规范一般供应商的行为，许多企业引入了供应商行为准则，并对其供应商的环境绩效进行定期审核，例如苹果公司的《供应商行为准则》和华为的《供应商社会责任行为准则》。然而，由于绿色供应链中存在上下游企业的信息不对称，容易出现机会主义行为风险，此时即使精心设计的审计方案也是无效的（Asslände 等，2016）。例如，一些供应商为了抵御采购方成本压力，伪造原材料的证明（Roloff 和 Asslände，2010）。为了应对上述问题，核心企业可能会加大审核力度，但这会进一步削弱双方的信任程度（Short 等，2016）。因此，绿色采购中的环境问题比成本、质量问题存在更多的隐藏风险，再加上供应链信息不对称或信息可视化程度较弱，存在潜在的机会主义风险。在这种情况下，单纯通过管理并不能缓解绿色供应链的脆弱性。因此，绿色供应链管理需要从运营上升到治理的战略层次，通过协调供应链成员行为与整体目标，抑制供应链中的机会主义行为，以及缓解信息不对称问题，形成战略联盟来保证绿色供应链更加稳定地运行（李维安等，2016）。

运营层次的绿色供应链管理上升到战略层次的绿色供应链治理，是企业更整体性、长期性、基本性的谋略。从战略层次看，绿色使命与绿色文化理念的建立是企业实施绿色供应链治理的前提。关于绿色使命，国际领先企业已经提出了相关的口号，如引领科技领域新能源汽车行业风尚的特斯拉"推动燃烧排放型经济向太阳能经济的加速转型"；日用品龙头企业联合利华"要让可持续生活成为常态"。我国国家能源局在2012年提出"企业应肩负绿色发展使命"，中国一些企业纷纷响应号召。例如：北京首钢股份有限公司"用钢铁脊梁担起绿色发展使命"。然而，企业开展绿色供应链管理需要相应的资源。任何企业都不可能具备其所需的全部资源，企业的资源配置也并非封闭的体系，而是一个将内外部资源统筹、优化的系统。根据资源基础理论，战略性资源是企业核心能力或持续竞争力形成的关键，企业要生存和发展必须积聚优势资源，形成战略优势。当核心企业不能拥有其发展所需资源时，就需以某种形式与其供应商、次级供应商及客户保持空前紧密的关系。因此，核心企业需要从战略层次推动绿色供应链治理，为促进供应商环境管理提供相应的人力、物力或是资金支持，如提供绿色采购培训、专项资金、污染处理设备等。绿色企业文化是指企业及其员工在长期的生产经营实践中逐渐形成的被全体职工所认同和遵循、具有本企业特色的、对企业成长产生重要影响的、对节约资源和环境保护及其与企业成长关系的看法和认识的总和。建设绿色企业文化，也需要企业从战略层次推动绿色供应链治理。具有绿色企业文化的核心企业会从经济、环境、社会三维共赢的角度出发，更有效地实现绿色供应链治理，并且能够以身作则地影响其一级供应商，进一步影响次级供应商。文化影响人们的认知活动和实践活动，绿色的思维方式和观念要通过核心企业渗透到一级供应商的精神层面、制度层面、物质层面。统一的绿色文化理念使企业的发展前景更加明确。

3.1.2　利益相关者对企业绿色采购提出新要求

传统的绿色供应链管理，主要考虑供应链上下游经济主体之间的关系。但是，不同利益相关者已经开始对企业开展绿色供应链管理，尤其是绿色采购提出新要求。因此，企业不仅需要对供应商提出环保要求或者开展监督管理，而且需要与供应商开展合作与交流，共同应对利益相关者的要求。

首先，越来越多政策法规涉及绿色供应链的审查。例如：欧盟在2006年7月1日实施的RoHS指令限制有害物质的使用，把企业的责任延伸到零部件、原材料生产所有供应链上游环节；2005年8月13日实施的WEEE指令要求企业对使用后产品的处理承担经济责任，企业必须开展逆向供应链管理，同时开展源头的生态设计。随着更多的国家和地区制定类似的法规，并且法规中限制更多的有害物质，企业除了自身杜绝使用法规禁止的有毒有害物质以外，还必须加强对供应商的评估与选择。此外，在绿色供应链环境风险管控方面，企业自愿参与ISO 14001：2015《环境管理体系——要求及使用指南》认证，在要求企业自身遵守国内环境政策法规的同时，鼓励要求供应链上的其他企业也加强环境管理。

其次，非政府组织（Non-governmental Organization，NGO）对上游供应商的监督及披露，促使核心企业开展供应商环境治理。2011 年 1 月 20 日，36 家中国环保组织联合指责某公司未能解决对其设备零部件供应工厂污染和工人健康问题。同年 8 月 31 日，五家中国的环保 NGO 自然之友、公众环境研究中心、达尔问、环友科技和南京绿石进一步研究和调查，再次共同指出该公司在中国零件的代工工厂污染排放正随产量扩张、供应链的膨胀而蔓延，详细列举了 27 家"疑似"供应商的污染档案，每一个记录皆有出处，以 85 条注释作为佐证。随后，金融时报（*Financial Times*）和纽约时报（*NewYork Times*）国际新闻头条也很快进行了报道。最终，该公司与环保组织进行谈判，开始要求其供应商接受环保组织监督下的第三方审核，并向公众公开证明其整改情况。此外，绿色和平组织于 2011 年 7 月发布的调查报告《脏衣服：揭开企业与中国有毒水污染的联系》（*Dirty Laundry - Unravelling the corporate connections to toxic water pollution in China*）⊖，也发现了知名服装品牌可能存在的相关问题。

再次，随着供应商当地政府环保部门或社区对环保监管的加强，核心企业更有可能受到供应商环保违规行为的影响，进而推动其开展供应商环保治理。一旦上游企业违反环保法规，生产受到环保监管的影响，将对整个供应链造成重大影响，严重的甚至将直接导致供应链的中断，从而造成重大的损失。2017 年 9 月 10 日，上海 A 公司因环保问题被中国上海市浦东新区川沙新镇人民政府实施"断电停产，拆除相关生产设备"。该公司生产汽车用金属拉丝，其客户舍弗勒集团是全球范围内生产滚动轴承和直线运动产品的领导企业，是重要的汽车动力总成关键零部件生产企业，长期为中国几乎所有高端汽车生产厂商和一、二级汽车零部件供应商供货。9 月 14 日，舍弗勒（中国）投资有限公司向上海市经信委、浦东新区人民政府、嘉定区人民政府发出"紧急求助函"，恳请政府让 A 公司继续提供 3 个月的冷拔钢丝服务，并表示"由于我们在很多总成产品上享有专有技术并且独家供货，而切换新的供应商，需要至少 3 个月的技术质量认可和量产准备时间。期间滚针的供货缺口估计将会超过 1 500 吨，如不采取措施将造成中国汽车产量减少 300 多万辆，相当于 3 000 亿元人民币的产值损失，局势十万火急"⊖。因此，对于主机厂而言，A 公司并不是一级供应商，而是二级，甚至三级、四级供应商，但是一旦出现环保问题，仍然会对主机厂产

⊖ 来源：https：//storage. googleapis. com/planet4-international-stateless/2011/07/3da806cc-dirty-laun-dry-report. pdf。

⊖ 来源：https：//baijiahao. baidu. com/s? id = 1578977540440690153&wfr = spider&for = pc。

生重大影响。尽管这一"紧急求助函"被曝光后舍弗勒已调动全球资源妥善处理供应链事宜,事件对主机厂整车生产影响可控,这一案例引发的多级供应链问题及其所带来的影响依然值得思考。

最后,行业协会对核心企业的原材料采购提出了新要求。责任商业联盟前身是电子工业联盟(Electronic Industry Citizenship Coalition, EICC),在2018年发布的《责任商业联盟行为准则6.0版》[⊖]中提出参与者应当采取措施从源头上降低或消除污染物的排放、释放及废弃物的产生,例如增加污染控制设备,改进生产、维护和设施流程,或采取其他措施。此外,2010年美国《多德-弗兰克华尔街改革和个人消费者保护法案》(Dodd-Frank Wall Street Reform and Consumer Protection Act)[⊜]的第1 502章节,要求在美国交易所上市的企业如有应用锡、钽、钨和金四类矿产,需进行原产地调查,确定其是否来自刚果(金)及其周边国家;2012年起,处于这四类矿产供应链的上游冶炼企业开始接受由美国电子工业联盟发起的"无冲突采购计划"(The Conflict-Free Sourcing Initiative, CF-SI)审核[⊜]。通过审核的企业将被列入电子工业联盟发布的《合规企业名录》,而下游的制造商和加工商、贸易商自列入名录内的企业采购原材料视为"无冲突采购"。

▶▶ 3.1.3　从一级到多级供应商的绿色采购新要求

随着国际贸易壁垒的出现,跨国企业的绿色供应链管理面临更高的要求。为了满足进口国的环境标准,供应链各个环节都必须不断增强有关环境的检验、测试、认证,以达到国际贸易的要求。然而,在绿色供应链中,由于供应商数量多且高风险环节常在供应链上游,加上地区、行业标准复杂,核心企业经常面临上游供应商的环境违规行为所带来的环境风险。再加上核心企业自身高水平的环境绩效,也可能会被供应商不良的环境管理所影响,这导致跨国企业的责任界限通常超出其所有权和直接控制的范围,进而使其绿色采购的治理边界从一级供应商拓展到二级供应商,再拓展到多级供应商。

由于供应链存在信息不对称且没有直接的业务往来问题,核心企业常常难以直接监管二级及以上的多级供应商。然而,如上文的A公司和冲突矿产事件,一旦这些供应商的环境违规行为被NGO或当地政府查出并披露,就很容易给跨

⊖　来源:http://www.responsiblebusiness.org/media/docs/RBACodeofConduct6.0_Chinese(Simplified).pdf。

⊜　来源:https://www.cftc.gov/sites/default/files/idc/groups/public/@swaps/documents/file/hr4173_enrolledbill.pdf。

⊜　来源:①http://www.responsiblemineralsinitiative.org/;②http://www.oecd.org/daf/inv/mne/DDG-Chinese-web.pdf。

国企业带来供应链中断，或因消费者逐渐上升的环保意识对核心企业造成声誉损失。因此，企业需要寻求新的治理途径，寻求新的合作伙伴，开展绿色供应商治理。

3.1.4 绿色供应商治理的基本内涵

从交易成本经济学的角度来看，治理是调和相互冲突的不同利益相关者的手段，是采取联合行动以保持协调状态持续稳定发展的制度安排。Raynolds（2004）将治理定义为：主要参与者通过其建立、维护和潜在改变网络活动的关系。治理的核心属性包括合作、协调和相互联系，体现在四个方面：治理的基础是协调；涉及私人部门、经济组织、公共部门等相互联系的利益主体；强调利益的调和与均衡；是一种以维持关系持续性为目标的持续互动。李维安等（2016）将供应链治理定义为："以协调供应链成员目标冲突，维护供应链持续、稳定运行为目标，在治理环境的影响下，通过经济契约的联结与社会关系的嵌入所构成的供应链利益相关者之间的制度安排，并借由一系列治理机制的设计实现供应链成员之间关系安排的持续互动过程"。

与供应链治理思想一致，绿色供应商治理思想也是将经济契约的联结与社会关系的嵌入所构成的供应链利益相关者之间的制度安排，是借由系列治理机制来实现绿色供应商关系安排的持续互动过程（李维安等，2016）。然而，与传统供应链中的成本、质量等因素不同，绿色供应链中环境方面的信息不对称和不可见性更严重，且环境风险常发生在多级供应商，这意味着存在更多的潜在风险，供应商治理难度更大。

1. 绿色供应商治理的定义

根据前面的讨论，本书的绿色供应商治理针对绿色采购，定义如下：

绿色供应商治理是核心企业战略层次的行动，以实现长期的经济、环境绩效为目标，与上游供应商建立长期、稳定的合作关系乃至战略联盟，来应对供应链不同利益相关者的要求；进一步借助于其他利益相关者（如 NGO、社区和行业协会）的影响开展相关合作，将绿色供应链治理从一级供应商拓展到多级供应商。

绿色供应商治理包含与供应商关系的建立、变更及关系维持。绿色供应商治理逻辑框架，如图 3-1 所示。

绿色供应商治理的内部边界是以核心企业为中心，由一级供应商、二级供应商及多级供应商组成；其外部边界是由各种利益相关者，例如政府、行业协会、社区及竞争者，通过利益纽带与供应链内部成员组成关联关系。

在绿色供应商治理中，核心企业的绿色战略实施离不开高层管理人员的支持。高层管理人员有助于鼓励企业评估其在社会上的作用，并负责企业的环境管理领导作用。核心企业高层支持意味着绿色供应链项目与订单关系密切，因此其供应商才会愿意积极参与，为核心企业的绿色采购提供资源。高层管理者的承诺可以显著调节监管力量、公众关注和竞争优势所能带来的企业环保行为（Banerjee 等，2003）。

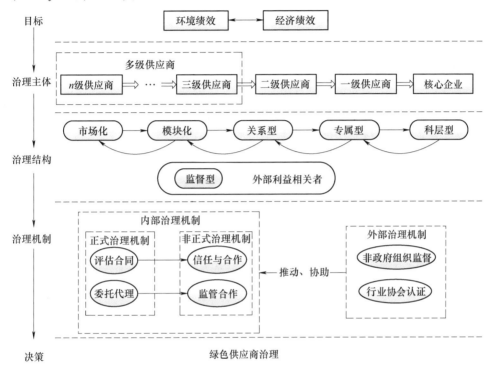

图 3-1　绿色供应商治理逻辑框架

▶▶ **2. 绿色供应商管理与治理的区别**

（1）目标不同

绿色供应商管理是指供应链核心企业在采购环节同时考虑经济和环境因素，优先从环境友好的供应商处采购，包括选择绿色供应商、促进绿色供应商成长和对绿色供应商绩效评价，最终目标是生产出环保产品，属于短期目标。绿色供应商治理的目标是协调核心企业与供应商的合作伙伴关系，实现责权的合理安排与制衡，抑制绿色采购过程中供应商的机会主义行为，属于长期目标。

（2）主体不同

绿色供应商管理主要侧重于供应链核心企业对上游供应商实施的管理行为，主要目标是降低成本，提高收益，以及满足环境需求。绿色供应商治理的主体不仅包括供应链的核心企业及其供应商，还包括供应链外部的利益相关者，例如政府、行业协会、NGO、媒体、竞争者等。

（3）逻辑的起点不同

绿色供应商管理以核心企业的业务流程为起点，针对供应商的不同特性（例如供应链层级、供应材料、所在区域），采取相应的管理措施。绿色供应商治理是以需要治理的环境问题为起点。治理任务随着所需治理环境问题的变化而变化，从而引发治理模式的转变。

（4）立场不同

绿色供应商管理，立足于核心企业的经济、环境绩效，建立优先采购绿色产品和选择环境友好供应商的采购策略，属于运营层面。绿色供应商治理主要从核心企业与供应商关系稳定的立场出发，通过协调核心企业与供应商的各种冲突，实现整个供货系统的组织效能，属于战略层面。

（5）主张的供应链本质特征不同

绿色供应商管理将核心企业与其供应商视作"买"和"卖"的交易联合体，通过核心企业在供应链中的权利来实现核心企业的经济效益和环境效益。绿色供应商治理是将供应链看作以关系为中心的联合体处理核心企业与其供应商之间的关系为导向，调和相关主体之间的利益冲突，倡导通过非正式治理机制来协调各主体之间的目标冲突（李维安等，2016）。

（6）稳定性不同

绿色供应商管理需要随着市场环境的变化调整相应的管理方法与决策，而绿色供应商治理结构在较长时间内会保持相对的稳定性。

3. 绿色供应商治理结构

结构选择是实施治理的首要环节，是核心企业与其绿色供应商建立伙伴关系的根据。基于不同的治理结构，核心企业对绿色采购中的不确定性做出有效反应的能力不同。

在供应链治理中，李维安等（2016）根据不同驱动类型，将治理结构划分为生产方驱动、采购方驱动和第三方驱动三种形式，反映了治理主体的角色定位；根据成员关系的紧密程度，将治理结构划分为市场型、科层型和混合型，反映了治理方式的转变；根据供应链的网络类型和成员之间的联结形态，供应链治理结构包括单链式、树权式、多链式和网络式，反映了供应链成员之间的链接呈现由点到线、由线到面、由面到网的发展态势。

在考虑环境因素的可持续供应链治理中，Li等（2014）基于交易的复杂性、编纂交易信息的能力及供应商的能力（Gereffi等，2005），将治理结构分为以下六类：

1）市场化。在这种结构下，供应链中的信息充分、交易简单且供应能力强。这是现货市场中最简单的结构。

2）模块化。此结构专注于使用行业通用工具和标准，特点是具有很高的供应能力，可以整理并管理复杂的交易信息。在一个模块化供应链中，供应商需要提供符合客户规格的产品。

3）关系型。此结构突出供应链成员之间的依赖性，特点是频繁处理复杂的信息并且具有很高的资产专用性。根据供应中的交易、环境和能力的不同特征，声誉、道德和信任等类型的网络联系，都可用于协调和管理供应链中的交易。

4）专属型。特征是核心企业的高度控制。供应链中的其他成员紧紧依赖于核心企业，被其束缚且很少脱离当前的供应链网络。

5）科层型。这是专属结构的进化形式。与市场结构相反，这种治理形式的特点是纵向整合，是对供应链中的其他成员管理控制的一种普遍形式。在此结构中，交易通常在供应链内部完成。

6）监督型。在这种结构下，考虑了政府和 NGO 对治理结构演变的影响。从外部利益相关者的角度来看，政府制定的政策、NGO 的监督及消费者的选择影响着供应链成员行为动机和利益分配。

根据 Gereffi 等（2005）的文献可知，在这六类结构类型中，前五类侧重于公司之间的治理，每种治理类型都对应着不同的经济协调水平和权力不对称程度，如图 3-2 所示；第六类属于公司之间治理的延伸，包括外部利益相关者的作用。治理结构随着商业环境的变化而变化。从市场化协调到科层型的纵向转变，体现了供应链效率的优化和企业权力的集中。在供应链发展的早期阶段，市场

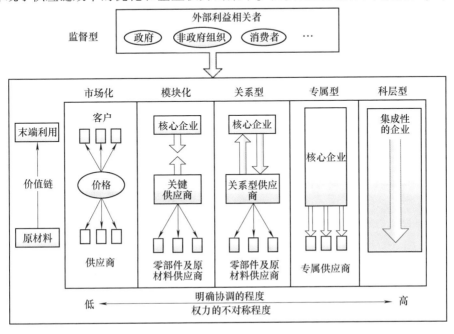

图 3-2　供应商治理结构

型和模块化是主要的治理结构。随着信息技术、供应商能力、合作伙伴之间关系的改善，关系型治理形式在供应链中扮演着更重要的角色，并渐渐演变成科层型。供给链结构的变化在供给链的整个生命周期中产生一个动态的演变过程，并且监测结构与供应链的整个生命周期相关联。

▶ 4. 绿色供应商治理模式

治理模式并非自发形成的，而是一种有目的的企业战略决策活动（Vurro等，2009）。基于参与者之间的关系网络和核心企业在其供应链网络中的位置，在可持续发展互动的范围、可持续发展承诺的深度、合作的目的、核心企业所扮演的角色、成功的条件及追求的利益类型方面，本书对可持续供应链治理模式进行了分类。基于供应链密度和核心企业的中心性，根据 Vurro 等（2009）的可持续供应链治理模式，将绿色供应商治理模式分为交易模式、独裁模式、默许模式和参与模式四个类型，如图 3-3 和表 3-1 所示。

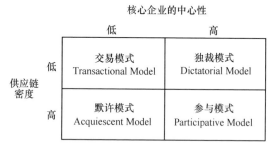

图 3-3　绿色供应商治理模式

表 3-1　绿色供应商治理模式的分类

项　　目	交 易 模 式	独 裁 模 式	默 许 模 式	参 与 模 式
互动的范围	一级供应商、二级供应商、下游企业	整体供应链、上游及下游企业	一级供应商、二级供应商、下游企业	整体供应链、上游及下游企业
可持续性承诺的深度	短期承诺、作为交易工具	长期承诺、强制实施	短期承诺、遵守规定	长期承诺、协作治理
合作目标	规避利益相关者的潜在威胁，以保持经营许可	制定规则使供应商的期望与自身目标一致	供应链成员维护	建立多种利益相关者的合作模式，制定共同的规则
核心企业充当的角色	谈判者	筹划者	执行者	妥协者

项 目	交 易 模 式	独 裁 模 式	默 许 模 式	参 与 模 式
成功的条件	与可持续性有关的背景和期望的稳定性	监督合作伙伴和执行规则的能力	是否有资源和能力来遵守规定	灵活性和对多种声音及需求的适应能力
核心企业的主要受益点	声誉收益	合作过程中的控制力	市场进入和建立合作伙伴的机会	合作伙伴之间相互理解，创造共同的文化

供应链密度是指供应链网络中成员的相互联结强度，反映了供应链成员关系的紧密程度。对于一个决定是否实施与环境有关的活动（例如环境认证）的核心企业，随着供应链密度增加，更容易提高核心企业与供应商之间的渗透性，进而有助于核心企业采用关系、规范、信任等非正式治理机制，形成共同的行为预期。供应链密度的增强，还提高了合作伙伴之间的信息共享程度，有利于核心企业对供应商进行监督。此外，在密集的供应链中，知识转移变得更容易，这有助于共享绿色规范和相关实践。

核心企业的中心性由核心企业在供应链中所处的关系结构来决定，是指其在供应链网络中处于核心地位的程度。中心性越高，核心企业对其他利益相关者的影响力越大，越容易进行协同的供应链运营。

（1）交易模式

交易模式是指核心企业在供应链网络中缺乏影响力（低中心性），且供应链结构非常分散，以致节点之间的连接受阻（低供应链密度）。此时，即使核心企业要求供应商做出绿色实践，这个要求也可能被供应商忽视。核心企业由于其在供应链中的位置属性，缺乏对供应商的激励措施，无法将可持续性推向供应链（Roberts，2003）。与此同时，在高度分散的供应网络中，过高的监控成本可能会严重阻碍核心企业的行动。在极端的情况下，一个独立的组织可以轻松地隐藏其行为，临时实施特定交易的环境计划，以满足潜在利益相关者的临时请求，同时保住其运营许可。因此，传统交易在供应链治理中占据主导地位，核心企业选择供应商以获得短期承诺和有限的信息共享。如果整个供应网络结构保持稳定，或者核心企业设法达到更集中的地位来维持现状，那么这种面向短期的治理模式将随着时间的推移而持续发展。然而，实施交易治理模式的短期利益可能会导致社会和环境总体状况的恶化。

（2）独裁模式

独裁模式是指供应链具有低密度属性，但是核心企业占据了供应链的中心地位。在这种情况下，核心企业可以抵御其他组织要求其遵守可持续发展期望的压力，或者加强以自我为中心的做法、规范或行为。此时，由于分散的供应商无法相互借力影响核心企业，核心企业扮演指挥官角色，制定可持续发展的博弈规则，不太会考虑所涉及的供应商在实施社会、环境或道德实践方面所面临的挑战或需求。此时，对核心企业来讲，最大利益体现在能够最大限度地控制协作，使上下游企业的期望与自己的目标保持一致。然而，一些 NGO 或受消费者组织支持的企业社会监督机构，可能会披露未受到核心企业关注的供应商的不合规行为，从而对核心企业造成负面影响。从长远来看，独裁的供应商治理要求核心企业具备强制实施它们想法的影响力，以及监控竞争对手的能力。

（3）默许模式

默许模式是在各个供应链节点紧密联系的网络中，即供应链具有高密度属性，由未在网络中心位置的企业实施。尽管该企业可以利用其供应链位置适当减少合规性承诺，但较高的网络密度促进了信息的流动，从而使外部的利益相关者迫使该企业为了留在供应链网络中而遵守合规性承诺。这种默许成为衡量企业满足负责任采购的主要标准，使企业能满足强大的、位于供应链中心位置的品牌核心企业的要求。因此，默许结构多出现在品牌核心企业的供应商/生产商中。只有该供应商/生产商的资源/能力能够影响其供应商，从而能够响应外部利益相关者提出的要求，默许模式才能有效实现绿色供应商治理。

（4）参与模式

当核心企业位于高密度的供应链且自身处于中心节点时，就会出现参与模式。在该模式中，核心企业可以从其中心地位获益，设定上下游环境承诺的基准，同时又受到潜在合作伙伴的高密度集中网络的影响。这一供应链结构也促进了核心企业关于联合行动或合作的协作治理模型的实施，因此每位参与者的承诺都是有益的。此时，能否成功实施供应商治理，依赖于核心企业如何在绿色采购过程中开放与合作伙伴的互动和参与，并将互动延伸至长期的合作模式。不足为奇的是，许多位于发展中国家的核心企业在实施可持续发展活动时只关注短期利益，却忽视了与远距离原材料供应商的联系。当利益相关者披露这些远距离供应商存在的不合规行为后，会导致核心企业声誉受损，竞争力减弱。因此，实施参与模式的核心企业作为妥协者，需要与有影响力的利益相关者进行谈判，从而建立多利益相关者的合作模式，目标是制定共同的规则（例如认证、环境管理计划、知识共享和提升合规性的能力），与供应网络中的伙伴一起实现可持续性。核心企业实施参与模式，成功的关键在于寻求灵活性和对多种声音及需求的适应能力。此时，合作伙伴之间的相互理解和创造共同的文化，会促进关系的建立，刺激联合创新过程，并提高对变化的适应性。

治理结构选定后，需要恰当的治理机制来激励供应商采取联合行动的积极性，进而优化成员的合作行为。

▶ 5. 绿色供应商治理机制

在供应链中，治理机制是维持成员关系的关键，是供应商治理的核心内容之一。供应链治理的重点在于建立减少机会主义的机制，并在机制设计过程中做出科学决策以帮助降低风险。核心企业需要针对特定的治理结构，选择并运用恰当的经济或社会机制来实施治理。治理成功的关键在于所实施的治理机制能保障参与方都有强大的动机不利用信息不对称和不完全契约去谋取私利，能协调参与方的目标冲突，从而保障绿色采购过程持续稳定（李维安等，2016）。

根据交易成本理论，组织之间的关系存在两种主要的治理模型，即契约治理和关系管理。契约治理强调企业之间的正式规则对防止机会主义和冲突的重要性，需指定监控程序，并详细说明职责、权利和突发事件；关系管理强调重复交互的作用，通过协调每个伙伴的资源来刺激价值创造，通过建立信任和个人关系来降低机会主义风险。为了协调利益相关者之间的关系并使利益最大化，供应链的核心企业为供应链利益相关者设计了一系列治理机制（即经济契约和关系契约）。经济契约和关系契约是"社会关系"的组成。经济契约理论把供应链参与者行为动机集中在追求自身利益上；但是，关系契约强调利己主义和利他主义构成的双重动机，促进公司之间的合作并实施供应链中的社会、环境规范行为。基于此，李维安等（2016）根据不同作用目标，将供应链治理机制划分为利益分享机制和关系协调机制两大类。其中利益分享机制常常事前制定，明确了各个节点的权利和义务，包括契约机制、互惠机制、价格机制、股权机制和权威机制，旨在协调供应商成员的目标冲突。关系协调机制常隐性存在，是特定的个性化或关系型的纽带，包括信任机制、声誉机制、关系机制和信息共享机制，旨在抑制供应链成员的机会主义行为。虽然两类机制的作用机理不同，但是二者互相影响，并非割裂存在的。随着治理结构、治理模式的演变，所采取的机制也会不同。

关于绿色供应商治理机制，参考 Tachizawa 和 Wong（2015）的研究，将其分为正式治理机制（Formal Governance Mechanism）和非正式治理机制（Informal Governance Mechanism）。正式治理机制是以明确的方式影响供应商行为，包括环境标准、审核程序、行为准则、正式的流程或受限的材料清单。非正式治理机制旨在根据社会控制和互相信任来影响供应商的行为，包括信息共享、价值、文化、社会规范和关系。正式治理机制和非正式治理机制对供应链环境绩效都有推动作用，但是这两类机制的有效性取决于供应链网络的具体特征，包括供应链的集中度、供应链密度及供应网络的复杂性（Tachizawa 和 Wong，2015）。此外，非正式治理机制可以补充正式治理机制，促进组织间的信息流动，它比正式治理机制传播速度更快、成本更低。它具有三个特征：①非正式治理机制的方式没有强制性和权威性，更多地依靠信任与承诺；②非正式治理机制是一个持续互动的过程；③非正式治理机制的运行是以社会相互作用为前提和基础的。

3.2 绿色供应商关系治理：从正式到非正式

绿色供应链管理的核心内容是绿色采购。在传统绿色采购中，供应商关系管理是在传统供应商选择与评价考核因素的基础上，加入环境评估的相关要素，建立优先从环境友好供应商处采购的机制。根据对质量、成本等的影响程度及环境敏感程度对供应商进行分类，与核心供应商建立战略合作关系，对关键供应商提供环境帮助，以及对一般供应商进行环境评估。核心供应商是指对企业产品质量、成本有很大影响甚至起关键作用的供应商；关键供应商是指对质量、成本等的影响并没有像核心供应商那么重要，但是提供相同材料或者产品的供应商数量有限的供应商；除了上述两类供应商，其余属于一般供应商（朱庆华和阎洪，2013）。

随着科学技术的迅猛发展和经济全球化，再加上环境问题受到越来越多利益相关者的关注，越来越多的环境违规行为被披露，导致核心企业面临更复杂的竞争环境和更大的机会主义风险，尤其是针对一般供应商。随着环境的复杂变动，促使供应链参与者意识到当前制度安排难以有效协调双边或多边关系时，就会产生变革的需要和动力（王影和张纯，2017）。在绿色供应商关系治理中，治理机制逐步从正规的评估合同拓展到建立信任与合作关系；与供应商的关系从委托代理上升到建立监管关系，从个人关系到组织合作。

▷ 3.2.1 绿色供应商关系治理：从正规评估合同到信任与合作

核心企业对供应商的绿色管理（Gimenez 和 Sierra，2013），主要包括供应商评估（Supplier Assessment）和供应商合作（Supplier Collaboration）。绿色评估是指通过问卷、实地参观、审计等方式对供应商进行环境绩效考核，只强调满足环境标准和法规，目的是最小化风险。例如，联想、通用汽车、IBM 及耐克都要求其供应商遵守 ISO 14001。绿色合作则是指直接与供应商共同解决环境问题，包括为供应商提供技术上的帮助、培训，与供应商共同进行产品开发等。例如，利丰公司专门成立了"供应商支持服务"（Vendor Support Services）部门，专门与供应商紧密合作，帮助供应商测量碳排放和水资源使用量，然后研发新的办法帮助供应商节能减排和提高生产效率（Lee 和 Tang，2017）。评估和合作两种绿色供应商治理机制都能提高环境绩效，且供应商评估能够促进与供应商开展合作（Gimenez 和 Sierra，2013；Gimenez 和 Tachizawa，2012）。

不同企业实施绿色供应商关系治理的程度有所不同，因此供应商评估和供应商合作在实践过程中可能同时存在。基于 Tulder 等（2009）对可持续供应链中企业行为准则执行方式的分类方法，Gimenez 和 Sierra（2013）根据核心企业对供应商评估和合作的实施水平，将可持续供应链战略分为不积极（Inactive）、被动（Reactive）、积极（Active）和主动（Proactive）策略。在不积极和被动的策略中，核心企业与供应商的合作水平较低。此时，由于供应商对行为准则的遵守情况不佳，核心企业没有真正执行供应商行为准则的动力，因此遵循这两种战略的核心企业对评估和合作实践的采用程度都较低，并且核心企业与利益相关者的互动是一种对抗和/或回避（Tulder 等，2009）。在积极和主动的策略中，供应商评估和与供应商合作的水平都相对要高，因为此时的核心企业有更详细的遵守机制（在主动战略中更高），而且为了执行守则需要利益相关者的积极参与。

根据 Gimenez 和 Sierra（2013）对可持续供应链战略的分类可知，从不积极到主动，核心企业和供应商的主动性越高，两种治理机制的执行水平就越高，环境绩效也相对提升，见表 3-2。由于供应商环境绩效的改进可以改善核心企业的环境声誉和绩效，故表 3-2 中的环境绩效是指供应链的环境绩效，即供应商的环境绩效和核心企业的环境绩效之和。表 3-2 说明当核心企业与供应商的合作水平较低（不积极和被动的策略）时，提高环境绩效的重点在于基于评估的治理机制；当核心企业与供应商的合作水平较高时，可以选择与供应商绿色合作。

表 3-2 可持续供应链战略、治理机制和环境绩效

项　　目	可持续供应链战略			
	不 积 极	被 动	积 极	主 动
对供应商评估	低	中	高	高
与供应商合作	低	低	中	高
供应链环境绩效	低	中	高	最高

▶▶ 1. 绿色供应商评估

绿色供应商评估是在工业减废、清洁生产和环境管理系统的推动下，针对产品制造过程中所带来的环境影响来评估供应商的环境绩效，进而结合影响环境的分析数据对供应商进行评估（王常松，2007）。定期的供应商评估和反馈，可确保供应商了解其环境绩效，以及客户组织对环境绩效的期望。供应商评估是从核心企业到供应商进行有效知识转移的先决条件（Modi 和 Mabert，2007）。例如，核心企业通过在供应链中施加 ISO 14001 认证要求可以减少信息不对称，建立供应链各成员之间的信任，促进供应链的协调性，并减少交易成本；进行 ISO 14001 的认证也表明企业会更多地考虑环境问题，从而对供应商的环境绩效

产生正向的促进作用（Ciliberti 等，2009）。此外，企业还可以对比不同供应商的环境绩效，从而协助供应商实现绩效目标；供应商为了能够在众多竞争对手中"脱颖而出"，只好提升自身环境绩效，避免处于不利地位（Krause 等，2000）。

绿色供应商评估指标分为四个部分（刘彬和朱庆华，2005）：①与组织相关的标准，通常包括 ISO 14001 认证、环境政策、法规遵从性和对次级供应商环境绩效的评估。②与产品相关的典型标准，包括减少有毒物质的使用、可回收性、环境标签和包装回收，还包括产品的环保设计，即产品在设计时是否考虑减少使用材料、能源，或者零部件的再利用、再循环和恢复及避免或减少有害材料的使用等。③清洁技术的有效性，即对供应商现有技术，尤其是对环保技术的使用情况进行评价，以此来选择合适的供应商。④当前的环境绩效，涉及气体排放、废水、固体废料和能量消耗。

绿色供应商评估，需要考虑四个关键维度（Igarashi 等，2013）：①供应商选择与组织的整体环境战略或政策保持一致，绿色供应商选择与组织或公司的绿色策略保持一致。②决策支持工具和模型在绿色供应商评估中的作用。环境问题比传统的采购问题更复杂，因为它的时间范围更长，各个变量之间的相互作用也更加复杂。③将绿色供应商评估视为一系列相互关联的决策和信息处理活动，而非孤立的选择。"绿化"供应商的选择可能或应该涉及过程的所有阶段，并确保整个过程的一致性。④考虑发生绿色供应商评估的更广泛的供应链环境，包括采购方和供应商之间的影响力平衡，以及双方在绿色标准的定义、重要性和使用性方面的感知差异程度。

▶▶ 2. 绿色供应商管理到关系治理中的信任与合作

尽管核心企业可以通过合同和监控约束供应商行为，但是对于包括中国在内的发展中国家而言，利用包括合作与信任在内的关系来进行绿色供应商治理可能更为重要。根据从中国温州收集的 333 份问卷，Zhu 等（2017）研究发现关系治理有很大潜力来改善中小型供应商的环境绩效和经济绩效。关系治理中存在两个因素，即关系与信任、合作与互惠。关系与信任对考虑产品生命周期内环境影响的绿色创新有负面影响，因为过于紧密的关系与信任可能会削弱供应商的积极性，供应商不愿为提高环境绩效而努力。尽管如此，如果核心企业希望通过绿色采购提高经济绩效，则与其供应商确立关系与信任是有帮助的；如果核心企业希望通过绿色创新来提高经济绩效，与供应商合作与互惠是有必要的。Jiang（2009）也针对中国服装和纺织品供应商，提出与强制要求供应商环境合规相比，核心企业尝试与供应商合作，通过培训、激励等方式提供帮助，促使目标供应商遵守供应商行为准则，更能促进该供应商的环境合规性。

（1）信任

信任是非正式治理机制，依赖于核心企业和供应商相信对方愿意而且能够完成其义务和承诺的主观预期，是双方以此为基础发展的相互认同（李维安等，2016）。信任可以促进供应链上下游企业的信息共享，避免机会主义行为的发生。Ghosh 和 Fedorowicz（2008）认为，信任主要包括四种类型，即计算信任（Calculative Trust）、能力信任（Competence Trust）、诚信信任（Trust in Integrity）和可预测性信任（Trust in Predictability）。

计算信任发生在业务关系的建立发展阶段，是一种持续的、以成本为导向的经济计算，用于评估建立和维持一种关系所能产生的收益和成本，基于合作伙伴的素质和社会约束条件对其进行合作可能性的评估。

能力信任发生在早期互动阶段，是指供应链成员执行任务的能力，涵盖技术、运营、人力和财务能力。当执行一项任务所需的技能在不同的伙伴之间存在时，就会形成这种能力。此外，在选择合适的伙伴进入这种关系之前，对这些技能的搜索程度，也促使了能力信任的产生。因此，能力信任是在早期互动阶段发展起来的。

诚信信任是一种信念，即受托人可以达成诚实信用协议，说实话并履行诺言。诚信的两个组成部分是一致性和忠诚度，是委托人和代理人之间人际关系的经验，基于双方对彼此过去行为的看法。诚信在供应链中非常重要，因为供应链中的众多参与者有时存在目标冲突，而且存在需要履行的书面、口头承诺。

可预测性信任基于组织过去行为模式的一致性、稳定性和可预测性，反映了委托人（核心企业）认为代理人（供应商）的好的或坏的行为都足够一致，在特定条件下是可以预测的。这种类型的信任所解释的关系开发取决于对结果的预测能力，其成功的概率很高，这也是供应链有效且不间断运作的关键。

影响信任的因素包括合同（Contract）情况、议价能力（Power）、供应商信誉（Credibility）和供应商的仁爱（Benevolence）。

1）合同（Ghosh 和 Fedorowicz，2008）情况。当核心企业与供应商的信任受到限制时，通常会签订合同协议以增强对方的法律义务，并且持续遵守合同条款也有助于建立信任关系。合同作为一种治理机制，旨在实现两个目标：划定职权和责任结构，在合作伙伴之间分担风险。由于供应链涉及多个组织，每个组织都有追求各自的且有时互相冲突的目标，所以合法的书面合同就提供了一种加强协调的手段。在设计合约时，双方都要寻求双赢，以便核心企业与其供应商获得的利润都高于不签订合同时的利润。合同的关键因素是风险分担安排、合同有效期和责任划分划界。

2）议价能力（Ghosh 和 Fedorowicz，2008）。核心企业的议价能力也会影响其与供应商建立信任关系。对于某个特定零部件或原材料，若只有一个或很少可供选择的供应商，由于单一来源的供应商更容易采取强权手段，很可能会对信任产生负面影响（Dyer 和 Chu，2003）。此时，合同通常被用来化解由于供应链中议价能力水平不对等而产生的不信任，如在对北美制造企业采购经理的研究中，买方利用强有力的正式合同来保障自己不受强势供应商的影响（Handfield 和 Bechtel，2002）。尽管签订合同会增加初始交易成本，但可能有助于提高合作伙伴之间的信任水平，特别是议价能力不对等的合作伙伴（Dyer 和 Chu，2003）。

3）供应商信誉（Hoejmose 等，2012）。信誉可以使管理者做出对供应商遵守环境要求的可靠性和意愿的判断，进而改善核心企业与供应商关系中绿色实践的适应性（Canning 和 Hanmer-Lloyd，2001）。此外，Tate 等（2011）提出只要采用买方的环境要求被认为是维持持续和长期关系所需要的额外成本，供应商就更有可能遵守这些要求。信誉还可以促进代理人/伙伴之间的合作，并可以减少关系的紧张（Rondinelli 和 London，2003）。然而，缺乏可信度可能会对供应商的成功发展构成障碍（Lo 和 Yeung，2004）。对于环境管理来说，伙伴之间的信誉可以创造一种宝贵的资源，这种资源通常不容易被模仿（Sharma 和 Vredenburg，1998），这对于绿色联盟来说非常重要（Hartman 和 Stafford，1997）。事实上，对于那些具有很强的全球供应链管理资质的公司，如美体小铺（The Body Shop），供应商的信誉被认为是一种信心来源，使买方确信供应商愿意改进其环境工作（Wycherley，1999）。

4）供应商的仁爱（Hoejmose 等，2012）。仁爱是关注个人层面的信任。有人认为，仁爱有助于在供应链中灌输责任文化（Boyd 等，2007），"组织间关系的成熟"（通常以仁爱合作为特征）对全球供应链管理很重要（Adriana，2009）。仁爱对于全球供应链管理中的知识共享至关重要（Cheng 等，2008）。同样，Canning 和 Hanmer-Lloyd（2007）指出，仁爱情况与减少关系中的脆弱性相关联，这反过来又可能促进对环境有利的活动。这表明，信任，特别是信誉和仁爱，将与全球供应链管理正相关。

（2）合作

与供应商合作，使其更好地了解核心企业的环保期望，对改善供应商（尤其是实力优先的中小供应商）环境绩效起着直接和至关重要的作用。核心企业与供应商的合作分为三个层次（Lee 等，2015）。一是教育供应商，通过开展研讨会等形式对供应商进行教育，提高其环境意识，让其认识到环境实践的好处；二是为供应商提供直接的支持，从而帮助它们提高环境绩效；三是与供应商合资进行密切合作，建立共同团队进行长期的项目合作，从而实现绿色产品设计和清洁技术的研发。

相对强大的核心企业与中小型供应商之间的协作，通常会转化为核心企业对供应商的支持。对中小型供应商，核心企业通过提供培训、咨询服务等协助，可帮助供应商建立组织能力或技能，从而使它们能够改善环境绩效（Lee 和 Klassen，2008）。向绿色供应商提供协助还有助于核心企业获得更环保的产品或服务，进而提高自身的环境声誉和性能（Gimenez 和 Sierra，2013）。例如，汽车装配厂改善环境绩效的创新技术只有在与供应商协作的基础上才能得到最有效的利用，而且供应商环境绩效的改善也需要来自汽车装配厂的协作（Geffen 和 Rothenberg，2000）。因此，核心企业若能给予物力、人力的支持以提升供应商处理环境问题的能力，可以激发供应商的积极性，这与给予利益上的回馈相比更容易被供应商接受。

基于帮助的绿色供应商关系治理更多倾向于关注供应商的潜力和能力建设，而非立竿见影的结果，属于长期目标。实施该治理机制可以增强供应链成员之间的信任，减少需要签订的合同数量，发展供应商的能力，并有助于消除机会主义行为。实践活动涉及为供应商提供培训和教育计划，赞助供应商参加环境峰会，鼓励共享信息和经验，开展联合应用研究以探索替代材料或过程等（Lee 和 Klassen，2008）。具体来讲，面向环境的绿色供应商发展实践涉及以下三个方面（Fu 等，2012）：

1）绿色知识的传播与交流。这包括在环境问题方面培训供应商员工，在利益相关者期望、环境能力提升、环境和成本控制方面培训供应商，为供应商提供绿色制造相关建议并提高它们的认识，向供应商提供绿色技术咨询，为供应商提供与生态设计产品开发相关建议（例如流程、项目管理），制订供应商环境评估计划，评估并反馈供应商环境绩效，为供应商设定环境改善的目标，对供应商进行审计，联合供应商团队解决环境问题，共享有关环境主题的信息，通过供应商环境委员会与供应商社区持续沟通。

2）投资与资源转移。这包括在改善交易流程方面进行投资，降低供应商环境成本，解决供应商环境技术问题，为供应商主要的环境支出提供资金支持，将拥有环境专业知识的供应商的员工调到核心企业，将具有环境专业知识的员工调给供应商，对供应商的能力建设进行投资，以及对供应商的环境绩效进行奖励和激励。

3）管理和组织实践。包括要求供应商获得 ISO 14000 认证，纳入具有环境影响的长期合同，引入环境方面的跨职能供应链团队，在核心企业组织内建立高层管理承诺/支持以实现绿色供应实践，协助供应商建立最高管理承诺/支持以实现绿色供应实践，组织管理层制订提高供应商绩效的正式长期计划，制定供应商发展的正式方案，识别高性能的关键供应商以降低成本和其他改进机会，建立将供应商纳入绿色供应商发展计划的最低标准，明确供应商成本削减的正式方案，提高供应商在生态设计阶段的参与程度，并让供应商参与绿色采购和生产过程。

【案例3-1】苹果公司：从绿色供应商评估到合作

苹果公司是美国一家高科技公司，覆盖产品包括手机、计算机等。1990 年，苹果公司公布了其环境政策并承诺其产品和制造将不断向环保迈进，并将可持续发展、环境保护作为基本政策。2000 年，苹果公司开始运用系统的方法对安全、健康、环境等内容进行监管，其所有生产基地均取得了 ISO 14001 认证。2005 年，苹果公司借鉴责任商业联盟的规定，以及职业健康及安全管理体系（OHSAS 18001）等行业和国际普遍接受的原则，确立了《供应商行为准则》。苹果公司要求供应商按照准则中的要求（如适用）经营业务并完全遵循所有适用法律法规，涵盖有害物质管理、环境许可、雨水管理、废水管理、废气排放管理、厂界噪声管理、非有害废弃物管理，以及污染预防和减少资源消耗。《供应商行为准则》适用于供应链各个层级上的所有合作伙伴，即使这些准则比所处国家或地区的法规还严格，合作伙伴也必须严格遵守。自 2011 年后，苹果公司每年均公布供应商名录，表明愿意接受大众监督，努力实现绿色采购的决心。苹果公司还一直与公众环境研究中心密切合作，将管理延伸至上游供应链，推动数百家供应商节能减排，提高环保表现。

根据苹果公司发布的《供应商责任 2020 年进展报告》[1]，苹果公司对相关的绿色供应商的评估与合作实践包括供应商评估、供应商合作。

（1）供应商评估

2019 年，苹果公司在 49 个国家总计开展了 801 次苹果公司主导的供应商评估，涵盖了制造工厂、物流和维修中心，涉及占苹果公司总采购额 94% 的供应商。苹果公司每年都会进行突击评估或走访，以回应供应商员工的指控或核实违规整治的完成状况。2019 年，苹果公司进行了 70 次没有事先通知供应商单位的评估与调查。苹果公司根据《供应商行为准则》中所列的各项标准对供应商的表现进行评估；还在新供应商加入供应链之前，进行新进工厂培训和评估。然后，苹果公司针对评估中发现的每个问题制定为期 30 天、60 天或 90 天的整改措施方案，帮助供应商进行必要的改进，以达到整改措施方案的要求，完成整改任务。

苹果公司对多种原材料供应商进行了追踪，其中硅锡、钽、钨和金可追溯至冶炼厂和精炼厂，而对钴和某些矿物质，更可进一步追溯至源头。其中，苹果公司的《供应商行为准则》和《负责任原材料采购的供应商责任标准》适用于供应链的各个层级。如果供应商不愿或不能纠正重大违规行为，或者重复出现重大违规行为，该供应商会被移出苹果公司的供应链。供应链的更上游，也遵循类似的标准。苹果公司通过独立的第三方审核员，对负责加工苹果产品的冶炼厂和精炼厂进行评估。自 2009 年以来，已有 145 家供应商被移出苹果公司

---

[1] 来源：《供应商责任 2020 年进展报告》，https://www.apple.com.cn/supplier-responsibility/pdf/Apple_SR_2020_Progress_Report.pdf。

的供应链，其中包括 22 家供应商制造工厂和 123 家冶炼厂与精炼厂。

（2）供应商合作

为了支持能力建设，苹果公司建立了 SupplierCare 平台提供各种资料，以便供应商加深理解《供应商行为准则》，并在最佳实践方面指导供应商。2019 年，SupplierCare 向 950 多家供应商提供了在线培训，而在 2018 年仅有 219 家。此外，苹果公司还实施了其他合作项目为供应商提供支持和培训。

1）水资源管理。自 2013 年起，苹果公司的"清洁水项目"一直在为供应商提供支持和培训，帮助它们减少用水量，寻找生产作业用水回收及再利用的方法，并确保工厂排放的废水尽可能清洁。截至 2019 年，参与这一项目的供应商已从 13 家增加到了 136 家，而累计节约的淡水量则达到了 305 亿加仑（1 加仑 = 3.785L），所有工厂的工艺用水平均回用率更是提高到了 40%。2019 年，已有 5 家供应商获得了国际可持续水管理联盟（Alliance for Water Stewardship，AWS）认证，其中 3 家供应商工厂获得了 AWS 白金级认证。

2）废弃物管理。自 2015 年起，苹果公司启动了废弃物零填埋项目。在关于如何消除运营中产生的各种工业废弃物方面，为供应商提供建议。苹果公司的供应商中所有 iPhone、iPad、Mac、Apple Watch、AirPods 和 HomePod 总装工厂都持有废弃物零填埋认证标准（UL ECVP 2799 标准）。2019 年，苹果公司将 Apple TV 的总装工厂也纳入进来，使本年度超过 32.2 万 t 的废弃物免于填埋。此外，2019 年，苹果公司要求新的 iPhone 总装工厂都使用苹果公司与供应商合作开发的可回收保护膜（Recycable Protective Film），取代以往不可回收的保护膜。

3）能源效率项目。苹果公司碳排放中有相当大的比率来自供应链，主要产生自苹果产品制造中所使用的能源。苹果公司的能源效率项目在与那些能源消耗较高的供应商合作中，致力于评估并发现可在哪些领域减少能源消耗及其所产生的碳排放，例如照明系统、热系统和冷却系统。自 2015 年起，苹果公司通过能源效率项目与供应商展开合作，协助其改善运营过程中的节能表现。参与该项目的供应商数量从 2015 年的 13 家增至 2019 年的 92 家。参与该项目的供应商所完成的能效改进措施，让 2019 年的年化温室气体排放量减少了 100 多万吨，减少量较 2018 年同比增长 119% 之多。

4）化学品管理计划。自 2013 年，苹果公司与其供应商合作实施了业界领先的化学品管理计划。该计划为参与的供应商提供支持和培训，协助它们建立严格的化学品管理体系，包括提高与化学品使用和用量相关的透明度，以及加强安全使用实践。2018 年，有 500 家供应商参加了苹果公司的"受管制物质规范"培训。

3.2.2 绿色供应商关系治理：从委托代理到监管合作

在绿色采购中，核心企业与供应商通常被视为委托人与代理人的关系，这个关系在本质上是对抗性的。如果代理人没有得到足够的控制，发生环境违规的机会主义行为，就会对委托人造成损失。例如，随着供应商的势力变得强大，核心企业（采购方）对供应商的依赖程度增强，相对于供应商的话语权变弱，进而催生了供应商的机会主义行为。此外，在以契约为主、关系为辅的治理机制中，供应商的绿色技术网络的创新能力滞后给核心企业来了生产过程的高度不确定性，加剧了采购契约的不完备性，最终削弱了契约对机会主义行为的控制力（何伟怡和曹雅云，2019）。

管家理论（Stewardship Theory）为绿色采购中的核心企业和供应商的合作伙伴关系提供了另一种思路。基于管家理论，绿色供应商被看作合作伙伴，认为其具有自我激励能力，愿意为核心企业的利益自主采取行动，以实现共同达成的目标。当供应商被视为合作伙伴时，它们有权对核心企业的期望和行为（如设定的价格和交货时间）提出改进建议；在出现难以遵守环境标准的问题时，双方共同解决问题，从而降低绿色技术落后带来的不确定性。由于协作、开放式交换和信任，管家合作伙伴关系比委托代理伙伴关系更有可能创建避免供应链环境风险的解决方案（Asslände 等，2016）。因此，与委托代理伙伴关系中供应商的被动环保努力相比，管家合作伙伴关系鼓励供应商主动识别绿色实践与企业竞争力之间的内在逻辑，通过绿色供应链合作创造商业价值，通过环保提升竞争优势，也可促进实现环境绩效与经济绩效的共赢。

1. 委托代理理论和管家理论的对比分析

委托代理理论的研究视角是经济学和金融学，以经济人的假设为基础，认为代理商总是寻求自我利益最大化，代理商的行为倾向于机会主义和个人主义，会牺牲委托人的利益为自己谋求私利（张辉华等，2005）。在信息不对称条件下，存在两个控制问题：一是逆向选择（Adverse Selection）问题，发生在事前，指代理人隐藏自己的真实能力；二是道德风险（Moral Hazard）问题，发生在事中，指代理人不承担其行动的全部后果，为了最大化自身效用而做出不利于委托人行动的现象。因此，在委托代理关系中，除非有适当的治理结构来协调委托人和代理人的利益，否则代理人不会按照委托人的期望进行工作，双方的目标在系统中有所不同。委托人可以从两个方面解决上述问题，即监视代理人的活动和利用补偿计划使双方利益保持一致。

管家理论的研究视角是社会学和心理学，基于社会人的假设，认为代理人会像管家一样管理好委托人的财产，并使之实现增值。管家的行为倾向于集体主义，且关系双方的目标一致。委托人对作为管家的代理人充分信任，并与之进行合作。双方的合作表现在委托人通过内在的非物质因素进行激励，充分授权给作为管家的代理人，以增强代理人的身份认同感（张辉华等，2005）。根据Asslände 等（2016）的文献可知，管家理论和代理理论之间存在六个方面的差别，见表3-3。

表3-3　委托代理理论和管家理论的区别

项　　目	委托代理理论	管家理论
自主权和控制权	供应商（代理人）必须受核心企业（委托人）的控制，核心企业需采取监督和激励措施防止机会主义行为	供应商主动为了核心企业的利益而行事，其自治程度的高低反映了供应商自主性的大小
内在动力与外在动力	供应商遵循外在动机，核心企业通过资金激励和严格监督来确保合规性	供应商具有内在的动机，并将自己理解为核心企业的代表
认同感	供应商对供应链的认同感不强，所追求的个人目标与核心企业的目标存在差别	供应商对供应链有强烈的认同感，致力于推进供应链目标的实现
正式权威与非正式关系	核心企业的权威建立在正式的议价能力和结束合同的能力上	核心企业的权威建立在供应商的忠诚和相互尊重的基础上
利益相关者方向	供应商遵循自己的利益，核心企业通过奖励和控制制度使双方利益保持一致	供应商的行为遵循高道德标准，并以使所有利益相关者受益为目标
短期与长期合作	从短期合作到长期合作，双方的关系不会发生变化，机会主义行为随时可能会发生	随着时间的推移，信任和相互理解的程度得到发展，促进了核心企业和供应商之间的合作

（1）自主权和控制权的差别

在委托代理理论中，委托人面临的最大挑战是控制代理人的行为。在绿色供应商管理中，由于核心企业（委托人）并不直接参与供应商（代理人）的业务，因此必须缩小供应商的自治范围，具体手段包括强有力的监督、权限划分、严格的报告和信息系统。此外，作为委托人，核心企业通过设定明确的采购目标来缩小供应商的行动范围。但是，由于无法考虑到因业务情况或生产过程的复杂性而产生的所有状况，供应商可能会选择确保其获得此采购订单的行动，但不会为核心企业的最大利益服务。

管家理论提出核心企业和供应商的利益应保持足够的一致性，双方拥有共同的目标。在此背景下，供应商本质上是为供应链（包括供应商和核心企业）的整体利益服务的，这也符合核心企业的利益。由于过度的控制会限制供应商的自主权和行动范围，并有可能减少内在动机，因此核心企业应授予供应商自治权，以便为供应商做好生产、供应和环境治理提供足够的空间。

（2）内在动力与外在动力的差别

委托代理理论强调外在动机的重要性，认为供应商主要出于对个人利益的维护和对自身不利因素的担心而产生的外在动机，而核心企业的利益只有在与上述考虑因素相关时才会受到关注。管家理论则提出，管家供应商的动机主要是内在动机，所追求的是任务完成得好的满足感或者声誉，而供应链的价值创造是这种满足感的体现。管家供应商对委托人核心企业的职责、归属感和自我实现与实现供应链的可持续发展是一致的。确保这种成功的因素是对供应商内在动力的激励。因此，与委托代理理论相比，在管家理论中，短期的经济绩效就不那么重要了，声誉、归属感和长期合作共赢才是激励的主要来源。

（3）认同感的差别

根据委托代理理论，供应商与核心企业之间只形成微弱的团结纽带，所关注的重点仍然是自己的利益，代表供应商为核心企业供货取得的收益。如果核心企业的成功对供应商有利，供应商会把核心企业的成功当作自己的成功来推动。尽管如此，供应商对核心企业的认同感很弱。供应商也倾向于少报失误，并将错误的责任推给他人，以保护自己的个人回报。当供应商为了推卸责任而将供应链风险的归因外化时，对供应链协同的强烈认同感就不再可能了。与此相反，管家理论提出，管家供应商对核心企业有强烈的认同感。核心企业或绿色供应链面临的困难会激励供应商更加努力地实施绿色实践，因为供应链的成功已经被视为供应商的荣誉。因此，管家供应商具有很强的道德感，激励自己提高自身和供应链整体的绩效，以克服核心企业在供应链内外面临的挑战。

（4）正式权威与非正式关系的差别

委托代理关系描述的是正式的议价能力关系。核心企业拥有法定权力，包括对不履行合同义务的供应商进行制裁的能力。核心企业有权利和合法性来获取相关信息，监督业绩，给予报酬或奖励，以及终止供应关系。因此，正式授权、控制导向、强制和维持权力的不平衡成为委托代理关系的重要特征。管家理论则描述了更明显的非正式关系。如在代理关系中，管家供应商接受核心企业的权威，但是这种权威更多的是基于非正式的权威，而不是正式的权威。供应商也倾向于与核心企业建立一种非正式关系。例如，供应商可能会重视核心企业的声誉、长期合作机会等。管家关系被描述为建立在相互尊重和信任的基础上。重要的是，核心企业也会给予供应商一定程度的信任，尊重供应商的自主权，并相信供应商的动机是为了供应链的利益。

（5）利益相关者方向的差别

基于委托代理理论，作为代理人的供应商，目的是生产并为核心企业供应所需零部件或原材料。尽管核心企业可通过提供适当的治理机制（例如利润共享、成本共担契约），来实现供应商和核心企业的利润共赢，但是这种对利润预期的狭隘关注，使供应链外部利益相关者群体提出的合理诉求难以得到重视，且往往被忽视。在供应链中，管家理论不局限于关注单一的利益相关者群体，而是以确保整个供应链系统的良好绩效为动机。后者更多的是与客户、社区、政府、非政府组织等利益相关者的利益保持一致，并依赖于双方的合作。因此，管家供应商更倾向于维护支持性的利益相关者关系，并从各种利益相关者群体的利益出发来开展绿色实践。

（6）短期与长期合作的差别

委托代理理论认为，供应商的行为主要受经济激励的影响。在这种情况下，供应商的行为可以通过调整激励制度，按照新的目标立即发生转变。因此，供应商会从短期角度出发选择行动，而核心企业对长期利润最大化感兴趣。给定两个备选方案，供应商对自身利润最大化的兴趣将促使它们总是选择对自己有利的方案，即使这对核心企业的长期利益不利。委托代理理论没有考虑到长期合作的社会视角。相反地，管家理论则强调两个主体之间的联系。由于与核心企业长期的契约关系，管家供应商会产生强烈的忠诚感，以及对供应链目标和命运的高度认同，甚至与核心企业形成长期稳定的合作关系。在这种情况下，供应商的行为不仅受到适当的激励机制的影响，而且在很大程度上还受到以往合作中产生的积极（或消极）经验的影响。在这样的关系中，信任、动机和认同感会随着时间的推移而增加。因此，管家理论具有隐性的长期导向性。

委托代理理论和管家理论都是试图回答如何协调委托人和代理人利益的问题。尽管核心企业和供应商回答这个问题的方式不同，但不应归结这两种理论为利己主义与利他主义的二分法比较。这两种理论都认为，一个好的供应商是代表核心企业生产产品的，如果有必要，它会把局部利益放在一边。这两种理论的区别在于如何激励供应商，是什么促使供应商履行环保合规性生产，供应商是否从本质上容易产生环境违规的机会主义行为，供应商如何认同核心企业，供应商是否认识到所在供应链对利益相关者的依赖，以及它们是否对长期合作而不是短期利润最大化感兴趣等问题。由于委托代理理论假定供应商的行为是一种欺骗性的反组织行为，所以它的目的是发展限制供应商采取不合规的绿色实践的组织约束。与此相反，管家理论认为，如果供应商犯了错误，那是由于缺乏绿色实践知识得出错误结论造成的，因此旨在赋予供应商权力，并集中精力随着时间的推移加强供应商的绿色实践。

▶▶ 2. 管家伙伴关系特征

（1）战略合作伙伴关系

基于管家理论，核心企业绿色供应商治理的目的是加强绿色供应商自治。通过发展和改善供应商，加强供应商自治特性，核心企业可以获得更强大的合作伙伴，并从供应商不断增强的能力和自主权中受益。例如，彪马（Puma）公司大力推行供应商开发，并赋予具有强大潜力和意愿的供应商战略合作伙伴关系的地位。这种发展的一个重要驱动因素，是难以确保一般供应商（偶尔为核心企业的供应商）具有良好的环境绩效。通过与供应商建立合作关系，定期从供应商那里大量采购，并讨论各种生产和管理问题，核心企业能够以更灵活的方式与供应商签订合同，达到早先的委托代理做法所极难达到的合规水平。

总之，核心企业可通过培养供应商在质量、环境绩效和负责任的管理实践方面的经营能力来支持供应商。在此过程中，通过对其供应商的深入了解，进而增强了核心企业发现不合规行为的能力。

（2）内在动机与外在动机相结合

管家理论强调供应商的内在动机驱动，而代理理论强调外在动机的重要性。在绿色供应商治理实践中，供应商的内在动机和外在动机是相辅相成的，并非相互排斥的（Asslände 等，2016）。当核心企业要求供应商履行一项新的环保标准时，有可能一开始会受到供应商的怀疑和批评，后来供应商遵守环保标准，基本上都是供应商为了履行合同义务（外在动机）。但是，随着时间的流逝，这些标准可能被供应商认识到对公司有利，例如可以改善工作环境，避免利益相关者（如所在社区）的质疑，减少环保违规可能性等，从而形成供应商对环境标准的主动遵守（内在动机）。

（3）供应商具备强烈的认同感

管家理论认为管理者对整个组织及其负责人的目标具有强烈的认同感。在绿色采购中，无论是一级供应商还是次级供应商，认同感可能体现在它们为核心企业（国际知名品牌）做出贡献的荣誉感。供应商认为自己是核心企业的代表，是以核心企业为中心的供应链网络的一部分，有义务为核心企业的最大利益服务，进而产生认同感。基于管家理论的绿色供应商治理，将必要的绿色改进视为协助满足国际标准的更改，而非认为是核心企业对供应商的强制要求；有时，核心企业也会为此改进提供资金或知识上的帮助。因此，管家理论的典型特征是供应商承认自己的不足之处，并将这些不足视为改进的挑战和起点，而不是对供应商的威胁。与委托代理的关系相比，供应商作为管家，不太可能将自己需要承担的责任转移给第三方。供应商之所以能够与核心企业的目标相符，具备强烈的品牌认同感，是因为所依赖的治理机制不仅限于命令和控制，还有供应链整合和建立长期的业务关系。

（4）在正式权威的基础上，结合个人权威

管家理论强调在业务环境中由于相互尊重和信任所形成的个人关系的积极作用，而委托代理理论主要描述的是公司层面（正式）的权利关系。在向供应商的绿色实践提供帮助时，核心企业的权威就得以体现。此外，核心企业与供应商高层乃至中层个人关系对绿色供应商治理也有很大的帮助，最重要的因素是信任，可通过诚实的沟通和个人承诺来获得。

（5）考虑利益相关者和股东价值

在委托代理关系中，核心企业和供应商的活动旨在为各自创造价值，但是管家理论则认为也有必要为其他利益相关者提供效用。

（6）长期合作

管家理论描述的关系，只能随着时间而发展，因为相互理解、信任和认同是动态互动的结果，而非契约协议的结果。因此，管家理论隐含的假设是双方为长期合作关系。因为在新的合作关系开始之初，对更高的环境标准的要求并不总是受到供应商的认同。一旦供应商发现提高环境标准对自身也有好处，那么供应商不仅会改变自己的看法，而且开始信任核心企业。尽管管家理论强调了供应商（管家）的自我激励和内在满意度，但是核心企业若想与供应商建立可靠的伙伴关系，需要一段时间来形成信任和相互理解，尤其当目标供应商以前只是以委托代理的关系与核心企业合作时，更是如此。因此若想发展与二级供应商的管家关系，必须先让它们意识到所要求的环境改进对自身有利，即对核心企业的信任和态度的转变。

综上所述，尽管供应链中的核心企业和供应商之间的关系常被视为委托代理关系，但是若聚焦在绿色采购，这种观点是短视的。因为要改善供应商的环境绩效，仅靠加强控制是不够的，并且可能会适得其反，忽视了不同供应商的具体情况，缺乏对供应商自主权的重视，从而导致成本的单方面分配，最终促使供应商机会主义行为的发生。管家理论更好地解释了为什么加强核心企业与供应商的关系，能够有效促进在供应链各个层面上取得更好的环境业绩。

【案例 3-2】 参与全球环境信息研究中心联盟，做供应链中的合格水管家

全球环境信息研究中心是一家总部位于伦敦的国际非营利性组织，前身为碳披露项目（Carbon Disclosure Project，CDP），是"全球商业气候联盟"的创始成员。其目标是推动企业和政府减少温室气体排放，保护水和森林资源。目前，包括沃尔玛、微软、宝马在内的 150 多家采购组织正在参与全球环境信息研究中心的供应链计划，与 15 000 多个供应商就环境问题进行接触。通过参与该计划，供应商可以在全球公认的平台上记录其资源消耗。在 2019 年发布的《CDP 供应链：改变链条》⊖中，详细介绍了采购组织及其供应商如何应对气候变化、森林砍伐和水安全的影响和风险。

⊖ 来源：https://6fefcbb86e61af1b2fc4-c70d8ead6ced550b4d987d7c03fcdd1d. ssl. cf3. rackcdn. com/cms/reports/documents/000/004/811/original/CDP _ Supply _ Chain _ Report _ Changing _ the _ Chain. pdf? 1575882630。

近两年来，全球九大汽车及汽车零部件制造商共同商议了一套关键的水资源管家标准（Water Stewardship Criteria），促使其供应商参与其中。这些采购公司都是碳披露项目供应链的成员，包括宝马、福特汽车、通用汽车、本田汽车、三菱汽车、日产汽车、丰田汽车和大众汽车等。这些采购公司希望向行业内的供应商发出统一信息，如果想向这些买家销售，将被要求满足共同的水资源管家标准，包括报告水资源核算信息，进行水风险评估，制定用水指标或目标，以及制定公共水务政策。

为促进这一合作，该小组向其供应商提供了书面指导，并主办了联合网络研讨会。参与的供应商总数从 2017 年的 225 个增加到 2019 年的 392 个，其中回应的比例从 2017 年的 45% 增加到 2019 年的 69%。72% 的供应商报告了取水信息，53% 的供应商报告称对其直接运营进行了全面的水风险评估，75% 的供应商报告了设定的水指标和目标，以及 54% 的供应商称有水政策文件，这些数据相较于 2018 年都有上升。

3.2.3 绿色供应商关系治理：个人与组织合作

关系治理在实现供应链竞争优势方面发挥着重要作用，用于维持核心企业与其供应链伙伴之间的良好关系（Wang 和 Wei，2007；Cheng，2011），对供应商发展、战略采购和集成供应商关系的增长产生了积极影响（Lee 和 Humphreys，2007）。近年来，大量西方制造企业利用较低的人工和材料成本将其制造基地和生产设施迁移到了中国、日本、韩国等亚洲新兴经济体国家，这也促使关系治理的方式发生了转变。在西方国家，企业之间的关系治理主要通过立法和规章制度来管理；而在亚洲新兴经济体国家中，则由道德和社会规范来驱动，并由关系来管理（Geng 等，2017）。在绿色供应链中，与供应商建立的更好的关系与联系，能对核心企业的绿色供应链管理实践产生积极影响。因为更好的关系会协助核心企业管理供应风险，改善对供应商的信任，以及买卖双方的沟通，从而减少供应商的机会主义行为（Cheng 等，2012）。然而，如果核心企业花费太多的时间和精力来维持关系，就可能导致在绿色供应链协作上的投资不足，进而限制了绿色供应链的治理实践（Luo 等，2014）。

在绿色供应商治理中，Geng 等（2017）提出存在两类关系形式，即基于社会交换理论的个体层面的关系（Yen 等，2011；Yen 和 Abosag，2016），和基于社会资本理论的组织层面的聚合关系（Park 和 Luo，2001；Wiegel 和 Bamford，2015）。

1. 个体层面的关系

个体层面的关系是指社会中人际联系的文化特征，在供应链背景下主要是指供应商的销售代表和买方的采购经理之间的关系。如果客户的采购经理向某个目标供应商下订单，那么目标供应商的销售代表就会期望以向该客户赠送礼物、优惠或让步来回应。如果这种互惠关系长期得不到兑现，供应商的销售代表与核心企业的采购经理之间建立的对接关系就会变得紧张，破坏供应商与核心企业之间的业务关系（Lee 等，2001），并导致财务业绩不佳（Yen 和 Abosag，2016）。

个体层面的关系有助于缓解一些负面因素（对次级供应商缺乏影响、成本高和规章制度的复杂性）对绿色供应链管理实践的负面影响。首先，个体层面的关系有助于降低核心企业对各层级供应商采取环保实践缺乏影响力的负面影响。例如，如果一个核心企业的工厂经理能够与其众多次级供应商的关键经营者建立较好的个人关系，核心企业可能会更有效地影响和控制供应商的行为。其次，个体层面的关系有助于降低复杂的法规对绿色供应链管理实践的负面影响。如果核心企业的所有者与供应商所在地的当地政府具有较高的个人关系水平，则可以更好地监管供应商的绿色实践（Cheng 等，2011）。最后，核心企业采购经理与供应商销售经理之间的个人关系可以增强双方合作的信心，为业务合作起到保障作用。良好的个人关系有可能帮助核心企业说服供应商采取绿色实践，通过牺牲部分短期利益来更好地实现长期收益。

对于绿色供应商治理来说，个人层面的关系不仅局限于供应商销售代表和核心企业买方采购经理之间的关系，而且还包括供应商与核心企业高层、中层（尤其是与环境保护和采购相关的）之间的信任、合作与沟通等。

▶▶ 2. 组织层面的聚合关系

组织层面的关系是所有员工的聚合关系。遵循基本的聚合原理，公司员工越多，拥有的关系越多，其聚合关系越高（Geng 等，2017）。一个员工拥有的关系越多，这个人对其组织的聚合关系的贡献就越大。基于社会资本理论，社会关系被认为是有价值的资本，所以员工人数越多、关系越好的企业被认为拥有更多的社会资本（Lee，2015）。单向型关系帮助单个销售代表在个人层面上加强与各自买家的业务关系，而聚合型关系帮助销售总监更有效地利用其他所有下属的人际网络，建立起一种使企业获得更广泛的业务交易的模式（Zhao 等，2006）。在这方面，聚合关系有助于企业开启对话，促进建立组织层面的信任。

组织层面的聚合关系是核心企业的重要资源。聚合关系程度越高，利益相关者对企业采取绿色供应链管理实践的推动作用越强。在供应链中，企业常常在利益相关者的压力下采取环保措施。如果核心企业具有较高组织层面的聚合关系，出于担心其多重个人层面关系的风险，或因不合规而损害其既有的长期关系，更有可能采用绿色供应链管理实践。

【案例3-3】华为:绿色供应商选择、评估与能力发展⊖

华为是一家生产销售通信设备的科技公司,主要业务是为运营商客户、企业客户和消费者提供信息与通信技术(Information and Communications Technology, ICT)解决方案、产品和服务。2006年,华为向社会承诺在效能相同或相似的条件下,优先采购具有良好环保性能或使用再生材料的产品。华为将供应商的可持续发展绩效与采购份额、合作机会挂钩,对绩效表现好的供应商,在同等条件下优先采购其产品或服务。华为的绿色供应商关系治理分为供应商选择、绩效评估和合作三个方面。

(1)供应商选择

在供应商选择过程中,华为将可持续发展要求纳入供应商认证和审核流程,所有新的供应商都要通过供应商认证。未通过可持续发展系统认证的供应商不被视为合格的供应商。2018年,华为对93家潜在供应商的可持续发展绩效进行了审核,未通过审核的16家供应商被剥夺了与华为合作的机会。华为主要采用公众环境研究中心的全国企业环境表现数据库调查供应商,进行供应商认证及选择。在同等条件下,华为对环保表现好的供应商增加订单。

(2)供应商绩效评估

一是采用公众环境研究中心的"蔚蓝地图"数据库定期检索近500家重点供应商在中国的环境表现,推动供应商自我管理。自2011年起,华为参与公众环境研究中心发起的"绿色选择"倡议,并将公众环境研究中心环保检索纳入供应商审核清单和自检表,要求存在问题的供应商限期整改,并鼓励供应商自我管理。2018年,定期检索了900家主力供应商环境表现,发现并关闭52条环保违规记录。

二是对供应商进行风险评估和分类管理,将供应商风险分为高、中、低三个级别。对于高风险供应商进行现场审核,中风险供应商进行抽样现场审核。如果在审核过程中发现问题,将通过华为的"检查、分析根本原因、纠正、预防和评估"方法帮助供应商来识别常见问题,分析根本原因并采取有针对性的措施来使问题得到缓解。

三是根据供应商现场审核及上一年取得的改进来评估供应商可持续发展绩效。供应商的可持续发展绩效占其整体绩效评估的5%~15%。将供应商分为四个等级:A(优秀)、B(良好)、C(合格)、D(不合格),评估结果内部公布,并由采购经理向供应商高层传达,推动供应商整改。表现良好的供应商将获得

⊖ 来源:①中华人民共和国工业和信息化部——企业绿色供应链管理案例汇编(三),华为技术有限公司绿色供应链管理,https://www.miit.gov.cn/jgsj/jins/zhlyh/art/2020/art_4d7c7b0e81fa4ebc92eb7b49ec36689e.html;②Supply chain responsibilities, https://www.huawei.com/en/about-huawei/sustainability/win-win-development/develop_supplychain;③刘晶(2016)。

更大的采购份额；如果供应商绩效不佳，要求其在指定时间内解决现有问题，甚至可能终止与表现异常差的供应商的业务关系。

（3）供应商合作

华为除了供应商评估外，还定期为供应商提供培训和指导，并开发了一套经济有效的"基准学习"模式，通过鼓励供应商对标和竞争学习来提高它们的能力。对于常见问题，华为举办研讨会，邀请专家分享经验，并建立线上和线下学习小组以进行基准测试。2018年，来自156个供应商的293人参加了基准学习培训课程，培训涵盖的主题包括防火、环保合规、电池行业行为准则以及二级供应商管理。

2014年，华为与深圳市人居环境委员会联合发起了"深圳市绿色供应链"试点项目。该项目帮助华为完善了绿色采购基准，健全了绿色供应链管理体系，让企业的环境管理模式从被动转变为主动，实现从原有末端治理的管理模式转变为全生命周期管理模式，从产品的开发、生产、分销、使用及回收到废弃物管理等全过程实现环境友好。在项目初期，华为首先选择了10家深圳地区的供应商参与试点项目，聘请环保专家现场考察和研究供应商环保改进机会，开展环保成本与效益分析，并进行环保改善的动因分析，组织供应商参加环保培训，促进各自的经验分享。2015年，华为扩大了试点项目范围，向供应链上游延伸，通过这10家供应商邀请二级供应商的参与。同时华为开展横向延伸，邀请9家大型企业及其供应商参与，构建绿色供应链网络。华为通过采取工厂调研、专家培训、技术交流等方式，引导绿色供应商把环保理念贯穿至其供应产品的整个生产过程。

3.3 绿色供应商外部治理：NGO 的角色

在绿色供应商治理过程中，公众环境研究中心、自然资源保护协会（Nature Resources Defense Council）、美国环保协会（Environmental Defense Fund）等NGO起到了积极的推动作用。例如，公众环境研究中心开发并运行的中国污染地图数据库——"蔚蓝地图"，通过全面公开核心企业及其供应商的环境信息，引发公众和媒体的监督，推动大型品牌和零售商实施绿色供应商治理。自然资源保护协会与企业联合开展的"清洁始于设计"（Clean by Design）项目，不仅通过全面公开企业环境信息来推动公众监督，还通过实践帮助企业探索优良的绿色供应链管理技术及模式，主要借助国际品牌的采购影响力，对品牌供应商施加影响，提高供应链上企业的节能减排效率（中国电子信息产业发展研究院，2019年）。此外，美国环保协会将通过为沃尔玛公司在东莞的供应商提供环境合规、能效提升及低碳发展等方面的技术支持和能力建设，探索和建立政府、企业和 NGO 共同推动的城市层面绿色供应链管理的新模式。政府或监管机构的压力是促使核心企业实施外部绿色供应商治理的主要动力，而治理实践通常需要与外部利益相关者（例如 NGO）进行某种程度的合作。

▶ 3.3.1　建立绿色联盟：战略桥接者

环境 NGO 越来越倾向于合作，而不是传统的抗议和对抗，以鼓励对环境友好的企业行为。同样，企业也面临着更大的社会、法律和全球市场压力，要求其更可持续地运营。另外，许多企业认识到，合作性的环境 NGO 可以通过成为绿色联盟发起可信的环保倡议。绿色联盟被定义为环境 NGO 和企业之间追求互利的生态目标的合作伙伴关系（Hartman 和 Stafford，1997）。根据双方的互动性质或程度区分，绿色联盟存在六种不同形式，即许可证制度、企业赞助、产品认可、工作组（共同开发环境产品/过程解决方案）、绿色系统联盟（政策、系统和流程的共同实施）和公共政策联盟（共同研究政策建议）（Hartman 和 Stafford，1997）。绿色联盟为核心企业的利益相关者提供了机会，使其能够明确问题和讨论需求，建立共同的基础，并实施满足各个利益相关者需求的环境方案，将生态、社会和市场目标融合在一起（Crane，1998）。

环境 NGO 可以通过两种方式协助核心企业开展环境实践。第一，环境 NGO 可以为企业提供生态、科学和法律方面的专业知识。第二，环境 NGO 可以利用和促成企业与其他不同的利益相关者的联系，即战略桥接（Strategic Bridging），这些利益相关者的支持对于维持企业的环境实践可能是必要的。环境 NGO 利用其社会信誉、已建立的关系和其他资源，可从其他利益相关者（如消费者和媒体）那里获得核心企业推动供应商绿化的支持，而这些利益相关者传统上可能对企业及其环境努力持怀疑、批评或矛盾的态度（Stafford 等，2000）。

尽管与环境 NGO 合作存在优势，但这种伙伴关系充满了矛盾和复杂性，导致关系不稳定和战略上的不稳定。例如，紧密的公司关系可能会威胁到公众对环境 NGO 社会宣传作用的信任，并且绿色联盟可将企业的环境计划带入公众视线，并因此受到其他利益相关者的严格审查和批评。因此，绿色联盟和战略桥接为核心企业和 NGO 都提供了优势，同时又使双方陷入战略风险。Westley 和 Vredenburg（1991）考察了 Pollution Probe 和加拿大零售商 Loblaws 之间失败的绿色联盟。Pollution Probe 作为环境 NGO 试图通过支持 Loblaws 的私人品牌"绿色"产品系列，帮助 Loblaws 获得消费者的认可。这种合作关系之所以失败，主要是由于绿色和平组织对这种认可提出了公开质疑⊖。

⊖　来源：http://www.inquiriesjournal.com/articles/665/green-alliances-collaboration-between-businesses-and-environmental-advocacy-organizations。

因此，对于环境 NGO，Stafford 等（2000）指出为了成为企业与其他环境利益相关者之间的有效桥梁，必须成功致力于以下各项：①建立愿景，即解决问题的议程；②获得内部支持，即工作人员和组织成员的承诺；③阐明愿景，即在外部利益相关者中推进议程；④平衡自身和利益相关者的利益，要考虑灵活性和容忍度，以折中议程，满足各种利益相关者的需求；⑤应对威胁，从社会政治利益出发应对挑战；⑥保持持久联系，即维持与利益相关者的联系以实现议程。

此外，为了最大限度地减少利益相关者的威胁，作为桥接者的 NGO 可能需要采取如下实践：①当利益相关者拥有所需的资源和/或桥接者对利益相关者没有明显的影响力时，选择默许；②当利益相关者拥有所需的资源和/或桥接者对利益相关者具有一定的影响力时，做出妥协；③当利益相关者和桥接者的利益相互兼容，并且会从桥接者的议程中互利时，进行说服；④当利益相关者构成威胁和/或桥接者可以操纵以使其脱离利益相关者时，选择回避；⑤当利益相关者构成威胁和/或利益相关者无法将其议程强制执行到桥接者上时，进行反抗；⑥在利益相关者构成威胁和/或桥接者对利益相关者具有重大杠杆作用时，施加胁迫。

3.3.2　发布供应商环境大数据：合作监督

核心企业对一些供应商的采购量有限，在这种情况下核心企业推动绿色供应链项目时，常因对供应商的影响不足而陷入被动。实现有效的供应链环境管理，最基础和最重要的先决条件是供应链环境信息的披露和共享，这也是企业绿色供应商治理中最薄弱但最需要的部分。基于此，中国公众环境研究中心开发了"蔚蓝地图"数据库⊖，让核心企业能更方便快捷地获取供应商所在地生态环境部门在监察执法过程中公开发布的环境监管信息。有了环境信息数据库，绿色供应链环境管理也从过去少数品牌的"探月工程"，演变为任何企业都触手可及的工作。

从核心企业的角度看，运用大数据工具获取被环保组织披露的供应商信息，可以大幅缓解上游供应商环境合规问题带来的经营冲击。供应链的环境信息披露可以让核心企业对上游供应商的环境管理现状和潜在风险开展基本判断，及早督促相关企业采取整改措施规避环保执法和督查带来的冲击，减少供应链整体效益损失。

此外，借助 NGO 的环境数据平台，核心企业能够有效规避日益激烈的环境贸易壁垒。随着贸易格局全球化转变和诸多政治经济因素的产生，绿色壁垒成

⊖　"蔚蓝地图"数据库，http：//www.ipe.org.cn/index.html。

为一些国家限制我国商品出口和贸易公平的直接接口，从一些产业链前端产品的贸易阻碍逐渐延伸到产业链中段的工业制品和终端的消费商品，环境准入覆盖了资源消耗水平、污染排放水平、生物多样性、原材料绿色选择等各个方面。绿色供应链大数据工具可将这些不对称的环境信息向企业公开，帮助贸易企业积极应对其他国家借"绿色"之名而行的贸易保护行为，规避国际贸易中出现的环境争端，降低投资风险，掌握行业发展和市场占领的主动权（胡冬雯，2017）。

▶▶3.3.3　推动绿色供应链合作：NGO 的供应链计划

自然资源保护协会对中国各个行业自然资源利用情况调查后，发现纺织服装制造业是面临严峻污染问题的行业之一，因此以纺织行业为试点发起了"清洁始于设计"的创新性绿色供应链项目。该项目重点关注纺织业的印染环节，通过和知名零售商与品牌商，以及国际金融公司（International Finance Corporation）、可持续服装联盟（Sustainable Apparel Coalition）等其他项目合作伙伴合作，借助国际品牌的采购影响力，对品牌供应商施加影响，进而提高供应链上企业的节能减排效率。2013 年—2014 年，在对印染企业集中的绍兴、广州周边地区的 33 家企业开展试点后，2016 年"清洁始于设计"项目在江苏省苏州市得以实施，23 家企业参与了该项目。该项目帮助纺织印染企业实现水和能源节约的十项最佳实践是：计量和泄漏检测、冷凝水收集及回用、冷却水再利用、工艺用水及废水再利用、热水热量回收、锅炉效率提升、疏水阀及蒸汽系统维护、保温优化、废气及导热油热量回收和空气压缩系统优化（中国电子信息产业发展研究院，2019）。

此外，美国环保协会 2005 年于沃尔玛公司在美国开展了绿色供应链相关的实践后，2008 年将绿色供应链的概念引入中国；2010 年，推动在上海和天津启动绿色供应链示范项目，探索和推动城市层面的绿色供应链管理机制；在企业层面，也为上海百联集团、上海通用汽车、宜家家居、苹果公司等企业的供应商节能减排改造和能力建设工作提供技术支持，并支持成立了天津低碳发展与绿色供应链管理服务中心。

【案例 3-4】公众环境研究中心：促进绿色供应商治理⊖

随着中国对经济全球化进程的深度参与，在经济高速发展的同时，生态环

⊖　来源：①《十年有成——2018—2019 年度 120 城市污染源监管信息公开指数（PITI）报告》，https://wwwoa.ipe.org.cn//Upload/202001091245122846.pdf；②《绿色供应链 2019——CITI 指数 2019 年度评价报告》，https://wwwoa.ipe.org.cn//Upload/201910251017411510.pdf；③《绿色供应链 2019——CITI 指数及最佳实践》，https://wwwoa.ipe.org.cn//Upload/201910240225094984.pdf；④马军（2016）、马军（2008）、马军（2020）和马军（2014）。

境也付出了沉重代价。在此背景下，公众环境研究中心（IPE）于 2006 年 6 月成立，致力于收集、整理和分析政府和企业公开的环境信息，通过搭建环境信息数据库，将环境数据进行整合并服务于绿色采购、绿色金融和政府环境决策。通过与企业、政府、公益组织、研究机构等多方合作，撬动大批企业实现环保转型，促进环境信息公开和环境治理机制的完善，推动绿色供应链的发展。公众环境研究中心主任马军于 2014 年提到"我们的工作不能止步于暴露问题，也不能止步于协助品牌去认识这些问题，还需要能够协助核心企业去解决一些问题"（马军，2014）。

（1）绿色联盟——促进利益相关者的桥接

2007 年 3 月 22 日，IPE 联合 20 家各地环保组织，共同发起绿色倡议。一方面呼吁消费者通过购买权影响企业的环境表现，另一方面倡议大型零售商和大型企业主动加强供应链的环境管理，对照环境不达标的企业名单剔除供应商，对不达标的企业开展严格的环境审核。核心企业可借助中国水污染地图和空气污染地图提供的搜索引擎来筛选供应链，并将其供应商名单和政府公布的违规企业名单进行比较。在全球供应链治理中，核心企业通过动态更新的 IPE 的污染地图数据库有效识别存在环保违规记录的供应商。

为了给企业提供一套系统性解决方案，IPE 在 2008 年 8 月发布了名为绿色选择联盟的供应链环境管理体系，以促使企业承诺不使用污染企业作为供应商，并通过一个透明、参与式的程序对其进行审核，促使供应链中的污染问题能够被有效解决。绿色选择联盟项目强调企业首先应做出公开承诺，置于公众监督之下，促使其承诺真正得以实施。2008 年 8 月，世界领先的衬衫制造商香港溢达集团率先签署公开承诺，宣布不使用污染企业作为其供应商。至今，IPE 提供了有关诸如苹果公司、沃尔玛、阿迪达斯等公司的绩效信息，及其在改善其价值链的环境绩效方面的反应和行动。

随着污染源环境监管力度的加强，以及信息公开水平和公众环境保护意识的提升，"蔚蓝地图"的污染源数据在绿色供应链、绿色金融和社会监督上，都得到大规模的应用。从 2006 年至今，各大核心企业对其供应商的绿色绩效越来越重视，核心品牌为了使其整条供应链更加绿色化，不遗余力地帮助供应商改善表现。2017 年，IPE 推动供应商绿色行动的品牌数有 1 444 个，几乎是 2016 年数量的两倍，2018 年增加至 2 130 个，比 2017 年增长了 47.5%。从区域分布来看，推动供应商绿色行动的品牌主要分布在东南沿海一带，江苏有 797 个，广东有 625 个，浙江有 433 个。这主要是由于该区域的制造业较为发达，绿色管理理念更加先进。

（2）环境大数据平台和指数

1）中国污染地图数据库："蔚蓝地图"。在 2006 年成立之初，IPE 就着手开发污染地图数据库,即"蔚蓝地图"的前身。在建立之初,其开展的前提是政府环境信息的公开。这不仅因为政府有着其他机构所不具备的强大监督能力,还源于信息(特别是环境信息)可能存在的特殊敏感性。

2014年6月,IPE上线中国污染地图数据库——"蔚蓝地图",集合了全国环境质量和重点污染源实时排放信息,通过全面公开企业环境信息,引发公众和媒体对企业的监督,推动大型品牌和零售商绿化自身的供应链。成立10年"蔚蓝地图"即集成了从近5 000个数据源收集的环境相关数据。2006年,"蔚蓝地图"环境数据库仅收集到2 000条左右的企业环境违规记录;2008年启动污染源信息公开指数(Pollution Information Transparency Index,PITI)评价时,通过公开渠道可以获取的违规记录数量上升到了2.4万条。

除了污染源信息公开之外,"蔚蓝地图"也全面收集环境质量信息,包括空气、水质、海洋、土壤风险源等相关信息。其中水质信息公开由于种类复杂,公开渠道分散,长期滞后于空气质量信息公开。为确认各地水质信息公开状况,进一步推动水环境质量信息公开,IPE基于相关法规要求和保护公众环境知情权的需要,开发了水质信息公开指数,并针对全国环保重点城市2018年—2019年的水质信息公开状况进行了评价,得出了120个环保重点城市的得分及排名。与此同时,基于国内外关于水质评价的研究方法,IPE还开发了"蔚蓝城市水质指数"。根据反映全国约300个地级及以上城市和25个县级市2018年的地表水、地下水以及水源地水质情况的共60万条水质监测数据,分析绘制成2018年全国城市水质地图。

此外,为了让公众利用手机更加便捷地获取和了解身边空气、水和污染源信息,IPE于2014年推出的"蔚蓝地图"应用程序,共覆盖390个城市的2 540多个空气站点,3 879个水质站点,近9 000家主要废气、废水污染源企业,并实时更新排放数据。这一尝试不仅为公众便捷获取环境信息提供了平台,还通过与社交媒体相结合,方便公众分享信息;联通生态环境主管部门,形成了"微举报""黑臭河举报""污染设施向社会公开"等功能,促进了政府、企业和公众的良性互动。以"微举报"为例,以绿色江南、芜湖生态中心、青岛清源为代表的一批环保组织,积极应用"蔚蓝地图"数据,举报超标企业,推动企业承担污染治理的主体责任。截至2019年12月31日,企业通过"蔚蓝地图"应用程序反馈信息的次数累计达到3 480次,涉及2 290家企业。其中,与2018年相比,2019年新增企业反馈1 489次,涉及850家企业。

2)环境信息公开指数:PITI。PITI是基于2008年实施的《政府信息公开条例》和《环境信息公开办法(试行)》,由IPE和自然资源保护协会共同开发,用于评价各地环保部门的环境执法及信息公开的力度。每年对120个重点城市进行评价,旨在识别差距、分享实践经验和推动环境信息公开。自2009年第一期PITI发布，10年间的数据收集和指数评价结果显示，我国环境信息公开的程度逐步加深：自第一期的"艰难破冰"，到第四期的"瓶颈突破"，到第九期的"渐成常态"，到2019年的"十年有成"。2019年全年，"蔚蓝地图"数据库创历史纪录地完成了全年37万条企业违规记录入库。经过10年累积，"蔚蓝地图"获取的企业环境违规记录总数已逾160万条，共涉及108万家企业，在线监测数据逾19亿条。一批领先城市的环境信息公开已经迈向"应公开，尽公开"的阶段。

3）绿色供应链指数：CITI。IPE与自然资源保护协会合作开发了全球首个基于品牌在华供应链环境管理表现的量化评价体系——CITI。通过CITI，将品牌企业在华供应链环境表现进行量化评价，从2014年第一期开始连续发布，每年一期。评价范围覆盖300个中外品牌，评价行业扩展到纺织、皮革、化工、制药、房地产等16个行业。华为等领先企业将IPE环保检索纳入供应商审核清单和自检表，要求供应商对存在的问题限期整改。领先品牌也逐步将供应链环境管理纳入采购标准。

CITI的开发是为了协助应对全球生产和采购带来的环境挑战，以及协助企业找到绿色化供应链的可行路径。CITI设置了沟通与透明、合规性与整改行动、延伸绿色供应链、节能减排和推动公众绿色选择评价指标。其中：沟通与透明包括公众问责与沟通（权重8%）和推动透明供应链（权重8%）；合规性与整改行动包括检索供应商环境合规表现（权重10%）、推动供应商整改并公开说明（权重12%）、废水和固体废物责任管控（权重10%）；延伸绿色供应链包括识别并管理供应链中环境影响较高的上游供应商（权重10%）和推动直接供应商检索其供应商（权重10%）；节能减排包括推动供应商披露能源和气候变化数据（权重12%）和推动供应商披露污染物排放转移数据（权重12%）；推动公众绿色选择是指引导公众了解产品全生命周期环境影响的管控（权重8%）。

2019年，IPE首次推出"CITI卓异品牌"，旨在推动品牌在供应链环境管理中与供应商构建更平等的伙伴关系：从品牌发现一个问题联系一个供应商，转变为推动供应商更主动地承担污染治理的主体责任，及时采取整改措施并向公众做出公开说明。入选此榜单的品牌将不再参与年度绿色供应链CITI评价。"CITI卓异品牌"的准入标准包括：在绿色供应链CITI评价中排名领先；利用蔚蓝生态链或其他等效的自动化系统，开展高水准的供应链环境管理工作，保证品牌和供应商之间保持密切沟通；推动核心供应商通过蔚蓝生态链或其他等效的自动化系统，实时关注自身的环境表现，接受公众监督。2019年的"CITI卓异品牌"是连续五年蝉联CITI评价榜首的苹果公司。

（3）绿色供应链合作平台：蔚蓝生态链

为提升供应链环境管理的效率和效能，IPE开发了蔚蓝生态链，以协助品牌追踪规模庞大的供应链的环境表现。品牌在"蔚蓝地图"网站创建账户后，可以上传供应商名单。蔚蓝生态链将自动检索，并实时推送供应商的环境表现（包括"蔚蓝地图"收录的企业监管记录、公众投诉举报及整改的信息和企业在线监测数据），在企业环境监管记录检索、整改进展追踪和环境合规确认方面减少人力消耗。

2019 年，中国政府的环境和安全执法监察力度以及信息公开水平持续提升，"蔚蓝地图"收录的环境监管记录总数超过 150 万。环境监管记录的快速增长，让已开展供应链环境管理的领先品牌也应接不暇。应对这个问题的根本方法，是改变传统的品牌核心企业监管供应商的治理模式，需要建立平等的合作伙伴关系，以此来推动供应商更主动地承担污染治理的主体责任。在意识到这个转变的重要性后，37 个使用蔚蓝生态链的品牌开始要求它们的供应商在"蔚蓝地图"数据库注册企业账户，关注自身的环境表现，如图 3-4 所示。注册企业账户的供应商，可以通过蔚蓝生态链及时获取自身环境表现信息的推送，就违规问题及时做出公开反馈说明，向利益方展示其环境合规现状。

戴尔就使用蔚蓝生态链管理自身环境表现与供应商达成了书面约定。执行该约定的供应商，在收到环境监管记录或自行监测数据超标的推送邮件后，需要及时采取整改措施，并通过"蔚蓝地图"数据库公开发布情况说明。因此这些供应商常常在戴尔开始关注前就已经主动与 IPE 取得联系。这一调整意味着戴尔的供应链环境管理团队不再需要逐一推动问题供应商采取整改措施，而是让供应商更主动地履行污染治理的主体责任。戴尔的供应商也可以通过蔚蓝生态链，及时向包括品牌、周边社区居民在内的利益方披露违规原因、整改措施和环境合规现状，重建互信的伙伴关系，并持续提升自身的环境表现；而品牌仅需定期评估供应商落实书面约定的情况，并持续推动落实。

图 3-4 供应商与利益方同时收到"蔚蓝地图"推送的违规信息和整改说明

来源：https://www.oa.ipe.org.cn//Upload/201910240225094984.pdf。

作为一家旨在以信息公开助力多方参与生态环境保护的公益环境研究机构，IPE 多年来不断创新思路，努力向前推进工作，在助力推动多方参与生态环境保护方面取得了良好成绩。未来，"蔚蓝地图"推动环境信息公开，会从政府监管信息公开向企业环境信息披露扩展，从监测浓度信息公开向排放总量信息公开扩展，从一般污染物公开向特征污染物公开拓展，从本地主要污染物公开向能源和碳排放信息公开拓展，从重点监控企业信息公开向更多企业信息公开拓展，从固定污染源信息公开向移动污染源信息公开拓展。

3.4 全球绿色供应商治理

随着来自发达国家的核心企业在发展中国家增加其采购活动，全球供应链中的环境问题越来越受到利益相关者的关注。对于核心企业来讲，利用发展中国家相对较低环境标准的优势并非一个可持续的策略，因为供应商之间"低价竞争"所产生的环境问题，可能会给跨国企业带来声誉损失；更为严重的，供应商的环境问题如果被 NGO 曝光，或者因为环保违规造成停产，可能造成供应链中断。尽管核心企业可通过执行《供应商行为准则》对其直接供应商进行约束，但是供应链上的最严重的环境风险和问题，很多时候并不存在于一级供应商，而更多地存在于二级和更加上游的供应商。最近几年，一些知名企业意识到仅管理一级供应商的环境影响已经不够，因为当更上游的供应商发生环境问题时，虽然核心企业与其没有直接的控制和合同关系，但是消费者常常会把责任归结到核心企业。因此，这些企业开始将绿色供应商治理从一级拓展到次级供应商。例如，彪马将四级以内的供应商纳入其可持续报告，耐克开始对数百家二级供应商进行监管（Lee 等，2012a）。

3.4.1 多级供应商绿色治理模式

在可持续供应链背景下，核心企业对多级供应商的治理实践，可以归纳为四种类型：直接、间接、与第三方合作和不打扰（Tachizawa 和 Wong，2014）。企业对于这四种类型的选择，受到议价能力、依赖性、距离、行业和知识资源等因素的影响。这里的不打扰是指只对一级供应商进行治理，而对二级供应商既没有信息也没有意图进行治理。这种情况往往存在于核心企业在供应链中议价能力有限的时候。

1. 多级供应商治理实践

（1）间接：推动一级供应商的绿色供应商治理

尽管大多环境违规行为是由多级供应商而不是由一级供应商造成的（Plambeck，2012），但是核心企业管理多级供应商的环保行为具有挑战性。首先，核心企业对这些供应商掌握的信息不足（Choi 和 Hong，2002），限制了对其施加管理的可行性。其次，这些供应商往往是避开公众视野的中小企业（Lee 等，2012b），受到的制度压力较小。因此，需要一级供应商参与管理供应链上游企业的可持续性标准（Grimm 等，2014；Silvia 等，2013），将核心企业的可持续性标准通过沟通、培训和监督等方式传递到多级供应商。Wilhelm 等（2016a）讨论了一级供应商在管理多级供应商可持续性方面所发挥的双重作用，即一级供应商需要首先作为代理人履行核心企业的可持续性要求，然后作为委托人向二级供应商实施可持续要求。在食品供应链中，Wiese 和 Toporowski（2013）也认为核心企业需要大量依赖其代理商（即直接供应商）来控制二级供应商。在采购时，核心企业可以通过自己的核心地位，要求其一级供应商实施对二级供应商的绿色治理实践。

治理实践包括：向一级供应商提要求，例如《供应商行为准则》和有害物质清单；要求一级供应商选择经过认证（例如 ISO 14000 和 SA 8000）的二级供应商；向一级供应商提供如何监督二级供应商并与其合作的帮助等。大多数企业都是基于《供应商行为准则》，要求其一级供应商将环保要求传递给更上游的供应商。例如，苹果公司的《供应商行为准则》适用于供应链各个层级上的所有合作伙伴，要求供应商取得并更新必要的环保许可，并遵守所有环保许可的相关要求；为苹果公司生产和向苹果公司提供的所有产品的供应商都应符合《苹果受管制物质规范》的要求等行为准则。

（2）直接：与多级供应商建立关系

一些核心企业，例如惠普和米格罗斯（Migros），选择绕过一级供应商，直接监督或与二级供应商建立合作，去改善它们的环境和社会绩效。实践方式包括：向二级供应商提要求（例如《供应商行为准则》、有害物质清单），直接选择二级供应商进行采购（例如供应商认证），监督/审核二级供应商，分享买方生成的数据（产品组件及环境足迹），以及向二级供应商提供帮助（例如合规的培训、供应商会议和联合应用研究）（Tachizawa 和 Wong，2014；Grimm 等，2016）。尽管与多级供应商直接交流可以减少信息不对称，但是这种直接管控的治理机制需要核心企业识别并监督目标供应商，从而增加了管理的工作量。

尽管很多公司认为应该委托一级供应商对二级供应商进行治理，但是对于关键的二级供应商，由于技术优势，以及被最终客户选定的事实，这些二级供应商往往不任由一级供应商控制，此时核心企业就需要直接管理模式。例如：富士康给苹果公司组装 iPad、iPhone，但是关键芯片是由三星和台积电等企业（二级供应商）生产的。富士康没有足够的议价能力对这些二级供应商进行治理。苹果公司对这些二级供应商也缺乏足够的影响力，但它认识到芯片技术是其产品的关键技术，对这些技术类供应商的选择和治理是供应链的核心竞争力之后，在芯片设计领域大幅投入，建立了自己的技术力量。除了芯片，苹果公司对触摸屏等关键零部件也是采用相同的供应商治理模式。所以在高德纳（Gartner）的全球供应链25强排行榜上，苹果公司连续6年位居榜首，与其对多级供应商的直接治理密不可分。

在这条路上走得更远的是汽车制造业。在二级供应商的治理中，本田在美国分部的做法颇具代表性。对本公司的技术、成本、质量至关重要的多级供应商，本田美国会选择直接签约。例如：皮革商虽属三级供应商，但因为皮革昂贵，并且占整车成本的比例较高，所以本田美国还是与该三级供应商直接签订合同。在这种直接治理的情形中，本田美国主导多级供应商关系，但是交货、质量等日常管理还是由一级供应商负责。这种管理思路也反映了供应链管理的基本准则：供应链伙伴之间的分工，要以供应链利益最大化为原则。

（3）与第三方合作：借助NGO和竞争者的优势

核心企业可通过NGO的环境数据库来监管多级供应商的环境表现，也可以通过与竞争者建立联盟提高谈判能力，推动多级供应商开展环境实践。与竞争对手或其他行业建立联盟，通过制定共同的审计标准、行业协会、行业自律规定及自愿性标准，以提高与多级供应商的谈判能力。例如，耐克于2007年开始与李维斯及阿迪达斯合作，共同分享、监控和补充中国普通服装供应商的环境、健康和安全审计报告（Plambeck等，2012）。沃尔玛和联合利华的联盟在关键多级供应商嘉吉方面积累了更多的话语权。有两种合作方式：①联合审核（Joint Audit），多家公司将它们的资源集中起来，联合对其共同的供应商进行审核。例如，在制药行业，包括强生公司（Johnson & Johnson）、葛兰素史克（GlaxoSmithKline）和拜耳（Bayer）在内的全球大型企业已经形成药品供应链倡议（Pharmaceutical Supply Chain Initiative），对它们的供应商进行联合审核。②信息共享（Information Sharing），公司分享它们单独对供应商审核的结果。例如，国际药品供应链联盟Rx-360⊖为其成员提供了一个相互共享审核报告的平台（Fang和Cho，2020）。

此外，核心企业还可以同行业的成功竞争者学习，以获得全球市场的竞争优势（Birkin等，2009；Huang等，2012；Liu等，2012）。例如，位于亚洲新兴经济体的合资企业可以通过向发达国家的母公司学习，实施绿色供应商治理，以节约能源和提高供应链环境绩效，然后将其经验推广给其他制造商（Zhu等，2013）。Hsu等（2013）发现位于马来西亚的核心企业，来自竞争对手的环境压

⊖ 来源：Rx-360，https：//rx-360.org/。

力很强烈，尤其是在大型企业中，它们从同行业经营的领先跨国公司那里学会了如何评估其一级、二级和三级供应商。相比之下，Miao 等（2012）研究得出竞争对手的压力并没有影响中国绿色供应链管理实践的结论。造成这种差异的原因可能是中国企业的规模和销售额相对较大，使其不易受到竞争对手的影响（Wu 等，2012）。

在实践中，核心企业常常以组合且动态的方式采用上述治理实践。例如，惠普在 2015 年与中国四家大型一线生产供应商合作，确保其二级供应商遵守包括空气和水污染及废弃物相关环境法律，并根据公众环境研究中心的环境违规清单，对 834 家二级供应商进行检查，发现 13 家违反相关环境法律，要求其做出改善。此外，惠普通过供应商监控和能力建设计划，推动供应商评估产品生产过程中的危害，并确保对制造和组装产品的工人提供适当保护。2016 年，来自 53 家惠普一级和二级供应商的 84 位代表参加了在惠普上海办事处举行的环保、安全及健康合规性培训⊖。

宜家在建立和运营阶段通过直接和间接的方式接触中间层级供应商（第二层级到第四层级供应商）。宜家与一级供应商一起直接向一些二级供应商提供培训，同时也通过一级供应商间接接触一些二级供应商，由它们传递信息和要求。对于第三级和第四级供应商，宜家主要采取间接方式，通过一级或第二级供应商对其施加影响。在维持阶段，宜家主要采用间接并与第三方组织良好棉花发展协会（Better Cotton Initiative，BCI）合作的方式进行中层供应商的绿色治理。对于第五级和第六级（最上游）供应商，宜家同时采用直接和与第三方合作的方式。虽然所有供应宜家的棉花农场在维持阶段都获得了 BCI 的可持续棉花农场证书，但作为对 BCI 的承诺，宜家继续发展愿意参与可持续棉花行动的棉花农场。因此，它对五级或六级供应商继续采用直接方式（Jia 等，2019）。其中，建立阶段、运营阶段和维持阶段是根据供应链学习过程来划分的（Bessant 等，2003）。宜家供应链学习过程的第一阶段是"建立"，即建立一套促进供应链学习的程序；第二阶段是"运营"，即把程序转化为管理企业之间和企业内部行为的常规和规范；第三阶段是"维持"，即处理好测量和基准等持续学习需要的管理程序。

▶ 2. 影响因素分析

（1）推动因素

基于决策试验与评估实验室方法，Dou 等（2018）分析了多级供应商的环境绩效改进的推动因素，见表 3-4。

⊖ 来源：中华人民共和国工业和信息化部——企业绿色供应链管理典型案例（一），惠普公司，https：//www.miit.gov.cn/jgsj/jns/lszz/art/2020/art_2a571ee1a7a74da8bbc9a9bad6935573.html。

表 3-4 多级供应商的环境绩效改进的推动因素

类别		推动因素	参考文献
内部因素	无形因素	核心企业与一级供应商之间的信任	Hoejmose 等（2012）；Mena 等（2013）；Dou 等（2018）
		核心企业相对于一级供应商有话语权	Hoejmose 等（2013）；Dou 等（2018）
		核心企业对供应链深入了解	Hall（2000）；Choi 和 Linton（2011）；Caniels 等（2013）
		核心企业愿意向供应商提供必要的人力资源支持	Lee（2010）；Dou 等（2018）
		核心企业高管的支持	Grimm 等（2014）；Dou 等（2018）
	有形因素	核心企业愿意向供应商提供必要的资金支持	Lee（2010）；Wilhelm 等（2016a）
		核心企业愿意向供应商提供必要的设施支撑	Lee（2010）；Wilhelm 等（2016a）
外部因素	与供应商相关	一级供应商和二级供应商之间的信任	Grimm 等（2014）；Wilhelm 等（2016a）；Dou 等（2018）
		切换供应商风险低	Rossetti 和 Choi（2008）；Grimm 等（2014）；Dou 等（2018）
		供应链成员地理位置相近	Awaysheh 和 Klassen（2010）；Grimm 等（2014）
		一级供应商愿意与核心企业分享二级供应商的信息	Mena 等（2013）；Grimm 等（2014）；Dou 等（2018）
		核心企业相对于二级供应商有话语权	Tachizawa 和 Wong（2014）；Wilhelm 等（2016b）
		一级供应商与二级供应商有长期稳定的合作关系	Grimm 等（2014）；Dou 等（2018）
		供应商有能力满足核心企业的要求	Choi 和 Linton（2011）；Dou 等（2018）
	其他相关组织	NGO 的监督	Schneider 和 Wallenburg（2012）；Rodriguez 等（2016）
		当地社区的监督	Lee（2010）
		媒体监督	Castka 和 Balzarova（2008）；Eltayeb 等（2011）；Simpson 等（2012）

1）内部因素。无形因素包括：①核心企业与一级供应商之间的信任。核心企业与其一级供应商之间的信任对绿色供应商管理项目的启动至关重要。供应链伙伴之间的信任关系可以带来更多高质量的信息和知识共享，也是一级供应商继续向上管理二级供应商的基础。一般来说，通过一级供应商影响二级供应

商比直接与二级供应商签约更方便。②核心企业相对于一级供应商有话语权。一般而言，在供应链关系中，核心企业比一级供应商有更强的话语权。影响力越大，核心企业就越能够对供应商施加更多的影响。一些供应商可能一开始不愿意承担因为绿色采购而增加的任务，但是考虑到如果不配合就可能失去订单，供应商仍然愿意尽力配合。③核心企业对供应链深入了解。在绿色采购管理实践中，核心企业必须对整个行业链，对上游供应链企业的技术能力、成本、经营状况、绿色供应链情况有足够的了解，推动企业实施绿色采购。④核心企业愿意向供应商提供必要的人力资源支持。上游供应链成员可能是中小型企业，相对于核心企业，这些企业常常没有专门负责绿色采购与环境保护的部门，尤其是在评估的启动阶段，上游企业往往是各个部门拼凑起来的团队负责与核心企业对接。核心企业需要为供应商做必要的绿色采购培训。⑤核心企业高管的支持。高管的支持是绿色采购的重要因素。核心企业高管支持意味着绿色供应链管理项目与订单关系密切，因此一级供应商才会愿意积极参与，为核心企业的绿色采购提供资源。

有形因素包括：①核心企业愿意向供应商提供必要的资金支持。资金支持是供应商改善环保绩效的重要有形资源。企业可以对供应商提供专项资金，用于改善环保措施；企业也可以通过支付溢价，对供应商与多级供应商进行投资。②核心企业愿意向供应商提供必要的设施支撑。例如污染处理设备。

2）外部因素。外部因素包括：①一级供应商和二级供应商之间的信任。这类似于核心企业与一级供应商之间的关系，一级供应商和二级供应商之间的信任对于绿色多级供应链管理治理至关重要。如果二级供应商将其客户（一级供应商）看作可信赖的合作伙伴，则它有望参与到多级绿色供应链管理治理计划中。②切换供应商风险低。这即核心企业终止从一级供应商处采购而从其他供应商处采购的风险低。实际上这种风险是一级供应商常常反对绿色采购的原因，因为这可能造成业务的中断。保证长期的合作关系将能够降低供应商的担忧。③供应链成员地理位置相近。供应链成员之间的地理位置非常重要，因为近距离为实施培训计划、定期监测、审计和降低运输成本提供了便利，这有助于实施绿色供应商治理。尽管信息技术越来越发达，但是供应链成员之间的地理位置仍然对供应链成员之间的沟通有着重要的影响。④一级供应商愿意与核心企业分享二级供应商的信息。通过搜集到的二级供应商的资料，核心企业能够对产业链的绿色情况有更多的了解。⑤核心企业相对于二级供应商有话语权。⑥一级供应商与二级供应商有长期稳定的合作关系，对多级供应商的绿色采购具有推动作用。⑦供应商有能力满足核心企业的要求。有时，二级或者更上一级的供应商愿意参加绿色采购项目，但是它们没有专业的知识。⑧NGO、当地社区、媒体的监督。核心企业通过 NGO 等对上游企业的污染情况的监控，实现对供应商的评估。

（2）阻碍因素

阻碍因素包括以下三个方面：

1）一级供应商相对于二级供应商规模较小，成为有效实施逐级管理治理机制的阻碍因素。尽管大多数品牌企业（例如通用汽车、沃尔玛）都选择委托一级供应商管理二级供应商的环保问题，鼓励一级供应商将这些社会与环保管理体系的要求下达给下一级供应商，然而，规模较小的一级供应商由于缺乏管控资源或议价能力，对上游供应商的管控效果并不理想。例如，电子产品 Gamma 的核心企业将管理二级供应商可持续责任作为对一级供应商的审核标准，但是一级供应商将其活动限制在只向二级供应商通报《电子行业行为准则》的要求，并未实际监控其合规性（Wilhelm 等，2016a）。

2）供应链信息不透明也是一大阻碍因素。一是制造商对二级供应商掌握的信息不足（Choi 和 Hong，2002），限制了对其施加治理机制的效果。二是二级供应商往往是避开公众视野的中小企业（Lee 等，2012b），受到的制度压力较小，可能无法完成核心企业的绿色供应商治理要求。

3）缺乏供应链灵活性。如果多级供应商无法提供所要求的绿色零部件或未能满足环保要求，核心企业（核心企业或一级供应商）必须寻找替代的新供应商，这就要求其拥有强大的供应网络灵活性，避免产生额外的成本和延迟（Liu 等，2019）。

3.4.2　绿色供应商治理与环境绩效提升：供应链网络结构与复杂性

随着全球供应链网络变得越来越复杂，围绕核心企业环境责任的社会压力也逐渐增大。因此，基于绿色供应链管理的治理结构，需要探讨供应链网络的结构/复杂性，以及这些因素如何与不同的治理机制相互作用。供应链网络可以理解为价值体系中核心企业上游存在的所有相互关联的公司的集合（Choi 和 Krause，2006）。供应链网络结构特性包括集中度、密度和复杂性（Tachizawa 和 Wong，2015）。

1. 集中度

在供给链网络层面，集中度可以定义为网络中围绕特定节点组织的整体连接次数。从组织的角度来看，集中度是指决策权或权力的集中程度。供应链的集中度对正式的绿色供应商治理机制有推动作用。由于正式的绿色供应商治理机制（例如环境标准、审核程序、行为准则等）与紧密耦合的流程相关，供应链网络的集中度可以减少供应链的信息不对称，降低协调成本，提高治理机制的实施效率。此外，供应链的集中度对非正式的绿色供应商治理机制（例如信息共享、关系等）有阻碍作用，因为它增加了核心企业做出决策和行动的时间。

⚡ 2. 密度

供应链网络密度是指网络中总联系数相对于潜在联系数的数量。供应链网络密度对非正式的绿色供应商治理机制有推动作用。"软"（信息和价值）和"硬"（产品和资金）联系的密度，以不同方式影响绿色供应商治理。高度密集的供应链可促使多级供应商与核心企业合作。供应链网络密度对正式的绿色供应商治理机制有阻碍作用。"软"联系密度增加了供应商（尤其是与核心企业供应链距离较远的多级供应商）交换关键信息并采取机会主义行为的可能，例如共享有关如何避免在审计过程中暴露环境问题的信息；"硬"增加了核心企业的协调工作量。因此较高的供应链网络密度对采取正式的绿色供应商治理机制有阻碍作用。

⚡ 3. 复杂性

供应链网络的复杂性是多维的，定义为关于供应商数量、供应商的差异程度，以及供应商之间的相互关系水平（Choi 和 Krause，2006）。当存在多个供应商，供应商差异程度更高，以及供应商之间存在许多相互关系时，复杂性就相对较高。复杂性对实施非正式治理机制有推动作用。供应链参与者的数量和多样性越高，采取包含多级供应商的非正式治理举措（如环境论坛、NGO 合作伙伴关系、使用 NGO 环境数据库进行监控）对核心企业就越有吸引力。然而，复杂性不利于正式治理机制的实施（Tachizawa 和 Wong，2015），因为它增加了管理供应链网络所需的工作量或运营负荷。

⚡ 3.4.3 跨国公司全球绿色供应商治理模式

被称为"世界工厂"的中国，仍然是世界上发展最快的生产中心之一，也是最大的碳排放国和最大的能源消费国（Biggemann 和 Fam，2011）。许多位于中国的供应商和客户都在尝试学习跨国公司的绿色发展计划，促使跨国公司在中国的绿色供应商治理中承担领导者的角色。Jia 等（2019）对多级供应链进行案例研究，涉及利乐在中国创建回收链（五个层级），雀巢对中国乳品业进行现代化改造（三个层级）和宜家的可持续棉花发展（七个层级），提出供应链领导力是一个比影响力更合适、更丰富的概念，它可以解释如何在多级供应链中实施可持续计划。

⚡ 1. 供应链领导力

1）变革领导。变革领导结构包括励志、智力激励和个性化考虑。励志是指对理想未来的使命和愿景，以及对实现愿景的路径的定义。它包括超越自我，强调集体使命，积极讨论和提升对重要问题的认识。智力激励是指领导者呼吁追随者更多地创新和创造，以提供更好的解决问题的方法。它包括重新审视之前的设定，寻求不同观点，建议新的方法，以及从不同角度提建议。个性化考虑是指领导者对每个追随者的独特技能和发展需求正确认识。它包括关注个性化，集中力量，教导和区分供应商。

2）交易领导。交易领导结构包括有条件的奖励和特殊情况下的管理。有条件的奖励是指明确追随者的期望，并在目标实现后给予认可和奖励。它包括明确奖励、鼎力相助、论功行赏和表彰成就。特殊情况下的管理是指领导者要么密切关注追随者的问题，要么等待问题出现后再采取纠正措施。它包括关注自己的错误，解决问题，追踪错误，专注于失败。

》2. 对一级供应商的变革领导和交易领导

核心企业通过激励一级供应商贡献创新思想（智力激励）来改变其思维方式，还向其提供财务、设施和专业知识支持（个性化考虑）。例如：关于励志，利乐公司鼓励其一级回收商开展回收业务，成为回收商的道德领导者，鼓励回收商放眼长远而非专注于短期目标，以及设定回收目标的联合协议；关于智力激励，利乐从整体出发打造循环链，通过开发新技术来提高回收链的价值，基于市场和政策的力量进行回收，鼓励回收商思考新的收集方式和开发新技术；关于个性化考虑，利乐为每个回收商提供有针对性的帮助。

除了以变革领导为主要形式外，核心企业对一级供应商的治理也采用交易领导方式，但是交易领导方式是用来促进变革领导的。核心企业事先明确对一级供应商的奖励，并提供协助以换取它们的合作，最后对一级供应商的成绩进行认可或奖励。核心企业还通过现场审核等方式来指出供应商的错误，监督供应商的进步。例如，利乐为其再造纸合作伙伴（回收商）提供专门处理利乐包装的技术、改造生产线、租赁处理废包装设备，来鼓励回收商实现目标，例如利乐和北京鑫宏鹏的合作⊖。

》3. 对初始原材料供应商的变革领导和交易领导

对于核心企业来讲，初始原材料供应商一般在供应链的最上游，可采用变革领导。雀巢与对中国乳业有相同愿景的乳业合作伙伴合作，依靠合作伙伴的力量，寻求它们对乳业可持续发展的帮助（智力激励）。宜家在银保监会的支持下，直接与五级轧花厂和六级棉农接触，激励其考虑长期发展和可持续发展，依靠供应商影响棉农的可持续发展活动，并根据棉农的需求向它们提供帮助（个性化考虑）。

此外，核心企业也可采取交易领导方式，鼓励初始原材料供应商采取绿色实践。雀巢和宜家也都对初始原材料供应商应用交易领导，但不如变革领导成

⊖ 来源：利乐经验："回收产业链"从拾荒人开始，http：//news. huishoushang. com/4123. html。

果显著。雀巢的奶牛养殖培训中心（Dairy Farming Institute，DFI）合作伙伴通过培训雀巢的奶农使其提高声誉，进而获得了潜在的商业机会。宜家肯定了棉农的成就，并将可持续发展的棉农列入其首选供应商名单（或有奖励）。后来，宜家鼓励棉农加入良好棉花发展协会，从而为他们提供了更多的机会，为其他零售品牌（如H&M）供货。宜家还指出了这些供应商存在的问题，以鼓励它们不断改进。

▶▶ 4. 对中间层级供应商的交易领导

核心企业在中间层级供应商（一级供应商和初始原材料供应商之间的供应商）中，发挥交易领导作用，且多倾向于依靠一级供应商来间接影响中间层级供应商。利乐对回收商的设施提供支持，对早期的回收商进行培训，认可回收商的成就并给予表彰和奖励。宜家也在其中间层级供应商中采用了交易领导方式。一些中间层级供应商因从可持续棉花来源采购而获得了商机，另一些中间层级供应商则由于缺乏可持续能力或对参与可持续棉花计划缺乏兴趣而失去了业务。宜家还通过检查对可持续的棉花渠道和对宜家标准的遵守情况，指出中间层级供应商的错误。

【案例3-5】德国宝马——全球绿色供应商治理⊖

德国宝马（BMW）集团（以下简称宝马）是全世界成功的汽车和摩托车制造商之一，旗下拥有BMW、MINI和Rolls-Royce三大品牌，在14个国家拥有31家生产和组装厂，销售网络遍及140多个国家和地区。在绿色供应链中，宝马基于对可持续性要求的不断整合，以及对产品和生产质量、供应安全性、价格和创新性的了解，与来自70个国家/地区约12 000个供应商合作，并要求供应商必须达到所要求的环境标准。自2009年以来，宝马一直要求供应商评估其可持续性管理和相关实践，并对违反可持续发展要求的高风险供应商生产设施和涉嫌违反的设施进行独立审计。此外，宝马通过对员工和供应商的培训和授权，积极参与各种倡议和与利益相关者的合作，发挥资源效率等方面的潜力。

（1）供应链尽职调查

根据全球公认的准则和原则，"宝马集团供应商可持续发展政策"规定了宝马集团所有一级供应商及次级供应商（供应商的供应商）的可持续发展要求。这些要求在直接和间接材料的采购条件中都有相应的规定，具有法律约束力。

可持续发展风险管理是确保在供应链中执行可持续发展标准的重要措施，包括三个不同的步骤。

⊖ 来源：https：//www.bmwgroup.com/en/responsibility/supply-chain-management.html；
https：//www.bmwgroup.com/content/dam/grpw/websites/bmwgroup_com/responsibility/downloads/en/2020/2020-BMW-Group-SVR-2019-Englisch.pdf。

1）识别风险。宝马使用特定的可持续性风险筛选程序来识别风险。这个筛选程序考虑了地区性及特定产品的风险，包括特定国家的社会风险（例如童工或强制劳动）、健康和安全风险（由危险的加工材料和物质引起）和生态风险（如对自然的有害干扰和排放）。

2）进行自我评估。供应商的每一个生产和交货地点在指派前都必须进行自我评估，填写行业特定的可持续发展调查表，了解生态、社会和治理标准的执行情况。此外，还要检查是否有符合 ISO 14001 或欧盟生态管理与审核体系（EMAS）的环境管理系统。

3）进行评估和审核。通过可持续发展风险筛选、媒体筛选和/或可持续发展自我评估问卷，可在供应商所在地发现可持续发展违规行为。然后，通过开展独立的可持续发展审计，或利用宝马的可持续发展评估，对上述选定的地点进行检查和鉴定。可持续发展审计由外部审计师进行，而可持续发展评估则由宝马的员工执行。

（2）碳披露项目

宝马从 2014 年开始参加全球环境信息研究中心碳披露项目（Carbon Disclosure Project，CDP）的供应链计划。通过参与该计划，供应商在一个普遍认可的平台上记录自己的资源消耗、二氧化碳排放情况。2019 年，通过 CDP 供应链计划报告的供应商有 199 家，占宝马采购量的 78%（2018 年为 75%），并且参与的供应商在 2019 年减少了 3 200 万 t 的二氧化碳排放量（2018 年减少了 3 900 万 t）。在此报告的帮助下，宝马可根据供应商的效率对其进行评级，制定节能和节约资源的激励措施，并在一段时间内跟踪供应商的发展。这使供应链的透明度得到了显著提高。更重要的是，一些供应商也开始与其供应商推出碳披露项目，以提高自身供应链的透明度。这说明参加 CDP 供应链计划在提高供应链透明度和资源效率方面的努力是有效的，提高了供应链的透明度。

碳披露项目还提高了供应商对可持续性的认识。2019 年，宝马参加 CDP 的199 家（2018 年为 190 家）供应商中，共有 40 家（2018 年为 31 家）报告已制定至少"符合 2 度标准"（国际气候政策规定的将全球变暖控制在 2℃ 以下的标准）的目标。为了实现这些目标，供应商需要制定明确的可再生能源使用战略，这是供应商改变战略的重要指标。此外，又有 54 家供应商（2018 年为 55 家）计划在未来两年内确定上述目标。宝马通过要求供应商制定上述目标，明确了宝马在可持续发展方面的期望，同时也给了供应商足够的时间，让其在规定使用可再生能源的情况下改变战略。

（3）可持续原材料管理

原材料是每个工业生产过程的基础。然而，由于多层次和动态的全球供应链，原材料从矿山到最终产品的路径非常复杂。这主要是由于贸易和加工层面以及交易所的原材料交易相互关联。因此，从开采阶段实施可持续发展标准是一大挑战。鉴于此，宝马聚焦在选定的、相关的或关键的原材料和供应链，对供应链和相应的行动需求进行分析和评估，并在此基础上制定措施，然后与供应商一起实施。宝马还积极参加跨行业的倡议，支持与原材料的可持续交易，从 2012 年 12 月起一直支持铝管家倡议（Aluminium Stewardship Initiative，ASI）。铝管家倡议的目标是为整个价值链中负责任地生产的铝建立一个标准：从负责任的公司管理到遵守环境标准和社会标准。

▶▶ 3.4.4　治理机制对全球供应链中生产者责任延伸制实践的影响

新出现的环境问题以及由于资源匮乏而造成的压力越来越大，废物处置已成为世界各国经济可持续发展的主要问题。为了解决该问题，许多国家的政府已经出台了各种环境法规和政策，并建立了相关的管理体系来改善环境条件并确保节能。在可持续发展目标以及各个国家严格的立法驱动下，宝马、大众、本田、施乐等众多制造型企业都参与废旧产品的收集与处理过程（牛水叶和李勇建，2017）。生产者责任延伸制（EPR）是在 1988 年由瑞典隆德大学（Lund University）环境经济学家托马斯·林赫斯特（Thomas Lindhquist）给瑞典环境署提交的一份报告中首次提出的，促使生产者对产品的整个生命周期，特别是对产品的回收、循环和最终处置负责。生产者需要承担五个责任：①环境损害责任（Liability）。生产者对已证实的由其产品所导致的环境损害负责，其范围由法律规定，包括产品生命周期的各个阶段。②经济责任（Economic Responsibility）。生产者需为其生产产品的回收、循环利用或最终处理全部或部分付费。③物理责任（Physical Responsibility）。生产者必须参与处理其产品或其产品引起的影响，包括发展必要的技术，建立并运转回收系统，以及处理末端产品。④所有权责任（Ownership Responsibility）。在产品的整个生命周期中，生产者保留产品的所有权，该所有权涉及产品的环境问题。⑤信息披露责任（Informative Responsibility）。生产者有责任提供有关产品在其生命周期不同阶段对环境影响的相关信息。EPR 填补了产品责任体系中消费后责任的空白，明确了废物回收处理、处置、再循环利用上的责任主体。

有效实施 EPR 不仅可以提高企业产品的环境绩效，还可以提高企业的社会形象，从而提高国际竞争力和影响力。因为供应商的行为和绿色运营也可能会影响制造商的社会形象和运营，所以供应商的治理机制可能会影响 EPR 的实践绩效。

基于中国电子行业的企业调查数据，Lu 和 Xu（2018）分析了三种核心企业的供应商治理机制（合同治理、关系治理和股权治理）对制造商实施 EPR 的影响。研究发现：①股权治理机制对 EPR 实践与制造商市场绩效之间的关系具有积极的调节作用；②合同治理机制对 EPR 实践与制造商的市场、环境绩效之间的关系都具有积极的调节作用；③关系治理机制对 EPR 实践和制造商的市场绩效之间的关系具有积极的调节作用。

上述三类治理机制对 EPR 实践和制造商的财务绩效之间的关系都没有明显的调节作用。根据上述结论可知，制造商在以具体合同形式与供应商合作时，需明确规定供应商的环保性质，这有助于提高制造商自身的环保绩效和市场绩效，并降低企业生产经营过程中对环境的影响。此外，还能进一步扩大产品市场，提高产品销量。制造商在实施 EPR 时，若缺乏对供应商的合同管理，则可能会导致降低对其产品和生产中的环保要求，进而会在一定程度上影响制造商的业绩。因此，制造商为了从供应商管理的角度保证自身的环保绩效和市场绩效，应明确规定供应商的相关环保和产品设计，并定期对其进行监督，避免供应商的道德风险。制造商实施关系治理机制或股权治理机制，有助于扩大产品市场和规模，增加产品销量和贸易范围。因此，在实施 EPR 的情况下，制造商可以通过与供应商建立长期合作关系，也可试图直接持有供应商的全部或部分股权来增加决策权，从而提高市场绩效，增加产品销量。

尽管 EPR 的核心责任主体是制造商，但是推行 EPR 实践涉及供应商、零售商、消费者、第三方回收商、政府、行业协会、NGO、银行和其他支持机构等众多其他利益相关者。牛水叶和李勇建（2017）将推行 EPR 实践中所涉及主体统称为"制造型企业-EPR 责任体"，并刻画了不同利益相关者的实践行为，如图 3-5 所示。作为 EPR 实践的核心责任人，制造商必须带领其他利益相关者完

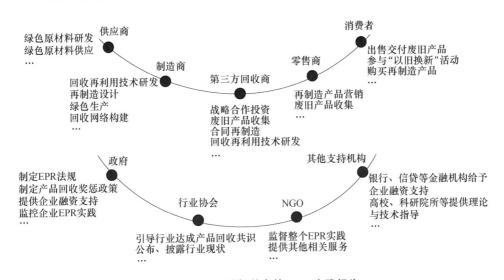

图 3-5　不同利益相关者的 EPR 实践行为

成相关强制型实践。强制型实践属于法律明确规定或社会自然约定的行为，通常是短期内对利益相关者的最低要求。例如，制造商需要检查绿色供应商提供的原材料或零部件，确保其在生产过程中所使用的原材料是无毒、无害的。然而，强制型的 EPR 实践仅能保证产品报废后的基本处理，却无法实现有效的回收绩效，所以制造商还应协调其他参与者积极落实一些自主型 EPR 实践。自主型实践符合制造型企业-EPR 责任体的理念，此时利益相关者更深入地参与其中，有助于达成长期的、战略性的 EPR 实践目标（牛水叶和李勇建，2017）。

通过对德国宝马、美国通用、日本本田、中国一汽的案例研究，牛水叶和李勇建（2017）认为德国宝马与合作者的协作水平最高，向其供应商同时实施了四种与 EPR 实践相关的项目，即确保供应商所提供原材料和零部件的安全性，鼓励供应商参与环境认证，优先向供应商采购可回收利用的原材料和零部件，以及资助供应商开展可回收材料或零部件的研发。2018 年，宝马与比利时电池供应商优美科（Umicore）和回收集团诺斯伏特（Northvolt）合作组成一个联合技术联盟，旨在推动欧洲电池组件的可持续工业化以及相关的技能获取，创建从电池化学和开发到生产再到最终回收利用的电池端到端可持续价值链⊖。

本 章 小 结

随着全球供应链变得越来越复杂，公众环保意识逐步提升，以及来自环保组织等利益相关者的压力日益增大，核心企业无法直接采用绿色供应链管理思想来管控供应商的机会主义环境风险，尤其是多级供应商。在此情形下，本章分析绿色采购中的绿色供应链治理，称之为绿色供应商治理，并基于供应链的环境风险特性，分析思路从一级供应商拓展到多级供应商。首先，从治理的定义、治理与管理的区别、治理结构、治理模式和治理机制五个角度提出绿色供应商治理的基本内涵。

其次，针对正式和非正式治理机制，分析绿色供应商的关系治理发展脉络——从正规评估合同发展到与供应商建立信任与合作关系，从与供应商的委托代理关系发展到与供应商的管家伙伴关系，体现了供应商从被动履行到主动开展绿色实践的转变。这些关系治理需基于个人层面的合作和组织层面的合作共同推动绿色供应商治理实践。随后，环保 NGO 对绿色供应商治理的关键作用需要被重视，包括推动核心企业与其供应链中利益相关者的战略桥接，发布供应商环境大数据与核心企业合作监督供应商，以及实施供应链计划来推动绿色

⊖ 来源：https://www.press.bmwgroup.com/global/article/detail/T0285924EN/bmw-group-northvolt-and-umicore-join-forces-to-develop-sustainable-life-cycle-loop-for-batteries? language = en。

供应链的合作。

最后，分析全球供应链的绿色治理模式，包括多级供应商的绿色治理实践、供应网络结构和跨国公司在全球供应链治理中的领导力。在多级供应链中，核心企业常采用委托一级供应商间接治理多级供应商，直接与关键的多级供应商建立关系，或以与第三方组织（NGO 或竞争者）合作的方式来推行多级供应商的治理实践。供应链网络结构包括集中度、密度和复杂性，都对正式、非正式的治理机制的实施造成影响。在全球供应链中，跨国公司的领导类别（变革领导、交易领导）也体现了对多级供应商的治理模式选择。此外，治理机制的实施也推动了全球供应链中的 EPR 实践。

参 考 文 献

[1] 朱庆华，阎洪．绿色供应链管理：理论与实践 [M]．北京：科学出版社，2013．

[2] GREEN K W, ZELBST P J, MEACHAM J, et al. Green supply chain management practices: impact on performance [J]. Supply chain management: an international journal, 2012, 17 (3): 290-305.

[3] ZHU Q H, SARKIS J. Relationships between operational practices and performance among early adopters of green supply chain management practices in Chinese manufacturing enterprises [J]. Journal of operations management, 2004, 22 (3): 265-289.

[4] ASSLÄNDE M S, ROLOFF J, NAYIR D Z. Suppliers as stewards? Managing social standards in first- and second-tier suppliers [J]. Journal of business ethics, 2016, 139 (4): 661-683.

[5] ROLOFF J, ASSLÄNDE M S. Corporate autonomy and buyer-supplier relationships: the case of unsafe mattel toys [J]. Journal of business ethics, 2010, 97 (4): 517-534.

[6] SHORT J L, TOFFEL M W, HUGILL A R. Monitoring global supply chains [J]. Strategic management journal, 2016, 37 (9): 1878-1897.

[7] 李维安，李勇建，石丹．供应链治理理论研究：概念、内涵与规范性分析框架 [J]．南开管理评论，2016，19 (1): 4-15; 42.

[8] RAYNOLDS L T. The globalization of organic agro-food networks [J]. World development, 2004, 32 (5): 725-743.

[9] BANERJEE S B, IYER E S, KASHYAP R K. Corporate environmentalism: antecedents and influence of industry type [J]. Journal of marketing, 2003, 67 (2): 106-122.

[10] LI Y, ZHAO X, SHI D, et al. Governance of sustainable supply chains in the fast fashion industry [J]. European management journal, 2014, 32 (5): 823-836.

[11] GEREFFI G, HUMPHREY J, STURGEON T. The governance of global value chains [J]. Review of international political economy, 2005, 12 (1): 78-104.

[12] VURRO C, RUSSO A, PERRINI F. Shaping sustainable value chains: network determinants of supply chain governance models [J]. Journal of business ethics, 2009, 90 (4):

607-621.

[13] ROBERTS S. Supply chain specific? Understanding the patchy success of ethical sourcing initiatives [J]. Journal of business ethics, 2003, 44 (2): 159-170.

[14] TACHIZAWA E M, WONG C Y. The performance of green supply chain management governance mechanisms: a supply network and complexity perspective [J]. Journal of supply chain management, 2015, 51 (3): 18-32.

[15] 王影, 张纯. 供应链治理模式及其演化 [J]. 中国流通经济, 2017, 31 (2): 64-72.

[16] GIMENEZ C, SIERRA V. Sustainable supply chains: Governance mechanisms to greening suppliers [J]. Journal of business ethics, 2013, 116 (1): 189-203.

[17] LEE H L, TANG C S. Socially and environmentally responsible value chain innovations: new operations management research opportunities [J]. Management science, 2017, 64 (3): 983-996.

[18] GIMENEZ C, TACHIZAWA E M. Extending sustainability to suppliers: a systematic literature review [J]. Supply chain management: an international journal, 2012, 17 (5): 531-543.

[19] TULDER R, WIJK J, KOLK A. From chain liability to chain responsibility [J]. Journal of business ethics, 2009, 85 (2): 399-412.

[20] 王常松. 绿色供应链中供应商的评估研究 [D]. 西安: 西北工业大学, 2007.

[21] MODI S B, MABERT V A. Supplier development: Improving supplier performance through knowledge transfer [J]. Journal of operations management, 2007, 25 (1): 42-64.

[22] CILIBERTI F, DE GROOT G, DE HAAN J, et al. Codes to coordinate supply chains: SMEs' experiences with SA8000 [J]. Supply chain management: an international journal, 2009, 14 (2): 117-127.

[23] KRAUSE D R, SCANNELL T V, CALANTONE R J. A structural analysis of the effectiveness of buying firms' strategies to improve supplier performance [J]. Decision sciences, 2000, 31 (1): 33-55.

[24] 刘彬, 朱庆华. 基于绿色采购模式下的供应商选择 [J]. 管理评论, 2005 (4): 32-36; 64.

[25] IGARASHI M, DE BOER L, FET A M. What is required for greener supplier selection? A literature review and conceptual model development [J]. Journal of purchasing and supply management, 2013, 19 (4): 247-263.

[26] ZHU Q H, FENG Y T, CHOI S B. The role of customer relational governance in environmental and economic performance improvement through green supply chain management [J]. Journal of cleaner production, 2017, 155: 46-53.

[27] JIANG B. The effects of interorganizational governance on supplier's compliance with SCC: an empirical examination of compliant and non-compliant suppliers [J]. Journal of operations management, 2009, 27 (4): 267-280.

[28] GHOSH A, FEDOROWICZ J. The role of trust in supply chain governance [J]. Business process management journal, 2008, 14 (4): 453-470.

[29] DYER J H, CHU W J. The role of trustworthiness in reducing transaction costs and improving

performance: empirical evidence from the United States, Japan, and Korea [J]. Organization science, 2003, 14 (1): 57-68.

[30] HANDFIELD R B, BECHTEL C. The role of trust and relationship structure in improving supply chain responsiveness [J]. Industrial marketing management, 2002, 31 (4): 367-382.

[31] HOEJMOSE S, BRAMMER S, MILLINGTON A. "Green" supply chain management: the role of trust and top management in B2B and B2C markets [J]. Industrial marketing management, 2012, 41 (4): 609-620.

[32] CANNING L, HANMER-LLOYD S. Managing the environmental adaptation process in supplier-customer relationships [J]. Business strategy and the environment, 2001, 10 (4): 225-237.

[33] TATE W L, DOOLEY K J, ELLRAM L M. Transaction cost and institutional drivers of supplier adoption of environmental practices [J]. Journal of business logistics, 2011, 32 (1): 6-16.

[34] RONDINELLI D A, LONDON T. How corporations and environmental groups cooperate: assessing cross-sector alliances and collaborations [J]. Academy of management perspectives, 2003, 17 (1): 61-76.

[35] LO V H Y, YEUNG A H W. Practical framework for strategic alliance in pearl river delta manufacturing supply chain: a total quality approach [J]. International journal of production economics, 2004, 87 (3): 231-240.

[36] SHARMA S, VREDENBURG H. Proactive corporate environmental strategy and the development of competitively valuable organizational capabilities [J]. Strategic management journal, 1998, 19 (8): 729-753.

[37] HARTMAN C L, STAFFORD E R. Green alliances: building new business with environmental groups [J]. Long range planning, 1997, 30 (2): 184-196.

[38] WYCHERLEY I. Greening supply chains: the case of the body shop international [J]. Business strategy and the environment, 1999, 8 (2): 120-127.

[39] BOYD D E, SPEKMAN R E, KAMAUFF J W, et al. Corporate social responsibility in global supply chains: a procedural justice perspective [J]. Long range planning, 2007, 40 (3): 341-356.

[40] ADRIANA B. Environmental supply chain management in tourism: the case of large tour operators [J]. Journal of cleaner production, 2009, 17 (16): 1385-1392.

[41] CHENG J H, YEH C H, TU C W. Trust and knowledge sharing in green supply chains [J]. Supply chain management: an international journal, 2008, 13 (4): 283-295.

[42] CANNING L, HANMER-LLOYD S. Trust in buyer-seller relationships: the challenge of environmental (green) adaptation [J]. European journal of marketing, 2007, 41 (9/10): 1073-1095.

[43] LEE V H, OOI K B, CHONG A Y L, et al. A structural analysis of greening the supplier, environmental performance and competitive advantage [J]. Production planning & control, 2015, 26 (2): 116-130.

[44] LEE S-Y, KLASSEN R D. Drivers and enablers that foster environmental management capabilities in small- and medium-sized suppliers in supply chains [J]. Production and operations management, 2008, 17 (6): 573-586.

[45] GEFFEN C A, ROTHENBERG S. Suppliers and environmental innovation: the automotive paint process [J]. International journal of operations & production management, 2000, 20 (2): 166-186.

[46] FU X, ZHU Q, SARKIS J. Evaluating green supplier development programs at a telecommunications systems provider [J]. International journal of production economics, 2012, 140 (1): 357-367.

[47] 何伟怡, 曹雅云. 绿色供应商机会主义行为发生与管控机制——沟通的调节作用 [J]. 经济问题, 2019, (7): 69-77; 94.

[48] 张辉华, 凌文轻, 方俐洛. 代理理论和管家理论: 从对立到统一 [J]. 管理现代化, 2005, (2): 41-43; 11.

[49] WANG E T G, WEI H-L. Interorganizational governance value creation: coordinating for information visibility and flexibility in supply chains [J]. Decision sciences, 2007, 38 (4): 647-674.

[50] CHENG J-H. Inter-organizational relationships and knowledge sharing in green supply chains——moderating by relational benefits and guanxi [J]. Transportation research part E: logistics and transportation review, 2011, 47 (6): 837-849.

[51] LEE P K C, HUMPHREYS P K. The role of guanxi in supply management practices [J]. International journal of production economics, 2007, 106 (2): 450-467.

[52] GENG R Q, MANSOURI S A, AKTAS E, et al. The role of guanxi in green supply chain management in asia's emerging economies: a conceptual framework [J]. Industrial marketing management, 2017, 63: 1-17.

[53] CHENG T C E, YIP F K, YEUNG A C L. Supply risk management via guanxi in the Chinese business context: the buyer's perspective [J]. International journal of production economics, 2012, 139 (1): 3-13.

[54] LUO J, CHONG A Y L, NGAI E W T, et al. Green supply chain collaboration implementation in China: the mediating role of guanxi [J]. Transportation research part E: logistics and transportation review, 2014, 71: 98-110.

[55] YEN D A, BARNES B R, WANG C L. The measurement of guanxi: introducing the GRX scale [J]. Industrial marketing management, 2011, 40 (1): 97-108.

[56] YEN D A, ABOSAG I. Localization in China: how guanxi moderates Sino-US business relationships [J]. Journal of business research, 2016, 69 (12): 5724-5734.

[57] PARK S H, LUO Y D. Guanxi and organizational dynamics: organizational networking in Chinese firms [J]. Strategic management journal, 2001, 22 (5): 455-477.

[58] WIEGEL W, BAMFORD D. The role of guanxi in buyer-supplier relationships in Chinese small- and medium-sized enterprises-a resource-based perspective [J]. Production planning & control, 2015, 26 (4): 308-327.

[59] LEE D J, PAE JAE H, WONG Y H. A model of close business relationships in China (guanxi) [J]. European journal of marketing, 2001, 35 (1/2)：51-69.

[60] CHEN H, ELLINGER A E, TIAN Y. Manufacturer-supplier guanxi strategy：an examination of contingent environmental factors [J]. Industrial marketing management, 2011, 40 (4)：550-560.

[61] LEE S-Y. The effects of green supply chain management on the supplier's performance through social capital accumulation [J]. Supply chain management：an international journal, 2015, 20 (1)：42-55.

[62] ZHAO X, FLYNN B B, ROTH A V. Decision sciences research in China：a critical review and research agenda—foundations and overview [J]. Decision sciences, 2006, 37 (4)：451-496.

[63] 刘晶. 专访华为技术有限公司采购认证管理部副总裁、首席可持续发展官 Alan Aicken 华为绿色供应链的三脚凳模型 [J]. 环境经济, 2016 (Z7)：30-31.

[64] 中国电子信息产业发展研究院. 中国制造业绿色供应链发展研究报告（2018）[M]. 北京：电子工业出版社, 2019.

[65] CRANE A. Exploring green alliances [J]. Journal of marketing management, 1998, 14 (6)：559-579.

[66] STAFFORD E R, POLONSKY M J, HARTMAN C L. Environmental NGO—business collaboration and strategic bridging：a case analysis of the Greenpeace-Foron alliance [J]. Business strategy and the environment, 2000, 9 (2)：122-135.

[67] WESTLEY F, VREDENBURG H. Strategic bridging：the collaboration between environmentalists and business in the marketing of green products [J]. The journal of applied behavioral science, 1991, 27 (1)：65-90.

[68] 胡冬雯. 绿色供应链大数据平台对企业环境治理的推动 [J]. 上海节能, 2017 (9)：518-519.

[69] 马军. 环境保护呼唤大数据平台 [J]. 中国生态文明, 2016 (1)：74-77.

[70] 马军. 加强供应链环境管理以促全球环境公平 [J]. 世界环境, 2008 (6)：32-34.

[71] 马军. "蔚蓝地图"助力美丽中国行动 [J]. 环境保护, 2020, 48 (10)：17-22.

[72] 马军. 怎样变信息为企业治污压力？[J]. 环境经济, 2014 (7)：31.

[73] LEE H, PLAMBECK E L, YATSKO P. Embracing green in China—with an NGO nudge [J]. Supply chain management review, 2012a, 16 (2)：38-45.

[74] TACHIZAWA E M, WONG C Y. Towards a theory of multi-tier sustainable supply chains：a systematic literature review [J]. Supply chain management：an international journal, 2014, 19 (5-6)：643-663.

[75] PLAMBECK E L. Reducing greenhouse gas emissions through operations and supply chain management [J]. Energy economics, 2012, 34：S64-S74.

[76] CHOI T Y, HONG Y. Unveiling the structure of supply networks：case studies in Honda, Acura, and DaimlerChrysler [J]. Journal of operations management, 2002, 20 (5)：469-493.

[77] LEE H, PLAMBECK E, YATSKO P. Incentivizing sustainability in your Chinese supply chain

155

[J]. The european business review, 2012b, May: 27-35.

[78] GRIMM J H, HOFSTETTER J S, SARKIS J. Critical factors for sub-supplier management: a sustainable food supply chains perspective [J]. International journal of production economics, 2014, 152: 159-173.

[79] SILVIA A, MERCÈ R, ROSA C. SMEs as "transmitters" of CSR requirements in the supply chain [J]. Supply chain management: an international journal, 2013, 18 (5): 497-508.

[80] WILHELM M M, BLOME C, BHAKOO V, et al. Sustainability in multi-tier supply chains: understanding the double agency role of the first-tier supplier [J]. Journal of operations management, 2016a, 41: 42-60.

[81] WIESE A, TOPOROWSKI W. CSR failures in food supply chains—an agency perspective [J]. British food journal, 2013, 115 (1): 92-107.

[82] GRIMM J H, HOFSTETTER J S, SARKIS J. Exploring sub-suppliers' compliance with corporate sustainability standards [J]. Journal of cleaner production, 2016, 112: 1971-1984.

[83] PLAMBECK E, LEE H L, YATSKO P. Improving environmental performance in your Chinese supply chain [J]. MIT Sloan management review, 2012, 53 (2): 43-51.

[84] FANG X, CHO S-H. Cooperative approaches to managing social responsibility in market with externalities [J]. Manufacturing & service operations management, 2020, 22 (6): 1215-1233.

[85] BIRKIN F, CASHMAN A, KOH S C L, et al. New sustainable business models in China [J]. Business strategy and the environment, 2009, 18 (1): 64-77.

[86] HUANG Y-C, WU Y-C J, RAHMAN S. The task environment, resource commitment and reverse logistics performance: evidence from the Taiwanese high-tech sector [J]. Production planning & control, 2012, 23 (10-11): 851-863.

[87] LIU X, YANG J, QU S, et al. Sustainable production: practices and determinant factors of green supply chain management of Chinese companies [J]. Business strategy and the environment, 2012, 21 (1): 1-16.

[88] ZHU Q, CORDEIRO J, SARKIS J. Institutional pressures, dynamic capabilities and environmental management systems: investigating the ISO 9000—environmental management system implementation linkage [J]. Journal of environmental management, 2013, 114: 232-242.

[89] HSU C-C, TAN K C, ZAILANI S H M, et al. Supply chain drivers that foster the development of green initiatives in an emerging economy [J]. International journal of operations & production management, 2013, 33 (6): 656-688.

[90] MIAO Z, CAI S, XU D. Exploring the antecedents of logistics social responsibility: a focus on Chinese firms [J]. International journal of production economics, 2012, 140 (1): 18-27.

[91] WU G-C, DING J-H, CHEN P-S. The effects of GSCM drivers and institutional pressures on GSCM practices in Taiwan's textile and apparel industry [J]. International journal of production economics, 2012, 135 (2): 618-636.

[92] JIA F, GONG Y, BROWN S. Multi-tier sustainable supply chain management: the role of supply chain leadership [J]. International journal of production economics, 2019, 217: 44-63.

[93] BESSANT J, KAPLINSKY R, LAMMING R. Putting supply chain learning into practice [J]. International journal of operations & production management, 2003, 23 (2): 167-184.

[94] DOU Y, ZHU Q, SARKIS J. Green multi-tier supply chain management: an enabler investigation [J]. Journal of purchasing and supply management, 2018, 24 (2): 95-107.

[95] MENA C, HUMPHRIES A, CHOI T Y. Toward a theory of multi-tier supply chain management [J]. Journal of supply chain management, 2013, 49 (2): 58-77.

[96] HOEJMOSE S U, GROSVOLD J, MILLINGTON A. Socially responsible supply chains: power asymmetries and joint dependence [J]. Supply chain management: an international journal, 2013, 18 (3): 277-291.

[97] HALL J. Environmental supply chain dynamics [J]. Journal of cleaner production, 2000, 8 (6): 455-471.

[98] CHOI T, LINTON T. Don't let your supply chain control your business [J]. Harvard business review, 2011, 89 (12): 112.

[99] CANIELS M C J, GEHRSITZ M H, SEMEIJN J. Participation of suppliers in greening supply chains: an empirical analysis of german automotive suppliers [J]. Journal of purchasing and supply management, 2013, 19 (3): 134-143.

[100] LEE H L. Don't tweak your supply chain—rethink it end to end [J]. Harvard business review, 2010, 88 (10): 62.

[101] ROSSETTI C L, CHOI T Y. Supply management under high goal incongruence: an empirical examination of disintermediation in the aerospace supply chain [J]. Decision sciences, 2008, 39 (3): 507-540.

[102] AWAYSHEH A, KLASSEN R D. The impact of supply chain structure on the use of supplier socially responsible practices [J]. International journal of operations & production management, 2010, 30 (12): 1246-1268.

[103] WILHELM M, BLOME C, WIECK E, et al. Implementing sustainability in multi-tier supply chains: strategies and contingencies in managing sub-suppliers [J]. International journal of production economics, 2016b, 182: 196-212.

[104] SCHNEIDER L, WALLENBURG C M. Implementing sustainable sourcing-does purchasing need to change? [J]. Journal of purchasing and supply management, 2012, 18 (4): 243-257.

[105] RODRIGUEZ J A, GIMENEZ C, ARENAS D. Cooperative initiatives with NGOs in socially sustainable supply chains: how is inter-organizational fit achieved? [J]. Journal of cleaner production, 2016, 137: 516-526.

[106] CASTKA P, BALZAROVA M A. ISO 26000 and supply chains—on the diffusion of the social responsibility standard [J]. International journal of production economics, 2008, 111 (2): 274-286.

[107] ELTAYEB T K, ZAILANI S, RAMAYAH T. Green supply chain initiatives among certified companies in Malaysia and environmental sustainability: investigating the outcomes [J]. Resources conservation and recycling, 2011, 55 (5): 495-506.

［108］SIMPSON D，POWER D，KLASSEN R. When one size does not fit all：a problem of fit rather than failure for voluntary management standards ［J］. Journal of business ethics，2012，110（1）：85-95.

［109］LIU Y，ZHANG Y，BATISTA L，et al. Green operations：what's the role of supply chain flexibility? ［J］. International journal of production economics，2019，214：30-43.

［110］CHOI T Y，KRAUSE D R. The supply base and its complexity：implications for transaction costs，risks，responsiveness，and innovation ［J］. Journal of operations management，2006，24（5）：637-652.

［111］BIGGEMANN S，FAM K-S. Business marketing in BRIC countries ［J］. Industrial Marketing Management，2011，40（1）：5-7.

［112］牛水叶，李勇建. 生产者延伸责任制（EPR）运营实践的供应链治理与评估方法研究："EPR 成熟度模型"的构建与多案例的实践应用 ［J］. 珞珈管理评论，2017（1）：188-213.

［113］LU X，XU F C. Empirical research on EPR practices performance and governance mechanism from the perspective of green supply chain ［J］. Sustainability，2018，10（12）：4374.

第 4 章

———

绿色价值链创新与管理

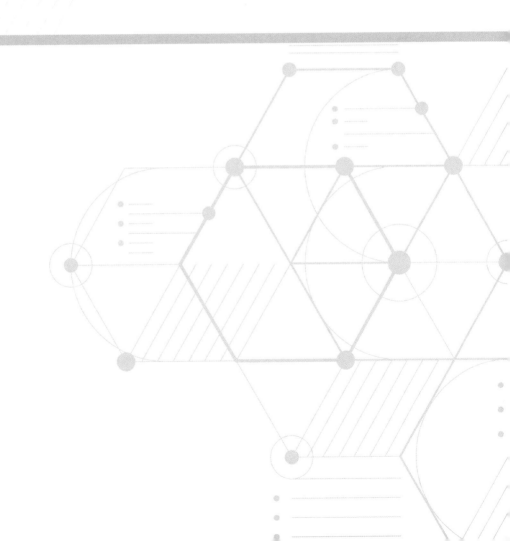

4.1 绿色价值链的提出、实践以及驱动

4.1.1 绿色价值链的提出

过去几十年，价值链的概念在企业战略分析中的地位不可或缺。随着 20 世纪 90 年代开始的业务流程再造（Business Process Reengineering，BPR）变革浪潮，全球制造业开始引进并采用全面质量管理（Total Quality Management，TQM）和 JIT 管理工具，并适当强调流程在价值创造和管理中的重要性。随后，制造业进一步强调发展不可替代或难以被模仿的核心技术和能力的必要性，这推动了企业管理的第二次变革浪潮——核心竞争力发展（Core Competency Movement，CCM）。核心竞争力发展最早在 1990 年被提出，但其兴起在 20 世纪 90 年代中后期。随着业务流程再造和核心竞争力发展的融合，以及 20 世纪末全球化的快速发展，全球供应链中开始通过外包等模式实现价值链创新。与此同时，随着 20 世纪 90 年代企业从精益运营到精益管理再到精益消费，以企业层面为中心的管理模式逐渐转变到了 21 世纪初以供应链为中心的价值链管理模式。

随着经济发展带来的环境恶化问题，企业开始意识到环境管理的重要性和迫切性。环境的恶化促使人类开始考虑可持续的发展方式，以达到人与自然、社会的和谐相处。同时，1997 年对环境负责的制造（Environment Responsible Manufacturing，ERM）提出了绿色价值链的概念（Handfield 等，1997）。最初的对环境负责的制造只从污染治理的角度考虑环境管理，认为一切形式的废物都是污染。通过最小化废物产生，企业可以降低废物处置成本，避免可能的环境惩罚，从而达到保护环境的目的。进入 21 世纪，绿色制造（Green Manufacturing）的概念随着企业制造战略的发展而出现并逐渐被企业实践，它考虑了产品从设计、生产、装配、包装到运输和使用等整个生命周期过程中的资源消耗和环境影响。绿色制造战略可以使企业从产品全生命周期角度有效合理地分配环境管理成本。从 21 世纪开始，全球供应链的发展拉近了全球企业间的距离，但也引发了发展中国家供应商不断爆发出各种环境问题，这迫使发达国家企业开始开展绿色供应链管理，突破企业界限，从供应链的采购、生产、销售、物流、回收等维度展开实践。各种绿色供应链管理工具也应运而生。例如，目前被世界上多数制造企业采用的 ISO 14001 环境管理体系标准，可以通过从产品各生命周期阶段进行系统环境管理以达到实现绿色供应链管理的目的。随着绿色供应链管理实践的不断成熟，企业的供应链所面临的环境风险相对可控；而企业最根本的目标是追求利润或者说价值，基于供应链的价值创造自然成为企业迫切的需求，这成为绿色价值链管理出现的雏形。价值链与绿色价值链的形成历程

如图 4-1 所示。

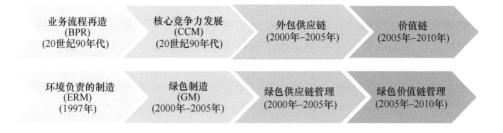

图 4-1 价值链与绿色价值链的形成历程

4.1.2 绿色价值链与绿色供应链

介绍和讨论绿色价值链，首先需要厘清供应链、价值链，以及绿色供应链和绿色价值链的概念界定与关系，才能更好地理解和界定绿色价值链的内涵。

1. 供应链与价值链

（1）供应链

1996 年，Lamming 和 Hampson 将供应链定义为一个产品的生命周期过程，包括将产品或服务从供应商到客户，以及其中涉及的物理、信息、财务和知识方面的传递。1998 年，Beamon 将供应链定义为生产产品并将其传递到客户的过程中所涉及的人员、活动、信息和资源的系统。顾名思义，供应链的主要焦点是上游关键环节或企业，主要活动是整合供应商和生产者流程、减少浪费和降低成本，以及改善从各源头到最终目的地的材料流的供应效率。管理供应链的目标是通过提高产品质量、创造更多利润，为所有客户创造价值。有效的供应链管理可以增加利润或降低成本。

（2）价值链

Porter（1985）指出，企业最重要的使命是价值创造，任何一系列旨在创造价值的活动就构成了价值链。客户必须相信某一特定产品或服务的实际价值超过了价格标签上的金额，才会购买；产品生产成本必须低于价格，企业才能盈利。因此，提高产品或服务的感知价值、降低生产成本，是任何一个企业必须优先考虑的两大重点。Porter 将价值链中的活动分为两个主要领域：主要活动和支持活动。主要活动是指直接对最终产品功能做出贡献的活动，而支持活动是有助于创造价值的辅助活动。此外，Porter 还将"价值链"定义为九种增值活动的组合，企业开展这些增值活动并实现协同，才能最终为客户提供价值。在 Porter 的竞争优势模型中，价值被视为客户愿意为企业提供的产品/服务而支付的金额。1987 年，Houlihan 指出：企业必须对其供应链有效管理，才能最终创造价值。

2003 年，Dekker 将价值链定义为价值创造活动间的横向联系，涉及从供应商供应基本原材料、零部件到最终客户手中的实现最终用途的产品。价值链实现的重点在于自主流动、客户的利益、价值创造活动间的相互依赖的过程，以及由此产生的需求和资金流动。由于价值来自客户需求，因此无法满足这些需求的活动就是"非增值"的浪费，需要关注并采取行动避免这种浪费。通过物质转换过程在供应链的持续推进，制造系统可以降低成本并提高其产品和服务的附加值。因此，有效的价值链形成和管理可以为企业增加收入或创造利润。除了以上传统维度之外，随着工业化进程和环境问题的出现，价值链的内涵也得到了进一步完善和扩展——出现了考虑环境影响的价值链，由此产生了绿色价值链。绿色价值链的创新和管理，需要企业将环境管理战略纳入其价值链的所有阶段。

在对价值链的研究过程中，谁是价值创造的主体引起了学者的兴趣，目前主要有三种观点。

第一种观点认为企业是价值创造主体。企业将投入的资源（如原材料）转化为产品，这也是 Poter 提出价值链的观点，Vargo 和 Lusch（2004）将其定义为产品主导逻辑。

第二种观点认为企业和客户共同构成价值创造主体。该观点认为价值是由供应商和客户通过有效整合资源（如知识、技能），在每个参与主体的共同努力下创造的。Vargo 和 Lusch（2008）将这种观点定义为服务主导逻辑（Service-dominant Logic，S-D 逻辑）。S-D 逻辑肯定了客户在价值共创活动中的作用，以及企业与客户在价值创造活动中互动的必要性。企业和客户都可以发起以及在双向沟通中共同确定价值主张，实现双赢。

第三种观点认为客户是价值创造主体。随着技术的发展，以及卖方市场向买方市场的转变，客户在提出价值主张方面拥有越来越多的话语权，因此开始有学者从客户的角度来研究价值创造。Feller 等（2006）提出客户主导逻辑（Customer-dominant Logic，C-D 逻辑），认为客户是价值创造的主体，企业只是价值创造的支持者或促进者，在客户消费企业提供的产品或服务的过程中，价值创造才真正得以实现。

第一种观点是传统的价值创造逻辑，第三种观点更多地应用于市场营销领域，本书采用第二种价值创造的观点，来研究价值链和绿色价值链。

（3）从供应链到价值链

2006 年，Feller 等总结了价值链与供应链之间的关系，指出：作为具有综合业务流程的企业，供应链使产品和服务流向一个方向；而价值链代表了需求和现金流的方向。Al-Midimigh 等（2014）认为，供应链是价值链的一个子集。

基于前面的讨论及已有文献，本书认为：供应链是从企业到客户，自上而下，其主体为产品和服务；价值链是从客户到企业，自下而上，其主体为需求和现金流，并且强调二者互动带来的价值。

▶ 2. 绿色供应链与绿色价值链

（1）绿色供应链

工业的飞速发展给人们带来丰富的物质财富，但也造成了严峻的环境问题，如资源短缺、环境污染等。1987年，挪威布伦特兰委员会发表了一份名为《我们共同的未来》的报告，在报告中提出了"可持续发展"的概念，现在这个概念已在世界范围内得到了广泛的共识。经过研究和尝试，在供应链管理中引入对环境的关注，成为企业践行可持续发展理念的重要方式，由此产生了绿色供应链的概念。Klassen和Vachon（2012）认为，绿色供应链管理是通过关键组织间的系统协调实现环境和经济目标，其中涉及对企业的材料、信息和资本流的战略整合过程。在传统供应链管理的基础上，企业开始在从供应商到制造商、再到客户的过程中加强对环境的关注和管理；进一步通过逆向物流与供应链整合实现供应链闭环。简而言之，绿色供应链管理，就是在正向供应链管理中融入环境要素，或者针对末端废旧产品的处理和处置开展逆向供应链管理。

生命周期分析/评价（Life Cycle Analysis/Assessment，LCA）是践行绿色供应链管理的有效工具。生命周期分析/评价，考虑产品的整个生命周期，从原材料零部件、生产、运输、使用、废弃后回收处理五个阶段，深入分析各个阶段的资源消耗、环境影响，以实现节能减排。以生命周期评价理论为指导，学者开展了对绿色供应链管理实践的研究。Zhu等（2005）就提出了企业开展绿色供应链管理的五类实践，即绿色采购、生态设计、内部环境管理、与客户的环境合作和末端处理。对于数量较多的各种绿色供应链管理实践，2019年Zhu通过总结18年来对绿色供应链的研究成果，提出了企业实施绿色供应链管理三步走的具体方案。

在实践方面，越来越多的企业开始重视并开展绿色供应链管理，并且主动发布各种形式的企业可持续发展报告，向公众披露企业在绿色供应链管理上的努力成果。如上汽通用公司在2008年启动的绿色供应链管理项目，不仅提升了自身的绿色供应链管理水平，还带动了一级供应商向二级供应商开展绿色供应链管理。

（2）绿色价值链

目前，学者更多是在绿色供应链的研究中提到"绿色价值"这一概念，明确提出"绿色价值链"的研究文献还比较少，本节将综合绿色供应链、绿色经济（Green Economic）和绿色商业（Green Business）的相关研究成果，梳理"绿色价值链"的概念、内涵和实践。

Simon（1992）认为绿色价值链应该加入"再生产和再消费"的原则，强调回收过程的可行性和合理性，以及废旧产品与原材料如何有效处理，从而将废物处理与采购联系起来，形成一个循环价值链。企业如果能正确应对环境问题，有效地实施绿色供应链管理，不仅能使企业符合日益严格的环保法规，而且可以提高盈利能力和竞争优势（Hansmann 和 Claudia，2001；Rao 和 Holt，2005；Chien 和 Shih，2007）。Kung 等（2012）在 Simon（1992）的研究基础上，提出"绿色价值链是在产品生命周期的全过程都进行绿色管理的业务闭环，强调通过回收利用来减少资源浪费"，并提出了绿色价值链的六个实践方面：绿色采购（Green Sourcing）、绿色研发（Green R&D）、绿色生产（Green Production and Manufacturing）、绿色营销（Green Marketing）、绿色促销和教育（Green Promotion and Education）和回收利用（Recycling）。这篇文章还提出，如果企业只是在局部开展绿色供应链管理（如绿色营销），环境绩效改善并不明显，全面开展才能有效提高环境绩效。Makower 在"State of Green Business 2014"的报告中提出成本节约和收益提高是绿色带来的两大效益。

基于以上文献，从企业实践角度，本书提出绿色价值链管理的定义：绿色价值链管理就是企业以提升产品整个生命周期的价值（经济绩效）为目标，通过与上下游的创新合作、收益共享与风险共担，实现企业的利润提升或者成本节约。具体就是在推行绿色供应链的四个外部实践（绿色采购、与客户的环境合作、生态设计、资源再生）中，进一步创新与上下游的合作模式，在避免供应链环境风险的基础上，为企业创造和提升经济价值。

（3）从绿色供应链到绿色价值链

从上面两部分可以看出，虽然绿色供应链和绿色价值链的理论基础都是产品生命周期，实践类型也相同，但二者追求的目标是不同的。绿色供应链是为了应对环境问题而提出的，主要目标是使企业的生产活动符合法律法规，减小由于环境问题造成供应链中断的风险；绿色价值链是将绿色作为一种新的价值创造方式，从而获得竞争优势。

》4.1.3　绿色价值链管理实践

如前面提出的定义，绿色价值链管理就是在绿色供应链实践（避免环境风险）的基础上，企业通过绿色创新实践创造或提升价值。

》1. 绿色采购

在绿色供应链管理中，绿色采购是指对绿色材料和绿色供应商的管理。企业需要从材料和供应商两个角度进行有效管理，以尽可能地减少两者带来的环境风险。基于价值创造的目标，企业可以对绿色采购的边界拓展，以产生新的价值和机会。

Seuring 等（2008）认为，对绿色供应商的管理可以从监管的被动模式拓展到主动与供应商合作，以提高整条供应链的环境绩效，这种主动合作模式也可以带来经济绩效。另外，企业绿色采购通常的重点管理对象是材料和零部件供应商，代表性的实践如检测原材料清单里是否含有对环境有害的物质。往往被企业忽视的是对设备供应商的管理，而在生产过程或其他场所使用的某些设备是其环境排放或能源消耗的重头。企业通过与设备供应商的创新合作，可以显著减少设备使用的能耗，从而大大降低生产运营成本。因此，基于价值创造框架下的绿色采购，需要拓展企业现有绿色采购关注对象的边界。

▶▶ **2. 与客户的环境合作**

传统的企业-客户关系主要表现在两个方面：上游企业对下游客户的产品或服务的供应关系，以及下游客户对上游企业的监管关系。在绿色供应链管理中，虽然强调了二者的互动和合作，但更多是为了提高环境绩效以使企业生产符合法律法规。

在绿色价值链管理中，互动和合作产生了新的价值创造方式：①卖产品，同时提供产品的维护保养服务，如大多数家电品牌目前采用的模式；②不卖产品，向客户提供产品的租赁服务，如家电品牌对企业客户采用的集体租赁模式；③不卖产品也不租赁，直接卖给客户产品所实现的功能，如家电企业不卖空调也不租赁，而是为客户提供制冷/制热服务，以温度收费。这些创新的客户服务模式为企业实现价值创造提供了更多思路。Yang 等（2019）发现中国的两个公司（汽轮机制造商、涡轮机制造商）通过采用向客户提供租赁服务代替直接卖产品的方式，平均增加了 46.7% 的经济和环境价值。

▶▶ **3. 生态设计**

Chatterji（1995）指出，企业必须制定积极主动的战略，而不能限制研究部门在遵守规章的情况下开展有限活动。研发部门需要积极开发绿色生产工艺，因为在这一功能范围内，企业可以减轻其行为对环境的影响，同时降低资源能源投入和废物处理的成本。Porter 和 Van der Linde（1995）提出了资源生产力的概念，从重新设计产品开始，以确保整个生产过程的能源使用效率。通过再循环和资源再生，可以增强产品的资源生产力。朱庆华等（2004）在《工业生态设计》一书中指出，产品是否好用，80% 取决于设计阶段。因为在设计阶段，就需要考虑产品的全生命周期，包括原材料零部件生产，最终产品的生产、运输、使用、废弃后回收处理，这些很大程度上决定了最终产品的绿色水平、成本节约和收益提升，以及与供应链上下游的合作程度。因此，不管是绿色供应链还是绿色价值链，生态设计都起到了决定性作用。

Hagelaar 和 Vorst 等（2002）从企业角度研究了如何有效利用 LCA。首先，企业需要选择环境策略，具体包括：①遵从导向战略（Compliance-oriented Strategy)，主要利用末端处理技术使企业的生产符合政策法规，但不会给企业带来新的机会；②过程导向战略（Process-oriented Strategy），通过控制生产过程中产生的浪费和污染，如节约用水，以帮助企业实现成本节约；③市场导向战略（Market-oriented Strategy），通过重新设计绿色产品，开发新的市场机会。其次，选择相应的 LCA 策略，具体包括：①遵从导向 LCA（Compliance-oriented LCA），绩效评价主要看是否实现符合法规。②过程导向 LCA（Process-oriented LCA），绩效评价主要看是否实现符合法规、过程改善。③市场导向 LCA（Market-oriented LCA），绩效评价主要看是否实现符合法规、过程改善和新产品开发。

由此可以看出，绿色供应链和绿色价值链在生态设计上的不同。绿色供应链选择的是遵从导向战略，无法帮助企业获得新机会；绿色价值链选择的是过程导向战略和市场导向战略，能够帮助企业实现成本节约、收益提升，以及获得竞争优势。

▶ 4. 资源再生

传统的资源再生主要依据循环经济中的 3R 原则，即减量化（Reduce）、再利用（Reuse）和再循环（Recycle）。减量化是指减少生产过程中材料、能源消耗量，以及废料的产生量；再利用是指将尚未达到生命周期末端的产品或组件再次利用，实现其原有功能；再循环是指将废料再加工成可用材料或产品。

在绿色价值链管理中，资源再生还包括了再制造。Hatcher 等（2011）认为再制造是以废旧产品为毛坯，采用特定的工艺和技术，在原有产品的技术上进行一次新造，使新造后的废旧产品质量和性能不低于新品。再制造产品的性能与新品相同，但其再制造过程中的材料和能源消耗可以大大降低，由此实现绿色价值链的成本节约和收益提升。要实现再制造往往需要一个闭环供应链（Closed-loop Supply Chain），闭环供应链的各个环节并非独立的，而是需要共同合作才能达到同时创造经济价值和环境价值。

4.2　绿色价值链创新与管理：绿色采购中的价值创造

绿色采购是企业绿色供应链管理的重要实践之一。传统的绿色采购主要针对材料和零部件的供应商进行相关的管理，以减少来自供应链上游的风险。绿色价值链管理的目标不仅是避免供应链上游的环境风险，更希望通过与上游供应商的合作与创新，实现价值创造。

▶ 4.2.1　传统绿色采购的重点与模式

传统的绿色采购是绿色供应链管理的核心实践之一。随着全球资源和环境问题的恶化，各国政府开始要求企业对供应商的环境问题负责，如第 1 章介绍的欧盟的针对电子产品的 RoHS 指令。消费者环保意识的提高，也倒逼企业选择环保材料。绿色采购涉及供应链上游的多家企业，这为"链"的管理增加了难度。

➤➤ 1. 传统绿色采购的重点

（1）采购材料的绿色化

采购材料的绿色化是制造业企业实施绿色采购的重点。各种原材料是制造业企业生产过程的重要输入产品。材料的选择、使用和生产在给企业和社会带来经济价值的同时，也造成了资源的匮乏和环境的恶化。石油、煤等矿物材料的大量开采使用造成了不可再生资源的匮乏；木材的需求上升导致森林资源减少，进而产生温室效应；塑料制品的爆发式增长导致白色污染加剧；含有害化学物质的电子产品威胁着人类的健康等。制造企业对材料的选择影响人类甚至全球的生态环境。随着政府、消费者和社会等利益相关方逐渐意识到绿色材料的重要性，日本学者山本良一在 1992 年提出了绿色材料的概念——具有最小环境负担和最大再生能力的材料，可以节约能源和资源、减少环境污染、实现回收利用。

绿色材料的环保性体现在材料的获取、生产、加工和使用过程对环境的影响最小。制造企业在实施绿色采购时，应该首先考虑所用材料及其在生产、使用过程的环保性，以达到既能保证生产要求和产品的性能需求，又能最大限度地减少材料对环境的负面影响。

（2）绿色供应商选择

绿色采购的另一个重点是对绿色供应商的选择。企业与供应商的合作是促进绿色采购实施必不可少的条件。绿色采购中的供应商选择在考虑经济利益的同时需要考虑供应商的环境、资源等因素。一般来说，供应商选择需要经过以下步骤：

1）企业建立评价与选择绿色供应商的指标体系并在供应市场公布。

2）潜在的供应商提出申请。

3）企业对潜在供应商在指标体系的各方面进行审查。

4）企业邀请领域专家对所有的潜在供应商进行打分。专家应该根据潜在供应商提供的各项材料，按照各项具体指标对各潜在供应商进行详细打分。

5）企业确定最终的绿色供应商。根据专家的打分结果，企业决定最终的供应商名单。

其中，绿色供应商的评价指标体系在传统的成本、质量、服务等指标基础上加入环保指标，主要有环境性能和环境管理的评价指标。环境性能指标涉及产品本身和生产制造过程两个方面。产品本身的环境性能主要有是否含超标有害物质，是否可回收，以及是否使用绿色包装材料等。生产过程中的环境性能主要关注污染物的排放和能源的消耗量。

　　环境管理指标可以包括供应商建立的各类环境管理体系和对环境管理的投入等。供应商的环境管理体系（如 ISO 14001）的获得和认证本身反映了其对环境管理的重视程度，而体系本身提供的环境管理制度保证了企业环境管理过程的合规性。因此，是否获得环境管理体系认证，是评价供应商环境管理水平的重要参考指标。除了常见的要求供应商获得 ISO 14001 环境管理体系认证以外，有些企业也聘请专业的第三方机构或者由自己的环保部门，建立一套适合本企业供应商的环境管理体系。此时，会将企业自己建立的供应商指标体系纳入对供应商的考核。

▶▶ 2. 传统绿色采购的模式

　　针对传统绿色采购的两个重点，如何设计适当的采购模式是绿色采购的核心问题。由于绿色采购管理可能会带来成本增加，如何激励各利益相关方参与是关键问题。此外，参与管理的各方由于所代表的自身利益不同，若不能设计有效的管理模式以激励各方参与绿色采购管理，则最终会导致绿色供应链管理无法有效实施。因此，下面从企业内部和供应链两个层面，分别讨论企业绿色采购管理可能采用的模式。

　　（1）企业内部的绿色采购管理

　　绿色采购首先需要明确企业内部的管理问题。开展绿色采购需要面向企业内部思考哪个或哪些部门应该对采购的绿色问题和环境绩效负责。理论上讲，绿色采购中的环境问题出现与企业内部各环节的工作责任都有关。例如，陶氏化学公司的环境管理中包含了许多要素，其中包括对员工绿色采购绩效考核，也就是说员工在绿色采购方面的表现或者贡献，是其奖金计划的组成部分[⊖]。

　　企业各部门员工已经分别承担成本、生产、交付和质量等传统的绩效考核指标，让他们再承担环境绩效考核的责任是否公平？而重大的绿色供应链管理项目通常涉及复杂和广泛的工作，这可能导致员工的工作负荷超出合理水平，反而达不到提高环境绩效的目的。因此，这里涉及的另一个问题就是：相关部门是否有足够的精力和能力开展绿色供应链管理中的价值创造项目？以采购为例，采购经理一般对绿色采购比较消极，通常只有在企业必须承担环境责任时，他们才关注危险废弃物处理和公众披露等问题。这种消极的环境管理方法难以满足企业通过绿色供应链管理实现可持续发展的要求。绿色供应链管理要取得价值创造，必须从采购端开始考虑产品生产和运营阶段的环境问题，进而选择符合环境标准的原材料供应商和能为企业带来节能减排效益的设备供应商。

　　通过适当的绩效激励设计，使企业内部各部门之间实现相互合作，打破部

　　⊖ 来源：https：//www.dow.com/en-us.html。

门隔阂，共同解决绿色价值链管理中的问题，是企业的另一个核心问题。对于企业尤其是大型企业来说，各部门之间的分工明确，但随之而来的问题就是缺乏信息的有效沟通和合作。目前，大企业在此问题上采取的主要管理方式有两种：一是以华为为代表，将包括环境管理在内的企业社会责任部门分到各个业务部门里，如采购部门、生产部门和销售部门都分别设有企业社会责任职能经理；二是以富士施乐为代表，设立独立的分管包括环境管理在内的企业社会责任职能部门，独立于采购、生产、销售等部门之外。华为等企业的模式好处在于可以更直接有效地与每个生产流程联系，及时沟通与解决遇到的问题，但坏处在于各业务部门对应的企业社会责任经理之间可能因为缺乏有效沟通而造成对外交流的浪费；以富士施乐为代表的模式好处在于环境和社会责任问题可以得到更专业、更有效的管理，但坏处在于独立的社会责任部门可能不了解各部门的实际需求，进而导致沟通效率低。

（2）绿色供应商管理模式

上述企业内部的管理体系通过适当调整，也可以在供应链层面上实施。此外，通过业务外包，在选择和终止业务关系、制定买方-供应商合同和使用市场激励方面可以有更多的自由。绿色供应商管理可以有沟通模式、监管和审计模式、共同发展模式。

1）沟通模式。沟通模式对于传达企业的环境管理问题的合法性是必要的。沟通模式的存在也有助于避免利益相关者的担忧，对企业从绿色供应链管理实践中获益至关重要。此外，绿色采购应明确传递给利益相关者必要的信息，以阐明企业解决其供应链中的环境问题和风险规避等采取的行动。沟通模式下企业可以通过对外提供关于绿色供应链管理方面的企业行动，以消除或减少外界（包括消费者）对企业绿色供应链管理风险方面的担忧。常见的企业沟通模式是发布可持续性或者社会责任报告，这些报告虽然不是针对企业的绿色供应链管理，但绿色供应链管理作为重要部分在报告中体现。

根据 Shabana 和 Carroll（2010）的文献，企业社会责任报告或可持续性报告被定义为"提供公司经济、环境和社会绩效信息的报告"。企业社会责任报告是企业采取的一种积极主动的姿态，用于与利益相关者沟通其在环境和社会责任方面所做的努力及取得的成果。企业社会责任报告通常独立发布或作为可持续发展报告或公司年度报告中的一个小节单独发布。这类报告有助于企业向外界传达其在环境问题上负责任的行为，从而鼓励供应商和其他利益相关者采取环保行动。企业社会责任报告通过与利益相关者沟通向其传达企业在环境管理上的期望。企业可持续性报告通过向利益相关者传达企业在环境管理上的期望，降低外界对企业的环境风险担忧。

2）监管和审计模式。监管和审计模式是促成绿色供应商合规的一种策略，它通常由企业内部发起，但在过程中听取利益相关者的意见和建议，从而实现对供应商的监控并获得利益相关者的支持。通过对供应商的监管和审计，可以确保供应商开展必要的环境管理努力。在这个过程中，如果缺少行业标准，企业就需要制定一些行为准则。基于一些行业标准或行为准则对供应商进行监管，是企业处理供应商环境问题最常用的措施。审计用来衡量供应商对客户提出的绿色供应链标准的期望符合程度，审计工作可以进一步验证供应商环境管理的实施情况，并衡量这些供应商对所制定的规范和标准的遵守程度。在监管和审计的基础上，企业还可以通过监控，对供应商不符合客户期望的行为进行控制。根据 Klassen 和 Vereecke（2012）的观点，供应商环境管理的实施情况与期望目标经常不太相符，因此审计有助于在供应链内实施监控机制。Asif 等（2013）认为监控是将企业在绿色供应链管理方面的期望向供应链各方传达的有效方法。行为准则和标准是企业为处理绿色供应链管理问题而引入的工具，监管、审计和监控确保了它们的实施，并且达到有效衡量供应商绩效的目的。因此，对供应商的监管、审计和监控可以避免利益相关者批评，使企业减少来自绿色供应链管理的风险。

在企业选择监管和审计的基础上对供应商做出评估后，相应地需要采取以下策略：

a. 选择和终止业务关系。致力于绿色实践的供应链下游企业可以相应地选择或终止与供应商的业务关系。因此，与这些下游企业有经常性业务往来的上游供应商，通常会在业务合同的刺激下，尽力满足下游客户的环境管理要求。

例如：宜家制定了一个行为准则 Iway——宜家采购产品、材料和服务的方式，它提出了其环境和社会要求。为了与宜家开展业务，潜在供应商必须遵守 Iway 要求的条件。就环境条件而言，需要防止严重的环境污染和安全危害。宜家不要求供应商突然进行环境升级，而是采用逐步的方法，从最低环境（和社会）条件的要求开始逐步提高。供应商即使成本和质量等所有其他方面都得到了满足，如不遵守 Iway，以及与宜家审计员共同制订的后续行动计划，也会导致业务终止。如 2009 年，10 家不符合环境问题的供应商被淘汰，占宜家当年全球总供应商数量的 19%。

b. 设计有效的合同。Weber 和 Mayer（2011）提出的合同框架，是对绿色供应商的又一监管模式。他们使用预防框架和提升框架分别表示"最低限度"和"最高限度"的绿色供应商标准。

预防框架是需要达到的最低限度（必须实现的目标）。如果目标实现，就会引发低强度的正面影响；如果目标实现，就会引发低强度的正面影响。相反，提升框架下的"最高强度"是供需双方认可的最高目标（如果实现了就是理想目标）。如果未实现最高目标，就会引发低强度的负面影响；而如果实现了最高目标，就会引发高强度的正面影响。因此，为了实现最高目标，采购企业和供应商表现出更加灵活和创造性的行为。

对于绿色供应商管理来说，"最低限度"可以是法规的基本要求，也可以是一些领先企业设定的超过法规要求的基本标准；"最高限度"可能是采购企业和供应商共同认可的领先标准。如果供应商的环境表现低于"最低限度"，采购企业就会中断与供应商的合作关系；如果供应商的环境表现高于"最高限度"，采购企业一般应该给予相应的奖励或者承担采购企业环境创新的成本。显然，传统的绿色采购会同时考虑预防框架和提升框架。

3）共同发展模式。共同发展模式可以定义为企业直接和间接地提升、帮助和培训供应商以满足利益相关者的需求而采取的行动。越来越多的供应链外部利益相关者（如政府、社区、公众和非政府组织等）要求企业监管一级供应商的环境合法性并建立问责制。企业因此给供应链内部利益相关者（如供应链上下游各方）施加压力，要求它们采取行动提出战略解决供应链环境问题。直接和间接的共同发展模式有助于评估供应商的环境管理现状，并采取相应的行动帮助供应商改善其绿色实践。共同发展模式可以使供应链的环境风险降至最低，同时改善供应链的环境绩效。共同发展模式下，企业可以通过合作、培训、资产特定投资、提供技术和财务援助、教育等方式解决供应商的环境问题。这种模式下，企业与供应商的关系十分重要。Carter 和 Jennings（2002）认为，如果买方和供应商之间的关系在信任和承诺下得到发展，那么价值就是可以通过供应链合作有效规避外部环境风险。

上述的几种供应层面管理模式是从文献中归纳出来的，通常这三种模式及其子类别是管理供应链中环境问题的有效手段。这些模式并非相互排斥，而且在跨供应链的实施中存在相当大的差异，即（某些）监管和审计模式的实施可能需要第三方认证，而共同发展模式不再需要第三方认证。这些模式都在满足利益相关者需求的同时，可以满足整个供应链的风险管理要求。此外，这些模式之间也是相互关联的。例如，共同发展模式推动行为准则和标准的实施，也有助于开展监管和审计活动。此外，报告和绿色标签等沟通模式有助于传播企业所采取的行为准则和标准的信息。因此，三种模式之间有所区别又相互联系。

同时应该注意的是，针对不同的供应商，企业也可采取不同的管理模式。首先，针对核心供应商（对企业产品质量、成本等有很大影响甚至起到关键作用的供应商）和战略供应商（对质量、成本等的影响没核心供应商重要，但可选的供应商数量有限、替代性较低的供应商），企业需要强调供应商与其在文化与经营理念上对环境保护的认同，这是实现供应链共同发展的战略基础。如中国第一汽车集团选择处于领先地位的发动机公司作为其全资子公司，共同开发节能减排的发动机。共同发展模式对战略供应商和核心供应商是比较适合的绿色价值链管理机制，通过合作提升供应商在环境管理方面的能力（如员工培训、技术引进、资金/设备投入等），进而达到长期稳定的供应商关系改善和环境风险降低。大型企业如华为、沃尔玛、苹果、波音等都对其重要供应商采取了这种管理模式。其次，针对一般供应商或跨级供应商，企业一般应该采用监督和审计模式管理这类供应商，如要求供应商通过 ISO 14001、对供应商进行定期的环保审计等。这种管理模式可以在一定程度上改善供应链中存在的环境问题。对于一些供应商尤其是中小型供应商，由于认证或审计的费用较高、时间周期较长，强制要求其获得认证可能也会带来负面影响，如 ISO 14001 要求被认证企业建立环境管理系统，但这并不能保证企业有良好的环境绩效，有时即使通过认证的供应商也不能满足客户的环境要求。

【案例 4-1】 Topcon 的绿色采购⊖

Topcon 公司是日本的一家机械设备生产企业。Topcon 始终致力于将绿色采购实践作为企业的环境可持续发展目标的重要手段。因此，企业设定了产品和服务采购环节环境影响最小化的目标。为了实现这一目标，绿色采购的推广和实施极为重要，企业只采购对环境影响较低的原材料、零部件、半成品和产品。

Topcon 的绿色采购活动包括以下几点：

（1）采购低环境风险的原材料、零部件和产品

Topcon 将采购物资分为三大类：生产原材料和零部件、生产和运营所需消耗品、行政及办公用品。

1）生产原材料和零部件的采购。包括生产 Topcon 产品所选购的原材料和零部件。Topcon 为每一种采购设定了环境影响的下降分值，并逐批检查采购材料的环保性能。

2）生产和运营所需消耗品的采购。包括生产用工具、容器及消费品，如涂料、酒精、稀释剂等。Topcon 采购的消耗品需符合水、空气、噪声、振动等的相关环境标准及新材料化学物质含量的相关标准。

3）行政及办公用品的采购。Topcon 公司认为使用环境友好型的办公用品可以增强员工的环保意识。因此，Topcon 公司的办公用品均为环保型产品，如生态马克笔、含有回收材料的产品、可再利用的产品、非聚氯乙烯（PVC）产品等。

（2）促进供应商的环保行为

Topcon 对供应商在环保行为方面提供必要的指导和支持。同时，Topcon 考察供应商的绿色属性（如是否通过 ISO 14001），并将其作为是否进入供应商名

⊖ 来源：https：//www.topcon.co.jp/en/about/procurement/green/green-01/。

单的硬性标准。此外，Topcon 还会定期评估供应商的绿色实践，如 ISO 14001 的执行情况、绿色采购和其他环保行为。

4.2.2　面向价值创造的绿色采购：重点与模式改变

传统绿色采购从材料选择及材料供应商的选择和管理方面考虑环保性，但是否还可以继续挖掘绿色采购带来的价值创造？本小节在传统绿色采购的关注重点基础上进行了拓展，提出从价值中创造的角度考虑两个新的绿色采购重点：①从材料到设备；②从材料供应商到设备供应商。

1. 从材料到设备

传统的绿色采购关注的重点之一是绿色材料选择和管理，但企业不应忽视的另一类采购对象是设备。这里的设备主要是指企业在生产过程中使用的主要设备或为生产提供必要能源（如热、电、水等）的设备。该类设备通常是企业专用，并且一旦确定，由于需要专业的维护或者存在重复购买，企业通常不会频繁更换设备供应商。企业在选购设备时应关注是否为绿色设备，即那些在生产、使用、处置等环节上能做到环境影响最小的设备。

2. 从材料供应商到设备供应商

相对于减排，企业更愿意节能，原因是节能在减少环境污染（主要是碳排放）的同时，也能减少电费。对企业来说，尤其是高耗能企业，能源的消费大部分取决于所用的设备。因此，考虑如何与关键的设备供应商合作，降低能源消耗、改善环境绩效的同时节约成本，是绿色采购创造价值的有效方式。所以，企业对供应商的关注也应该从材料供应商拓展至设备供应商，包括对设备供应商所生产设备过程涉及的环境管理问题。第 4.2.1 小节中涉及的关于绿色供应商的选取标准和步骤也适用于对绿色设备供应商的选取。

传统的绿色采购核心是对上游供应商的管理，重点是基于环保法规的环境管控。但事实上，通过与供应商的环保合作，在提升环境绩效的同时实现价值创造，企业才能有更大的积极性，也才能有效驱动供应商的合作。合作的绿色采购模式类似于企业和供应商之间的共同发展模式，这种模式下企业对供应商超越了传统的监管和沟通管理方式，企业将供应商视为共同利益相关者。企业的角色也从监管者变为合作者，想方设法为供应商提供多种直接或间接的环境管理帮助，以提升供应商的环境管理水平和能力，进而实现绿色供应链管理中的价值创造。企业可以通过合作、培训、提供技术帮助、资金支持等方式对供应商提供支持。根据 Vachon 和 Klassen（2006）的观点，合作模式在一定程度上可以取代或减少审计和监控活动，从而降低成本。此外，合作模式还帮助建立可持续的供应商关系，避免供应商转换所带来的供应商选择成本，并降低审计和监控成本，从而提高企业的经济绩效。然而，信任和承诺是实现供应链中合作关系的前提。以下将用两个典型案例说明价值创造下的绿色采购管理模式及企业与关键供应商如何在环境管理实践上寻找合作机会实现双赢。

4.2.3　案例分析

【案例4-2】玲珑轮胎"2018绿色供应链项目"[⊖]

山东玲珑轮胎股份有限公司（以下简称玲珑轮胎）成立于1975年，是一家专业化、规模化的轮胎生产企业，2016年7月6日在上海证券交易所上市。其产品主要应用于商用车、乘用车、工程机械等，是奥迪、大众、奇瑞、吉利、中国一汽、东风等国内外60多家汽车厂的供应商。玲珑轮胎现已成功跻身中国轮胎前3强，世界轮胎20强。

轮胎企业作为高污染高耗能企业，正承受着越来越大的环保压力。为了减少环境影响、树立环境形象，玲珑轮胎积极响应政府和客户的环保要求。2016年11月，工业和信息化部落实《中国制造2025》的要求发布了"绿色制造系统集成"项目，推出以"试点"或"示范"形式鼓励制造企业申报绿色工艺、绿色产品和设计、绿色供应链管理三类项目。玲珑轮胎于2018年入选了"绿色工艺"示范名单。同时，玲珑轮胎作为上汽通用的供应商，借鉴上海通用的绿色供应链管理项目的经验，于2018年9月启动了"2018绿色供应链项目"，筛选13家供应商（11家材料供应商和2家设备供应商）。2家设备供应商分别为：萨驰华辰机械（苏州）有限公司（成型机设备供应商，以下简称萨驰）、神马实业股份有限公司（电机设备供应商）。

1. 项目的总体情况与绩效

玲珑轮胎"2018绿色供应链项目"的主要目标是"清洁生产、节能降耗"，以及建立"绿色绩效"评价机制，重点包括两部分内容：一是确保供应商的环保合规，以避免供应商因为可能的环保违法造成供应链中断；二是与供应商共同探讨合作创新，实现价值创造。项目主要分为三个阶段：第一阶段，各供应商按照绿色绩效改进的方法学，开展自我评价。在这个阶段，收集整理企业物耗、能耗、污染物排放的历史数据，经过数据分析确定本企业物耗、能耗的现状水平，明确其与先进水平的差距并确定改善目标。针对重点区域，确定能耗和物耗的主要浪费点或浪费环节，对产生能耗和物耗浪费的原因进行充分分析，并提出改进的方向或机会。第二阶段，专家组对企业存在的一些问题进行指导。

⊖　作者作为合作方完成的咨询项目。

第三阶段，供应商确定绿色绩效改进方案并实施。

项目产生绿色绩效改进方案（GPAI方案）53个，截至2019年4月已完成48个GPAI方案，供应商总投资4 758.13万元，根据核算可产生经济效益19 643.40万元/年，产生环境效益：节约电1 887.80万 kW·h/年，节约煤3 834t/年，节约天然气10.07万 m^3/年，节约蒸汽15 880.2t/年，节约油3 120.6 t/年，节约水112.72万 t/年，减少固体废物排放4 074.5t/年，减少废水排放677 493t/年，减少废气排放87.12t/年⊖。

从表4-1所列的方案类型及所占比例可以看到，玲珑轮胎绿色供应链项目中设备改进和改造类方案21项，所占比重最高，达到40%；而原材料相关的改进方案只有2项，占比4%。过去几十年，学术界的研究以及政府政策关注点大多在原材料上，但从玲珑轮胎的绿色供应链项目实践可以发现，其实设备供应商在创造绿色价值方面拥有巨大的潜力。玲珑轮胎已经开始继续与设备供应商合作，并利用自己资源给予支持，在设备绿色改进方面共同研发，使自身实现节能减排的目标同时，也帮助供应商实现产品升级，以创造绿色价值为导向，实现共赢。

表4-1　供应商方案类型及占比

方案类型	总　计	占比（%）
人员	1	1.9
管理	4	7.5
原辅材料/能源的变更和替代	2	3.8
过程控制的改进和优化	1	1.9
废物循环与回收利用	8	15.1
工艺技术的改进和改造	16	30.2
设备改进和改造	21	39.6
总计	53	100

▶▶2. 项目中设备供应商的改进与绩效

萨驰成立于2009年，以"行业先驱，实业强国，实现智能化高端制造业的中国梦"为企业愿景，主要产品为轮胎成型机、硫化机和智慧工厂。萨驰是国内首家依靠自主研发掌握智能化子午线乘用轮胎一次法成型机技术的企业，打破了国外企业对此项技术的长期垄断。2016年7月8日，萨驰公司新研发生产基地落成，占地面积13.5万 m^2，生产车间建筑面积8.8万 m^2，兼具集生产、研发、超精密检测、机械工程实验室等功能。2017年，萨驰荣获江苏省"战略性新兴产业企业"及"生态环境友好型企业"称号。

⊖ 来源：https://www.sohu.com/a/317995773_659345。

2018年，作为玲珑轮胎的设备供应商，萨驰在参与玲珑轮胎"2018绿色供应链项目"过程中，积极发挥自身优势，承担了三项重要改进方案的研发任务。一方面通过研发提升成型机的生产效率，降低能耗；另一方面通过模块化、标准化的设计，提高产品零部件的通用率和可回收性。最终在绿色绩效改进供应商中，萨驰排名第二，得到了玲珑轮胎和上海通用的认可和关注。

萨驰进一步提出转型，希望从传统的设备供应商向服务供应商转变，目前的尝试包括两个方面：①再制造成型机，通过对成型机的再设计，并制定回收方案，实现对关键部件的再利用，不仅能为企业节省一定的成本，而且从节约资源的角度践行国家和社会对企业的环保要求。②设备租赁，作为成型机的设计者和生产者，萨驰更了解设备的运行环境和维修周期，租赁方案可以减少客户因使用不当或维修不及时对设备造成的损害，充分发挥萨驰的技术优势，同时在更高层次上满足客户对设备的使用需求。

从制造到服务是绿色供应链管理研究的一个新热点，也是创造绿色价值链非常有前景的一种方式。真正实现从制造到服务，有三个难点：①企业需要调整自身的销售模式、财务系统及售后服务；②政府需要调整现行的税收政策；③消费者对该服务的购买意愿具有不确定性。

【案例4-3】来伊份"供应商合作共生努力"⊖

成立于2002年的来伊份，目前已发展成为中国最大的休闲食品零售商之一。截至2019年，公司在25个省（自治区、直辖市）拥有2792家店铺，员工8991人。2019年的年营业收入超40亿元，主要销售额来自实体店（公司所有和特许经营店），占2019年收入的约86%。来伊份产品拥有1400多种活跃的库存单位（SKU），包括各种休闲食品，如烤坚果、干肉和果脯。它的品牌象征着"健康，美味，新鲜，高品质"的休闲食品。

2012年，来伊份准备在深圳证券交易所上市。然而，在该公司发布首次公开募股（IPO）说明书5天后，中央电视台曝光了不卫生生产操作和过量使用食品添加剂的企业名单，涉及了为来伊份供应梅子零食的企业，但来伊份的上市受到了很大的负面影响。2012年7月27日，中国证券监督管理委员会取消了来伊份的IPO。之后，来伊份公司对其供应商管理进行了重大改变，一方面提高供应商认证和检验标准，另一方面同供应商建立合作关系，帮助供应商建立关键原材料追溯系统和产品质量控制系统，确保从原产地到最终消费者的食品安全。来伊份对供应商推出的新管理可分为两个过程。

1）在建立合作关系之前，来伊份会对新的供应商进行仔细评估。主要流程

⊖ 来源：Yin等，Lyfen：Building a supply chain to creat competitive advantage. Ivey Case Publishing, 2019。

為初步審查、供應商自我評估、產品樣品檢測和生產現場評估。自我評估包括對公司質量體系、營業執照和生產運營的審查。如果自我評估滿足來伊份的要求，就進行產品樣品檢測和生產現場評估，包括對供應商的食品安全過程、生產操作、庫存管理的評估。另外還包括評估組織文化的一致性。

2）在確定供應商後，來伊份主要從理念和運營兩個方面幫助供應商成長。在理念上，來伊份組織供應商的管理人員參觀訪問行業的標杆企業，如日本和韓國等地的食品製造商，以讓供應商能親身感受到優秀企業的理念和做法，從而激發供應商尋找更高的目標，避免產生自滿情緒。這樣的活動每年會組織六七次，效果也很明顯。例如，在一次參觀後，一家主要供應商立刻設定了新的年度目標，將產能提高10%，並且通過流程改進和自動化投資將成本降低25%，同時不影響質量或安全性。在運營上，來伊份會幫助供應商制訂計劃，以改善其質量管理和供應鏈系統，包括舉辦研討會，在質量控制和食品安全方面對員工進行培訓等。對在運營和質量體系改進方面需要資金的供應商，來伊份會在項目初期給它們提供運轉資金。

在休閒食品行業，大多數企業都專注於品牌管理。相比之下，來伊份將供應鏈管理當作自身的核心競爭力之一，不再以傳統的監管和懲罰為主要方式，而是與供應商建立合作共生的關係，打造一條從監管到合作的新型價值鏈，利用自身優勢幫助供應商成長。

4.3 綠色價值鏈創新與管理：客戶環境合作中的價值創造

在綠色供應鏈管理中，客戶參與扮演重要角色。全球化的發展使各國都成為供應鏈中密不可分的一部分。為了滿足出口國家的客戶對產品和製造過程的環境性能要求，企業需要在綠色供應鏈管理方面積極與客戶合作以提升自身在國際市場的競爭力。

4.3.1 傳統客戶環境合作管理

一般而言，來自法律法規的壓力是企業開展傳統客戶合作的主要動因，如來自歐盟的RoHS指令和WEEE指令等。但客戶的接受、認可乃至偏好，才是企業開展環境管理實踐最根本的動機。客戶環境合作實踐是指企業與供應鏈的下游客戶之間通過合作來提高供應鏈環境績效（Sancha等，2016）。

企業與客戶之間的環境合作包括生產過程合作和產品包裝合作。生產過程合作常見的有企業接受客戶的關於綠色生產的技術指導、投資、培訓等。根據Paulraj（2011）的研究結論，作為上游供應商的企業應該響應客戶關於提高環保績效（如節能、減排）方面的倡議，積極參與客戶關於環保材料替代、清潔生产，甚至环境管理体系改进的项目。企业与客户的环境合作还体现在产品绿色包装的改进上，包括使用可更新材料、可循环材料、复合型材料，以及与客户合作减少不必要的产品包装材料。

传统的企业与客户环境合作实践还分为直接对消费者和对下游客户的合作模式。第一种是直接针对消费者的客户环境合作，企业常用的绿色营销即是典型的实践类型。绿色营销是指基于产品的环境友好属性推广产品的过程。消费者对产品的环保偏好是企业开展绿色营销实践的主要动力。根据 Nielsen 公司在 2018 年发布的调查数据⊖：48% 的美国消费者愿意改变传统的消费习惯，以减少对环境的负面影响；具有环境可持续属性的产品在美国零售商店的销售份额从 2014 年的 19.7% 上升到 2017 年的 22.3%，到 2021 年的预期值为 25%；美国 90% 的千禧一代（2000 年后出生的人）愿意为可持续或环保性高的产品支付更高的价格。中国消费者对环境产品的偏好相对要低，但随着国家对环境保护的宣传与鼓励，以及伴随公众经济生活水平提高带来环境意识的提升，环保产品也日益受到青睐。Geng 等（2017）通过在中国三个东部城市（大连、淄博和苏州）获得的 623 份中学生的有效问卷，发现中学生对可持续产品的认知不够是影响其在衣食住行相关可持续消费行为的原因；环境教育、环境意识和态度、社会影响、可持续产品节能减排的效果、可持续产品与常规产品的区分度等，都是影响中学生可持续消费的重要因素；有趣的是，初中生对可持续产品的偏好要高于高中生。企业通常会在产品包装上添加绿色标签或推出绿色广告向消费者传递产品或生产过程的环保属性。例如，越来越多的农产品企业开始营销有机产品和"本地采购"产品；丰田公司推出的普锐斯混合动力汽车以节能环保作为产品主要卖点之一⊖。

第二种是与企业客户合作开展的环保实践。企业与下游客户的环境合作包括遵守下游客户在环境管理方面的规章制度，如客户提出的环保相关认证（ISO 4001）等。除了一般的合规性要求外，企业还应配合下游客户提供满足其特定环保要求的产品，如采用超过合规性环保需求的材料。另外，企业还应主动参与下游客户的绿色供应链项目，与客户开展在产品设计、生产过程、包装等领域的环境合作。Zhu 等（2010）研究发现，中国和日本企业在客户环境合作的实践程度明显低于内部环境管理实践。

⊖ Nielsen 公司是一家全球市场调研商业公司，总部位于美国纽约，这里的调查数据来自 https：//www. nielsen. com/us/en/insights/article/2018/was-2018-the-year-of-the-influential-sustainable-consumer/。

⊖ 来源：*Marketing Week.* "How Toyota Sold Six Times as Many Cars as Its Hybrid Rival." Accessed Jan. 22, 2020.

【案例 4-4】 甲企业的客户环境合作实践

甲企业于 2016 年推出了环境友好型产品，并针对供应商和客户采取了重要措施：创建绿色标签，以帮助客户识别由甲企业生产的包装是环境友好的。企业的可持续发展总监说，企业开始使用绿色标签时，往往会与客户进行合作。通过使用可退回的包装来避免过度使用新投入的包装，从而减少可能产生的浪费。该项目的目的是基于共享的知识来支持每个客户的发展，并且总经理认为它提升了客户的竞争力，加深了企业与客户之间的紧密关系。根据可持续发展总监的说法，客户在提高甲企业的环境绩效中所起的作用是激励企业寻找新产品或当前问题的解决方案，例如寻找几种替代性的可回收塑料。在这个过程中，积极参与的利益相关者不仅包括客户，还包括研发机构。

绿色标签表示包装中使用的塑料是可再生资源的绿色聚乙烯，即来自甘蔗乙醇的绿色聚乙烯。这是客户从绿色营销中寻求优势的一种方式，因为使用的原料来自可再生资源。

甲企业设有技术和创新中心，对提出的满足客户需求的产品相关的解决方案进行测试。该企业还鼓励其他外部利益相关方参与，例如巴西的研发机构。

4.3.2 基于价值创造的客户环境合作：从制造到提供服务

供应链成员之间的环境合作可以激发绿色供应链管理创新。紧密的客户环境合作有助于推动供应链上下游企业产生新的绿色供应链合作模式，以达到上下游之间的双赢。在价值创造导向下，企业需要突破传统的客户环境合作模式，选择倾向于能给企业和客户带来价值提升的合作实践。

在开展传统客户环境合作基础上，制造企业还可以考虑创新的客户合作模式——从制造到提供服务，从而实现企业与客户的价值创造。传统的制造企业将产品卖给供应链下游客户，即产品的所有权通过买卖关系一次性从企业转移到下游客户。价值创造导向下的企业与客户的合作可以突破这种限制，考虑以下模式：①面向产品的合作模式，即企业（制造商）仍然卖产品并转移产品所有权到下游客户，但除此之外还为客户提供产品后期的维修保养或使用咨询服务，以此创造价值；②面向用途的合作模式，即企业卖产品但不转移产品所有权给客户，如提供租赁或共享服务；③面向结果的合作模式，即企业不卖产品，而是卖产品的结果（功能）给客户，如打印机公司不卖打印机，而是对客户根据打印纸张数量收取费用。

⊖ 来源：de Sousa Jabbour，A. B. L.，Vazquez-Brust，D.，Jabbour，C. J. C.，Latan，H.（2017）. Green supply chain practices and environmental performance in Brazil：Survey，case studies，and implications for B2B. *Industrial Marketing Management*，*66*，13-28.

以上三种创新的客户合作模式如何给企业或客户的绿色绩效创造价值呢？Goedkoop 等（1999）认为延伸服务的客户合作模式本身即注重它带来的环境和企业绩效提升。多数学者也认为：由于延伸服务的客户合作模式可以有效协同环境效益与经济效益，从而有助于企业整体价值创造（Manzini 和 Vezzoli，2003；Tukker，2015；UNEP，2009；Yang 等，2017）。延伸服务的客户合作模式可以有效发掘潜在市场机会、创造战略性经济效益、提升环境绩效并降低负面社会影响（Yang 和 Evans，2017）。在环境绩效的价值创造方面，相对于传统的客户服务模式，延伸服务的客户合作模式可以延长产品使用生命周期、提升资源和能源的使用效率、减少环境排放、增加产品的再回收利用和再制造效率。在经济绩效的价值创造方面，延伸服务的客户合作模式可以更好地满足客户的需求、建立起更紧密的企业-客户关系、突出企业在同行业的差别化、增加企业收入、获得新的市场机会、有更快的客户响应时间、得到客户在产品使用上的相关数据、减少客户作为产品所有者的相关责任、改进技术/减少风险及产品生命周期成本（Yang 和 Evans，2019）。表 4-2 和图 4-2 总结了当前研究者对延伸服务的客户环境合作模式的讨论及案例。

表 4-2 延伸服务的客户环境合作模式的讨论

价值属性	价值体现	已有文献	说 明
环境	产品寿命延长	Baines 等（2007）	专业服务（例如维修保养）可以在一定程度上避免产品或组件的不必要丢弃，以此延长产品寿命
	资源和能源效率提高、碳排放降低	Tukker（2004）；Tukker（2015）；Byers 等（2015）	延伸服务模式下，客户和制造商都有动力在产品使用阶段提升资源和能源效率。客户按使用每个服务单位付费，因此将提高使用效率。制造商是产品的所有者（面向结果的客户服务模式），因此会激励它们尽可能地提高产品使用过程中的效率，以降低材料和能源消耗，从而降低成本
	回收、再制造和再利用增加	Yang 等（2018）；Guidat 等（2014）；Ijomah 等（2006）；Sundin 等（2009）；Sundin 和 Bras（2005）	由于客户不拥有产品并且对产品的知识较少，对再制造产品会存在质量方面的担心。面向用途和结果的客户合作模式因为产品所有权在制造商，因此可以避免客户对产品质量的担心，因此这两种模式可提高客户对再制造产品的接受度。同时，客户可以通过回收、翻新和再制造来提高末端产品的可重复使用率。此外，制造商也更容易收集二手产品，因为它们可以更轻松地预测退货时间和数量。两种模式还激励制造商在产品生命周期末端时尽可能多地再利用可用的零部件，因此可以促进再制造技术和再制造设计的发展

价值属性	价值体现	已有文献	说　明
环境	产品利用率提高	Beuren 等（2013）；Tukker（2004）；UNEP（2009）	面向用途和结果的客户合作模式下制造商拥有产品所有权，因此可以通过保持产品良好的工作状态来最大限度地利用产品。由此产品的利用率得到提高——更多的人可以以更低的成本使用同一种产品。制造商通常在产品使用（例如安装、维护和使用产品）方面比客户更为专业，延伸服务的客户合作模式可以激励其使用最少资源消耗的产品和服务来满足客户需求，从而更有效地使用产品
	去物质化	Lin 等（2010）	面向价值创造的客户合作模式可以完全减少材料、能源和产品的使用，因为相同数量的产品可以满足更多人的需求（称为去物质化）
	生态设计的自由度提高	Tukker（2004）	面向结果的客户合作模式赋予制造商在生态设计上更大的自由度，因为它们本身即是产品的用户
经济	客户需求得到更好的满足	Baines 等（2007）；Tan 等（2010）	延伸服务模式通过提供新功能及产品和服务的不同组合来提供更有针对性的产品，从而提高客户满意度
	与客户关系改善	Baines 等（2007）；Neely（2009）；Tan 等（2010）；UNEP（2009）	服务合同可以建立更牢固、更长久和更直接的制造商-客户关系，还可以提高客户忠诚度，甚至锁定客户
	驱赶竞争者	Annarelli 等（2016）；Neely（2009）	市场中的技术和产品往往相似。服务可以使企业的产品与众不同；服务可以为竞争对手制造障碍，甚至可以通过建立更牢固的客户关系驱赶竞争对手
	差异化	Baines 等（2007）；Cavalieri 和 Pezzotta（2012）；Gebauer 等（2006）；Mathieu 等（2001）；Neely（2009）	由于服务的独特性，延伸服务的客户合作模式通常很难被模仿
	收入增加	Mathieu（2001）；Tan 等（2010）；Wise 和 Baumgartner（1999）	与销售产品相比，提供服务可获得更稳定和连续的收入来源，并具有更高的利润率
	识别新市场和更快的响应时间	UNEP（2009）	与产品相比，服务更灵活，且可以在不断变化的市场中做出快速响应
	服务数据获取	Baines 等（2007）；Tan 等（2010）	服务数据可以提供有关产品性能和客户行为的信息，并且可以用于改善产品设计、分析不断变化的客户需求

（续）

价值属性	价值体现	已有文献	说明
经济	减少对客户的所有权责任	Baines 等（2007）	客户从产品所有者的责任中解脱，这在一定程度上减轻了客户负担
	技术提高	Sakao 等（2013）	产品的使用者和所有者身份集成使制造商可以保留知识产权并改善技术创新
	风险下降	Sakao 等（2013）	产品的使用者和所有者身份集成可以减少风险，如来自法规、商业环境和市场的变化
	生命周期成本降低	Lindahl 等（2014）；Sakao 和 Lindahl（2015）	产品的使用者和所有者身份集成可以减少生命周期成本和环境影响

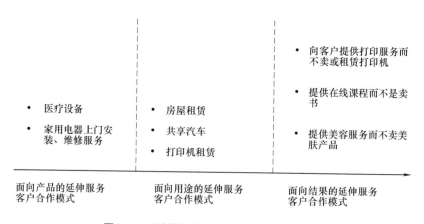

图4-2 延伸服务的客户环境合作模式案例

4.3.3 案例分析

【案例4-5】 某国有企业的基于延伸服务的客户合作⊖

本案例研究对象是一家中国国有企业。该企业是世界上最大的空气分离装置（以下简称空分装置）制造商之一。其产品主要作为冶金、石化和煤化工、化肥、有色冶炼和航空工业等领域的工程设备的零部件。企业的传统业务模式是向其客户制造和销售空分装置。现在，企业已将其业务扩展到包括销售集成工程设备的整体产品服务解决方案（如石化设备），甚至进一步扩展到工业气体的销售。

⊖ 来源：Yang 和 Evans（2019）。

▶ 1. 面向价值创造的三种客户合作模式

除传统的基于产品的模式外，该企业还实施了三种类型的延伸服务模式。

（1）面向产品的延伸服务：销售产品并提供技术服务

该企业出售空分产品，还提供技术服务，包括安装、维护和维修作为额外的服务。这是企业中最常见的延伸服务客户合作模式。它是一种面向产品的客户合作模式，因为产品的所有权已转移给客户，技术服务包含在产品销售中。

（2）面向用途的延伸服务：租赁产品并提供技术服务

该企业通常会与客户签订持续多年的租赁合同向客户提供空分装置或整个工程系统。租赁合同主要是为有特殊财务需求的客户（例如没有购买设备或建设项目的财务能力）量身定制的。由于企业保留产品所有权，而客户只需为使用产品和服务付费，因此属于面向用途的延伸服务。

（3）面向结果的延伸服务：销售工业气体

该企业还销售工业气体而不是气体发生器（空分装置）。这是典型的面向结果的延伸服务模式，因为此模式下企业拥有气体发生器，而客户为所消耗的气体付费。该企业于2003年启动了第一个工业气体项目，但直到2010年公司上市后，它才启动了第二个工业气体项目，并在工业气体项目上进行了大量投资。近年来，随着中国大型工业园区数量增加，工业气体项目需求增长迅速。该企业的气体中心向工业园区内各个工业领域的客户生产 O_2、N_2、CO_2、H_2、稀有气体（例如 Ar、He）、特殊气体等工业气体。提供气体的方式有四种：瓶装气体、液态气体（例如冷空气中的液体分离）、汽化、工业园区的管道工业气体供应。

▶ 2. 不同模式下的供应链关系

为了了解这些不同模式对供应链关系刻画的影响，图4-3列出了传统的基于产品的模式（即制造和销售产品）的供应链，以及三种延伸服务的客户合作模式。

（1）传统客户合作模式

如图4-3a所示，传统的基于产品模式的供应链主要包括设计、采购、生产、销售、使用和处置过程。它遵循线性的"获取、制造和处置"模式。该企业从供应商那里购买材料和零件，生产产品，然后将其出售给全国各地的客户，这些客户在产品不再起作用时将其丢弃，有时仅由于小零件损坏。因为没有材料和信息流回企业，再制造和再利用的速度非常低。

（2）面向产品的延伸服务客户合作模式

在此模式中，企业在使用阶段为客户提供技术服务。与基于产品模式的供应链相比，面向产品的延伸服务客户合作模式通过定期维修和保养来延长产品寿命，如图 4-3b 所示。客户有极强的动力获得技术服务，因为与建立自己的服务团队相比，它降低了客户成本。企业提供技术服务的优势在于，企业作为制造商比客户或其他第三方公司更了解自己的产品，并可以提供更多的专业服务。

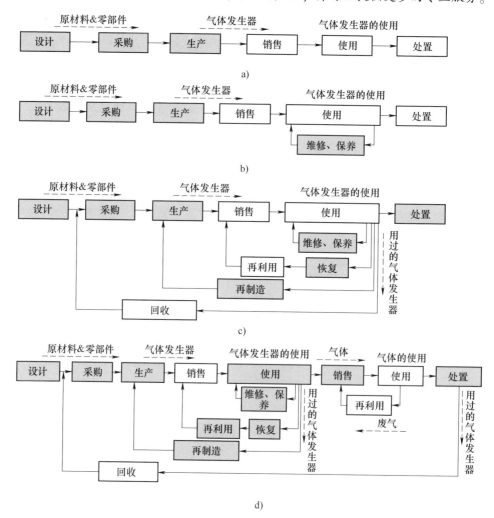

图 4-3 传统客户合作模式与延伸服务客户合作模式

a）传统客户合作模式 b）面向产品的延伸服务客户合作模式 c）面向用途的延伸
服务客户合作模式 d）面向结果的延伸服务客户合作模式

（3）面向用途的延伸服务客户合作模式

在面向用途的延伸服务客户合作模式中，企业将产品出租给客户并提供技术服务。与前两种合作模式相比，租赁服务具有更多的循环利用、再制造、回收用过的气体发生器的能力，如图 4-3c 所示。其原因是企业保留了产品的所有权并受到激励以尽可能延长产品寿命并从末端产品中获取价值。此时客户使用产品的时间越长，企业从租赁中获得的收入越多。

（4）面向结果的延伸服务客户合作模式

在这种客户合作模式中，企业出售工业气体而不是气体发生器。该企业没有向客户生产和分配气体发生器，而是在靠近客户的工业园区建立了自己的气体中心。该企业成为气体发生器的实际消费者，并将所产生的不同气体分配给工业园区中的不同客户。如图 4-3d 所示，由于企业是实际用户并且可以控制产品使用阶段，因此维修、保养、重用、恢复、再制造、循环的能力比前三种合作模式强大得多。此外，企业还可以通过卖副产品创造价值（如将 N_2 作为 O_2 生产的副产品）。以前，客户忽略了气体的潜在价值（因为客户没有充分利用气体的专业知识）。现在，制造商已经在面向结果的客户合作模式中捕获到这种潜在价值。通过这种方式，制造商将产品的潜在价值内在化，并有动力从中获得最大价值。同理副产品也为企业创造了价值。在这种客户合作模式中，企业有更大的动力增加气体使用效率。如为不同的客户使用不同的气体，在高峰和非高峰时间协调客户之间的气体使用，由此减少了温室气体排放。因此，在这种客户合作模式中，企业不仅建立了产品（气体发生器）再利用的内在循环，而且还建立了产品的产品（气体）再利用的内在循环。

▶ 3. 延伸服务的客户合作模式价值创造

案例研究表明，越接近面向结果的客户服务模式，供应链的闭环循环效率越高，维修、重用和再制造系统更快，效率更高，产品更换时间更短；此外，材料、能源、人工和操作的潜在节省越高，排放物的浪费越少。由于制造商拥有产品的所有权，并且是产品的实际用户，可以控制产品的使用和停用时间，因此面向结果的客户合作模式还可以将产品的再利用范围扩展到产品的产品再利用范围。

以上三种类型的延伸服务客户合作的创新模式都可以创造环境价值。与"获取、制造和处置"的线性模式相比，延伸服务的客户合作模式可以提高维修、回收、再利用、再制造和再循环的速度，从而使模式更有环境价值。从企业角度，面向用途和面向结果的客户合作模式下，企业保留产品所有权，并在产品的整个生命周期中拥有强大的控制权，因此更有动力在整个产品生命周期乃至产品的产品（如 O_2、H_2、Ar、He、Xe 中创造价值。因此，企业有责任和动力减少产品使用中的环境影响，这也激励它们在整个产品生命周期（包括寿命终止）中创造经济价值。此外，延伸服务模式可以更贴近客户，获得持续的收入并延长产品寿命。从客户角度，延伸服务合作模式意味着从"购买和消费"模式转变为"出租、消费和退货"或"消费和退货"。

4.4　绿色价值链创新与管理：生态设计中的价值创造

随着资源稀缺导致材料价格上涨、法律法规对环境保护的要求提高等，越来越多的企业逐渐意识到开展生态设计的必要性。生态设计，即在早期产品设计阶段考虑产品生命周期（包括原材料、生产、使用、回收利用、物流等），以减少产品在全生命周期的环境影响。20世纪90年代，部分企业基于避免环境风险视角开始实施全生命周期的生态设计。经过几十年的发展，生态设计已经逐渐从以减少环境风险为目标演变为如何实现企业及供应链价值创造。

▶ 4.4.1　传统生态设计及实施

生态设计是绿色供应链管理的重要实践之一。随着各国政府对环保的相关法规越来越严格，企业逐渐意识到绿化产品、服务和流程等包含产品全生命周期的环境影响的重要性（魏家鸣，2009）。由此推动了以规避风险为目的的传统生态设计的迅速发展。在实践中，生态设计的开展需要借助分析工具，而生态战略轮是生态设计的经典工具之一。生态战略轮从产品零部件、结构和系统三个层面分析企业现状和改进空间。零部件层面考虑以下几个指标：①选择对环境影响低的材料，如更清洁的原材料、可循环使用的材料；②原材料使用的减少，如产品重量的减小、产品体积的减小；③生产技术的优化，如新技术的使用、生产步骤的减少。产品结构层面由以下几个指标组成：①物流系统的优化，如可多次利用的包装、优化的运输系统；②使用过程中减少环境影响，如更低的能源消耗、运行过程中更少的废物产生。产品系统层面主要考虑产品末端优化，如：①产品生命周期；②产品再利用、翻新。生态战略轮的框架如图4-4所示。

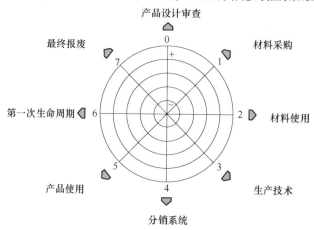

图4-4　生态战略轮的框架

企业在利用生态战略轮工具描述三层面现状的基础上，需要从全生命周期视角考虑生态设计。Luttropp 和 Lagerstedt（2006）提出七个开展生态设计实践可以参考的准则：第一，使用和运输阶段使能源和资源消耗最小化；第二，选择环境影响更小的材料；第三，使用模块化和高质量原材料以减小产品重量；第四，降低产品返修率；第五，延长产品使用寿命；第六，使用新材料、新技术，减少产品所需的维护；第七，在产品设计阶段，充分考虑设备升级、设备返修和设备回收、材料回收等问题。

总之，生态战略轮对于企业开展生态设计起战略层面的系统规划作用，它为生态设计所要达到的预期结果进行了定义，是企业进行生态设计战略制定和实施的出发点和归宿点，为企业的生态设计提供了一个整体性、长期性、基本性的战略方针。生态设计的七个准则很好地从战术层面诠释了这个战略理论，它对战略层次的三个方面进行了细致的划分，所以说，生态设计七个准则是企业进行生态设计的实践指导，它和战略层次的生态战略轮相辅相成。

4.4.2 通过生态设计实现价值创造

生态设计的出现在一定程度上是为了减少企业在环境管理方面的风险。但是，随着生态设计理念的成熟和战略的不断实践，应该思考如何通过生态设计实现价值创造。从本质上讲，生态设计是一种系统方法，它通过各方合作提高资源和能源效率、产品全生命周期质量、创造新市场机会的同时改善环境绩效（UNEP，2009）。由于发达国家的平均环保意识水平较高，生态设计在这些国家还被延伸到了服务-制造系统集成、系统创新和其他生命周期视角，由此衍生出通过创新生态设计产生价值创造的机会。与控制风险的生态设计相比，价值创造下的生态设计可以考虑从面向全过程的生态设计和满足客户需求导向下的生态设计展开。

目前，学界和工业界已经开发了工具和方法来帮助企业及企业的利益相关者（如供应链上下游）重新考虑如何设计和生产产品，以提高利润和竞争力，满足客户需求，同时减少对环境的影响。基于已有经验，价值创造下的生态设计逐渐发展并涵盖了更广泛的内容，如社会可持续性、以更少的资源开发满足消费者需求的新产品。此时的生态设计超越了如何制造绿色产品的概念，涵盖了如何在"人、经济和环境"系统水平上最好地满足消费者的需求，以此成为产品生态设计创新的元素，如图 4-5 所示（UNEP，2009）。

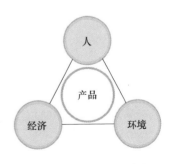

图 4-5　基于价值创造的生态设计概念范畴

▶ 1. 生态设计如何有助于价值创造

一般来说，通过生态设计减少产品和服务对环境的影响而带来的一些潜在价值创造包括以下三个方面：

（1）降低成本

生态设计可以降低成本，如减少产品重量（减量化），同时在保持产品功能的前提下使原材料和运输成本降低。例如，某建筑公司通过改善设计，发现带齿的钢梁比传统的工字梁使用的钢少 25%～50%，平均每米降低成本 44 欧元；设计一种易于在其"使用寿命终止"时拆卸的产品，通过如减少螺钉和其他紧固件的数量和种类降低制造成本（EDECON，2013）。这种降低或减少可提高企业的低成本竞争力，从而提高利润率。

（2）满足客户期望

随着市场对绿色产品的需求增加，能够提供较好环境性能产品的企业可以更好地满足客户的环保期望，由此提高竞争优势。欧洲大多数大型建筑企业、零售商、公用事业公司、公共机构和政府组织都要求其供应商和分包商证明它们在环境管理方面所做的改进。Skanska 是全球领先的建筑公司之一，致力于成为可持续发展方面的领先企业，该企业在供应商招标中明确提出只会与符合其环保要求的供应商和分包商开展业务，这些供应商和分包商了解其所提供的产品、材料和服务的性质，并有环保责任（EDECON，2013）。生态设计是企业改善其产品或服务的环境绩效的最有效方法，有效开展生态设计可以满足客户日益增长的环保期望。

（3）获得领先优势

国外对开展生态设计已经出台了相关法律法规，如 RoHS 指令提出了在电子设备中禁用的六种有害物质；欧盟关于建筑产品的《建筑物能源性能指令》旨在减少与建筑物有关的二氧化碳（CO_2）排放，并要求企业提供建筑物能源性能数据并定期检查大型空调装置。国内随着生产者责任延伸制的推行，关于生态设计的相关法律法规预计也会顺势而生。部分领先企业在相关法律法规出台前已经开展了生态设计，这些拥有领先优势的企业可以在行业内拥有更高的竞争优势。

▶ 2. 基于价值创造的生态设计实施

基于价值创造的生态设计实施可以从三个阶段开展，如图 4-6 所示。

图 4-6　生态设计实施的三个阶段

（1）评估生命周期影响

进行生态设计的第一步是评估产品在其整个生命周期中相关的环境影响。从原材料的选择到制造、使用和处置，考虑材料、能源和水的来源和消耗方式及废物的产生过程，确定最重要的影响环节，评估企业是否有能力直接改善这些环节。生命周期评估法是一种简单实用的工具，它旨在了解产品的关键环境影响。图 4-7 所示的"产品生命周期阶段"涉及产品从材料采购到使用寿命结束的过程。

采购	运输	制造	包装	分销	使用	末端处理
原材料、零部件采购 如：水泥原料矿石开采设备的获取、石油提炼、木材获取等；零部件的获取过程	原材料、零部件从供应商到工厂大门的运输 包括物料包装和运输方式，如水上运输、公路运输、铁路运输和空中运输	包括从原材料、零部件到达到产品承诺功能完成的过程	产品使用的包装类型和数量	产品从制造商运到客户手中的模式	产品使用过程涉及的过程 如产品（电钻）或服务的水或能源消耗、油漆或粘合剂使用期间的环境排放；此阶段还包括产品的安装和维护过程	产品/服务寿命到期时涉及的处理过程 如废旧手机等电子产品的处理、汽车发动机等机械产品的回收、处理、再制造等

图 4-7　产品生命周期阶段

不同的产品可能具有特定的附加生命周期阶段，这些阶段与产品本身或行业密切相关。企业在每个阶段的影响力也各不相同，但各阶段之间又有关联。需要注意，如果对某一阶段企业的影响力很弱，企业因此减少或者无法对其产生影响，则这一阶段可能为潜在的风险阶段。

另外，在每个生命周期阶段，不同的产品类别在其影响的重要性上有很大的不同。例如，许多采石产品和木材产品可能在材料采购阶段产生最大的环境影响。在该阶段，采矿等过程可能会影响生物多样性及造成水、空气和土地污染。在使用过程中的环境影响相对前期较少，这些被称为"被动型"产品。相反，"主动型"产品是指在使用过程中环境影响最大的产品，包括那些在运行中消耗能量和水的产品。例如，电气产品（供暖和空调装置）在使用过程中消耗最多的能源，而像马桶这类产品在使用过程中消耗的水要比在生产过程中消耗的水多出很多。

（2）形成生态设计战略

使用生命周期识别产品全生命周期中最重要的环境影响后，需要对重点环节重新设计改造。在设计前，企业需要评估影响拟修改环节的范围和程度：①对当前重要环节的现状评估；②对生态设计可以改进的空间评估，如企业在设计上可以做出的有可能的最大提升是什么。图4-8的生态战略轮工具可以在企业确定生态设计的重点和范围时采用。

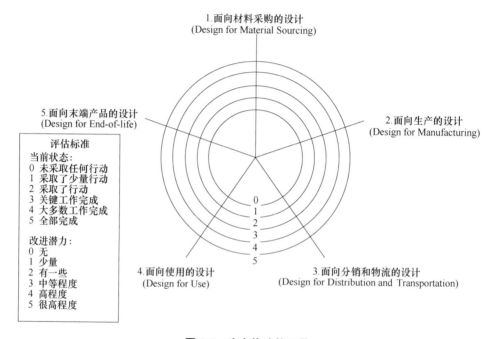

图 4-8　生态战略轮工具

1）当前状态。评估当前状态时，企业可能会发现之前出于其他原因（如节省成本、减少包装或减轻产品重量以节省分销成本）已经进行了某些生态设计。此时，企业需要确定这些已开展生态设计的程度，以便估计剩余的改进可能性和范围。相关设计人员基于对生产及产品的了解（最好组成生态设计团队，包括来自管理、市场、采购、研发部门的人员），对每个关注环节的已完成改进程度从0到5打分；然后将估计值标记在图4-8所示的适当的轮上，其中0表示在该环节未采取任何操作，而5表示该环节已完全改进。通过在生态战略轮的每个环节上标记并最后连接各环节的各点，可以构建出当前状态图，该图包围的区域即是进行新生态设计的重点工作区域。

例如，一个研究屋顶瓦的运输和分配设计的团队发现，以前减轻了产品重

量，以减少运输的财务成本。在这种情况下，团队可能决定将当前状态评分为
2，表示已采取了行动，但尚未考虑多种选择。

2）改进潜力。在前一阶段基础上，企业需要考虑在每个重点环节进行可能
的生态设计改进。围绕每个重点环节进行研究，估算实施设计的可行性。例如，
等级从 0 到 5，其中 0 表示没有潜在的改进选择（即不相关或完全不在企业控制
范围之内），而 5 则表明改进的可能性很高，并且有许多可行的选择。将这些点
连接起来就可以得出第二个图景，即认为存在可行的改进生态设计方案。

通过比较当前状态和改进潜力，生态设计团队可以确定最佳的改进环节，
即那些尚未完成但可实现的环节。当前状态和改进潜力两条线之间的差距越大，
生态设计的可改进空间就越大。

例如，屋顶瓦设计团队认为，使用其他材料可以进一步减轻产品重量；团
队认为还可以引入新的更轻的托盘、使用更多的可回收材料，从而减轻重量，
减少生命周期中的能源消耗。经过综合评估，团队将改进潜力评为 4 分。

以下是一个生态战略轮运用的举例：

在图 4-9 中，粗虚线表示设计已经优化的当前状态或范围，即起始线。粗实
线显示了窗户制造商认为可以采用生态设计方案的范围和重点环节。战略轮上
的两个重点环节，即"面向末端产品的设计"和"面向使用的设计"有最大的
改进余地（粗虚线与粗实线形成的区域空间最大）。这些环节当前为高能耗、高

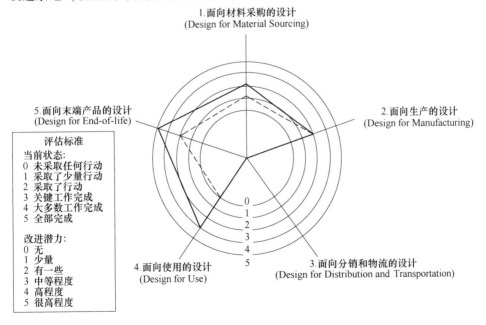

图 4-9 生态战略轮重点区域举例

第**4**章

绿色价值链创新与管理

CO_2排放并产生不可回收的废物，如果通过生态设计成功解决，将出现环境绩效的改善。分销和物流环节在战略轮上显示为"0"，因为在评估阶段被视为非改进环节。可以看出，战略轮工具的运用帮助企业确定了重点环节和设计改进的相关内容，这些构成了产品进行生态设计时的环境改进实践。在本例中，生态设计团队在战略轮基础上，提出了以下几种生态设计的具体实践：

① 面向使用的设计：提高窗户的能源效率、耐用性和使用阶段维护的便捷性。

② 面向末端产品的设计：在拆除过程中提高材料回收率，以供重新使用或回收。

（3）实施生态设计战略

首先，需要进一步考虑每种改进方案，以确定如何执行该策略并为每个改进环节确立设计目标。其次，在形成最终的生态设计规范之前，将需要对拟改进的环节在成本节约、环境绩效改进、收入增加等价值创造维度进行评估。最后，由生态设计团队形成最终的生态设计规范并在同类产品中推广实施。

▶ 4.4.3 案例分析

以赫曼米勒公司开展的生态设计为例，说明生态设计如何在生态战略轮的各环节开展，并为企业带来价值创造。

【案例 4-6】赫曼米勒：Mirra 办公座椅⊖

赫曼米勒（Herman Miller）公司（以下简称米勒）于 1905 年以密歇根星级家具公司的身份成立，是 D. J. De Pree 于 1923 年购买并改名（以其岳父的名字命名）的。在随后的 60 年中，D. J De Pree 和他的两个儿子 Hugh 和 Max 将公司发展成为享誉国际的家具设计公司。Noguchi 桌、Eames 休闲椅、移动办公系统、Aeron 椅等创新产品使米勒成为住宅和办公家具以及工作场所设计的领导者。公司与知名设计师的合作带来了卓越的创造力。其产品在纽约现代艺术博物馆、华盛顿特区史密森尼学会等许多博物馆的永久收藏中都有展示。

20 世纪的传统理念是"从摇篮到坟墓"（Cradle-to-Grave，C2G），包括挖掘、砍伐或燃烧自然资源来制造产品，但这个过程会向环境释放有毒物质，且产品在使用寿命结束时会变成无用的废物。随着环境问题越来越引起人们的重视，"从摇篮到摇篮"（Cradle-to-Cradle，C2C）被提出，该理念旨在实现大自然的再生循环，要求在产品使用寿命结束时，产品及其组成材料可以用来制造同样有价值的产品。C2C 的思想不仅关注减少有毒有害物质、污染和自然资源的浪费，还更进一步要求公司重新设计工业流程，这样产品从最初到最后就产生最少的污染和废物。

⊖ 来源：Lee 和 Bony（2007）。

2001 年，C2C 得到了米勒的高度认同，公司希望设计一款完全符合该理念的产品，Mirra 办公座椅是公司探索实践这一理念的第一款产品，主要设计目标是减少对环境的影响和提高可拆卸性。米勒在 2001 年 6 月成立了"生态设计"（Design for Environment，DfE）小组，专门负责协调新款座椅的研发，制定新产品的环境评估措施。新产品的生态设计是从以下几方面的生态战略轮维度考虑的：

▶ 1. 面向材料采购的设计

设计小组很快发现自己并不能开展生态设计，因为工程师了解材料的性能，采购人员了解材料的价格，但他们对材料的有害物质含量和对环境的影响都不清楚。为此，小组首先外聘了环境方面的外部专家；其次找供应商，并要求提供原材料的详细资料，并按照公司的要求进行改进。为了获得供应商的支持，米勒积极向供应商宣传 C2C 的好处，如：C2C 可以对原材料进行全面的评价，可以开发新的市场和更好地应对未来的环境立法；米勒的品牌效应可以给供应商起到宣传的作用。另外，米勒提出如果供应商想继续与这家价值 14 亿美元的公司做生意，则它们必须遵守 C2C 协议。DfE 团队与每个供应商（仅前 6 个月就有 200 多个供应商）合作，将供应商加入 DfE 计划。如果供应商同意与项目合作，DfE 团队将在评估过程中指导供应商，并对结果向供应商提供反馈。对于不合格的材料，DfE 团队与供应商一起寻找可替代的产品或是全新材料。获取到足够的原材料信息后，米勒花费了大约 10 万美元的 IT 工程费用和 30 万美元的 MBDC 材料评估费用，对原材料进行分类，建立了一个使用绿-黄-橙-红标准分类的供应商材料数据库，并为新产品制定拆卸指南。

在与供应商的谈判中，团队人员强调了加入 C2C 计划的好处，其中包括：①由于更充分地预先选择了可以减少迭代次数的材料，从而缩短了开发周期；②供应商的材料将有助于开拓新市场并更好地应对未来的环境立法；③受益于 Mirra 主席所拥有的公共关系影响，Herman Miller 愿意强调供应商对成功推进公司生态设计的作用。但最重要的是，如果供应商想继续与这家市值 14 亿美元的公司开展业务，则它们就必须遵守 C2C 协议。

▶ 2. 面向生产的设计

在开发阶段结束时，产品的基本设计已经确定。制造团队便开始设计组装 Mirra 座椅的生产线。该生产线将通过传送带进行连接，将椅子从底向上组装，传送带将椅子从一个工作点运送到另一个工作点。尽管新设计的 Mirra 椅子（包含可调式腰椎支板和固定式腰椎支板、覆盖织物的全塑料背板、多种颜色和饰面）共有多种可能的组合，但 Mirra 椅子比以前的 Aeron 椅子更易于组装，运营工作团队负责人 Henrietta Carter 表示，"就是很简单的拼装"。这使生产线更短，更简单，从而使员工可以在每个工位轮换，而不是像 Aeron 椅子线那样需要在不同工作区域内轮换。Carter 认为："工作应该更有趣，每个工人都可以代替生产线上的任何其他人，增强生产线的包容性。"根据当时的工厂设计，制造团队预计每 55～60s 就会完成一把椅子。

▷ 3. 面向使用的设计

在最初阶段，DfE 部门团队便考虑设计，以实现 C2C 的"智能设计"并要求"产品应该可以很容易被用户组装，且各模块都清晰标志其安装位置"。因此，此阶段从 DfE 启动会议开始，DfE 团队向设计团队介绍其指南，并允许他们访问化学产品数据库。

在启动会议后的探索阶段，设计人员就产品的基本概念进行头脑风暴，并概述了设计要求。此时他们还未花费大量精力开发任何特定的产品功能。Mirra 产品的 DfE 启动会议于 2001 年 10 月举行。设计顾问和 Herman Miller 开发团队参加了会议。

在开发阶段，一旦确定了基本设计，团队便将产品划分为模块，并为每个模块分配不同的团队。当每个团队开发其模块的原型时，DfE 团队将按照 C2C 协议评估设计的材料、可拆卸的内容。计算模块的每个组件的"DfE 重量"，这是该组件的 C2C 合规性（以百分比表示）的量度。

DfE 团队以 DfE 计分卡的形式向开发团队提供反馈。在设计过程中，由于对 C2C 合规性的设计变更和其他问题，任何给定模块可能都会进行多次迭代。最终的 DfE 评估按比例汇总所有模块的材料、可拆卸性成分的分数，并向开发团队提供了最终产品的计分卡。这些步骤和结果都会输入公司的材料数据库中，以备将来参考。尽管每种产品都是根据具体情况进行评估的，但产品通过通常需要最终的 DfE 分数至少为 50%。50% 意味着材料是"黄色"或更好的，即大部分产品可以分解为材料或零部件，并且大部分原材料可以回收利用。50% 的分数不是一个静态的，只是根据公司产品的当前状态评估出的较实际的目标。但是随着产品的改进，DfE 分数可能需要不断提高以适应更高层次的环境和可持续性指标要求。

▷ 4. 面向末端产品的设计

Mirra 团队讨论了回收 Mirra 座椅物料的几种方法。一种是按照类似于汽车租赁的合同租赁椅子：使用寿命结束或想要升级到较新的椅子型号时，客户可以将椅子退还给公司。这种策略是本章第 4.3 节中的与客户合作方式的一种。它首先需要对椅子重新确定定价方式和销售方式，并需要物流支持以处理送回公司的产品。另一种是利用二手办公家具市场网络收集用过的产品。还有一种方法是通过社区回收，但这种方法需要等待地方政府提高其社区回收能力。

DfE 指导委员会的一位成员评论说："有一个问题是，如果不清楚供应链末端如何运作并使材料重新回到循环中，则公司无法在设计阶段预估投入多少资金以完成末端产品回收。"这是一个经典的鸡和鸡蛋问题，完全实现供应链闭环仍然是一个未解决的问题。

下面来谈一下米勒生态设计的价值创造。当时，有关 C2C 协议的报道很多。William McDonough 是生态设计的有效执行者，由于 Mirra 办公座椅的成功设计曾获得许多环境奖项，包括在环境设计领域颁发给做出杰出成就者的国家设计奖。Mirra 办公座椅是第一个使用 C2C 协议的高度工程化的产品，它帮助 MacDonough 及公司提高了在行业的影响力和竞争力。同时，尽管产品性能和价格仍然是市场的主要标准，但越来越多的客户也将环境影响看作购买决策的一个因素。因此，Mirra 办公座椅在节约成本的同时也给公司带来了许多新收入。

案例总结

通过前期的材料选择和可拆卸性设计，设计团队发现在生产阶段，与公司之前的 Aeron 椅子相比，Mirra 办公座椅更容易组装，生产线更短、更简单，员工可以在每个工位轮换，减少操作疲劳等。最终，公司于 2003 年正式推出 Mirra 办公座椅，这是第一款从一开始就根据绿色设计原则开发的办公家具，也是第一款完全不含 PVC 材料的办公座椅，从此，公司开始引领办公家具的绿色浪潮，得到市场的高度认可。

从 Mirra 办公座椅的案例中，米勒有三点成功的经验值得学习。一是进行了足够的人员配备，成立专门的 DfE 小组，并聘请专家进行全程指导。二是与供应商合作，从而建立原材料数据库，并且帮助供应商一起制定和实施改进方案，追求共赢，最终成功实现了绿色价值的创造。三是在产品的全生命周期过程中采用生态战略轮工具系统分析 Mirra 办公座椅的各阶段关键改进流程，最终得到了市场、媒体、社会的认可。

4.5　绿色价值链创新与管理：资源再生中的价值创造

绿色供应链管理涉及的另一重要实践是实现供应链闭环，考虑对末端产品的处理及减量化、再利用、再循环和再制造等，这些资源再生方法有助于企业在绿色供应链管理中实现价值创造。资源再生作为实现更可持续的经济增长的途径而受到关注。资源再生的主要措施已被确定为减量化、再利用、再循环的3R 原则。后来，基于再制造（Remanufacturing）的原则也被纳入通过资源再生实现经济效益的有效手段。

▶ 4.5.1　资源再生与价值创造概述

在区域和全球范围内，材料和自然资源的可持续消耗和管理的方法变得越来越重要。由于许多自然资源数量有限，因此迫切需要创建一种新的方法来有效利用资源（Mathews 和 Tan，2011）。在这种充满挑战的环境中，资源再生提供了一种有效提高资源效率的途径。所谓资源再生，就是只要产品和材料能够提供价值，它们就会继续在产品"循环"中流通，同时减少从自然界获得原始材料的需求和废物的排放。基于服务的产品（如租赁服务），生产更耐用和/或更精简的产品及增加对再生材料的使用（Zhu 等，2010），都是资源再生的不同实践。但是，要让资源再生能够为企业创造价值，企业也需要调整当前的供应链模式，以符合资源再生的基本原则并达到相关的要求。

传统的资源再生手段主要是 3R，即减量化、再利用和再循环，重点在于系统中物料的循环（Ghisellini 等，2016）。减量化就是通过提高生产和消耗效率，从源头减少资源和能源的消耗，例如通过改进技术、简化包装及使用更节能的设备，来最大限度地减少系统中使用的材料和能源以及产生的废物的总量（Feng 和 Yan，2007；Su 等，2013）。减量化在减少废物的同时，也重视价值的创造。例如，零废物战略旨在最大限度地提高产值，同时最大限度地减少废物和环境影响（Figge 等，2014）。Unilever（2016）采取了这一战略，并在 2016年 2 月之前减少了 600 多家填埋场的无害废物填埋。

再利用是对未到生命周期末端的产品或零部件，以实现其原有功能加以再次使用（欧洲议会和欧盟理事会，2008）。与使用原始材料生产新产品甚至再循环材料相比，再利用产品和零部件所需的资源、能源和劳动力都更少（Castellani 等，2015）。因此，再利用可以提高整体资源效率，从原材料和零部件的多个使用周期中获取额外收益。在新兴的共享经济中，Airbnb 允许人们将未使用的房间出租为民宿，也就是拥有剩余资源的人通过 Airbnb 等将资源出租给需要的人（Belk，2014），这是一种新型的资源再利用模式。

再循环包括对收集、分解、分类或处置产品的材料进行二次利用。再循环后的材料可以用于原始用途或其他用途（EPCEU，2008）。再循环是在原有的产品或材料失去原有功能后对材料的二次利用。在循环过程中，产品和零部件通常会转化回材料。例如，瑞典户外装备品牌 Fjallraven⊖生产由 95% 再生聚酯制成的背包，这属于典型的再循环实践。再循环经常被看作资源再生的代名词（Kirchherr 等，2017）。但事实上，在资源效率和保持流通物料价值方面，再循环是 3R 中的最不可持续的解决方案，因为它受到物料复杂性等的限制（Stahel，2013）。

在 3R 基础上，再制造逐渐成为资源再生的另一重要手段。再制造是以废旧产品为毛坯，采用特定的工艺和技术，在原有产品的技术上进行一次新造，使

⊖ 来源：https：//www.fjallraven.com/。

新造后的废旧产品质量和性能不低于新品（Hatcher 等，2011）。徐滨士（2009）的研究表明，再制造发动机可以节能 60%、节材 70%、节水投入 80%，成本约为新品的 50%。与 3R 相比，再制造的最大优势是可以使废旧产品恢复到和新品一样的质量和性能。再制造也不会改变原始产品的结构和功能。目前，中国的再制造行业主要由电子产品（如打印机及其零部件）、机械产品（如汽车发动机）、鼓风机及其零部件构成。因此，再制造的价值创造不仅体现在显著降低的环境排放影响上，还体现在降低材料和能源投入成本产生显著的经济价值上。

▶▶ 4.5.2　绿色供应链管理的创新实践：资源再生与价值创造

在以价值创造为目标的绿色供应链管理中，企业如何开展资源再生实践，开展了资源再生实践如何有助于价值创造，这些问题值得思考。资源再生实践早期是为了应对相关的法律法规，如生产者责任延伸制。但随着企业发展和客户对环保期望的水平上升，资源再生如何在传统基础上通过创新业务模式实现价值创造，是多数企业面临的问题。资源再生实践的创新可以通过两个角度考虑：①传统 3R 实践是否可以创新业务模式，以实现价值创造；②是否可以发展新的资源再生实践（如再制造），从而通过资源再生利用实现环境效益和经济效应的可持续。本节结合几个典型企业的实践分析这两种视角下的资源再生与价值创造。

【案例 4-7】UPM 公司⊖

UPM 公司是欧洲一家生产木材相关制品的企业，该企业的部分业务是为客户企业生产纸质标签。该企业在资源再生方面的典型实践是将其他纸质标签产品的废物回收作为生产木塑复合产品（WPC）的材料。具体来说，通过企业的废物管理业务向客户购买以前标签产品 RafCycle 产生的废料（主要是纸质标签的背面，称为离型纸），企业将标签废料回收并再次作为原材料生产 WPC，以此实现了经济和环境价值创造。UPM 与使用以前产品的客户签订合同，使客户承诺在使用产品时/后将标签废料（即背面的离型纸）收集并卖给 UPM，从而 UPM 获得废料并以此为原料，经过简单处理后用来生产 WPC。

这种资源再生模式下，曾经是废料的离型纸，现在又作为 WPC 的原材料返回给企业并带来新一轮收入。如果企业有可能进一步处理 WPC 的废物，相同的材料就可能产生第三轮收入。表 4-3 概述了 UPM 公司的资源再生与价值创造。UPM 的资源再生模式是将主要废物变为另一种完全可回收的原材料来减少废物量。WPC 的原材料中有 60% 以上来自回收的标签废料，而这些标签废料以前是无法回收利用的，只能通过焚化或填埋来处理（UPM，2016）。因此，WPC 的废物再生减少了公司产生的废物量，并通过开发新的再循环模式实现新价值创

⊖　来源：Ranta 等（2018）。

造（UPM，2013）。

表 4-3 UPM 公司的资源再生与价值创造

绿色供应链管理及创造的价值	减 量 化	再利用	再 循 环
产品/服务	RafCycle 产品的标签废料的填埋和焚化业务减少	无	耐用的高质量、可回收的WPC 由标签废料制成
客户	RafCycle 产品的客户	无	WPC 产品的消费者
资源/能力	对 RafCycle 产品的废物进行源分离	无	专利技术；使用传统的塑料成型工艺将标签废料加工成 WPC 的能力
所处供应链位置	标签废物的处理者（末端产品处理者）	无	WPC 制造商和销售商
收入/来源	RafCycle 标签销售收入	无	WPC 销售收入
经济价值	减少客户标签处理成本	无	减少 WPC 原材料投入

【案例 4-8】 Ekokem 公司⊖

Ekokem 公司是一家专门的废物管理运营商。Ekokem 公司所在的镇是芬兰首个循环经济村。从绿色供应链管理的角度看，该公司的运营模式需要两个关键因素，一是增强回收能力，二是开发使用废旧产品作为原材料的新产品，最终获取价值。

Ekokem 公司的废物处理服务是其已有的主要业务。废物处理业务需要与当地市场上的其他同行企业竞争，因此更容易受到价格波动的影响。公司在现有模式的基础上，增加了对回收的塑料分离源塑料的流程，将具备不同可再生能力的废物在供应链末端分类，符合不同条件的塑料进入不同的处理流程。该业务模型旨在最大限度地从混合废物流中获取价值，以实现废物价值最大化。表 4-4 概述了 Ekokem 公司的资源再生与价值创造。

Ekokem 公司的另一主要业务是开发了新产品——再生塑料颗粒。再生塑料颗粒的出现可以在很大程度上减少原始材料的使用，实现资源的再循环。更重要的是，生产的再生塑料颗粒及其制品替换了原始材料，可以大大降低客户使用成本，从而增加公司收入，实现了经济价值创造。

表 4-4 Ekokem 公司的资源再生与价值创造

绿色供应链管理及创造的价值	减 量 化	再利用	再 循 环
产品/服务	废物处理服务，通过提高处理率来减少废物的焚化和填埋	无	再生塑料颗粒及制品

⊖ 来源：Ranta 等（2018）。

（续）

绿色供应链管理及创造的价值	减 量 化	再利用	再 循 环
客户	工业和农业塑料废物生产商，市政废物管理运营商，以及国家塑料废物源分类项目相关部门	无	颗粒塑料工业
资源/能力	废物处理资源，包括废物转化为能源的能力、新回收系统	无	塑料精炼厂和生物精炼厂组合，以实现高循环处理率
所处供应链位置	供应链末端废物收集者	无	再生颗粒塑料制造商和销售商
收入来源	处理服务费	无	再生塑料颗粒和产品的销售收入
经济价值	分离源塑料可以降低客户的服务费用	无	再生塑料比原始塑料价格更低

【案例 4-9】 Dell 公司[⊖]

Dell 是美国领先的个人计算机（PC）和计算机设备制造商。根据技术分公司 Gartner Inc.（Renstrom，2016）的数据，从出货量看，Dell 是世界第三大 PC 制造商。2015 年第四季度的 PC 出货量为 1 020 万台。通过在产品中使用再生材料，Dell 可以在不改变产品性能的情况下节省材料成本。2016 年，Dell 表示，当前该项目节省的成本尚少，但随着可再生材料的使用和项目范围扩大，公司预计节省的成本会增加（Dell，2016）。显然材料成本的节省是 Dell 产生的直接价值创造。表 4-5 概述了 Dell 的资源再生与价值创造。

Dell 设计闭环再循环系统的主要目的是回收报废的计算机设备。Dell 专注于回收计算机的塑料组件，因为这些组件可以用于制造新产品，进而降低成本，这部分业务构成了 Dell 的再循环模块。2015 年，Dell 从计算机和显示器中的旧电子产品中回收了超过 340 万磅（1 542t）的再生塑料，此外还从塑料瓶和其他可再生资源中回收了 1 070 万磅（4 854t）的塑料（Dell，2016；Renstrom，2016）。

另外，对于从电子废物中提取的其他材料（例如贵重金属），Dell 不会采用像塑料组件一样的再循环模式，而是将其转移给负责拆解和分离的回收公司，实现这部分材料的再循环利用（Renstrom，2016）。尽管 Dell 通过努力实现了计算机和显示器再利用，但事实上 Dell 本身并未从中获得任何经济价值，因为

⊖ 来源：Ranta 等（2018）。

Dell 将回收（减量化）和再利用业务外包给了第三方 Goodwill 公司。相反，Dell 的回收和再利用模块需要向 Goodwill 支付处理业务中分离和再利用组件部分的费用（Napsha 和 Olson，2009；Renstrom，2016）。该案例表明减量化和再利用并不能为 Dell 创造足够的经济价值，而是成了一项成本。

表 4-5　Dell 的资源再生与价值创造

绿色供应链管理及创造的价值	减 量 化	再 利 用	再 循 环
产品/服务	为消费者提供免费的回收服务，以减少电子垃圾的焚化和垃圾掩埋	与第三方公司 Goodwill 合作回收旧计算机组件	现有产品中引入了闭环塑料，从而提高了其产品的可持续性
客户	拥有未使用和报废计算机的消费者	所有消费者	当前 Dell 产品消费者
资源/能力	拥有超过 200 个回收服务网络	能够分离适合再利用、翻新和转售产品给消费者的能力（Goodwill）	闭环塑料的制造能力、回收能力，以及旧计算机中塑料材料的处理能力
所处供应链位置	供应链末端废物收集者（Goodwill）	废物分类者（Goodwill）	闭环塑料供应链所有环节
收入来源	Dell 付给 Goodwill 的产品回收服务费	可再转售产品的销售收入（Goodwill）	含闭环塑料产品的销售收入
经济价值	Dell 拥有产品回收系统	无	再循环塑料比原始塑料价格低且更稳定

总结以上三个案例，可以发现：

第一，企业的目标是通过资源再生实现价值创造。对于 UPM，回收标签废料可为 WPC 的生产提供经济高效且可持续的材料。在 Ekokem 案例中，增加回收功能使该公司除了现有的服务费收入来源外，还可以从回收材料的销售中获得更多价值。在 Dell 案例中，与 Dell 的资源再生模式相关的可实现价值创造的部分是用更有成本效益的再生塑料代替原始塑料。因此，根据公司是出售再生材料还是再生材料制成的产品，资源再生产生经济价值的方式有所不同，UPM 与 Ekokem 产生新的收入流，Dell 则实现较低的材料成本。

第二，通过资源再生进行价值创造的一大挑战是供应链末端的产品回收体系建设，以用于获取适合回收利用的废物。供应链回收体系在 Ekokem 案中有阐述，能够将可回收物与混合废物流分离来建立废物回收系统，这对于通过资源再生实现价值创造至关重要。在案例企业中，供应链末端回收体系相互差异较大。UPM 案例中的回收体系是内部与客户建立的直接回收渠道，而 Dell 案例中是通过与 Goodwill 的合作关系建立的，Ekokem 则是通过提供废物管理服务并收取服务费建立的。

第三，对现有产品的末端产品的回收和再循环与公司现有业务联系非常紧密，而新开发的再生产品业务与已有业务联系较松散。例如，在 UPM 案例中，现有的 RafCycle 产品很快开始向其客户提供回收服务，而 WPC 业务则需要寻找新的客户市场；RafCycle 产品的废物同时又是 WPC 的内部材料供应商。以 Dell 为例，这种分离更加清晰，因为 Dell 仅拥有产品回收系统，而实际的运营由 Goodwill 实施，Dell 又同时生产含闭环塑料的产品。这种分离模式使原始业务可以像以前一样运行，同时为业务增加了循环性。UPM 的模式也改变了企业在价值链中的位置，因为企业自身既提供废物管理服务又出售产品，而以前只是一种角色。

第四，通过案例分析发现，再利用模式不一定能为企业带来经济价值创造。三个案例中仅 Dell 产品实现了再利用，但即便如此，Dell 也未将再利用模式纳入其业务模型，而是将其留给第三方公司 Goodwill。戴尔没有从再利用中获取经济价值，而是向 Goodwill 支付了可再利用的计算机和显示器的分离费用，因此再利用产生的是成本而不是收入。

第五，再循环在三个案例公司中都是经济价值创造的主要来源，减量化的作用也不应被企业忽视，但再利用原则似乎没有充分创造价值。减量化在所有案例中都激励了客户参与产品回收服务。由于选择回收服务代替传统的废物管理服务可以有效地减少废物管理成本、通过利用回收服务减少浪费量，减量化为 UPM、Ekokem 和 Dell 的客户提供了经济价值，由此也带来了价值创造。

▷▷ 4.5.3 案例分析

再制造是企业实现资源再生的典型实践之一。下面以国内一家大型汽车发动机制造商——复强的再制造案例，分析通过再制造这一资源再生实践进行价值创造的过程。

【案例 4-10】复强再制造业务与价值创造⊖

▷▷ **1. 关于复强**

中国重汽集团济南复强动力有限公司（以下简称复强）是 1994 年 1 月 4 日在机械工业部立项，1994 年 11 月 11 日经外经贸部（现商务部）批准，并于 1995 年 1 月 14 日在济南市工商行政管理局登记注册成立的，1998 年正式投入运

⊖ 来源：Zhu Q，Tian Y. Developing a remanufacturing supply chain management system：a case of a successful truck engine remanufacturer in China［J］. Production Planning & Control，2016，27（9），708-716.

营。复强位于山东省济南市，是中国第一家汽车发动机再制造商。复强被授权对中国重汽的重型货车发动机和零部件进行再制造，2005 年 10 月被国家六部委（国家发展和改革委员会、国家环境保护总局、科学技术部、财政部、商务部、国家统计局）确定为国家循环经济首批示范单位，2008 年 3 月被国家发展和改革委员会列入全国第一轮 8 家再制造试点企业，2015 年成为"汽车替换计划"的试点企业之一。同时，复强是生产引擎再制造商协会（PERA）、国家再制造研究与开发基地以及再制造技术重点实验室的实践基地。复强占地 7.3 万 m²，拥有国内先进的汽车零部件生产线，再制造发动机年生产能力达 50 000 个，包括 Steyr、Cummins、Deutz 6110 和东风、朝阳、Diesel 6102 等十几个系列。复强是一家环保企业，符合所有当地和国家的环境标准，获得 ISO 9001 的认证和 TS 16949 质量管理体系认证。

▶▶ 2. 复强的再制造供应链管理系统

在最初阶段，复强对母公司中国重汽集团的维修站或 4S（销售、备件、服务和检验）中心提供的重型货车发动机的二手零件进行再制造。随着业务规模的扩大和技术的发展，复强再制造的发动机拓展到了其他品牌，并建立了再制造产品的销售网络。以山东为中心，销售扩展到中国其他地区。目前，复强已经开发了一个相对完整的全国性再制造供应链管理系统。其再制造供应链管理系统如图 4-10 所示，它包括四个主要部分，分别是二手发动机的回收、再制造、仓储及销售。

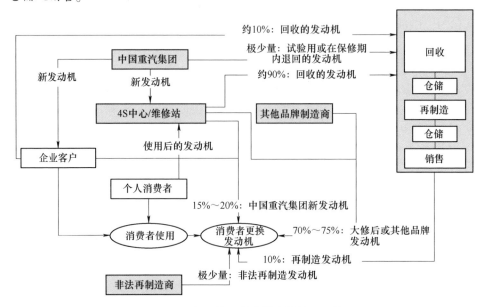

图 4-10　复强的再制造供应链管理系统

复强意识到管理者的理解和支持是促进再制造过程的关键。因此，复强为不同级别的经理制订了不同的培训计划。高级管理人员已接受有关新管理概念和方法的培训。中层管理人员已被派往英国接受专业培训。

(1) 复强的再制造流程

十几年来，复强进口了世界先进的设备，例如曲轴磨床。由于其先进的设备和强大的生产能力，复强已达到每台可再制造发动机的再制造率（重量）为84%，远远高于中国该行业的平均水平（最低的再制造率仅为39%）。

复强的再制造流程如图 4-11 所示。复强的再制造流程包括三个主要车间，它们分别是第一车间、第二车间和装配车间。首先将用过的发动机送到第一车间，在那里对其进行拆解、清洗和喷涂等。为了提高效率，复强把发动机放在一个工位中一起拆卸，而过去每个零件都在不同的工位上拆卸。在检查前，要用高压水清洗这些零件，以清除零件表面的油。清洗过的零件根据类型和损坏程度进行分类。经过表面清洁和防锈漆喷涂后，分类的零件将转移到下一个车间。

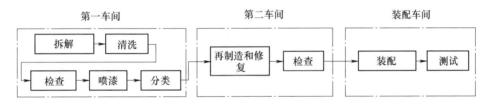

图 4-11　复强的再制造流程

在第二车间中，发动机的主要零件（包括气缸体、气缸盖、曲轴和变速器）被重新再制造。初步检查后，合格的零件将被送至装配车间。再制造后的合格零部件与从供应商处购买的其他新的非钢制零件组装在一起，生产出一台再制造发动机。在最后阶段，对发动机进行 6~8h 的测试。合格的发动机上贴有再制造产品标志，然后运输到仓库。

(2) 复强的回收和销售网络

复强的回收和销售同时实现，即回收废旧发动机，销售再制造发动机，通过两个主要渠道进行。第一渠道是中国重汽集团的 100 多个维修站或 4S 中心，这个回收和销售的渠道约占总销售额的 90%。第二渠道是复强直接与鞍钢集团和武钢集团等大型客户的运输队合作，该渠道约占总销售额的 10%。

每年年初，销售部和生产部根据过去几年的统计数据共同制订生产和销售计划。销售人员被指派协助全国的某些分销商（中国重汽集团的维修站或 4S 中心）来推广再制造发动机并推进销售计划。销售人员不仅提供有关再制造发动机的价格和类型信息，而且还普及再制造行业的相关知识以吸引客户。中国重汽集团的维修站或 4S 中心负责收集二手发动机并出售再制造发动机。这些站点或中心根据再制造发动机的销售量获得收入。客户购买再制造发动机时，复强会回收二手发动机。根据使用的发动机的质量，客户可以获得 5 000 ~ 12 000 元的折扣。

中国重汽集团的维修站或 4S 中心实施"零库存"以降低成本。当客户想要购买再制造发动机时，站点/中心会与复强联系，然后复强立即发出再制造发动机。同时，站点/中心将用过的发动机发回给复强。靠近复强的站点/中心可以在一两天内收到重新制造的发动机，然后为消费者更换旧发动机。但是，如果消费者选择在维修站/中心维修旧发动机，通常需要 10 ~ 15 天。因此，相对于修理，复强的再制造发动机可以帮助客户大大节省服务等待时间。但是，对于那些远离复强的站点/中心，这种省时优势可能会降低。

在中国目前的情况下，约有 20% 的二手货车发动机可以进行再制造。当客户需要在中国重汽集团的维修站或 4S 中心维修或更换发动机时，只有 10% 的客户选择了再制造发动机，10% ~ 15% 的客户从中国重汽集团购买了新发动机，而其他客户则要求大修发动机。再制造发动机主要用于运输煤炭、钢铁、沙子和碎石的重型货车。因此，它们主要销往工业发达城市、资源型城市和港口城市。复强的主要销售区有 10 个，包括华北、西北、华东、华中和华南等。为了减少不确定性，复强在每个区域都建立了一个中央存储库，其中包含 10 ~ 20 个主要类型的再制造发动机。自 2009 年以来，复强的再制造发动机销售迅速增长。

(3) 复强面临的挑战

尽管复强在开发再制造供应链管理系统方面已经积累了经验并从中受益，但它在实施再制造实践方面仍面临三个主要挑战。这三个挑战包括缺乏强有力的政策支持，客户对再制造产品的接受程度低，以及再制造产品市场的竞争加剧。

1) 缺乏强有力的政策支持。长期以来，法律、政策和法规未能为报废车辆和零部件的再制造行业提供支持 (Chen 和 Zhang, 2009)。目前，针对报废汽车和零部件的法规未对再制造有明确要求，因此再制造商无法获得报废车辆的主要零件。随着中国汽车工业的发展和资源的日益匮乏，以前的法律框架和观念已经不能适应当前形势的变化。因此，国务院在 2012 年修改了《报废汽车回收管理办法》（国务院令 307 号），规定合格的企业只要符合国家再制造标准，就可以再制造"五个主要组件"和报废车辆的其他零件。2019 年 4 月 22 日，国务院正式发布了《报废机动车回收管理办法》（国务院令 715 号），自 2019 年 6 月 1 日起施行。这为国内再制造企业的业务开展提供了法律支持。

但是，与发达国家不同，中国政府的生产者责任延伸政策目前仍处于起步阶段。因此，汽车制造商对部件的环境兼容性或考虑回收的生态设计不感兴趣。政府于 2009 年发布了《废弃电器电子产品回收处理管理条例》，其中规定电子电气企业必须对自己的末端产品负责。但是，没有强制性法规要求汽车制造商对其报废车辆的处理负责。没有政府的支持和报废车主的参与，再制造商很难建立有效的再制造系统。大多数汽车制造商并不专注于"如何回收报废车辆"，而是专注于开发混合动力汽车和电动汽车（Daniels 等，2004）。因此，这些制造商没有认真考虑在设计和制造阶段进行再制造。同时，由于缺乏汽车制造商的参与，再制造技术的发展缺乏支持。

2）客户对再制造产品的接受度低。如前文所述，根据复强的统计，愿意接受再制造发动机的客户只有10%，10%～15%的客户选择购买新发动机，其他客户选择大修发动机。这种情况的产生有两个主要原因。首先，中国客户不愿购买再制造的产品，因为他们怀疑产品的质量，并将再制造的发动机看作二手产品。其次，与大修相比，再造发动机的价格要高一些。为了促进再制造产品发展，国家发展和改革委员会、财政部、工业和信息化部和国家质量监督检验检疫总局联合发布了"自动更换计划"，该计划将为购买再制造产品并同时退还使用过的产品的客户提供补贴。2015 年，由四个部委一起发布了 10 家生产汽车零部件（发动机和变速器）的试点企业及其产品的清单。一系列政策将改变客户对再造发动机的偏好。

3）再制造产品市场的竞争加剧。随着政府政策的日益支持，越来越多的企业进入再制造行业，尤其是汽车零部件企业。2008 年和 2013 年，国家发展和改革委员会共批准了两轮试点再制造商，共有77 家，其中汽车零部件企业33 家，占43%。这些企业大多数是车辆制造商及其子公司，它们在各自品牌所有者的授权下对产品进行再制造。因此，这些企业之间的竞争并不激烈。但是，在第二轮的 28 家试点再制造企业中，有 4 家汽车拆解企业，这是国家经贸委授权的正规报废汽车零部件回收拆解企业。国家经贸委已批准在全国大部分县级城市设立 354 家类似的企业（首次为 337 家，第二次为 17 家）。基于本地回收系统的优势，这些拆解企业将与复强等现有的再制造商形成竞争。

一些非法的再制造商也与复强竞争。这些非法经营的企业收集报废发动机，然后简单地对其进行清洁和维修。它们出售行业内称为"洗澡件"的低质量发动机。这些质量较差的发动机以相对较低的价格作为所谓的再制造发动机提供给4S 站和维修中心。这些非法活动不仅减少了复强的销售，而且损害了中国再制造发动机的声誉（Chen，2005）。

（4）可能的解决方案

1）针对政府政策。根据国务院于 2012 年修改的 307 号令，新制定的政府政策允许合格的企业再制造报废车辆的五个主要组件和其他零件。这样的政策将大大增加征收的数量和不确定性。当前，复强在维修或修理时会翻新二手在用重型货车的发动机。这些发动机通常不是报废发动机。因此，复强仅收集有限数量的二手发动机。当客户购买再制造的发动机并退还旧的发动机时，复强会为二手发动机付费或给予折扣。这些二手发动机的所有者应提供相关信息，例如类型和使用时间。结果，复强可以估算二手发动机的可再制造水平。从报废车辆退役的发动机进入再制造市场之后，复强业务模型必须彻底改变。为了应对这种情况，复强必须根据新发动机的地区销售数据和发动机使用寿命的分配数据重新设计回收-销售网络，以预测停产车辆的数量并减少回收的不确定性。

另外，为了重新制造因长时间使用而导致损坏、不确定性更高的发动机，复强应该进一步改进检查和再制造技术。在过去的十年中，复强已经发现了许多可能的技术改进，以实现更好的再制造实践。但是，此类改进主要依靠其母公司中国重汽集团的新发动机的原始设计，需要中国重汽集团有相应的兴趣和动力去改变其设计。中国政府已讨论建立汽车行业扩大生产者责任的法律制度。在具有此类法律要求的情况下，原始设备制造商将关注报废车辆的处理和处置。为了抓住潜在的机会，复强需要与新发动机的设计部门保持联系并提出适当的建议。考虑到处理成本和便利性，原始设备制造商应考虑进行处理和处置的设计。

2）针对客户接受度。作为"汽车更换计划"的试点汽车零件再制造商之一，复强的再制造发动机出售时享受政府提供给客户的补贴。此类补贴可以改善客户对再制造发动机的偏爱，从而提高复强的销量。此外，一些研究人员发现，再制造商的声誉可以提高产品价格，例如原始设备制造商或其授权工厂的再制造产品可以以比第三方再制造的产品更高的价格出售（Subramanian 和 Subramanyam，2012）。为了利用自身的优势，复强应该以再制造发动机的强大质量及出色的售后服务赢得客户的信任（JUNIOR 和 Filho，2015）。宣传复强再制造发动机在价格方面要优于新发动机，在质量上要优于"翻新发动机"，这是很重要的。此外，为减少交货时间的不确定性，销售部门应做出更准确的需求预测。更好地管理各地区的再制造产品仓储既可以减少交货时间，又可以控制库存。

随着越来越多的环境和资源问题的产生，中国消费者越来越意识到环境保护的重要性。因此，更多的消费者会更喜欢绿色或环保产品。复强可以通过利用材料和节水的真实数据，以及减少环境排放来宣传再制造产品的环境特征，以吸引具有较高环保意识的客户。

3）针对日趋激烈的市场竞争。面对日益激烈的竞争，作为最大、最有影响力的汽车零部件再制造商之一，复强应该在两个方面提高核心竞争力，即再制造技术和再制造供应链管理。大多数竞争对手都处于起步阶段，缺乏先进的再制造技术和再制造供应链管理经验。在这种情况下，复强应该通过招募再制造技术人员并维持与大学和研究机构的合作关系来进一步扩大其技术优势。

此外，为了降低成本，复强必须在分析现有供应链各个方面的基础上，协调各种资源以修改再制造流程并优化其再制造供应链管理系统（JUNIOR 和 Filho，2012）。通过扩大行业领导者的影响力，再制造行业中的品牌建立是避免竞争对手影响的另一种有效方法。同时，复强应该将自己定位为该行业的领导者。

对于那些非法的再制造商，复强应该从政府那里得到更强有力的帮助，与其他正规的再制造企业一起推进政府引入相关法规和法律。政府应采取措施整顿和处罚违法企业，应严格建立和实施一系列再制造产品标准，包括技术体系和质量要求。正规再制造商和再制造产品的信息以及非法产品的危害应在消费者中进一步传播。

本 章 小 结

本章重点讨论了绿色供应链管理中的价值创造——绿色价值链管理。绿色供应链管理旨在降低供应链风险，在此基础上的绿色供应链管理需要进一步创造价值以此实现可持续增长。第 4.1 节系统介绍了绿色价值链的定义、实践及其与绿色供应链的关系，以厘清绿色价值链管理的理论框架。在此基础上，第4.2 节重点介绍绿色采购中的价值创造。本小节通过总结前人研究，并结合具体的企业案例，提出了面向价值创造的绿色采购的重点和模式：从材料供应商到设备供应商，从监管到合作。第 4.3 节以价值创造为导向，探讨了如何与客户合作将企业的提供产品延伸至提供服务，并介绍了在不同的延伸服务模式下实现价值创造的案例。第 4.4 节重点介绍了面向价值创造的生态设计实施过程，为企业实践提供参考。第 4.5 节从供应链末端产品处理——资源再生的角度讨论企业价值创造的模式，并结合实际案例说明企业在实践中如何通过不同的资源再生方式创造价值。

参 考 文 献

［1］ BAINES T S, LIGHTFOOT H W, EVANS S, et al. State-of-the-art in product-service systems ［J］. Journal of engineering manufacture, 2007, 221（10）: 1543-1552.

［2］ BEAMON B M. Supply chain design and analysis: models and methods ［J］. International journal of production economics, 1998, 55（3）: 281-294.

［3］ BELK R. You are what you can access: sharing and collaborative consumption online ［J］. Journal of business resasrch, 2014, 67: 1595-1600.

［4］ BEUREN F H, FERREIRA M G G, MIGUEL P A C. Product-service systems: a literature review on integrated products and services ［J］. Journal of cleaner production, 2013, 47:

222-231.

[5] BYERS S, GROTH J, SAKAO T. Using portfolio theory to improve resource efficiency of invested capital [J]. Journal of cleaner production, 2015, 98: 156-165.

[6] CARTER C R, JENNINGS M M. Social responsibility and supply chain relationship [J]. Transportation research part E: logistics and transportation review, 2002, 38 (1), 37-52.

[7] CASTELLANI V, SALA S, MIRABELLA N. Beyond the throwaway society: a life cycle-based assessment of the environmental benefit of reuse [J]. Integrated environmental assessment and management, 2015, 11: 373-382.

[8] CAVALIERI S, PEZZOTTA G. Product-service systems engineering: state of the art and research challenges [J]. Computers in industry, 2012, 63 (4): 278-288.

[9] CHATTERJI D. Achieving leadership in environmental R&D [J]. Research technology management, 1995, 38 (2): 37-42.

[10] CHEN M, ZHANG F. End-of-life vehicle recovery in China: consideration and innovation following the EU ELV Directive [J]. JOM journal of the minerals metals and materials society, 2009, 61 (3): 45-52.

[11] CHEN M. End-of-life vehicle recycling in China: now and the future [J]. JOM journal of the minerals metals and materials society, 2005, 57 (10): 20-26.

[12] DANIELS E J, CARPENTER J A, DURANCEAU C, et al. Sustainable end-of-life vehicle recycling: R&D collaboration between industry and the US DOE [J]. JOM journal of the minerals metals and materials society, 2004, 56 (8): 28-32.

[13] DE SOUSA JABBOUR A B L, VAZQUEZ-BRUST D, JABBOUR C J C, et al. Green supply chain practices and environmental performance in Brazil: survey, case studies, and implications for B2B [J]. Industrial marketing management, 2017, 66: 13-28.

[14] DEKKER H C. Value chain analysis in interfirm relationships: a field study [J]. Management accounting research, 2003, 14 (1): 1-23.

[15] Dell. Closed-loop recycled content [EB/OL]. [2021-03-26]. https://www.dell.com/learn/ag/en/agcorpl/corp – comm/closed-loop-recycled-content.

[16] EDECON. A guide for SMEs on eco-design for the construction industry [R]. [S. l.]: EDECON, 2013.

[17] FENG Z, YAN N. Putting a circular economy into practice in China [J]. Sustainability science, 2007, 2 (1): 95-101.

[18] FIGGE F, YOUNG W, BARKEMEYER R. Sufficiency or efficiency to achieve lower resource consumption and emissions? The role of the rebound effect [J]. Journal of cleaner production, 2014, 69: 216-224.

[19] GEBAUER H, FRIEDLI T, FLEISCH E. Success factors for achieving high service revenues in manufacturing companies [J]. Benchmarking: an international journal, 2006, 13 (3): 374-386.

[20] GENG D, LIU J, ZHU Q. Motivating sustainable consumption among Chinese adolescents: an empirical examination [J]. Journal of cleaner production, 2017, 141: 315-322.

[21] HAGE LAAR J L F, Van Der VORST J G A J. Environmental supply chain management: using life cycle assessment to structure supply chains [J]. International food and agribusiness managment review, 2001, 4 (4): 399-412.

[22] GHISELLINI P, CIALANI C, ULGIATI S. A review on circular economy: the expected transition to a balanced interplay of environmental and economic systems [J]. Journal of cleaner production, 2016, 114: 11-32.

[23] GOEDKOOP M J, VAN HALEN C J G, TE RIELE H R M, et al. Product service systems, ecological and economic basics, ecological and economic basics [M]. Hague: Ministry of Environment, The Hague, Netherlands, 1999.

[24] GUIDAT T, BARQUET A P, WIDERA H, et al. Guidelines for the definition of innovative industrial product-service systems (PSS) business models for remanufacturing [J]. Procedia CIRP, 2014, 16: 193-198.

[25] HATCHER G D, IJOMAH W L, WINDMILL J F C. Design for remanufacture: a literature review and future research needs [J]. Journal of cleaner production, 2011, 19 (17): 2004-2014.

[26] HANDFIELD R B, WALTON S V, SEEGERS L, et al. Greening value chain practices in the furniture industry [J]. Journal of operations management, 1997, 15 (4): 293-315.

[27] HANSMANN K W, KROGER C. Green manufacturing and operations: from design to delivery and back [M]. London: Routledge, 2001.

[28] HOULIHAN J B. International supply chain management [J]. International journal of physical distribution and materials management, 1987, 17 (2): 51-66.

[29] IJOMAH W L, MCMAHON C A, HAMMOND G P, et al. Development of design for remanufacturing guidelines to support sustainable manufacturing [J]. Robotics and computer-integrated manufacturing, 2006, 23 (6): 712-719.

[30] KLASSEN R D, VACHON S. The Oxford handbook of business and the natural environment [M]. Oxford: Oxford University Press, 2012.

[31] KLASSEN R D, VEREECKE A. Social issues in supply chains: capabilities link responsibility, risk (opportunity), and performance [J]. International journal of production economics, 2012, 140 (1): 103-115.

[32] KIRCHHERR J, REIKE D, HEKKERT M. Conceptualizing the circular economy: an analysis of 114 definitions [J]. Resource, conservation & recycling, 2017, 127: 221-232.

[33] KUNG F-H, HUANG C-L, Cheng C-L. Assessing the green value chain to improve environmental performance [J]. International journal of development issues, 2012, 2 (11): 111-128.

[34] JUNIOR M L, FILHO M G. Production planning and control for remanufacturing: literature review and analysis [J]. Production planning & control, 2012, 23 (6): 419-435.

[35] LAMMING R, HAMPSON J. The environment as a supply chain issue [J]. British journal of management, 1996, 7 (s1): 45-62.

[36] LIN K, SHIH L, LU S, et al. Strategy selection for product service systems using case-based

209

reasoning [J]. African journal of business management, 2010, 4 (6): 987-994.

[37] LINDAHL M, SUNDIN E, SAKAO T. Environmental and economic benefits of integrated product service offerings quantified with real business cases [J]. Journal of cleaner production, 2014, 64: 288-296.

[38] LUTTROPP C, LAGERSTEDT J. Eco-design and the ten golden rules: generic advice for merging environmental aspects into product development [J]. Journal of cleaner production, 2006, 14 (15-16): 1396-1408.

[39] MAKOWER J. Beyond the bottom line: putting social responsibility to work for your business and the world [M]. New York: Touchstone, 1995.

[40] MATHIEU V. Product services: from a service supporting the product to a service supporting the client [J]. Journal of business & industrial marketing, 2001, 16 (1): 39-61.

[41] MATHEWS J A, TAN H. Progress toward a circular economy in China: the drivers (and inhibitors) of eco-industrial initiative [J]. Journal of industrial ecology, 2011, 15: 435-457.

[42] MEFFORD R N. The economic value of a sustainable supply chain [J]. Business and society review, 2000, 116 (1): 109-143.

[43] NEELY A. Exploring the financial consequences of the servitization of manufacturing [J]. Operations management research, 2009, 1 (2): 103-118.

[44] PAULRAJ A. Understanding the relationships between internal resources and capabilities, sustainable supply management and organizational sustainability [J]. Journal of supply chain management, 2011, 47 (1): 19-37.

[45] RANTA V, AARIKKA-STENROOS L, MÄKINEN S J. Creating value in the circular economy: a structured multiple-case analysis of business models [J]. Journal of cleaner production, 2018, 201: 988-1000.

[46] RAO P, HOLT D. Do green supply chains lead to competitiveness and economic performance? [J]. International journal of operation and production management, 2005, 25 (9): 898-916.

[47] ZHU Q, TIAN Y. Developing a remanufacturing supply chain management system: a case of a successful truck engine remanufacturer in China [J]. Production planning & control, 2016, 27 (9): 708-716.

[48] SAKAO T, OHRWALL ROENNBEACK A, OLUNDH SANDSTROEM G. Uncovering benefits and risks of integrated product service offerings—using a case of technology encapsulation [J]. Journal of systems science and systems engineering, 2013, 22 (4): 421-439.

[49] SAKAO T, LINDAHL M. A method to improve integrated product service offerings based on life cycle costing [J]. CIRP annals, 2015, 64 (1): 33-36.

[50] SANCHA C, WONG C W, THOMSEN C G. Buyer-supplier relationships on environmental issues: a contingency perspective [J]. Journal of cleaner production, 2016, 112: 1849-1860.

[51] SEURING S, MULLER M. From literature review to a conceptual framework for sustainable supply chain management [J]. Journal of cleaner production, 2008, 16 (15): 1699-1710.

[52] SIMON F L. Marketing green products in the triad [J]. Columbia journal of world business,

1992，27：268-285.

[53] STAHEL W R. Policy for material efficiency-sustainable taxation as a departure from the throw-away society [J]. Philosophical transactions of the royal society A: mathematical, physical and engineering sciences, 2013, 371: 567.

[54] SU B, HESHMATI A, GENG Y, et al. A review of the circular economy in China: moving from rhetoric to implementation [J]. Journal of cleaner production, 2013, 42: 215-227.

[55] SUBRAMANIAN R, SUBRAMANYAM R. Key Factors in the market for remanufactured products [J]. Manufacturing & service operations management, 2012, 14 (2): 315-326.

[56] SUNDIN E, BRAS B. Making functional sales environmentally and economically beneficial through product remanufacturing [J]. Journal of cleaner production, 2005, 13 (9): 913-925.

[57] SUNDIN E, LINDAHL M, IJOMAH W. Product design for product/service systems: design experiences from Swedish industry [J]. Journal of manufacturing technology management, 2009, 20: 723-753.

[58] TAN A R, MATZEN D, MCALOONE T C, et al. Strategies for designing and developing services for manufacturing firms [J]. CIRP journal of manufacturing science and technology, 2010, 3 (2): 90-97.

[59] TUKKER A. Eight types of product-service system: eight ways to sustainability? Experiences from SusProNet [J]. Business strategy and the environment, 2004, 13 (4): 246-260.

[60] UNEP. Design for sustainability: a step-by-step approach [R]. Nairobi: UNEP, 2009.

[61] UPM. Turning waste into a resource RafCycle waste management concept for the labelling value chain [R]. Helsinki: UPM, 2013.

[62] UPM. UPM ProFi development story sustainable WPC products [EB/OL]. [2021-01-31]. http://www.upmprofi.com/About/wpc-products/Pages/Default.aspx.

[63] Unilever. Unilever announces new global zero waste to landfill achievement [EB/OL]. [2021-01-31]. https://www.unilever.com/news/press-releases/2016/Unilever-announces-new-global-zero-waste-to-landfill-achievement.html.

[64] VACHON S, KLASSEN R D. Extending green practices across the supply chain: the impact of upstream and downstream integration [J]. International journal of operations and production management, 2006, 26 (7): 795-821.

[65] WEBER L, MAYER J K. Designing effective contracts: exploring the influence of framing and expectations [J]. Academy of management review, 2011, 36 (1): 53-75.

[66] WISE R, BAUMGARTNER P. Go downstream: the new profit imperative in manufacturing [J]. Harvard business review, 1999, 77 (5): 133-141.

[67] YANG M, EVANS S, VLADIMIROVA D, et al. Value uncaptured perspective for sustainable business model innovation [J]. Journal of cleaner production, 2017, 140: 1794-1804.

[68] YANG M, SMART P, KUMAR M, et al. Product-service systems business models for circular supply chains [J]. Production, planning & control, 2018, 29 (6): 498-508.

[69] Yang M, Evans S. Product-service system business model archetypes and sustainability [J].

Journal of cleaner production, 2019, 220: 1156-1166.

[70] ZHU Q, GENG Y, LAI H. Circular economy practices among Chinese manufacturers varying in environmental-oriented supply chain cooperation and the performance implications [J]. Journal of environmental management, 2010, 91: 1324-1331.

[71] ZHU Q, Geng Y, FUJITA T, et al. Green supply chain management in leading manufacturers: case studies in Japanese large companies [J]. Management research review, 2010, 33: 380-392.

[72] ZHU Q, SARKIS J, GENG Y. Green supply chain management in China: pressures, practices and performance [J]. International journal of operation & production management, 2005, 25 (5): 449-468.

[73] ZHU Q, SARKIS J, LAI K. Choosing the right approach to green your supply chains [J]. Modern supply chain rearch and applications, 2019 (1): 54-67.

[74] 魏家鸣. 为通讯行业注入绿色环保血液 [J]. IT 时代周刊, 2009 (2): 20.

[75] 徐滨士. 我国再制造产业发展现状与对策 [J]. 广西节能, 2009 (3): 12-13.

[76] 朱庆华, 耿涌. 工业生态设计 [M]. 北京: 化学工业出版社, 2004.

第 5 章

———

绿色供应链管理与循环经济

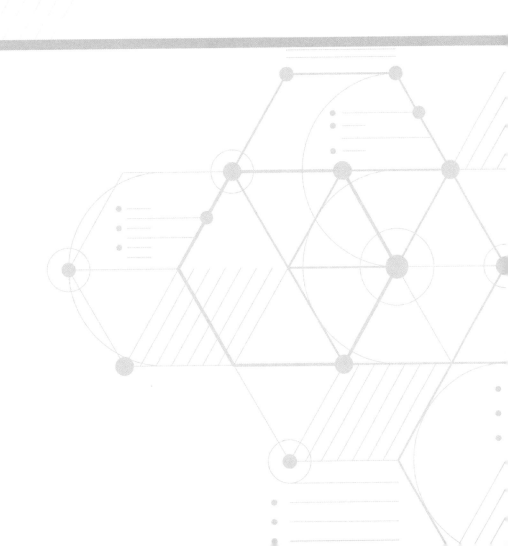

　　循环经济的本质是一种用生态规律来指导人类经济活动，强调依照自然生态系统物质循环和能量流动去重构经济活动系统，包含资源高效利用、循环利用，强调可持续的发展模式。绿色供应链的本质是供应链中综合考虑环境影响和资源效率的管理模式，它是供应链管理思想和可持续发展理念的融合。虽然说两者的表达形式和侧重点存在差异，但它们主要的目标是一致的，都是为了同时实现节能减排和经济的可持续发展。目前，两类实践在国内外众多企业中得到了广泛应用和推广。联合国环境规划署 2006 年的报告曾指出绿色供应链管理和循环经济在概念上逐渐趋同。无论在理论还是实践层面上，循环经济和绿色供应链管理均有较高程度的交叉，相互有重要的借鉴意义。从循环经济角度来审视绿色供应链管理的内涵，补充并丰富相关实践更有利于绿色供应链管理的进一步发展。本章简要介绍循环经济的定义和主要实践，探讨绿色供应链和循环经济研究中用到的相关理论的比较及可能存在的相互借鉴指引，最后讨论基于循环经济视角如何更好地开展绿色供应链管理。

5.1　循环经济的定义及主要实践

▶5.1.1　循环经济的定义

　　循环经济思想源于美国经济学家肯尼斯·鲍尔丁（Kenneth Boulding）在论述"宇宙飞船经济"中提到的循环式经济的概念。目前，学术界较为公认的循环经济概念最早由英国的两位环境经济学家 Hennan 和 Turner（1990）在 *Economics of Natural Resources and the Environment* 一书中正式提出。他们指出考虑到地球所面临的日益严重的环境污染和资源短缺问题，此前开放式的经济模式应当逐步转向封闭的循环模式。通过对经济系统和自然系统之间关系的分析，他们将这种物质在经济系统中封闭循环流动的模式叫作循环经济。由于地球上的生化循环易受到人类活动的影响，循环经济试图去维持整个系统的物质流量在自然可以承担的水平，将已有循环中的多余物质释放到另一个循环中（Murray 等，2017）。"资源循环"是循环经济的根本所在，也是各国推动循环经济立法和措施的重要方向。循环经济在工业共生中得到了进一步体现，即某些企业可以利用其他企业产生的废弃物作为资源或原材料重新投入使用；通过更好的制造和维护来延长产品的使用寿命，从而降低了替换率，减少了资源的使用。

　　虽然循环经济以资源的循环利用为核心，但学术界对于循环经济尚无一致的定义。Kirchherr 等在 2017 年对已有相关研究进行了总结，得出循环经济基于不同视角和研究目的从 17 个维度产生了多达 114 种的定义，在不同的系统层面

（微观、中观和宏观系统），针对循环经济的定义也会存在差异（Kirchherr 等，2017）。总体来看，这些定义可以归纳为三个方面：第一个方面是从人与自然关系的视角，主张人与自然的和谐发展，遵循生态规律，保持生态平衡；第二个方面是从工业生产的视角，主张改变现有的粗放的、线性的经济生产模式，转向"从摇篮到摇篮"的闭环的资源循环模式，强调减量化、再利用和资源化；第三个方面是从经济活动的视角，将环境作为其约束条件，在发展经济的过程中必须考虑环境和社会，追求经济、环境和社会的可持续发展。

对于循环经济，比较权威的定义是 Geng 等 2013 年在 *Science* 发表的文章中给出的，总结了从两个角度的定义。一个是从材料能源流角度，由艾伦·麦克阿瑟基金会（Ellen MacArthur Foundation）在 2012 年提出的，循环经济就是一个工业系统，聚焦于材料流与能源流的闭环，最终实现长期的可持续发展。另外一个定义集成了政府政策和企业战略是 Geng 等在 2012 年提出的，认为循环经济集成政府政策和企业战略以更好地提高能源、材料和水消耗的效率，同时最小化到环境的废物排放。

▶ 5.1.2 循环经济在各国的发展过程

循环经济提出之后，受到了各国的重视，历经从立法、政策制定到具体实践的过程，逐步形成了各具特色的循环经济发展模式。本节概述了德国、日本、美国的循环经济发展过程。

▶ 1. 德国

德国是最早进行循环经济立法和实施循环经济的国家，早在 1996 年出台了《循环经济和废物处置法》，社会组织和民众也广泛参与循环经济建设，形成了基本的社会共识。循环经济在德国的实践非常成熟，产生了显著的经济和社会价值，例如垃圾的再利用占比已经超过了 50%。德国循环经济的发展始于垃圾的回收和处理，后逐渐扩大到生产过程，最后覆盖到消费领域，从发展历程来看主要分为两个阶段：第一个阶段从 1972 年德国制定了《废弃物处理法》开始到 1996 年的《循环经济和废物处置法》，这个阶段完成了从废弃物末端处理到循环经济发展模式的转变；第二个阶段从 1996 年至今，循环经济开始社会化的大发展，形成了成熟的发展模式。有学者在总结德国循环经济成功实践的经验中指出公众的环保意识是推动循环经济发展的重要因素，据统计 94% 的德国人能做到垃圾分类处置，超过 80% 的人会在购物过程中考虑环境问题，此外其他要素还包括政策制度创新和资金、技术的投入等（郭坤等，2015）。总而言之，德国循环经济实践现已形成了法律体系、政企合作、公众响应的全民参与立体模式。在微观、中观和宏观模式上都有很多值得借鉴的做法。

首先是针对企业内部生产的循环模式，这部分集中在清洁生产上，具体的表现形式分为两类。一类是通过对整个生产流程的梳理和工艺的分析，考虑物料的综合利用率和循环，减少了原料的总投入，从而降低了废弃物的产生，能实现节能减排、降本增效的目标。另一类是开发和采用先进的生产设备和技术，实现绿色生产，利用可再生能源，以此来有效降低污染。除了清洁生产外，在企业层面，德国众多企业都实施了绿色发展战略，主动实施节能减排和环境保护的行为。这不仅体现在制造型企业，服务型企业也积极投入其中。例如，德意志银行对位于法兰克福的总部大楼的改造，使其更加环保，在节能、节水、节材、减少二氧化碳排放上都取得了明显的效益。

中观层面集中在生态园区的建设和对老工业区的绿色改造上。德国的生态工业园区是个相对封闭的循环体系，确立了其中的管理核心，有若干相关联的企业，通过对物质流的设计和生态共生，最终实现环境保护和成本降低。比较典型的是莱茵河工业区内的生态小镇。由企业、政府、行业协会和科研机构等组成，构建了数据库，在网络平台上开展数据共享，其中围绕物质循环利用、物质交换、需求和供给等信息，通过专业结构的支持，形成专业的方案和措施，保证了整个系统的运行。另外，德国有很多重工业产业，对环境的危害较大，因此政府在积极推动这些传统企业的"绿色转型"，在区域内开展共生和能源的循环利用。整个过程由政府主导规划，并提供相应的技术、财政的专门支持。例如，对鲁尔区重工业基地的改造成为范例，培养了众多的环保企业，这里成为欧洲环保产业和研究中心。

在社会层次上，提倡资源回收利用，形成二次利用的社会氛围，其中需要解决的关键问题在于解决回收的问题，而德国实施了"双元"回收体系解决了这一关键难题。该体系起源于对废弃的包装物的回收，由相关企业和管理部门联合组建，形成了专门的机构。回收之后，对废弃包装物进行分类，而后分配到不同的循环利用厂家进行再利用。具体的做法是在需要回收的废弃物上打上绿点的标记，而消费者需要将其放置到相应的分类垃圾箱内，再由企业进行处理。该机构属于非营利性组织，参与厂商支付相应的费用来建立这套回收、分类和循环利用的系统。德国政府给予其免费的政策支持，体现了"谁生产、谁回收"的制度，体现了生产者责任延伸制的理念，也促进了包装废弃物的高效回收和利用（马歆和郭福利，2018）。

▶▶ 2. 日本

日本也是实施循环经济较早的国家，稍微晚于德国，于2000年正式颁布实施了建立循环型社会基本法，随后陆续出台了循环经济综合法和专项法从不同领域支持并推动循环经济的发展，包括废弃物处理处置法，资源再利用法，针对家电、容器和包装材料、建筑材料、食品和废旧汽车等行业的专项循环法等，形成了全面有力的法律支撑和保障体系。除法规体系外，日本还构建了完备的评估评价体系，涵盖了经济、环境和社会三个方面，评价工作由第三方评价来完成。越来越多的日本企业主动参与评价，进一步推动了循环经济的实践效果。日本在循环经济的实践中形成了大批以北九州等为代表的产业园区，通过政府、企业和科研结构的合作，延伸原有的产业链条，培训形成新的产业集群。日本在微观、中观和宏观的循环经济建设上也积累了很多成功的经验和做法。

在微观层面上，构建以"逆向制造"为主体的环保型企业。这种模式提倡在产品的设计之初，对通用的零部件尽可能地提高其质量和耐用性，为某些可能磨损部分留出余地。这样在整机报废以后，这些零部件可以不经过再制造等处理直接到新的生产线上，参与新产品的制造。这对产品的质量要求较高，需要经过一系列处理过程之后还能符合质量要求。这是一种强调再利用的方式，属于更加环保的循环模式。同时，"逆向制造"属于封闭系统，要求零部件产品能够在生命周期内实现再利用。当前这一理念在环保的很多领域得到应用，而且能显著提升经济价值。

在中观层面上，形成了具有特色的静脉产业园区。基于生态学原理和循环经济理论，模拟自然界的生态系统，通过废弃物的交换再利用，以某一企业的废弃物作为另一企业的原材料，实现能源的梯级利用等，形成了产业间类似于食物链的关系，实现资源、物质和能量的最大化使用，同时也能最小化废弃物的产生。

在构建循环型社会上，日本走在世界前列，包括及其细致、成体系的生活垃圾分类等，通过社会的整体协调来实现循环发展。日本政府鼓励建设生态城市，实现区域内的循环发展，当然生态城市的建设离不开企业和园区层面的支持和已有的基础。

▶ 3. 美国

美国虽无明确的循环经济法案，但对于资源、废弃物回收利用管理出台了多项法案。早在 1976 年就出台了《资源保护和回收法》，涵盖了废弃物回收和末端处理。到了 20 世纪 80 年代，美国的州政府开始制定资源再生和循环利用的法令，以加利福尼亚州《综合废弃物管理法令》为代表。美国政府同时还制定了一系列针对企业和公众的包括税收、补贴在内的各项支持政策，鼓励企业节能减排，开展循环经济模式和技术创新，鼓励美国家庭使用节能产品。美国环境保护局也做了大量宣传工作来促进公众参与，使节约和循环利用的思想深入人心。

此外美国很早就开始注重生态工业园区建设，利用产业共生的思想来实现园区的零排放，截至 2013 年，全国建立了超过 20 个生态工业园区，积累了丰富的经验。在企业层面上，最具代表的是"杜邦模式"。这是一种典型的企业内部循环模式。通过企业层面的组织，让各部门或工艺之间的物质和能量循环起来。

既能最大限度地利用物质和能源，也能尽可能地减少有毒有害物质的排放。这得益于杜邦公司的整个理念，同时也是其产品体系庞大、工艺复杂程度高所带来的机会。现今，杜邦的这套循环经济体系已经作为知识对外输出，尤其是化工类企业采用这种模式的越来越多。

中观层面的工业园区模式也在美国得到了体现，主要集中在比较典型的发电厂、水泥厂、制药厂之间，因为它们之间存在可能的废弃物交换，使循环成为可能。美国政府对于生态工业园也是非常鼓励的，如上文所说，已经成功建立了一批生态工业园区，并逐步发展成生态工业网络。

美国整个社会的工业循环都很发达，经过了几十年的发展，基本覆盖了大部分传统行业。而且美国民众对于再制造等环保型产品更为认可，也为构建循环社会打下了基础。目前，美国的整个废弃物回收和再生行业已经形成了相当大的规模，销售额达到了近 500 亿美元。美国居民也推崇循环消费，二手市场健全活跃，形成了符合美国国情的全面、立体的循环经济发展模式。

5.1.3 循环经济的主要实践

循环经济实践中遵循 3R 原则（减量化、再利用、再循环），用于指导生产和消费过程中的物质能源流动。减量化是指通过生产效率的提升来最小化能源和原材料的投入，最终也减少了废物的产生。再利用通常是产品和零部件不需要或者基本不需要化学过程，可以重新加以使用，很多情况下可能是对性能要求相对较低的降级或梯次利用。对一个企业来说，可以是生产过程中对零部件和原材料从后端到前端的再利用，也可以是末端产品回收后部分零部件、原材料的再利用。对不同企业来说，一个典型的形式是一个企业的副产品和废弃物作为另一企业或行业的资源，重新投入利用。再循环鼓励处理可循环利用的材料"变废为宝"，需要物理和化学过程，将它重新用作原材料去生产新的产品进而减少整体原材料的消耗，需要能源和新材料的补充与投入。随着循环经济的发展，有学者提出了 4R 或 5R，进一步丰富了循环经济实践的指导原则（李兆前等，2008）。

循环经济实践内容可分为三个层面，即微观层面、中观层面和宏观层面，涵盖了产品生产、产品消费和废弃物管理等各个方面（Geng 和 Doberstein，2008）。

微观层面（企业层面），生产方面的实践内容包括清洁生产和生态设计，环境管理系统和 ISO 14001 认证等属于企业开展循环经济的支持工具。消费方面的实践包括绿色采购和绿色消费。绿色采购就是面向供应链上游选择环保材料、零部件及绿色供应商，绿色消费是指面向供应链下游客户生产绿色产品。废弃物管理层次包括产品的回收再利用。以上实践中，清洁生产被认为是开展循环经济的基础和前提条件，是循环经济概念内涵的扩展。

中观层面（工业园层面），实践内容主要包括两个方面：一是构建生态网络，促进企业间废弃物的相互利用，形成产业共生，具有代表性的是生态工业园和生态农业系统；二是建立面向废弃物处理的废弃物交易市场和静脉工业园等。园区内企业之间的循环经济手段主要包括产业共生、热电联产、中水回用、能源梯级利用等。

宏观层面（社会层面），主要实践内容集中在创建生态城市或生态地区。与前两个层面不同的是，宏观层面同时考虑了生产和消费，鼓励生产与消费的融合。一个典型的例子就是鼓励公众消费产生的废物作为工业生产的原料。从生产者角度而言，通过构建区域内的工业生态网络，优化原材料、能源使用效率进而创建生态社会。主要措施包括构建回收、拆解废旧产品和原材料的体系和设施，实现资源的再利用、再循环及产品的再制造等。从消费角度而言，倡导节约型社会，引导消费者进行绿色消费从而减少废物的产生，例如部分商品的"以租代购"等，日常生活中养成节能环保的意识和习惯。

对于循环经济实践效果的评价，需要有合理的指标体系"以评促建"。已有研究针对循环经济实践的三个层面分别做了研究和探讨。微观层面的评价以 3R 为核心来筛选评价指标和构建评价体系。根据不同的行业，评价的侧重和内容也会有所差异。中观层面，耿涌等在 2010 年提出用能值的方法来评价生态工业园的生态效率。在实际操作中，我国政府采用的是资源能源投入效率、资源能源消耗效率、资源综合利用和废弃物减量效率四个方面来对生态工业园进行评价。在宏观层面上，研究者对评价体系进行了较多的探讨，实际评价中仍然采用了中观层面评价的四个方面，在此基础上强调了区域层面的资源循环再利用（Su 等，2013）。

5.1.4 循环经济在我国的实践现状

我国在经济发展的过程中及时认识到了破坏资源环境所带来的危害，在 20 世纪末引进循环经济的发展理念，希望从旧的以牺牲资源环境换取发展的经济模式，跨越成为环境友好的可持续发展模式。因而，循环经济从最初引进中国，就得到了我国政府的高度重视。在多年的探索和发展过程中，中央及地方政府相继出台多项支持和推动循环经济发展的法规政策。早在 2002 年，国务院分别批复同意贵阳市和辽宁省分别作为循环经济生态城市和生态省份建设的申请。我国循环经济发展的第一个指导性文件《关于加快循环经济发展的若干意见》于 2005 年由国务院印发，确定了指导思想、重点任务和主要措施等多项内容。随后，2005 年和 2007 年，国家发展和改革委员会分别从企业和园区两个层面开展循环经济示范试点工作，共选定 192 家单位。2009 年起正式开始实施《中华人民共和国循环经济促进法》，为我国全面实施循环经济提供了法律保障。同一年，国务院发布第一个专门性的循环经济法规《废弃电器电子产品回收处理管理条例》，被称为中国版的WEEE 指令。另外，2009 年《循环经济标准化试点工作指导意见》发布，完善了循环经济发展政策，规范并统一循环经济项目认定和评价标准。

循环经济在我国的实施仍然属于政策驱动型，从微观层面到宏观层面，政府都出台相应的支持政策来进行循环经济实施的保障。对于循环经济微观层面上的重要手段——清洁生产，我国自2003年实施《中华人民共和国清洁生产促进法》之后，持续推动清洁生产审核，以及环境认证制度。在《中华人民共和国清洁生产促进法》的指导下，制定了统一的清洁生产标准和45个行业的清洁生产评价指标体系，加强了对重点企业的清洁生产审核，并要求各地区政府强制当地重点企业开展清洁生产审核。针对高耗能、重污染企业的清洁生产，2009年，环境保护部发布了《清洁生产审核指南》，通过发布目录的形式披露落后产能、工艺和产品，宣传先进的清洁生产技术。包括煤炭、化工、纺织等在内的多个行业成立了清洁生产中心，进行清洁生产技术的推广等。2012年修订了《中华人民共和国清洁生产促进法》，为新形势下清洁生产的开展提供了科学的指导。为落实《中华人民共和国清洁生产促进法》，2016年《清洁生产审核办法》发布，进一步规范清洁生产审核程序。

我国生态工业园大多是在经济技术开发区、高新园区等成熟园区的基础上建设的，这决定了生态工业园建设是由多部委来支持和推动的。对于如何建设和评价生态工业园，出台了很多指导性的文件：2003年年底，国家环境保护总局发布《生态工业示范园区规划指南（试行）》，拉开了我国建设生态工业园区的序幕。针对生态工业园区的类别，2006年分别制定出台了行业类和静脉产业类生态工业园的试行标准。2009年发布《关于在国家生态工业示范园区中加强发展低碳经济的通知》，2011年发布《关于加强国家生态工业示范园区建设的指导意见》，2015年印发《国家生态工业示范园区管理办法》等。2001年首批国家级生态工业示范园区被批准建设，2008年首批生态工业园区通过验收批准命名。目前，生态工业园的建设、命名、审核、再评估仍在持续推进。截至2018年，共有51家园区通过验收被批准为国家生态工业示范园区，另有42家园区处于国家生态工业示范园区建设中。

2009年年底到2010年年初，国务院批复甘肃和青海循环经济试验区总体规划，开始从区域层面开展循环经济的试点工作。2013年，国务院印发了《循环经济发展战略及近期行动计划》，明确了"十二五"期间循环经济发展的整体思路等。其间，在国家整体规划的指导之下，各地区同时开展了循环经济示范试点工作，结合当地实际情况开展生态工业园、生态城市的建设。2015年出台的《关于加快推进生态文明建设的意见》进一步明确了循环经济对于我国生态文明建设的重要意义。在十九大报告中，明确提到"加快生态文明体制改革""建立健全绿色低碳循环发展的经济体系"等内容，立足于长远发展，进一步提升了循环经济在生态文明建设中的地位。2017年，由国家发展和改革委员会等14个部门联合发布的《循环发展引领行动》从构建循环型产业体系、完善城市循环发展体系、壮大资源循环利用体系和强化制度供给四个方面来指导我国循环经济的发展，并确定 2020 年相应的资源利用率的目标，还需要对 75% 的国家级园区和 50% 的省级园区开展循环化改造。

十九大报告中指出，坚持人与自然和谐共生，必须树立和践行绿水青山就是金山银山的理念，坚持节约资源和保护环境的基本国策。近年来，发展循环经济已经成为我国各级政府和企业践行绿水青山就是金山银山理念的重要手段。

首先，国家和各级政府在新一轮科技革命和产业变革大潮中，培育与壮大发展资源利用率高、生态效益好的产业，从源头上实现资源消耗和环境排放的减量化，同时实现经济的稳步可持续发展。与此同时，按照绿色、低碳发展的要求改造传统产业、淘汰落后产能，提升企业技术和管理水平，在可持续发展经济的同时减少污染排放。

其次，各级政府积极构建循环经济生态链。例如，着力在相关产业、企业之间建立循环经济产业链，同时减少资源能源消耗和废弃物产生。大力建设龙头型、基地型项目，带动相关企业集聚，促进产业集群发展，实现企业间生产联动、园区内资源共享、园区间优势互补。在此基础上，推动上游企业的副产品乃至废料变为下游企业的原材料，形成产业链耦合共生、资源能源高效利用的循环体系，实现废弃物到资源的再生利用。

最后，加强产品质量、循环经济相关标准等建设。地方政府按照生态资源禀赋发展相关产业，同时按照社会化大生产、市场化经营方式提供生态产品和服务，推动生态要素向生产要素、生态财富向物质财富转变，促进生态与经济实现和谐统一和良性循环。

5.2 循环经济与绿色供应链管理相关理论比较

当前，不少学者试图从实践的角度去厘清循环经济和绿色供应链管理之间的概念区别，但从理论的视角去明确循环经济和绿色供应链管理之间的联系也是十分必要的。理论的发展可以从循环经济观念和政策的多层次性及绿色供应链管理的系统性上得到充分体现，两个概念的分析层次涵盖了从宏观经济到组织理论多重理论视角。循环经济和绿色供应链管理领域的理论研究都具有系统性、多层次的共性。因此，两个概念不同视角的研究是理论发展的基础。

5.2.1 绿色供应链管理和循环经济相关理论

绿色供应链管理的很多理论基础源于组织层面的理论。循环经济研究中应用了各种不同层次的理论，但相较而言理论研究偏少；循环经济研究主要聚焦在实际问题的分析，对理论发展和扩展相对有限。依据 Sarkis 等（2011）和 Liu 等（2018）针对循环经济和绿色供应链管理研究中采用的理论比较综述，通过系统性的样本收集和理论分析，从相关的研究文献识别可以得出：12 种理论在绿色供应链管理和循环经济中都有应用，7 种只在绿色供应链管理研究中得到应用，8 种理论只在循环经济的研究中得到应用。以上理论均为组织相关理论，其他方法类理论如灰数理论、不确定性理论等不在讨论范围之内，具体见表 5-1。在表 5-1 中，绿色供应链管理按照企业开展的五种实践进行分类，即内部环境管理、生态设计、绿色采购、逆向物流与资源再生、与客户的环境合作；循环经济则按照涉及的范围分为企业、工业园、区域/国家和全球。

本书将绿色供应链管理和循环经济研究的理论根据在研究中的应用程度分为三个层次："应用""提及"和"未提及"。理论被应用表明该理论在研究中已经被应用于概念模型的开发或分析，或者这项研究试图扩展这个理论。理论被提及是指这个理论用于支持和解释讨论，或作为未来研究的潜在理论考虑，但并没有被应用。一个未被提及的理论表明，它没有出现在研究论文的任何地方。在 19 个绿色供应链管理理论中，有 12 个理论（理论 1-1～1-12）也被用于循环经济研究，即绿色供应链管理和循环经济同时应用的有 12 个理论。在剩下的 7 个绿色供应链管理研究应用的理论中，循环经济论文中提到了 4 个理论来支持论点，或者作为未来研究的潜在理论。因此，我们将这 4 个理论定义为在循环经济研究中提及的绿色供应链管理应用理论（理论 2-1～2-4）。剩下的 3 个绿色供应链管理研究应用的理论（理论 3-1～3-3）在循环经济研究中鲜有提及。相应地提出了循环经济研究的另外 8 个理论，4 个循环经济理论（理论 4-1～4-4）在绿色供应链管理研究中被提及和 4 个理论（理论 5-1～5-4）并没有在绿色供应链管理研究中被提到。

表 5-1　理论及其在绿色供应链管理和循环经济研究领域中的分布

应用范围		理　论	绿色供应链管理实践					循环经济实践层次			
			内部环境管理	生态设计	绿色采购	逆向物流与资源再生	与客户的环境合作	企业	工业园	区域/国家	全球
同时应用在绿色供应链管理和循环经济	在绿色供应链管理中应用较多	1-1 资源基础观	■	■	■	■	■	△	▲	△	△
		1-2 制度理论	■	■	■	■	■	▲	△		
		1-3 利益相关者理论	■	■	■	■	■	△	▲	▲	△
		1-4 资源依赖理论	■	■	■	■			▲	△	
		1-5 社会网络理论				■	■	▲	▲	▲	
		1-6 创新扩散理论		■	■	■	■	△	▲	△	

应用范围		理论	绿色供应链管理实践					循环经济实践层次			
			内部环境管理	生态设计	绿色采购	逆向物流与资源再生	与客户的环境合作	企业	工业园	区域/国家	全球
同时应用在绿色供应链管理和循环经济	在循环经济中应用较多	1-7 产业共生理论		■	■		■		▲	▲	△
		1-8 生态现代化理论	■	■	■	■	■	△	▲	▲	△
	在绿色应链管理和循环经济中初步应用	1-9 社会资本理论			■		■		▲	▲	
		1-10 系统理论	■		■				▲		
		1-11 社会交换理论			■		■		▲		
		1-12 生产边界理论				■				▲	
仅应用在绿色供应链管理	在循环经济相关研究中提及	2-1 复杂性理论	■	■	■	■	■	△	△	△	
		2-2 交易成本经济学理论			■	■	■	△	△		△
		2-3 代理理论	■						△	△	△
		2-4 信息理论（信号理论）			■		■		△	△	
	没有在循环经济相关研究中提及	3-1 权变理论	■	■	■		■				
		3-2 路径依赖理论	■	■							
		3-3 战略选择理论	■	■	■		■				
仅应用在循环经济	在绿色供应链管理相关研究中提及	4-1 集群理论			□		□		▲		
		4-2 社会-技术转换理论	□				□	▲	▲	▲	
		4-3 社会嵌入理论			□				▲	▲	
		4-4 知识基础观	□				□		▲		
	没有在绿色供应链管理相关研究中提及	5-1 内生增长理论						▲	▲	▲	
		5-2 生态系统理论							▲		
		5-3 社会认知理论							▲	▲	
		5-4 演化理论						▲	▲		

注："□"表示在绿色供应链管理研究中提及；"■"表示在绿色供应链管理研究中应用；"△"表示在循环经济研究中提及；"▲"表示在循环经济研究中应用。

▷▷ 1. 同时应用在绿色供应链管理和循环经济中的理论

共有 12 种理论同时应用在绿色供应链管理和循环经济的研究中，这些理论

223

进一步被划分为：6 种绿色供应链管理中应用较多的理论，2 种循环经济中应用较多的理论，以及 4 种两个领域初步应用的理论。绿色供应链管理中应用较多的理论是指在绿色供应链管理研究中出现 10 次以上、在循环经济研究中出现次数少于 3 次的理论，包括资源基础观、资源依赖理论、利益相关者理论、制度理论、社会网络理论和创新扩散理论。

（1）在绿色供应链管理中应用较多的理论

1）资源基础观。资源基础观认为同时具有四个属性（有价值的、稀有的、不可模仿的和不可替代的）的资源，能够有潜力维持企业可持续竞争优势。企业资源被定义为企业控制的所有资产、能力、组织过程、企业属性、信息和知识，使企业能够制定和实施旨在提高其效率和有效性（竞争优势）的战略。广义的资源基础观整合了动态能力和自然资源。资源和能力的开发可以改进各种组织绩效指标。例如，与客户的绿色项目伙伴关系与产品质量、供应灵活性和环境绩效呈正相关，而与供应商的伙伴关系与更好的交付表现相关。通过绿色供应链构建提升运作能力，可以进一步支持资源的价值、稀有性、不可模仿性和不可替代性。在企业中，企业形象和声誉也被认为是重要的资源。当企业希望通过绿色供应链管理提升相关的价值时，获取竞争优势的价值点不一定在供应链的上游（供应商管理）阶段，而在于具有绿色营销能力和资源的下游（客户）阶段更可能挖掘价值点。在绿色供应链管理中，资源基础观对竞争的诠释在于企业的竞争是整条供应链之间的竞争，而不仅是组织间的竞争，因此需要上下游企业之间的合作来创造和实现价值提升。因而，具有知识和能力去绿化整条供应链并因此创造价值，也是资源基础观中企业竞争力的一种体现。动态能力与组织学习有关。组织学习的目的在于组织内构建知识资源，这些能力可以通过内部系统开发。供应链机制可以通过共享资源来提升以环境为导向的学习。组织间学习的目的是大大增强整个供应链组织的资源。供应链合作伙伴之间的相互依赖，以及它们合作的质量和效率都不应被忽视，这些要素决定了实施绿色供应链管理的成功与否，或者说能够通过绿色供应链管理实现价值提升。

2）资源依赖理论。资源依赖理论强调了组织对外界环境中资源的依赖性，组织内部相互依赖和合作来获取长期收益而不是短期的利益。对于一条供应链，强调供应链的成员企业相互合作和依赖。在绿色供应链管理中，面向产品和材料回收后处置的生态设计能力，是典型的组织资源，需要供应链成员的部分合作才能实现经济效益。这些资源也可以转换为基于关系的特定资产，类似于在交易成本经济学中确定的资产，合作伙伴企业依靠这些资产来产生优势。

企业需要获取和控制关键资源，例如标准、程序、关键技术、材料来源和分销渠道，以实施绿色供应链管理实践并充分实现潜在收益。资源依赖理论的一个重要观点是，缺乏实现目标所需资源的企业很可能会与其他企业发展关系以获取资源，也就是资源互补。这一观点认为客户和供应商合作关系是企业减少经营环境不确定性的重要因素。在许多情况下，组织间的关系对于管理绿色供应链内外部协同，进而获得绩效结果是必不可少的，合作伙伴的协同合作及资源共享有利于环境和生产力的提升。资源依赖上的权力结构会带来环境实践在供应链上的扩散，如权力大的企业会要求小型的供应商采取环境更友好的实践。根据合作伙伴企业的依赖程度和特征，以及它们在供应链中的相对权力，可以预测绿色供应链管理的组织反应。在采用绿色供应链管理的实践中，例如绿色采购和客户合作，这个理论提供了一个视角去考虑上下游供应链合作伙伴的需要，及如何促进和改善资源获取过程。

3）利益相关者理论。利益相关者指的是对一个组织目标实现产生影响或被影响的群体。权力、合法性和紧迫性是确定利益相关者的关键属性。利益相关者理论认为，企业产生的外部效应影响到企业内部和外部的各方（利益相关者）。外部性常常引发利益相关者增加对企业的压力，以促进企业减少负面影响，增加正面影响。利益相关者的分类视角较多，包括直接或间接的、主要的和次要的，或者依据合法性、紧迫性和权力大小等多个维度。利益相关者理论有许多发展方向，但其基本前提是内部和外部群体都会影响组织实践。环境外部性可以在供应链成员内部和成员之间的利益相关者压力的作用下而内部化。利益相关者通常与社会制度密切相关，因此利益相关者理论也可能与制度理论存在某些重叠的地方，特别是当利益相关者理论有规范和合法性方面的内容时有明显的重叠。供应链作为一个单位也有各种各样的利益相关者，甚至比单个企业的利益相关者群体还要庞大，尤其在涉及环境问题时。利益相关者分析对绿色供应链管理尤其适用，并不是所有的绿色供应链管理实践都能带来竞争优势，但是绝对都是受到利益相关者影响并进一步影响不同的利益相关者的。利益相关者理论作为一种解释性理论出现，用于解释采用绿色供应链管理实践的前置条件或者相关事项。识别和探索各种利益相关者在绿色供应链管理实践中的角色，也是研究者利用利益相关者理论开展研究的一个方面。从已有的研究来看，利益相关者理论在绿色供应链管理中的应用比较广泛，因为管理活动目标的变化，会对相关者形成不同的影响，与之对应的是利益相关者也会对管理活动产生反应性影响。随着国际化程度的深化，更广泛范围内的利益相关者及其诉求需要得到更多的关注，这也是企业能否可持续发展的重要前提。

4）制度理论。制度理论强调外部压力如何影响组织，这些压力分为三种形式，即强制性的、规范性的和模仿性的。强制性驱动来自政府施加的强制性影响。制度理论可以用来研究企业在面对外部压力时如何解决绿色问题。因此，应用制度理论进行分析已经成为解释环境相关实践的一个主要研究方向。政府机构是强有力的机构，例如这些机构可能通过罚款和贸易壁垒等手段强制影响一个组织的行为。规范性的驱动力使企业遵循规范，以便被认为其组织活动具有合法性。社会规范压力可以解释客户需求驱动下企业环境管理实践。模仿性驱动是指企业模仿行业内较成功的竞争对手的行为，试图复制竞争对手成功的路径。当前，最大的外部环境驱动来自强制性的法规压力，已有研究表明政府同时也是驱动企业实施自愿性环境行为的核心组织。在德国、美国等发达国家通过法律法规的强制压力，提高环境意识，从而推动环境管理实践。

研究表明，政府的强制性压力促使企业采取必要的环境实践，而对那些拥有丰富的环境战略和组织资源的企业，通常环境实践较为领先，因此这种压力就会减弱。但是这种压力可能促发超越法规要求的自愿性的绿色实践，而且从长远看，随着更多企业的自愿性绿色实践，政府可以制定更严格的环境法规。发达国家的法规也间接增加了发展中国家企业改善环境管理的制度压力，其中许多往往超过了发展中国家的法规要求。例如，欧盟 WEEE 指令要求所有出口到欧洲的电子电器产品制造企业必须负责回收或者预付处置定金。与此同时，以中国为代表的发展中国家制定越来越严格的环保法规来推动制造企业开展绿色供应链管理实践。虽然制度理论在环境管理和绿色供应链管理的研究中非常深入，更多的是集中在针对外部的压力，那么内外部因素如何共同作用会带来更好的实践效果也是值得深思的问题。

此外，政府法规对于供应链上的核心企业的驱动力更大，核心企业依据不同的制度环境，它的确定标准是什么？制度环境下，如何驱动核心企业来带动整条供应链的绿色或可持续性发展，会存在什么内在的机制？这些都是需要基于制度理论深入探讨的话题。

5）社会网络理论。社会网络理论用于理解社会行动者在关系系统中的行为，以及关系结构如何影响行为。该理论认为组织的绩效是组织中组织或个人之间的社会关系的函数。组织根据来自其社交网络的信息和影响做出决策，社会网络理论进一步研究了网络结构及其在管理实践扩散中的作用。一个组织可以通过弥合社会网络中的结构性漏洞而获益。社会网络有两个主要的刻画要素：密度和中心度。密度是指将参与者连接在一起的网络中纽带的相对数量，中心度是指个体组织在社会网络中的地位及其控制信息流的能力。随着密度的增加，对抗来自网络成员的外部压力的能力下降；随着网络中心度的增强，抵御外部压力的能力也增强了。在绿色供应链管理的研究中，利用社会网络理论来刻画供应链网络之间的联系，为实现可持续供应链网络提供参考。此外，社会网络理论还被用于描述可持续供应链战略联盟的演化过程。使用社会网络中心度，可以观察到组织可以更有效地控制压力去实施绿色供应链实践。社会网络理论对于某些创新性实践，如绿色供应链管理从领先型企业向落后企业的扩散也是有积极意义的，其中供应链网络之间的节点数量和强弱都会产生影响，例如为推动全球产品一体化的战略，生态设计的经验从发达国家的母公司扩散到位于发展中国家的子公司，供应链网络的密度和母公司的中心度都会对扩散的效果产生影响。社会网络理论同样适用于个人，在绿色供应链管理领域中，需要关注的是网络中的高层管理者和董事会成员，他们之间的网络结构会影响绿色供应链实践的开展。

6）创新扩散理论。创新扩散是指在社会系统中，随着时间的推移，成员之间通过一定的传播渠道（大众传媒或人际渠道）对创新进行传播。创新的出现是为了应对组织或技术上的挑战，而采用创新很可能是为了应对这些挑战带来的压力。虽然早期的创新采用者获得收益的效果有限，但是当面临相同压力时一些企业仍然会积极开展创新活动。在绿色供应链管理中，这些压力可能来自客户的要求、法规要求，以及对提高生态效率的表现的需要。这一理论还表明，绿色供应链管理创新的传播可以看作一个启动、说服、计划、采用和确认的过程。研究人员可以通过研究绿色供应链管理在不同阶段的扩散来扩展这一理论，就像该理论所假设的那样积极主动的早期采用者能够获得更好的绩效。Zhu、Tian 和 Sarkis（2012）采用 ISO 14001 认证和生态标签作为企业内外部的绿色供应链管理代表性的创新实践，利用 Bass 创新扩散模型来刻画了绿色供应链管理随时间变动在中国企业中的扩散过程。我国加入世界贸易组织（WTO）和我国企业的国际化进程，促使更多的企业开始采取了绿色供应链管理的创新。不过，实施绿色供应链管理的成本会在一定程度上阻碍相关实践的开展，但这种成本的阻碍效应会随着参与企业的增多而减弱。在 2008 年爆发全球金融危机之后，企业实施绿色供应链管理的积极性显著下降，企业以生存为第一要务，势必会影响创新的扩散和发展。

资源基础观和资源依赖理论是相对传统的供应链理论，在绿色供应链管理的五类实践中均有所体现，同时也被用于分析生态工业园发展的障碍，以及评价在形成和维持生态共生关系中利益相关者的权力问题。社会网络理论已经用于研究三类绿色供应链管理的外部实践（绿色采购、与客户的环境合作和逆向物流与资源再生），在循环经济上的研究主要是用于开发概念模型去探讨工业和组织的协同。利益相关者理论用于构建定量和定性的价值网络模型来解释产业共生。制度理论被用来构建概念模型，探索制造企业实施循环经济的外部制度驱动因素，它同样可用于对生态工业园循环经济实施外部压力的解释。制度理论可以在组织或供应链层面激发积极的环境实践，从而提高环境绩效。虽然企业可能不会在短期内实现经济绩效，考虑到循环经济实践的主要目标仍是经济，制度理论可以从不同视角或基于不同目标研究绿色供应链管理和循环经济实践。创新扩散理论已被应用于产业共生评价，可用于解释各个层次循环经济实践或创新行为的扩散。

（2）在循环经济中应用较多的理论

产业共生理论和生态现代化理论在循环经济领域应用较多，而在绿色供应链管理相关研究中应用相对较少。

1）产业共生理论。产业共生最常被引用的定义是由 Chertow（2000）提出来的：产业共生是工业生态化的组成部分，通过物质交换、能源、水和副产品的共同作用方式，使传统上独立的产业参与竞争以获取优势。产业共生的关键是区域上邻近产业提供的协作和协同。循环经济最根本的理论基础就是产业共生，以此来建立各个独立经济系统之间的联系，按照自然界生态系统的作用机制，互为补充，在取得经济发展的同时实现对环境的无害化。产业共生理论可以在全球供应链层面上评价碳密度的影响，特别是通过强调全球供应链伙伴之间的协作，实现价值创造。而对于绿色供应链管理网络的探究，如果考虑产业共生，将使网络更加复杂化，不同单位之间的联系更多，也能为更好地解决环境问题提供新的思考方向。

2）生态现代化理论。生态现代化理论有较深的社会学理论基础，并进一步发展成为政策和组织理论。作为一种系统的生态创新理论，旨在通过创新和技术发展，即"现代性"，共同实现产业发展和环境保护。生态现代化理论被广泛用于解释政府的环境规划和主要制造企业的生产升级。循环经济作为政府主导的环境政策和手段，深受生态现代化理论的影响。如中国希望在生态建设上弯道超车、整体提升，这正好契合生态现代化理论的指导思想。在目前已有的研究中，该理论被广泛应用到分析循环经济各个层次的实践，包括区域工业生态系统、生态工业园区、国家的循环经济政策等。在绿色供应链管理中，生态现代化理论同样被用于开发绿色供应链管理相关的政策。有学者从绿色创新的视角对生态现代化下的绿色供应链进行了评价。鉴于循环经济微观层面和绿色供应链管理在实践上的相同性，未来可以把生态现代化理论更深入地用于研究绿色供应链管理。基于生态现代化理论的绿色供应链管理解释了环境政策如何促进绿色供应链管理的实践，并带来环境和经济绩效。在绿色供应链管理层次上建立共通的理论基础是必要的。在绿色供应链的全球化治理中，应用生态现代化理论正当其时，它提供了全球供应链视角下的气候变化分析思路。例如，产品采用统一的碳标签来影响全球消费者的购买决策等，这也意味着全球建立绿色供应链合作的有效机制意义深远。

（3）在绿色供应链管理和循环经济中初步应用的理论

社会资本理论、系统理论、社会交换理论和生产边界理论在绿色供应链管理和循环经济领域都有涉及，但是目前相关的研究数量并不多。

社会资本是指在一个组织所拥有和发展的关系网络中所包含和派生的实际和潜在资源的总和。社会资本理论认为，关系网络是组织进行社会事务的宝贵资源，为成员提供集体拥有的资本，使它们能够获得信贷。系统理论认为组织是一个生产产品和提供服务的活动相互联系的系统。组织具有复杂的社会系统，将部分与整体分开会降低组织的整体效率。社会交换理论认为，组织之间的关系是通过使用主观的成本效益分析和备选方案的比较而形成的。社会交换的两个假设是决策的合理性和结构主义。生产边界理论是指在考虑技术条件的前提下，任何给定的输入量都可以产生最大产量。已有研究将生产边界扩展到运营管理领域，将"产出"扩展到制造绩效的所有方面（如成本、产品范围、质量）并进行"技术考虑"的扩展，包括影响制造单元设计和操作的所有选择。因此，生产边界可以被定义为一组操作选择的制造单元所能达到的最大的绩效。两种类型的生产边界可能会限制工厂的绩效。一个是资产边界，另一个是运营边界。

社会资本、系统、社会交换和生产边界理论在绿色供应链管理和循环经济研究中都得到了应用。对于这两个领域来说，社会方面的考虑已经变得越来越重要。社会资本理论和社会交换理论这两种以社会为中心的理论，对理解和研究这两个领域都具有重要的潜力。绿色供应链和循环经济可以定义为系统，运用系统理论来解释相应的现象是合适的。生产边界理论只适用于绿色供应链管理的逆向物流和国家层面的循环经济研究。根据它的定义，以最大限度地提高产出与投入比为目标，它仍然可以扩展到研究其他绿色供应链管理实践和循环经济的所有层次。输出和输入是重要的系统理论维度。

▶▶ 2. 仅应用在绿色供应链管理中的理论

依据表 5-1，共有 7 种理论仅应用在绿色供应链管理中，其中 4 种在循环经济中提及，分别是复杂性理论、交易成本经济学理论、代理理论和信息理论；另有 3 种没有在循环经济中提及，分别是权变理论、路径依赖理论和战略选择理论。

（1）在循环经济相关研究中提及的 4 种理论

1）复杂性理论。组织环境中的复杂性可以通过客户、供应商、政府法规、技术进步等环境因素的异质性或多样性来定义。随着复杂性的增加，企业发现更难计划和预测它们的组织行为，例如绿色供应链管理的实施。复杂性理论表明，企业在一个同时包括有序和无序的系统中运作，参与各方的相互作用将决定系统的绩效结果。企业在适应系统的过程中，必须对环境具有共同进化和相互依赖的敏感性和反应能力。绿色供应链管理的实现涉及在系统中运行的多个个体。这种情况在外部的绿色供应链管理实践活动中表现得尤为明显，例如向涉及环境问题的供应商提供设计规范，审计供应商的环境管理系统，与客户合作进行生态设计，以及处理客户的退货等。与更广泛的组织复杂性（如规模和关系）相关的复杂性，会加剧绿色供应链管理的实现难度。供应链的复杂性刻画了参与方的各种属性特征，这为深入分析、优化及重构供应链中的关系提供了机会。与绿色供应链相比，企业层面的循环经济相对简单，工业园层面的循环经济也可能不太复杂，但区域和国家尤其是全球范围内的循环经济，可能相比于绿色供应链管理更复杂。与应用于绿色供应链管理相比，复杂性理论在循环经济中的研究只是被提及，这可能与目前循环经济的研究主要集中在工业园、企业层面相关。从全球角度研究循环经济已经日益重要，因此，未来复杂性理论也可以更好地研究循环经济的相关问题。

2）交易成本经济学理论。交易成本经济学关注的是买方和卖方两个实体完成一项活动（经济交换或交易）所需要的努力和成本。交易成本是指在两个实体之间交换产品或服务所需的成本之外的活动成本。在供应链中，供应商和买方都试图将交易成本降到最低。该理论认为交易实体是"理性的"，并利用"交易风险"来解释为什么买方和供应商会选择管理资产和实践的特定治理结构。在绿色供应链管理研究中，对交易成本经济学各个维度的研究存在着大量的机会。一个最直接的例子是，评估绿色供应链管理环境中不同交易类型产生的决策和行动的实际成本。利用数学规划、基于交易成本和动力学进行的建模分析已经出现在许多环境供应链研究中。

此外，利用博弈论方法对绿色供应链管理的交易成本进行建模是值得研究的方向。该理论还被应用于探讨多目标决策下最小化绿色供应链管理风险问题。在供应商管理过程中，其存在的风险极有可能会对下游生产企业带来影响，例如因环保问题而引发的关停导致供应链中断。因为供应商在面对环境问题时会有机会主义的冒险行为，那么从交易成本的角度而言，生产企业需要对供应商采取审核、评估的管控方法，将冒险的概率降至最低，这也减少了生产厂商面临的风险。对循环经济的研究，有更多的政府引导和规制，因此相对而言交易成本的影响要小。

3）代理理论。代理理论关注的是一个委托人授权给代理人去代表委托人行事。该理论关注的是管理者和股东之间的利益冲突所产生的成本（如付出的努力、承担的风险、逃避责任、追求销售与利润之间的额外权衡）。但是通常情况下，代理人往往按照对自己有利的方式行事，而不是考虑对委托人有利。有些研究调查了代理理论作为一个理论基准来解释企业对一般环境管理实践的采用。代理理论用于解释高层管理在企业可持续消费和生产行为中的角色问题，同时还被用于分析首席执行官（CEO）对于实现绿色供应链管理绩效的报酬问题。在物流企业中，买方和供应商之间在环保问题上存在明显的委托-代理关系。在多级可持续供应链管理中，也有相应的研究探讨了供应商如何扮演分别针对上游和下游的双重代理角色。个体层面和企业层面（承包商和供应商）之间的奖励结构会在一定程度上影响绿色供应链管理的实施。例如，有研究探讨了是否有多层次、跨组织及一致性存在于补偿或奖励系统中，它们是如何对绿色供应管理实践效果产生影响的。对于循环经济的研究，代理理论目前还只是被提及。但实际上循环经济问题中也存在委托-代理问题，但与绿色供应链管理存在显著的不同。例如，工业园在开展循环经济的过程中，管委会等管理机构与园区企业之间是委托-代理关系，但管理机构在关注经济目标的同时也重视环境目标，而企业主要关注经济目标。

4）信息理论。信息理论（信号理论）以信息不对称为核心原则。在供应链关系中，信息不对称意味着不确定和风险，供应商和下游企业都有足够的动机去解决信息不对称的问题。但是出于经济利益的考虑，某些供应商选择隐瞒一些关键信息或提供不真实的信息，这种机会主义行为对下游企业的运营会产生极大的威胁。例如，供应商因为环保问题不达标被政府勒令关停，下游企业可能面临"断供"的风险。因此，在环境管理中，企业可能寻求与外部利益相关者沟通其环境绩效，但沟通过程可能并不容易。因为它们可能对其供应链的产品、流程和材料缺乏充分的认知。信息收集对于减少供应商和购买者之间的环境信息不对称是非常重要的。当客户和供应商之间出现信息不对称时，企业往往需要供应商获得 ISO 14001 认证，或要求供应商遵守客户企业制定的供应商行为准则以此来确定供应商的环境状况。通过紧密的互动行为可以在很大程度上减少信息不对称，但并不是所有的紧密联系都能减少信息不对称，尤其是涉及特定资产的时候，例如某些商业策略、技术手段等。对于绿色供应链管理来说，供应商更了解产品，如能与客户共享产品如何使用能够更耐用、消耗更少的消费品，那就能帮助客户节约成本；同样，如果客户能够与消费者共享产品使用过程中的信息，可以帮助客户通过改进设计、制造等提高产品的性能，同样可以提升供应链的价值。但是，只有客户与供应商都能获益，同时又不会带来其他风险，而且增加的价值分配是合理的，信息共享才有可能。对于循环经济来说，工业园不同企业之间、政府与企业之间、企业与公众之间，都存在信息不对称。因此信息理论可用于研究循环经济的很多问题，但如何识别和界定问题、探索信息共享的可能性与机制，还是挑战。

（2）没有在循环经济相关研究中提及的 3 种理论

1）权变理论。权变理论认为，合适的组织结构和管理风格取决于一些权变因素，而这些因素通常是不确定和不稳定的。权变理论强调组织调整其结构，以适应不断变化的环境因素，从而获得高绩效。常见的有四大类权变因素为国家背景和文化要素、企业规模、战略背景以及其他组织情境变量。权变理论的应用场景非常广泛，例如 Wong 等（2010）曾研究了影响供应链整合与绩效之间关系的权变因素。在绿色供应链管理的相关研究中，权变理论覆盖了五类实践内容的研究，包括环境管理系统和企业社会责任延伸实践。权变因素会在很大程度上影响企业对供应商可持续问题的管理方式和方法。例如，Tachizawa 和 Wong 等（2014）总结了核心企业对于多级供应商的管理模式主要受到 7 个方面权变因素的影响，包括核心企业的影响力、利益相关者的压力、材料的稀缺性、行业特征、依赖性、物理距离和供应链层级距离，以及相关知识能力等。权变理论还未被循环经济研究所提及，但实际上不同层面的循环经济实践也会受权变因素影响，未来可以应用权变理论，探究不同企业、不同工业园、不同地区乃至国家开展循环经济会受到的不同影响，进而提出不同类型的循环经济实施方案。

2）路径依赖理论。路径依赖主要基于下面的基本思想，即决策者最初的正确决策选择会带来相应的回报。由于强化某种活动能获得更多的收益，导致了其他活动被忽略，使决策者限制在以前的选择路径中。虽然路径依赖最初用于解释技术开发和应用，但是社会问题也可以用路径依赖思维来解释。即使在组织层面上，路径依赖也已经很好地阐明了组织的变化，并扩展到解释组织间的变化。绿色供应链管理的实践已形成一种积极的正向反馈过程，路径依赖同样可以解释企业在绿色供应链管理中动态能力的形成过程，例如供应商为了满足客户特定的需求，开展专业定制化的能力建设。路径依赖认为实现绿色供应链管理可以自我增强和改进，因为有更多的企业开展相关实践，企业之间可以相互指导和学习，从而进一步提升参与企业的绿色供应链管理经验。基于路径依赖的观点，绿色供应链管理需要带来正向的绩效，才能带来积极的反馈，持续性推进绿色供应链管理的实施。已有的实践表明部分绿色供应链管理的实践在一定程度上因为资金投入的问题，会产生负面的绩效反馈，这使企业丧失了继续实践的动力。因而，在当前的绿色供应链管理活动的探索中，将价值创造的思想融入其中，以此来强化积极的反馈，是值得研究者和实践者思考的问题。路径依赖理论还未被循环经济的文献所提及，但其思想可以用于循环经济的未来研究中。

3）战略选择理论。战略选择理论强调了企业管理者的战略决策对于组织发展的重要作用。在已有研究中，该理论与其他理论在很多情况下共同使用。例如，基于利益相关者理论和制度理论，共同形成了研究企业可持续竞争战略的框架。此外，与资源基础观一起用于解释战略选择在采用绿色供应链管理实践和绩效中的角色。根据已有的实践，绿色供应链管理的实施已经超出了运营层次，更多地需要高层在战略层面上的推动。这也与绿色供应链管理的实践中强调的高管的承诺相一致。当前的环境压力和可持续发展浪潮，为企业从战略层面考虑绿色供应链管理的实践营造了很好的氛围，而从战略选择的视角去分析内在的原因和动机，能更好地审视绿色供应链管理实施的力度和持续性，也为剖析企业聚焦在某些实践上的原因提供理论支撑。战略选择理论可以适用于企业层面的循环经济研究。另外，如果把工业园作为一个整体，工业园管委会作为管理者，也可以做出类似的战略决策。

▷▷ 3. 仅应用在循环经济中的理论

共有 8 种理论只在循环经济的相关研究中应用，其中 4 种在绿色供应链管理中有所提及，分别为集群理论、社会-技术转换理论、社会嵌入理论和知识基础观。另 4 种理论并没有在绿色供应链管理相关研究中被提及，分别是内生增长理论、生态系统理论、社会认知理论和演化理论。以上 8 种理论虽然在循环经济的研究中已经得到应用，但是研究深度和广度仍然很有限，有待更深入、更多的基于这些理论的循环经济研究。

（1）在绿色供应链管理相关研究中提及的 4 种理论

1）集群理论。一个集群或簇是指相互关联的企业和关联的机构组成的地理上临近的群体，互相之间存在共性和互补性。循环经济的研究中，很多思想和理论都源于自然生态系统，因而集群（簇）理论为企业集群提供了理论支撑，集群内的企业之间的地理位置非常接近，可以共享同一地区内特有的信息、流程和其他资源，形成独特、共有的竞争优势。集群最直接的体现就是生态工业园区内的成员企业，通过合作共同发挥作用，提高资源效率，降低成本，并受益于集群内共享的溢出效应，如技术创新或是新的商业机会。企业的竞争已经被供应链竞争所替代，因此关系紧密的上下游企业也可能形成集群。但与生态工业园区不一样，绿色供应链管理中的集群大部分由供-需关系形成的。随着经济全球化，实际的地理位置可能离得很远。因此，集群理论应用于绿色供应链管理研究，需要考虑其特色。但对于世界各地供应商提供的产品，如果质量等经济因素没有存在明显差别，本地化供应商也是绿色供应链管理倡导的一个重要方向。对于一些突发事件，如新冠病毒引发的供应链中断，一些关键产业（如与公共卫生、国家安全和日常生活紧密相关的）已经开始更加强调本地化供应商，这个与绿色供应链管理为了环境、经济目标提倡的本地化供应商相吻合。

2）社会-技术转换理论。社会-技术转换理论认为技术不会偶然和独立地出现，而是伴随着一系列社会的变化而形成和发展，如法规、规范、基础设施和工业网络。该理论在循环经济的研究中也并不多见，Jackson 等（2014）基于社会-技术转换理论为金属制品行业向循环经济转变提供了实践操作的指导说明。与之类似的社会-技术系统理论，强调了组织中的社会子系统和技术子系统，这两类系统是共同且相互作用的。对应到循环经济活动中，实践范围如企业、工业园或区域都可以作为一个整体的系统。从社会和技术视角去审视系统运行的机制，有利于促进系统的发展和演化。例如，对企业中循环经济行为的分析，技术系统强调的是方法论和技术解决方案等有形的硬性要素，社会系统则强调企业氛围、高层支持和员工的经验等软性要素。对于绿色供应链管理，客户所

在的社会环境对其供应链上企业的环境绩效也提出了要求。RoHS 指令和 WEEE
指令要求电子电气产品的生产商管理供应链上的所有供应商；客户所在国家的
非政府组织，也要求发达国家的客户规制发展中国家的供应商（如冲突矿产事
件）。因此，对于绿色供应链管理，需要同时研究客户和供应商所在的社会，考
虑技术出现的要求和规律。

3）社会嵌入理论。在循环经济中，企业被嵌入生态工业网络中，其社会关
系由在网络中的位置以及与网络的动态关联性来刻画。三种社会嵌入构念（认
知、文化和结构）被用于评价生态工业网络的社会特征。社会嵌入维度被用于
比较评价两个地区的产业共生。在绿色供应链管理中，客户选择供应商同样有
认知、文化等嵌入。只有具有共同的价值观，如关注自然、重视可持续发展，
客户与供应商才能建立长久合作关系，共同发展。突发新冠肺炎疫情以后，对
于一些耐用消费品、知识密集型产品，全球供应链仍是一种趋势，由供应链
（或产业链）形成的集群如何通过相互的认知和文化趋同合作共创价值，是绿色
供应链值得研究的重要内容。

4）知识基础观。知识基础观认为知识是特有的、不可模仿的资源，具有复
杂的社会交互性，这使它很难被复制。在循环经济的研究中，有人构建基于知
识的框架用于评估技术性工具的采用对于发展产业生态共生的作用。正如世界
知名的卡伦堡生态工业园一样，很多模仿者都没法建成像其一样的生态共生体
系，真正地循环起来。这也从某种程度上说明，它形成了独特的优势，而这种
优势的获得是其发展过程中的宝贵之处。在绿色供应链管理中，可能没有循环
经济在生态工业园中清晰地体现知识基础和价值，但一些成功的绿色供应链管
理实施企业也与上下游企业建立了长久的关系，共享知识，形成了不可复制、
具有竞争力的优势。

（2）没有在绿色供应链管理相关研究中提及的 4 种理论

1）内生增长理论。内生增长理论属于比较宏观的理论，也适用于解释组织
层面的现象和机理。该理论认为自然资源是一种稀有的生产要素。早在 20 世纪
90 年代，有学者用该理论去探讨在提升资源利用效率的前提下，如何平衡经济
和环境之间的关系。这与循环经济基于生态视角下的形成经济和环境双赢的目
标是一致的。

2）生态系统理论。生态系统理论从内涵上与循环经济的指导理论（产业共
生和产业生态学等）趋于一致，尤其是形成生态工业园或者生态产业集群之后，
在闭合的工业系统里各个主体之间的互利共生的关系。生态系统理论对其中的
个体之间关系给出了两种存在模式：一种是有机体对有机体，产生了竞争关系；
另一种是有机体对环境，产生了共生关系。

3）社会认知理论。社会认知理论确立了社会整合的三个要素：个体认知、

个体行为和社会关系及它们之间互相作用的关系。循环经济中如废弃物处置及回收行为与个体的认知是有关的。循环行为可以逐渐形成新的循环经济实施认知模式。

此外，个体的回收行为可能会影响循环经济概念的社会建构和表现，以及循环经济文化和对循环经济的认同。反过来，社会环境也会对个体的行为产生影响。这种互动产生的积极影响能有效推动循环经济理念和行为的传播，例如居民垃圾分类行为形成的社会效应，以及对个体产生的压力，从某种程度上反映了其实施程度和效果。

4）演化理论。演化理论假设经济总是处于不断变化的过程中，经济活动总是在行动者不完全熟悉或不完全理解的情况演变。在循环经济活动中，一群组织和个体相互作用和协作，以产生创新。在理想状态下，生态工业园区的组织是紧密联系的，它们相互协作、相互作用，形成一种演化稳定的状态，这种状态类似于生物的进化从低级到高级，增强对外部环境的适应力。在这种状态下，每个企业都能在其中提高自身的生态效率，强化相互之间的生态系统职能和依存性。

▶▶ 5.2.2 绿色供应链管理相关理论对循环经济研究的借鉴

本节对已经应用在绿色供应链管理相关研究中且未在循环经济中得到应用的理论提出研究建议。7种理论包括：复杂性理论、交易成本经济学理论、代理理论、信息理论、权变理论、路径依赖理论和战略选择理论。

1）复杂性理论。复杂性理论在循环经济研究中可应用，有学者指出复杂的自适应系统出现在生态工业园区。复杂性理论有助于了解不同企业的特点和在生态工业园区中设定的多种互动行为。这些问题不仅与多种复杂的关系有关，而且与贸易材料和副产品具有不同特点的差异有关。该理论可以帮助探索这些企业是否及如何通过合作以获得潜在的双赢机会，例如共同处理相似的废弃物和进行副产品交换。

此外，在循环经济实践更高层次的分析中，复杂性理论可以用来探索区域内不同生态工业园区之间的合作机会，以及它们与当地社区的互动内在机理。例如，生态工业园区网络是如何形成、演化和发展的，可以用复杂性理论为基础来研究。

2）交易成本经济学理论。交易成本经济学理论可以帮助研究循环经济系统中多个实体之间的交易关系。例如，企业将废物、副产品和能源用在生态工业园区或区域循环经济网络中开展二次利用。这些企业之间是存在交易成本的。生态工业园区内企业间交易成本的评估和最小化有助于优化循环经济网络。在进行循环经济固定资产投资的时候，就需要考虑在循环经济背景下的不同成员之间关系的建立，这些关系在生态工业园区和生态网络中的牢固程度，以及在哪些方面进行资产的投资以形成特定的网络。

3) 代理理论。委托代理现象在循环经济各个实践层次中都是存在的，在生态工业园、区域和全球三个层次都有提及。四类代理对象（商业、劳动、社区和技术代理人）被用于解释和了解生态工业系统。生态工业园区的治理模式，也可被看作委托-代理结构。我国目前的大部分生态工业园区都设置管委会结构，也有部分是企业负责运营和管理的。统一的管理机构可以通过与第三方建立业务代理关系，获得专业的服务，例如物流和污水治理等。

4) 信息理论。信息不对称存在于循环经济的行为主体及其利益相关者，包括政府、非政府组织和消费者。这些不对称增加了交易和营销成本。此外，由于信息不对称的各种形式和来源所导致的循环经济实施复杂性，增加了系统的不确定性和风险。因而，对于循环经济中的各个成员和利益相关者之间信息不对称的识别和解决仍需要进一步的探索。正如已有研究指出，保持一定程度的信息不对称，对于促进双方合作和制造企业对于供应商的管控力度可能会形成积极的作用。

5) 权变理论。循环经济的各个实践层次也存在不确定及不稳定的权变因素。这些权变因素会影响循环经济实践对整体经济和环境表现的影响（正面和负面）。了解这些因素可以促进循环经济系统各实体之间的合作，例如探讨在不同监管制度下各区域的产业共生效应。当前循环经济的发展确实受到包括地理位置、文化背景、产业基础、环境意识等因素的影响，如何管理这些权变要素也是需要解决的议题。

6) 路径依赖理论。持续的循环经济发展依赖于积累的经验、能力和资源。路径依赖可用于评价多个循环经济层次的实践内容。企业循环经济相关技术和能力的积累，以及生态工业园区或生态城市发展示范和试点项目的成功经验都具有路径依赖的思维。当前我国循环经济的发展陷入瓶颈期，没有完全达到最初的政策目标。因而，针对不同的情形，在不同的地方是采取已有的循环经济发展模式，还是打破路径依赖而进行相应的创新都是值得探讨的，例如与绿色供应链的融合以开发新的模式。

7) 战略选择理论。战略选择对循环经济各个层次实践的发展都很重要，但也会影响经济和环境表现。在循环经济的实践中，管理者的认知、能力、个性特征或其他环境因素都应当是战略选择的考虑要素。因而在实际研究中，循环经济战略的实施需要包括战略选择理论在内的多个理论的综合考量。

5.2.3 循环经济相关理论对绿色供应链管理研究的借鉴

本节对已经应用在循环经济相关研究中且未在绿色供应链管理中得到应用

的理论提出研究建议。8 种理论包括：集群理论、社会-技术转换理论、社会嵌入理论、知识基础观、内生增长理论、生态系统理论、社会认知理论和演化理论。

1）集群理论。在绿色供应链管理研究中，集群理论具有分析供应链网络成员之间关系的潜力。该理论还可以为识别开展绿色供应链管理实践（如重点企业、战略供应商和关联供应商）的企业集群提供理论支持。集群理论可以进一步从理论上探索相同或不同集群中的这些成员如何在不同的绿色供应链结构下协作和竞争。分析绿色供应链中成员的集群性和地理位置的临近性，可以帮助评估组织的边界。

2）社会-技术转换理论。不断变化的竞争、规范和监管环境是导致制度变迁的动态性压力，可以促进绿色供应链管理的采纳和实践。社会-技术转换理论可用于探讨在实施绿色供应链管理过程中不断面临着新变化的环境法规的影响。政府有时在执行政策法规时，会依照现有最好技术来严格规定。这些政策法规倒逼企业不断审查和评估各个环节的作业流程，并有可能触发新的绿色技术创新。

3）社会嵌入理论。社会嵌入理论仅在部分绿色供应链管理研究中被提到。对于未来的研究，社会嵌入理论被用于解释领先企业为什么以及如何与部分次级供应商建立直接联系而不是通过一级供应商建立间接联系。此外，该理论还可用于探索社会网络是如何帮助绿色供应链管理从领先企业向落后企业扩散的。

4）知识基础观。有研究指出知识基础观是用于研究绿色供应链管理的一个潜在使用的理论。企业所拥有的绿色知识或能力可以分为绿色资本、人力资本和社会关系资本等。当前有限的研究探讨了绿色供应链管理中的绿色知识类别与供应链经济绩效和非经济绩效之间的关系，为未来的研究提供了契机。

5）内生增长理论。内生增长理论的核心目的同时也契合绿色供应链发展的目标，但是如何实现这个目标，可能存在着不同的路径。内生增长理论将废弃物、污染物和生命周期末端的产品看作生产资源，而这些都是系统的内生要素。评价和设计绿色供应链管理系统可以从内生增长理论获得思维上的灵感，例如用于评价系统中稀有和内生资源的角色。

6）生态系统理论。生态系统理论的思维可以推广至绿色供应链管理中各成员之间的协作行为，既有互利共生明显的买卖关系，也有某种程度上的竞争关系。与供应商和客户合作开展生态实践、供应链物流优化和生态包装是典型的绿色供应链管理行为。然而，供应链之间的合作与竞争对于绿色供应链管理的实施仍然是一个值得从优化角度进一步研究的问题，生存和互利似乎作为潜在的构念来解释一些绿色供应链管理的结果。生态系统理论从根本上来说淡化了两个企业之间的竞争关系，取而代之的是共赢。绿色供应链管理的目标也与此相合。

7）社会认知理论。社会认知理论在循环经济研究中的逻辑同样也适用于绿色供应链管理的相关研究。在供应链上将每个成员企业看作个体，其认知会影响整个绿色供应链管理的行为和效果，相互之间的交互影响进而会形成绿色供应链管理社会氛围或环境。从组织管理的视角来看，除了社会认知层面的探讨，还可延伸探讨，如社会认知和行为之间的作用关系，行为产生组织绩效。尤其是对绿色供应链管理，多数企业并不熟知，需要有一个从认知到概念形成再到实践这样的过程。

8）演化理论。对演化理论在绿色供应链相关研究中的应用，合作可以帮助实现绿色效率的提高。例如，以生态设计为例，有学者发现锁定效应和路径依赖是开展生态设计创新的两大障碍。法规工具和社会意识是较为明显的生态创新驱动力。对于生态创新的演化机理和过程却没有研究来揭示，这也是未来的研究方向。

5.3 循环经济视角下的绿色供应链治理与价值创造：循环供应链

循环经济在我国作为试点政策已经开展多年，很多企业积累并具备相应的实践经验。绿色供应链管理的研究已经比较成熟，领先的企业也取得了很多成就。因而从循环经济视角去审视绿色供应链管理，是为了丰富和激发更多的管理实践。如第 3 章所述，绿色供应链管理已经转向绿色供应链治理，因此本节从循环经济的视角研究绿色供应链治理。

▶ 5.3.1 绿色供应链管理及循环经济实践关系

在微观企业层面的实践中，绿色供应链管理和循环经济的实践甚至被认为是等同的。绿色供应链管理涉及的层次和维度与循环经济涉及的在实践层次上也是相对应的：企业、工业园、区域，甚至全球。绿色供应链可作为实现循环经济目标的重要手段。在企业层面上，循环经济在规划实施时，需要考虑对于逆向供应链的设计，对于末端产品的再循环、再利用或再制造。在工业园层面上，由企业间共生关系形成的循环链条，可以看作一条闭环供应链。在园区内开展绿色供应链管理已被认为是开展循环经济、实现可持续发展的重要途径。

绿色供应链管理更多地集中在企业层面上，因而两者之间在实践上的联系也主要表现在企业层面。在企业层面上，循环经济的实践主要是基于 5R 原则（减量化、再利用、再循环、再生和再制造），绿色供应链管理的实践分为绿色采购、生态设计、内部环境管理、与客户的环境合作和逆向物流与资源再生。五类绿色供应链管理实践和四个层次的循环经济实践之间的联系总结如图 5-1 所示。从五个维度具体分析绿色供应链管理和循环经济实践之间的关系。

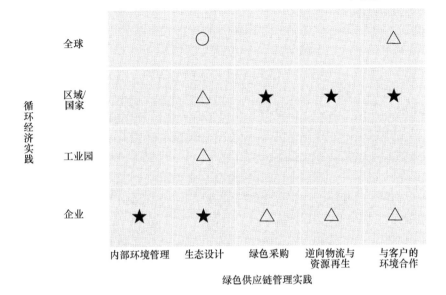

图 5-1　绿色供应链管理实践与循环经济实践层次的关系

▷▷ **1. 减量化维度**

　　减量化聚焦在产品生命周期的三个阶段，即在生产前阶段减少资源的消耗，在生产过程中减少材料和能源的使用，在使用过程中减少废弃物的产生。在此过程中，很多减量化的技术手段需要考虑，包括：降低对含有毒有害化合物产品的使用，使用必需的产品，延长产品的使用寿命，减少不必要的包装。减量化的含义不仅是针对资源和能源（能源经常对应的是碳排放）的消耗，同时也包括了对生产过程中三废（废气、废水和固废）的减量化。产品生命周期三个阶段分别涉及的绿色供应链管理实践和减量化实践见表 5-2。

表 5-2　绿色供应链管理实践和减量化实践

三个阶段	相关的绿色供应链管理实践	减量化相关实践
生产前	生态设计、绿色采购	资源消耗减量化，投入减量化，减量化设计，绿色材料采购
生产	生态设计、内部环境管理	能源、材料和水使用减量化，污染排放减量化
使用	生态设计、逆向物流与资源再生、与客户的环境合作	包装减量化，废弃材料和剩余物质减量化

在生产前阶段，绿色供应链管理实践中的生态设计和绿色采购考虑到减量化。在已有研究中最常讨论的相关实践包括减量化策略、减量化设计、资源消耗减量化、投入减量化及采购更环保的原材料。

生产是减量化重点关注的过程，强调资源和能源使用的减量化、污染物排放的减量化，近年来与资源使用紧密相关的碳排放的减量化受到了极大的关注。大量的研究仍然是从整个绿色供应链管理实践的视角来探讨生产过程中的减量化，它与所提到的五种实践都存在密切关联性。例如，针对生产过程能源的减量化设计，被认为是一种能够取得明显节能的方法。内部环境管理中的环境管理体系及相关的培训活动，能从某种程度上提升生产过程中的能源节约。

产品使用过程中的减量化主要涉及的是包装的减量化和产品使用之后废弃物的减量化。这也是当前面临的巨大挑战之一，如电子商务发展之后快递包裹产生的巨量包装物等。制造企业需要与客户合作，通过前端设计来使产品的包装减少，打造产品使用后的逆向物流，更利于回收。2016 年，国家邮政局出台《推进快递业绿色包装工作实施方案》，提出以绿色包装为切入点，推动包装的标准化、减量化、可循环、可降解等工作。工业和信息化部、商务部也发布了《关于加快我国包装产业转型发展的指导意见》。2017 年，在浙江省"两会"上，浙江省政协委员、阿里巴巴首席人力官（CPO）、菜鸟网络董事长童文红建议，加快推进国家强制标准出台，使全行业都用上绿色包装；政府、企业合力加大推广力度，逐步建立生产者、经营者和消费者对绿色物流的认同支持；改变包装标准不统一的局面，真正让完全可降解材料成为绿色包装的统一标准。

⫸ 2. 再利用维度

再利用表示诸如产品、零部件在不做任何改变的情况下重复使用次数超过一次。在绿色供应链管理实践中，再利用得到了广泛的体现，如绿色采购、生态设计、与客户的环境合作及逆向物流与资源再生，涵盖了产品的生产前和使用后两个阶段。通过与供应商开展合作，绿色采购被认为能最大化再利用产品的价值。生态设计同样也是再利用原材料和零部件的有效手段，通过标准化产品零部件使它们能够被重复利用最小化废弃物的产生。与客户的环境合作是开展产品再利用的必要环节，客户对再利用产品的认可度决定了再利用的成效。此外，逆向物流体系的建设为产品使用后从使用者到生产者（或原材料商）的回收再利用提供了保障。

⫸ 3. 再循环维度

再循环涉及一系列的过程，包括收集、分解、分类和处置产品或原材料作为二次利用，这种利用是在原有产品和材料已经失去了原有的特征或功能之后较低层级的应用。回收利用是提升制造业生产过程中绿色程度的有效途径。再循环是循环经济最常见的实践手段，是一个系统性过程，依赖整个供应链。再循环将正向供应链和逆向供应链连接起来形成了闭环。面向再循环的生态设计决定了最终产品回收再利用的可能性和便利性。为实现这一目标，生产者在设计产品时首先考虑的是原材料是否容易回收再利用，使最终的循环过程更有效率。已有研究者通过实证分析得出生态设计对环境绩效有正向影响，主要原因在于能够提升末端产品的循环利用。再循环的过程同时涉及绿色供应链管理的上下游实践。绿色采购考虑到供应商是否有能力或意愿进行原材料的回收再利用，在进行绿色供应商选择或绿色供应商发展的过程中，可以将此作为标准或依据。逆向物流则要保证末端的产品能够被搜集和流向供应链前端。因而逆向物流的目标是将末端使用后的产品或零部件回收再利用，通过构建回收体系来实现。此外，成本作为一个非常重要的考量，回收网络建立的前提是能够获得经济效益。

▶▶ 4. 再生维度

再生被认为是一种增加价值的实践，也是绿色供应链管理实践的一部分。过去，生产厂商并没有责任和义务去处置消费者使用后的产品，通过填埋或焚烧来处理使用后的产品。在实际操作中，再生往往是指能源再生，通过各种废物转化为能源的过程，包括燃烧、气化、热解、厌氧消化和垃圾填埋场气体回收，将不可循环利用的废物转化为可用的热、电或燃料等。

▶▶ 5. 再制造维度

再制造被定义为"产品重新建造的过程，在此过程中，产品被清洗、检查和拆卸；更换有缺陷的部件，并对产品进行重新组装、测试和检验，以确保产品符合或超过新制造的产品标准"（Chung 和 Wee，2008）。此外，再制造要优于再利用和再循环，因为它不会降低产品或部件的整体价值，而面向再制造的设计可以提升回收效率和拆卸的便捷性进而降低成本。当前很多行业已经形成了再制造的产业化，例如货车及飞机发动机、办公电子耗材等。在闭环供应链体系中，回收的产品经过再制造过程，既产生了环境效益而且有显著的经济效益。

综上所述，逆向物流既是绿色供应链管理的重要实践同时也是循环经济的重要实践内容。生态设计对于两者的作用同样显著。在现实的管理活动中，如何激励企业持续开展生态设计，将产品设计和末端废弃物管理进行有机整合仍然面临着较大的挑战。产品生命周期评价被认为是开展这些设计活动最基本的前提条件。对企业而言，在有限的资源条件下，生态设计聚焦在哪些方面也是值得探索的，甚至不同的设计活动之间会存在一定的冲突。例如，减量化设计可能会给再循环设计带来难度。再制造作为一个新兴的热门领域，受到的关注逐步增多，被认为能获得经济和环境的双赢。但是，不确定性已成为再制造面临的巨大挑战，既来自消费者对再制造产品的接受程度，也来自废旧产品的回收。生产者责任延伸的实施能从某种程度上促进再制造产业的发展，使末端产品的回收更有保障，生产企业也会深入考虑回收之后的再制造。在欧美日等发达国家中，生产者责任延伸制相对比较成熟，而在大部分发展中国家还没有建立起相关制度，中国当前针对四类产品开展了生产者责任延伸制试点。中国政府鼓励再制造的开展，并为此提供了一定的补贴。

▶▶ 5.3.2　循环经济视角下的绿色供应链：循环供应链及其主要实践内容

国内外学者对循环经济和绿色供应链管理之间关系的研究关注度越来越高。但从当前的研究现状来看，只有少量研究做了一些初步的探索。例如，肖序和曾辉祥（2017）讨论了可持续供应链管理与循环经济能力之间的关系，认为从循环经济视角下考虑绿色供应链管理是实现整条供应链环境、经济和社会效益的重要途径，并指出在供应链管理中，应该重点要求供应链各个节点（例如采购、生产、运输等）遵循"减量化、再循环、再利用"的3R原则。Aminoff和Kettunen（2016）从供应端循环的视角探讨了循环经济中的可持续供应链管理，强调了与客户和供应商的合作能够促成和保持使用后的产品、零部件和材料循环起来，形成闭环的循环经济价值创造模式，而平衡正向和逆向供应链并保障统一的材料质量是成功的关键。有学者指出现有的供应链特征无法支撑向循环经济的转换，最主要的障碍在于供应链固有的线性结构。一旦产品的复杂程度高和供应链较长都会对物质循环和资源再生带来挑战。国内学者针对不同循环经济层面，提出了三种供应链管理模式（李莉等，2007）：

1）在企业层面上，以循环经济的原则来设计和改良生产工艺流程，减少原材料、能源和废弃有毒物质的排放，最大限度地循环利用生产系统中的物质和能量。

2）在园区层面上，依照工业生态学基本理论，构建产业园区，形成园区内的产业共生。包括园区企业间的物质、能量和信息的集成，以园区为系统进行优化，使资源投入最小，实现园区内废弃物的"零排放"。

3）社会层面上，综合考虑整个社会的物质大循环，其基本的核心在于形成完善的回收体系，提升整个社会废旧物品和资源的回收利用率。需要政府的统筹规划，构建有效的管理手段，实现回收过程的信息化和标准化。

2019年，Farooque等学者定义了循环供应链管理：以实现"零排放"为目标，将循环思维融入供应链及其周边工业和自然生态系统的管理之中，即采用系统性技术恢复产品、零部件和材料，并通过整个系统的商业模式创新和供应链功能创新，实现从产品/服务设计到末端以及废物管理的协同；涉及产品/服务生命周期的所有利益相关者，包括零件/产品制造企业、服务提供者、消费者和用户等。循环供应链从再生的视角对绿色供应链进行了强化（Farooque 等，2019）。对已有的研究总结得出了循环供应链的主要特征如下：①内部自身的循环优先于外部，例如再利用和再制造优先于再循环；②减慢循环周期，如利用资源的时间越长越好；③在产品生命周期的各个阶段更加注重减少废弃物的产生；④尽可能地减少资源使用，促进资源的再利用、再循环和再生。

　　由图 5-2 中的内容比较可知，闭环供应链通过逆向回收产品和包装材料，到生产者恢复使用价值，以此提升环境绩效。闭环供应链在节约材料、劳动力、能源和废弃物方面都有显著的效果。但是，因为闭环供应链的活动是基于传统供应链的生产企业而展开的，不涉及供应商及其他的辅助成员，在闭环供应链上广义的价值恢复仍然存在局限性。这也导致了闭环供应链仍旧产生了一定数量的废弃物，而这部分废弃物无法在现有的闭环供应链中得到再利用和再循环。循环供应链恰好能克服单条供应链的局限性，它通过与其他工业企业或组织开展工业共生合作，为进一步消化处置这些废弃物提供了更多可能性。在理想情况下，循环供应链将产生零浪费，因为它的设计是为了系统性实现其所在的工业和自然生态系统中的资源的恢复和再生。根据 Farooque 等（2019），图 5-2 给出了循环供应链中存在的两种类型的资源流向，一条是主要资源流向（资源流），另一条是循环资源流向（资源循环）。主要资源流向指的是正向供应链中的产品的流向，循环资源流向是指供应链中产品、材料和能量的再循环、再利用、再生、再制造等。在实践中，循环供应链管理致力于开展全系统的创新，

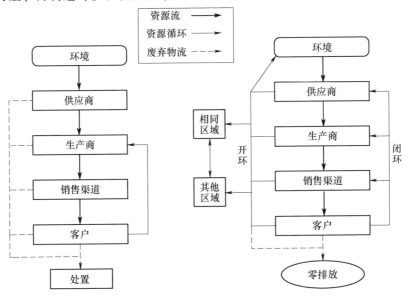

图 5-2　闭环供应链（左）和循环供应链（右）流向比较

从传统的"废弃物"中恢复价值，进而实现"零废弃物"。例如，回收 PET 瓶可用于建筑，轻混凝土被装入瓶子中，为房屋创造隔离墙。同样地，制造企业可以通过循环纺织材料，用于建筑业生产绝缘材料（Nasir 等，2017；Farooque 等，2019）。

正如前面所言，循环供应链的实践层次主要集中在微观层面，以企业或行业为基准通过循环经济的思想和原则促进价值链的形成。少量研究开始讨论循环价值链，如 Franco（2017）识别了在纺织行业中发展循环产品价值链（从产品设计到回收和再处理）面临的挑战；Golev 和 Corder（2017）对澳大利亚金属价值链中与电子垃圾相关的金属流动和价值进行了详细分析。总体而言，将循环经济整合到供应链管理中确实能够提升环境绩效，并伴随着增加价值而获得经济绩效。本节将从设计、采购、生产、物流、消费及废弃物管理等方面介绍循环供应链的主要实践内容。

（1）设计

通过对当前循环经济实施案例的分析，Kalmykova 等（2018）得出的结论是，价值链的"回收、消费和使用"部分受到了最多的关注，然而"制造、分销和销售"很少涉及循环经济的实施。循环经济中产品和服务的设计对促进材料和能源的循环有着重要的作用。基于循环经济和可持续发展理念，产品/服务设计功能需要从根本上改变，因为产品/服务设计对整个产品/服务的价值链有很大的影响。可持续包装设计和产品标签都被认为是产品循环设计过程中非常重要的部分。设计者需要综合考虑环境、经济和社会的影响，采取全面系统的方法来开展设计。这就需要改变传统的设计思维，以设计符合循环经济内在标准的产品来实现面向循环经济的转变。

此外，在创造没有废弃物的世界中，化学过程起着非常重要的作用，提供了产品创新的基础（如面向再利用、再循环或者可再生原材料的更新等）。已有的关于生态设计的文献主要围绕如何实现闭环供应链，或者聚焦在延长产品的使用寿命这两个核心点展开。最近几年，在许多工业部门，采用可拆解设计的情形有所增加，部分原因是因为技术进步，除了满足产品生产者责任延伸制的规定之外，还节省了成本。可拆解设计不仅可以在产品末端进行可拆解创造价值，也可以在产品的使用和维护、维修过程中带来价值（如易拆解来更换零部件等）。例如，采用可拆解设计的方法来减少汽车仪表盘中不相容的聚合物的数量，更易于机械分离和回收，而不用化学分离方法。有学者曾提出方法来说明基于可拆解设计的拆解实践。这种设计思想还应用在诸如计算机制造和其他关键材料的管理中。

（2）采购

在采购活动中融入循环经济思想会重新定义产品的价格、质量等。循环经济要求采购的原材料能够从技术上可恢复或者可再生，由此不会对环境产生任何负面影响。在已有的研究中，关于绿色采购的研究较多，但是以循环经济思想指导采购活动的研究非常稀少。Witjes 和 Lozano（2016）基于循环经济准则提出一个公共采购框架，包括技术和非技术产品/服务规范。该框架为通过回收和减少废物产生来减少原料利用和提高资源效率提供了指导方针。将循环经济思想整合到供应链管理中，被认为是能够有效管理关键和战略材料供应的中断。有学者引入弹性指标去刻画关键材料供应链中断风险的弹性。但遗憾的是，很多企业没有足够的能力、资源去追踪这种动态的、复杂的过程。因此，采用循环策略（如再循环）、精益原则和多样化等来降低原材料采购中的脆弱性。

（3）生产

循环经济在制造过程的作用和体现更明显，制造过程中减少资源能源的消耗成为当前可持续发展保持竞争力的关键所在。制造业已经在其供应链中开始采用可持续生产实践和循环经济来减轻环境风险。在此背景下，绿色制造作为可持续发展的战略模式已被广泛认可，它结合了环境保护、资源和能源节约、减少浪费及生产经济等原则。绿色制造实践从长期来看不仅能节约成本而且能提升品牌形象、合规性及投资者的收益。但是从短期来看，绿色制造可能会大幅增加运营成本，这也使很多企业望而却步。在减少工业废物的产生、资源的获取和消耗、能源需求和碳排放前提下提高材料的利用效率，决定了制造型企业需要采取多种方法和策略。绿色制造和清洁生产是提升循环经济背景下材料利用效率的最常用的两种方式。在已有文献中，清洁生产的内涵包括了绿色制造，因为它不仅涉及生产过程，同样还涉及服务活动。清洁生产被认为是不仅关注人们的需求，同时还关注环境保护和节能减排的生产方式，其中还包括禁用非再生和有毒有害物质的使用（Yuan，2006；Ghisellini 等，2018）。简而言之，清洁生产旨在提升经济效率同时减少生产过程对人类和环境带来的伤害和风险。清洁生产被认为是循环经济微观层面的重要活动，也是绿色供应链管理实践内部环境管理的组成部分。虽然《中华人民共和国清洁生产促进法》从2003 年 1 月 1 日就开始施行，我国已开展了 5 轮对国家控制排污量（简称"国控"）企业的清洁生产审核，但仍有部分企业没有开展清洁生产。例如，有学者指出立法和经济效益上的障碍阻碍了中国建筑企业去开展清洁生产实践。

（4）物流

来自客户和政府法规的压力迫使企业重新设计物流网络使其更加环保。绿色物流在概念上已经有了非常清晰的定义，即考虑到环境和社会因素，以可持续的方式生产和分配货物。绿色物流需要测量各种配送策略对环境的影响、减少与物流有关活动的能源需求、减少浪费和处理剩余废弃物。传统物流的重点是寻求组织产品的正向配送，即从供应商到客户的交通、仓储和库存管理。此外，逆向物流在实现可持续发展方面也发挥着关键作用。物流活动中最能体现循环经济思想的就是逆向物流，它起到桥梁作用，将废弃物返回到生产企业乃至客户，进而实现循环利用。

（5）消费

循环经济的理念不仅体现在生产端，而且对消费模式也具有指导意义，也就是可持续消费提倡的将有价值的产品再利用，减少浪费和废弃物产生。全球手机市场上，厂家与消费者合作回收淘汰下来的手机进行再制造，能够大大提升资源利用效率。现在各个国家出现了不同的模式，在英国鼓励消费者返回淘汰的手机和使用翻新手机，在德国由于消费者对翻新产品不太了解导致消费者的积极性并不高，在澳大利亚开展了以旧换新和维修等业务。2017 年，苹果公司宣布了一个目标，即所有产品都将使用可回收或可再生材料。2019 年 8 月 19 日，《财富》杂志报道⊖：苹果公司在美国奥斯汀的一个工业园区里，开发复杂的"变废为宝"的自动化机械系统——"黛西"（Daisy），这个系统是前一代机器人"利亚姆"（Liam）的更新版，通过结合自动化与人性化操作，可以从原本无法使用的 iPhone 中分离出纯塑料、金属和玻璃碎片。研究者对上述现象进行总结指出：向循环经济的转变需要消费者行为的改变，这可以通过增强消费者意识和可持续发展理念的宣传和教育来实现。然而，产品设计功能必须改变，使其更优。例如，有厂家正在试图设计和生产完全可修复的手机，这可能会从根本上改变消费者的态度。Wang 和 Hazen（2016）研究中国汽车工业发现，关于再制造品成本、质量和绿色属性的信息会影响消费者对风险和价值的感知，进而影响消费者对再制造品的购买意愿。Castellani 等（2015）以一间二手物品商店为例，运用 LCA 方法，量化再利用物品所带来的环境效益。他们发现，通过在包括服装、家具等许多行业中采用可持续的消费方法（如重复使用），有可能避免潜在的环境影响。

（6）废弃物管理

废弃物管理是循环经济中很重要的环节，包括前文提到的循环经济实践中的减量化、再利用、再循环、再恢复和再制造等。了解经济活动和废物产生之间的关联性有助于实现循环经济目标。废弃物管理面临的挑战前文也有提到，一是如何回收的问题，二是回收之后相对应的处理技术是否能达到要求等。因此，很多研究会探讨针对电子电气产品的 WEEE 指令和生产者责任延伸制对整个回收体系、废弃物管理的影响。

▷▷▷ 5.3.3　循环供应链的商业模式与价值创造

当前可持续发展越来越聚焦在从线性的供应链向闭环供应链模式的转变。

⊖　来源：https：//fortune. com/2019/08/24/apple-new-iphones-macs/。

其中，循环经济中重要的思想或实践，如再利用、再制造和再循环，已经成为常规的实践手段。当然，正如前文所述，一家特定的企业是不能实现整个供应链循环的，它需要供应链上所有的组织与其他来自相似和不同行业的利益相关者的参与。这个组织商业模式的变化将会对整个供应链中其他组织的商业模式产生影响。基于循环供应链的商业模式，需要通过提升回收、再利用和再制造的效率来更好地利用有价值的零部件、材料、能源和其他有价值的资源。基于循环经济的商业模式以创造价值，可以归纳为四类可能的来源，分别是内部循环、延长循环利用时间、梯级利用和纯粹的循环。因此，逆向物流是循环商业模式中最重要的组成部分之一。

Yang 等（2018）提出了基于卖产品的同时还要注重卖服务的产品服务系统商业模式，以期能提升供应链中的循环利用效率。产品服务系统被认为是一种潜在的可持续商业模式，是因为它有潜力去减少产品整个生命周期之中的生产和消耗。为了实现循环经济，制造企业或零售商必须转变为"功能性服务模式"，即顾客购买服务或产品的使用功能，而不再是购买产品的所有权，即"卖服务不卖产品"。生产厂商对产品拥有所有权，因而有更大的动力来通过各种方式延长产品的生命周期，并通过设计增加产品的重复利用率和再制造率，而这其中的根本在于生产厂商是对产品最了解的一方。

Yang 等（2018）有针对性地提出了三种类型的产品服务商业模式，分别为产品导向型、使用导向型和结果导向型，而它们对循环供应链的影响主要通过以下四种价值创造的来源实现：①内部循环，即通过生产、再利用及翻新等内部环节，以及再循环、再制造等外部环节，最大限度地减少物料使用及成本；②延长循环周期，即尽可能最大化循环利用次数和延长产品的使用寿命；③梯级利用，遵循废物即是原料的逻辑，通过共生的方法针对使用过的产品开发出不同的用途；④纯粹的循环利用，需要注意的是采用无污染的物料流，提高再分配效率和物料的生产效率。这四类价值创造的来源是与生命周期末端战略高度相关的，同时也与产品服务系统商业模式是契合的，因为产品服务系统将价值创造从产品的生产阶段已经延伸至整个生命周期。

相对于以产品为基础的传统商业模式，三种新型的循环供应链商业模式能够创造更大的价值。

▷▷ 1. 产品导向型的产品服务系统模式

在产品导向型的产品服务系统模式中，相关企业在产品使用阶段提供技术服务。相对于以产品为基础的传统商业模式，产品导向型的产品服务系统通过定期的维护和维修来延长产品寿命。供应商和客户都有很强的动力鼓励这种技术服务，因为这增加了供应商的服务收入，也降低了客户建立自己的服务团队的成本。供应商提供技术服务的优势在于，供应商比客户或其他第三方企业更了解自己的产品，能够提供更专业的服务。

⧸⧸▶ 2. 使用导向型的产品服务系统模式

在使用导向型的产品服务系统中，供应商向客户出租产品并提供技术服务。与传统的商业模式和产品导向型的产品服务系统模式相比，租赁项目对使用过的产品进行再利用、回收、再制造和循环利用的周期更长。原因是企业保留了产品的所有权，并被鼓励尽可能延长产品寿命和从生命周期末端产品中获取价值。客户使用产品的时间越长，供应商从租赁中获得的收入就越多。

⧸⧸▶ 3. 结果导向型的产品服务系统模式

以某园区内燃气企业为例，该企业销售工业气体而不是气体发生器。企业没有生产和销售设备给客户，而是在离客户很近的工业园区建立了自己的燃气工厂。企业成为气体发生器的实际用户，生产的气体被分配到工业园区的各个客户。这样在维护、维修、再利用、恢复、再制造和回收上的能力比传统的商业模式、产品导向型的产品服务系统模式和使用导向型的产品服务系统模式强得多，因为燃气企业可以控制气体发生器的使用阶段。此外，该企业还通过副产品创造了价值（氮气是生产氧气中的副产品）。气体的潜在价值以前被客户忽视（因为客户没有充分利用气体的专门知识），现在这种价值被制造企业以结果导向的产品服务系统的商业模式而获取。通过这种方式，制造企业将产品的潜在价值内在化，并激励其最大化产品的价值。这也适用于副产品的价值最大化。在这种商业模式下，制造企业有更大的动力去增加气体的使用。它为不同的客户提供不同的气体，在高峰和非高峰时间协调客户使用气体，因此减少了废气的产生。在这个商业模式中，制造企业不仅建立了产品（气体发生器）再利用的内部循环，还建立了产品（气体）再利用的内部循环。

在实际的应用中会产生一些差异，其根本原因在于各类商业模式中的循环内容都与产品的所有权相关。制造企业保留了对以使用为导向的产品服务系统和以结果为导向的产品服务系统的所有权，对产品的生命周期有很强的控制能力，因此更有动力从整个产品生命周期甚至产品的产品中创造价值。因此，制造企业有责任和动力减少使用中产品对环境的影响，特别是当这些影响到经济价值的时候。对于其他的产品服务系统商业模式，这些问题都是客户的责任。例如，在基于产品的模型中，制造企业没有详细的使用信息，因为信息是由客户控制的。因此，基于产品所有权特征，面向使用和结果的产品服务系统业务模式更适合于循环供应链的发展。

相较于传统的线性商业模式，基于产品服务系统的模式能真正促进物质的再使用、再恢复、再循环和再制造，真正做到"吃干榨尽"。生产企业在对产品保留所有权的前提下，势必想尽办法从整个生命周期的角度去寻找创造价值的机会。对于客户而言，它不需要再去购买一个产品，为其后续的维护、处理负责，它通过租赁的形式来使用其功能即可。此外，产品服务系统的商业模式会要求设计者在设计之初就要考虑到产品的可持续性、可拆解及后续循环利用的各个方面。

5.3.4 循环供应链治理的指标框架

每条供应链都与资源消耗（材料、能源、水）和废物产生（空气、液体和固体废物）相关，以服务于最终客户，及管理生命周期结束的产品废物。有一些指标可以衡量产品供应链每个阶段的绩效，这些指标以绝对数字显示总的材料消耗和废物产生量。供应链的每一个阶段，从原材料的开采到产品的生命周期管理，都与产品供应链的整体循环密切相关。每个阶段都有一套不同的绩效指标。闭环供应链的绩效应该从整个供应链的清洁生产、资源效率、生态效率、再利用和再制造，以及减少浪费等方面进行衡量。循环供应链大致可分为上游和下游两个阶段。上游阶段包括采矿、材料加工和产品设计，下游阶段包括产品生产、使用和末端处理处置。对于上游，可以使用产业共生和生态视角来衡量绩效；对于下游，可以使用零浪费或零排放视角来制定供应链各阶段的衡量指标。

1. 循环供应链的上游部分

循环供应链从生产系统的设计阶段开始。如果产品或生产系统在设计时没有考虑产品生命周期末端的处理处置，就无法确保废旧产品的大量回收、重复使用、再制造和修理。为线性供应链设计的产品不能在实践中实现供应链循环。设计产品时考虑减少资源的投入，用绿色/可回收和无毒的材料代替原始材料，增加产品可再制造性、可重复使用性和可回收性的潜力，都是线性供应链向循环经济转变的关键。一些研究人员指出，产品应该设计为长寿命和强耐久性的，因为频繁的产品周转会导致材料浪费。这些设计策略通常基于 12 个绿色工程设计原则，以提高单个产品的环保性能（Anastas 和 Zimmerman，2003）。这些上游实践旨在管理企业内部的制造过程和工业废物。在产业共生状态下，一家企业的废物可以成为另一家企业的原料。丹麦的卡伦堡生态工业园区就是这样一个例子。在工业园区中，农场、水泥制造企业、炼油厂、燃煤电厂和化学合成单元位于地理位置和功能相近的地方。通过产业共生以最小化一个企业所产生的废弃物，同时为整个园区企业生产有用的产品和提供基础服务，如热、水泥和精炼石油产品。其他实践包括提高工厂的能源效率和使用可再生能源，及减少产品整体的碳足迹。

2. 循环供应链的下游部分

下游是面向客户的部分，在供应链闭环中起着非常重要的作用。此外，在下游供应链中，出现了许多新兴的商业模式。如上节所述，这些新兴商业模式挑战了传统的基于产品所有权的商业模式，重新定义如何使用产品来提供服务。这些商业模式有效地使用产品，并最小化提供相同级别服务所需的产品数量。这些商业模式是不断增长的经济体的一部分，被称作共享经济、协作消费、产品服务系统和P2P模式。共享经济的实践包括产品租赁、维修、共用和共享。应用这些模式的产品包括自行车、汽车和其他家庭用品，如书籍、电动工具、冰箱和洗衣机等。由于这些以服务为导向的实践具有促进资源效率和循环发展的潜力，因此受到研究和政策讨论越来越多的关注。有许多产品只在非常有限的时间内使用，但这些产品的制造涉及大量的资源消耗和重大的环境影响。例如，在许多发达国家，汽车平均只使用5%~10%的时间，这种昂贵的产品在90%的时间是处于停放状态。同样，家用电动工具使用一次的时间可能只有10min，但制造它们需要消耗大量的资源。因此，如果消费者只是"购买"或"使用"产品提供的服务，而不是拥有产品本身，那么产品可能会被更频繁和更有效地使用，从而减少整体资源消耗。从所有权到服务型商业模式的转变可能会促进负责任的消费和生产，联合国制定的17个可持续发展的目标之一也为创建循环供应链做出了贡献。在针对产品生命周期末端管理的讨论中，最常被讨论的做法是产品的再制造，修理和重复使用产品的某些部分，以及在产品/部件的使用寿命结束后对这些产品/部件进行回收和再利用。

⟫ 3. 整体供应链的复杂性

供应链正变得越来越复杂。供应链复杂性的来源主要包括改变产品的设计参数（如产品使用寿命跨度和特征）、参与者网络的增长（更多的供应商、经销商和消费者）、日趋严厉的法规环境、全球化的趋势、先进技术和创新，以及不断变化的消费者需求等。其他因素，如资源可得性下降和环境问题日益严重，再制造和回收也增加了供应链的复杂性和不确定性。对于供应链复杂性的关注是构建循环供应链中十分重要的指标。虽然一个由多个参与者参与的复杂的供应链网络可以承担很多的功能，完成很多目标，但是复杂性的不断提升也给很多企业管理或优化它们的供应链网络带来了困难和挑战。供应链中大量的参与者也增加了不确定性，降低了供应链的效率和有效性。根据Jain等（2018）的研究，表5-3给出了下游供应链复杂性指标。随着复杂性的增加，企业的供应链治理的决策过程更分散，并可能产生高昂的治理成本，例如对闭环供应链的治理。正如Serdarasan（2013）所言，任何成功的供应链管理实质上都是成功地管理了供应链的复杂性。因此，客观地说，循环供应链治理就是管理循环供应链的复杂性。采用复杂性较低的循环供应链模型，可以提高其治理的有效性和效率，从而提高供应链整体的循环性能。

表 5-3　下游供应链复杂性指标

变　　量	指　　标
供应链规模	供应链中独立参与者的数量、供应链网络中产品流通量
供应链结构	不同的独立参与者之间的连接总数（单向或双向的）

▶▶ 4. 用于衡量循环供应链治理的供应链运营参考模型

Jain 等（2018）基于供应链协会（Supply Chain Council）提出的供应链运营参考（Supply Chain Operations Reference，SCOR）模型，提出了用于衡量循环供应链治理的模型。SCOR 模型是作为描述、度量和评估供应链的过程工具而创建的。SCOR 框架有五大流程，即计划、采购、制造、配送和回收。这些过程包括组织间和组织内的功能，并作为描述、沟通、实施、控制和测量复杂供应链过程以获得良好绩效的战略工具。SCOR 框架包含了四个级别的流程细节。第一级定义供应链（包括以上五大流程）的范围和内容。第二级根据不同的流程，明确其包含的运营过程。第三级将运营过程进一步细化为具体活动。第四级定义了供应链的实施阶段。为了有效实现循环供应链治理，"计划"侧重于产品和服务的生态设计方向，为拆卸、再利用、翻新、再制造和回收提供空间，基于共享经济原则的创新型商业模式降低了资源的整体消耗。"采购"过程为原材料的可持续采购奠定了基础。采购商和供应商之间顺利的合作，确保了整个采购过程最大限度地减少原材料消耗和废物产生，并能开发出新型和创新的商业模式。"制造"包括新的和创造性的制造过程，以减少材料消耗，体现出能源消耗的最小化。循环供应链管理的"配送"过程包括重新设计物流、销售和配送功能，通过共享和减少整个进出物流链的浪费来降低成本。"回收"过程与循环供应链最为相关，因为它包括逆向物流、可再利用、再制造、回收和报废处理等活动。表 5-4 中展示了循环供应链治理的绩效评价内容。

表 5-4　循环供应链治理的绩效评价内容

传统供应链评价内容	循环供应链评价的内容
计划	面向末端有效处理处置的产品设计、生态设计、新的商业模式
采购	可持续采购、绿色供应商选择
制造	制造过程的材料减量化、节能
配送	物流、销售和市场、产品使用/共享、废弃物减少
回收	逆向物流、再利用、再制造、再循环和生命周期末端管理

▶▶ 5. 循环供应链的三维策略

向循环经济的转变需要多方面的变化，若要成功地过渡到循环供应链需要重新设计产品，降低供应链的复杂性，采用创新的商业模式，并不断评价向循环经济转变的进展。因此，要实现循环经济的目标，单一的战略是不够的，需要多种战略的结合，循环供应链的三维策略如图 5-3 所示。目前，循环经济的主要关注点是通过产品的再设计来逐步提高效率，即提高产品的可再制造性、可再使用性和可回收性，最大限度地利用绿色原材料，最大限度地减少原始材料的使用。成功地转向循环供应链不仅需要重新设计产品，还需要设计一个有效的供应链来处理逆向物流。企业必须发展传统的供应链，以促进供应链的循环，而不能只从一个方向设计提升现有供应链的容量。循环供应链是三个层面的组合，即创新的商业模式（战略层面）、产品设计或生态设计（战术层面）和有效的供应链管理（运营层面）的组合。

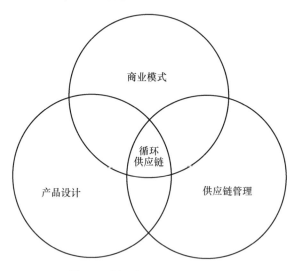

图 5-3　循环供应链的三维策略

5.3.5　循环供应链实施：以轮胎循环供应链管理为例

循环供应链应用最普遍的就是生命周期末端产品的再利用、再生、再制造及再循环等。在中国当前的环境下，已经实施或即将实施生产者责任延伸制的产品都会涉及循环供应链如何形成、如何管理的问题。本节以比较突出的中国废旧轮胎处理问题为例，深入剖析在构建轮胎循环供应链中存在的障碍及其原因，并借鉴国际成熟的做法，提出符合中国国情的轮胎循环供应链实施方案。

自 2009 年起，中国已经成为世界上最大的轮胎生产国、消费国和出口国。同时也产生着数量最多的废旧轮胎。中国橡胶工业协会统计数据显示，2018 年产生废旧轮胎数量在 3.8 亿条，约 1 600 万 t，且保持每年 8% 左右的增速。这些数量庞大的废旧轮胎，已经被证实有多重经济用途，在中国已形成产业化，例如回收的废旧轮胎中 70% 用于生产再生胶和胶粉，能作为橡胶制品的原料，替换部分天然橡胶减少其消耗量。我国是高度依赖天然橡胶进口的国家，因此再生橡胶能在一定程度上减轻天然橡胶的进口压力。其他的再生轮胎的用途还包括轮胎翻新、热裂解等。相比较而言，健康和环境问题仍然是政府和公众对于废旧轮胎最大的担忧。传统的、简单的作为固体废弃物填埋和焚烧，及落后工艺、落后产能的处理处置，都会产生"二次污染"，空气、水、土壤等都会受到影响，也就是人们所说的"黑色污染"，尤其是臭名昭著的"土炼油"法，由于其成本低、过程简单，有利可图，在我国屡禁不止，对环境造成的损害极其严重。即使将废旧轮胎丢弃或者露天堆放也存在着污染和火灾风险，如加拿大1990 年发生在安大略省的黑格斯维尔火灾，焚烧掉了 1 200 多万条轮胎，对空气、水和土壤都造成了严重的污染。然而，中国当前的废旧轮胎正规利用率不足 50%，与欧美发达国家的整体处理率 90% 相去甚远，且仍处于下降趋势。在环保法规严格之前，中国废旧轮胎正规利用率呈上升趋势，在 2015 年达到了50%。但随着环保执法严格之后，相当大数量的废旧轮胎处理企业关停和倒闭，例如 2018 年，在南通的 13 家再生胶企业中，2 家停产整改（产能大于 1 万 t），11 家被强制永久关停（产能小于 1 万 t）⊖。这就导致了超过半数的废旧轮胎要么被丢弃、要么堆放，焚烧或者流入非法处理渠道。从长远来看，这部分废旧轮胎仍然会对环境产生持续性危害。还会因为资源闲置、浪费损失经济价值。再生胶是对进口天然橡胶的补充，再生胶的减少会产生较大的天然橡胶进口压力。从当前世界范围内废旧轮胎的处理情况来看，最理想的是通过正规、环保化的处理——资源化，在解决废旧轮胎环境问题的同时创造经济价值。

　　如何有效解决这些废旧轮胎带来的环境问题已经引起了中国政府的高度重视，其中的关键在于如何提升废旧轮胎的回收率，以及正规化的循环利用率。近年来政府出台了多项文件、政策试图通过实施生产者责任延伸制度来解决以上的关键问题。一是加大环保执法力度，禁止填埋和焚烧废旧轮胎，加大对落后工艺和产能非法处理企业的打击力度。二是鼓励开展生产者责任延伸制度，如 2016 年 12 月 21 日，工业和信息化部、商务部、科学技术部联合发布了《关于加快推进再生资源产业发展的指导意见》，要求在 2020 年建成以废旧轮胎为代表的八类重点领域的再生资源产业体系，同时要求推动相关法律制度建设，加快再生资源产业发展法制化进程，探索生产者责任延伸新模式，建立健全生产者责任延伸制度。2017 年 10 月 5 日，国务院办公厅《关于积极推进供应链创新与应用的指导意见》要求落实生产者责任延伸制度，重点针对轮胎等五大产品，优化供应链逆向物流网点布局，促进产品回收和再制造发展。2019 年 1 月10 日，国家发展和改革委员会征求《关于构建轮胎领域生产者责任延伸制度的

⊖　来源：https：//www.sohu.com/a/282527388_319988。

实施方案》意见函明确了各个主体的责任。将废旧轮胎回收处理的责任转移到轮胎生产企业，基于以下三点考虑：一是中国作为最大轮胎生产国，积累了足够的轮胎生产技术和经验，可通过前端的设计减少轮胎的废物产生、有毒有害原材料的使用，增强末端处理处置的便利性和可追溯性；二是通过循环供应链，以生产者为核心影响下游的经销商来共同构建完善、全面的正规回收网络，提升废旧轮胎的回收率；三是通过合作提升处理企业技术能力，突破轮胎回收利用关键核心技术，提升 3R 的整体利用水平（Lifset 等，2013）。简而言之，就是希望在生产者责任延伸制度的指引下，建立有效的循环供应链来实现废旧轮胎的回收、处理、再利用等。

废旧轮胎从产生、回收到 3R 处置，再作为原材料或产品返回到橡胶市场，突破了单个企业或园区，从行业的角度构建了更大范围内的循环供应链。按照国际经验，同样也可以在不同的区域内，基于某些大型的组织分别形成独立的循环供应链体系（Park 等，2018）。但是，当前中国轮胎整体的循环供应链并没有得到有效的运转，仍旧存在很多的障碍因素。需要从生命周期视角考虑各个利益相关者，剖析轮胎循环供应链有效运行的障碍及其产生原因，才能提出相应的对策建议，以促进轮胎循环供应链真正发挥作用。按照国家发展和改革委员会的征求意见函，结合废旧轮胎管理的现状，涉及的利益相关者可以界定为轮胎生产企业、轮胎销售商、终端用户（个人和组织）、循环型企业、行业协会及政府。轮胎生产企业的责任主要体现在从设计端考虑轮胎生命周期末端的处理处置，包括采用环保型原材料，考虑可拆解、再制造性能，并且依照"谁生产谁处理"的原则承担起循环供应链体系的建设成本。

此外，需要建立完善的信息统计机制，能够对每一条生产的轮胎进行追溯，为构建整个循环供应链数据库提供基础。

对于轮胎销售商而言，其主要责任体现在对废旧轮胎的回收上，而当前废旧轮胎面临的主要问题之一就在于正规回收渠道不足，小商小贩承担了主要的回收责任，但这样就带来了很大的不确定性。在市场环境不佳的时候，他们可能会放弃回收，而且回收的相当大一部分流入了非法处理渠道。正规回收渠道在和小商小贩的竞争中没有任何优势。因此，需要明确轮胎销售商的回收责任，同时构建相应的信息管理体系，能够对销售、回收的轮胎都有相应的记录。

对轮胎的终端消费者而言，其责任在于将使用后的轮胎或更换的轮胎送到正规的回收点，不得随意处置废旧轮胎。为了保障终端消费者有意愿并主动返还废旧轮胎，需要考虑采用合同的形式进行约束。废旧轮胎处理处置的行动者包括回收点、分解和轮胎处理企业、再生和循环企业等。这部分企业作为循环系统中的"分解者"，首先要确保整个流程必须符合环保法规的要求，避免产生"二次污染"，对废旧轮胎进行资源化和无害化处置。此外，它们需要保证生产的产品质量。行业协会应该对整个行业有清晰的认识，规划并组织所有企业共同构建循环供应链体系，引导行业的健康发展。政府在整个体系的构建及运行中起的作用十分重要，首先是规划引导，从政策层面上进行宣传并引导相关企业参与，例如将废旧轮胎的回收整合到城市废弃物的回收体系中或是与城市发展规划相衔接，并出台相应的政策规定支持行业发展。其次是鼓励当地企业采用更先进的循环技术和设备，例如热裂解工艺、连续脱硫罐等，同时需要支持翻新轮胎的应用，及废旧轮胎衍生产品在其他领域的应用等。最后是强化执法监督，继续打击"土炼油"等非法、污染严重的生产方式和违规作坊的聚集区。

针对以上提出的责任划分及构建循环供应链之后的实施状况，本书提出了轮胎循环供应链管理框架，如图 5-4 所示。

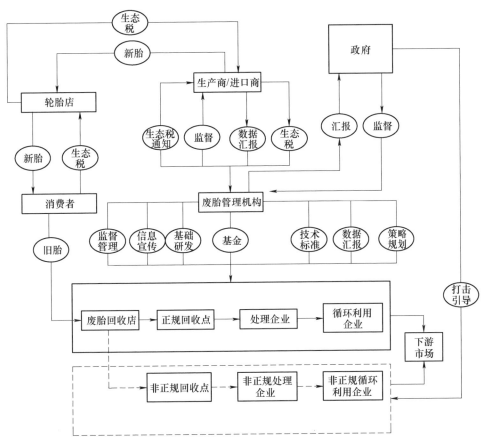

图 5-4 中国轮胎行业循环供应链管理框架

针对中国轮胎行业循环供应链管理现状提出的管理框架，从回收阶段、处理阶段、销售和使用阶段及协调阶段来梳理核心障碍。

1）回收阶段。中国的机动车辆越来越多，但是对于每年消耗多少轮胎及产生多少废旧轮胎仍然没有准确的数据。现有的数据仍然停留在估算阶段，并且各个口径估算出来的结果差距较大，无法为政府或企业的管理决策提供可靠的数据支持。因此需要构建可以追溯轮胎整个生命周期的信息统计体系，一是为落实企业生产责任制提供依据，二是能够准确追溯废旧轮胎的流向，便于后期的有效处理。

此外，废旧轮胎正规回收量有限，制约了下游的正规化处理，正规回收企业无法形成规模效应，成本较高。小商小贩是利益驱动型，随着价格的涨跌决定是否参与回收，并且一部分流入了非法的处理渠道。回收渠道的不完备直接导致了循环供应链管理的效率低。当前没有制度或机制要求终端用户将使用后的轮胎主动交换至正规的回收企业，而正规回收企业面临小商小贩的竞争，还需要缴纳税收。我国没有像国外实施针对废弃轮胎处理的生态税，来补贴正规回收企业，进一步增加了正规回收企业在废旧轮胎回收过程中的成本，使其没有足够的竞争力。

2）处理阶段。目前，中国政府已经出台了促进废旧轮胎综合利用的税收优惠政策，针对生产翻新轮胎、再生橡胶和废橡胶的企业，增值税减半征收，即征即退。遗憾的是，这项税收优惠政策还没有完全实施。根据中国橡胶工业协会的调查，50 家符合条件的企业中有一半仍然没有收到退税，原因包括缺乏相应的材料证明、审核程序的烦琐，等等。在中国轮胎循环利用协会提出的《中国轮胎循环利用行业"十三五"发展规划》中明确指出了未来我国废旧轮胎发展的四个主要方向，包括再生胶、再生橡胶粉、热裂解和翻新。由于缺乏先进的技术和设备，当前我国废旧轮胎的处理处置主要还是集中在生产再生橡胶和再生胶粉上，另外两类的比例非常小。但是再生胶和再生胶粉的生产过程涉及脱硫工艺，极易形成二次污染，也是属于环保部门重点监控的对象。近年来各地政府加大了对这类再生企业的整治，生产技术不达标或产值规模较小的企业都被强制淘汰，如南通的 13 家再生胶（胶粉）企业被关停整改，部分被永久性关停。先进的技术和设备成本较高，但是再生类企业的资金并不充裕，故而能够采用符合要求的技术和设备的并不多。翻新胎涉及安全问题，一直没有得到有效的推广，这使我国与国外翻新胎广泛的应用仍然存在较大的差距。究其原因，一是新胎价格本来就比较低，没必要使用翻新胎，二是轮胎在设计之初就没有翻新的考虑，等到轮胎废弃的时候已经没法进行翻新。热裂解作为当前能对废旧轮胎真正"吃干榨尽"的处理方式也是因为价格过高，很难在市场全面推广。加之，非法处理的企业造成环境污染问题使公众对整个废旧轮胎再生利用行业都产生了担忧。

3）销售和使用阶段。在欧美等废旧轮胎处理成熟的市场，已经形成了广泛的利用通道和途径（ETRMA, 2015），包括再循环、能源再生和其他衍生产品如炭黑和钢丝等的再利用。在中国，废旧轮胎处理后的终端市场不成熟，终端用户不信任再生类产品，而推广活动不足是一个重要原因。由于终端用户的不安全和低质量认知仍然没有改观，翻新轮胎市场正在萎缩。轮胎是由橡胶、炭黑、钢铁和纺织品等一系列成分组成的。在过去的几年里，欧洲的回收商在研发方面进行了大量的投资，以开发新的轮胎衍生材料的终端市场（ETRMA, 2015）。然而，在中国并没有官方的计划考虑这类再生产品，回收商更关注橡胶产品。由于前面提到的有限的回收量问题，处理废旧轮胎的终端市场规模仍然很小并且不稳定。如果发展轮胎衍生产品的新市场，可能就会刺激轮胎的回收。此外，当前轮胎再生市场混乱，其中最主要的问题在于缺乏统一的产品标准。各个生产厂家都有自己的生产标准和模具，对质量的控制也不统一，这样就导致了市场上产品的质量和规则的参差不齐。这些循环企业并没有足够的动力及资金投资设备和技术。参照欧美的经验，产品的标准化将有利于市场的健康发展，增强终端消费者信心，产生更显著的经济价值。

4）协调阶段。当前我国与欧美等国成熟轮胎循环供应链体系最大的不同，就是没有一个专业的废旧轮胎管理机构来组织和协调废旧轮胎管理的各项事宜，导致轮胎循环供应链无法真正形成和有效运转。例如，美国在1989年由政府发起成立了全国性的废旧轮胎管理协会；欧洲从1995年开始成立了生产责任组织，专门用于承接废旧轮胎的各类管理活动。我国成立了行业性组织——废旧橡胶综合利用协会，会员以自愿原则加入，目前涵盖了接近40%的企业。欧美的废旧轮胎专业管理组织是法律法规下成立的强制性组织，能够协调和管理废旧轮胎相关问题。但是，我国目前缺乏这种强制性的协调机构，使整个轮胎管理体系权责不清，非正规渠道不少，这给我国废旧轮胎的处理带来了很大的挑战，与可持续发展理念也背道而驰。

通过以上障碍因素的总结和分析可以发现，我国政府和行业协会应该发挥领导作用，为轮胎循环供应链的设计、形成和制度保障提供全方位的支持。当前中央政府正在进行轮胎生产者责任延伸制的相关讨论，仍然需要更多的行动和措施。例如，首先成立一个类似于生产责任组织的专门的轮胎管理机构，由政府授权，行业发起成立。由此机构去进一步组织和实施轮胎的信息统计系统、回收渠道建设、部分先进技术的攻关等活动。此外，促进再生企业的税收政策需要更加直接和完善，使这项政策真正给企业带来实际的经济激励作用。从长远看，不能依靠税收的优惠政策，需要形成稳定、持续的经费来源，从制度上设计明确是由生产者付费还是消费者付费的收费模式。收取的费用由专业的废旧轮胎管理机构进行支配。显然，推动轮胎循环供应链的形成和有效管理，需要各方的积极参与和支持，权责划分清晰，才能从根本上进行有效管控。

5.3.6 循环经济视角下的绿色供应链治理实践建议

随着绿色供应链管理从起步向逐步成熟，从原来只考虑或者重点考虑上下游有经济关系的企业，日益开始考虑股东、债权人、政府、职工、社区等利益相关者的影响，绿色供应链管理因此逐步拓展为绿色供应链治理。对循环经济来说，更多的是由政府驱动和引导，除了经济利益，同时重视环境和社会收益。因此，循环经济视角下的绿色供应链治理，需要强化政府引导，同时重视利益相关者的参与。

1. "以点带面"推动中小企业实施循环经济，积极参与绿色供应链管理

世界自然基金会研究表明，约300~500家企业控制着全球15种大宗商品交易70%的市场，而涉及的生产企业数量达到了10亿个。由此可见，充分发挥供应链上核心企业的带头作用，能够影响大量的关联企业，起到以点带面的作用。因而识别供应链上的核心企业，鼓励推动甚至强制要求其开展绿色供应链管理，势必可以影响到核心企业产品的整个生命周期，包括原材料采购、生产和消费等各个环节的环境绩效。

从企业层面循环经济实践内容来看，最主要的是在于企业自身清洁生产的实施。结合我国重点企业已有的清洁生产基础，政府可以考虑出台法规政策鼓励和要求这些重点企业通过开展绿色供应链管理，进而推动有直接经济往来的关联企业去开展清洁生产，尤其是针对数量众多的供应端中小型企业。如2016年至2018年，工业和信息化部及财政部开展了绿色制造系统集成工作。通过提供资金支持，鼓励企业建立联合体，开展绿色设计平台建设、绿色关键工艺突破和绿色供应链系统构建方向的项目。三年以来，累计支持了368个项目，其中绿色供应链项目为30个。2017年起，工业和信息化部开始开展绿色制造体系建设，从绿色工厂、绿色产品、绿色园区、绿色供应链四个方面打造一批先进典型，发挥示范带头作用。截至2019年9月12日，共发布了四批绿色制造名单，其中包括绿色供应链示范企业90家。2018年10月19日，在工业和信息化部的支持下，由工业和信息化部国际经济技术合作中心联合相关企业、高校、科研院所、金融机构及行业协会等单位，发起并成立了绿色供应链联盟。该联盟旨在通过充分利用各方面力量，整合资源、协作互动，促进绿色供应链管理和技术创新、标准化研究、评价与服务等，促进国际交流与合作，探索绿色供应链投融资模式，进而全方位推动绿色供应链的相关工作。

从核心或重点企业发起、推动供应链上企业的清洁生产实践，以经济手段进行约束，能够真正起到"以点带面"的作用，同时还能针对供应商具体实践情况给出专业和科学的指导意见及技术支持。对监管部门而言，着重监管核心

企业并对其提出要求，将会大大降低监管成本。围绕清洁生产，主体企业首选要从设计端考虑原材料使用的替代性、减量化和零部件回收、再利用等。通过绿色采购来把控原材料的使用，通过选择和要求供应商，做到原材料的环保、无毒无害。此外，对企业而言，还需重视对废弃物再利用技术的研发和方案再设计。当前我国企业着重关注的是废弃物的处理处置，而较少考虑废弃物的再利用。主要原因在于，再利用成本高，相关的技术不够先进和成熟，因而我国企业迫切需要提升自身废弃物再利用能力，降低成本，提升利用率。

▶▶ 2. 生态工业园区下的绿色供应链管理实践

生态工业园是以工业生态学和循环经济理论作为理论基础发展形成的。生态工业园是一个有计划的材料和能源交换的工业系统，寻求最小化能源和原材料的使用，最小化浪费，并建立可持续的经济、生态和社会关系（Lambert 和 Boons，2002）。随着政府、企业和社会寻求废弃物和污染排放物的回收和再利用的方式，生态工业园区模式越来越受到关注，比较有代表的是丹麦卡伦堡生态工业园、日本的北九州生态工业园等。生态工业园的建设得到了很多国家政府的响应，如美国联邦政府发起的生态工业园项目、加拿大实施的生态工业园试点，我国政府也出台政策鼓励各地开展生态园区的建设。

考虑到生态工业园的特有属性，园区企业之间已经形成局部的生态共生网络。但生态工业园并不是个孤立的经济系统，它仍然需要外界资源和能源的供给，生产出来的产品也要输送到市场。因而对于生态工业园中的企业而言，应在强化园区生态共生网络的同时关注绿色供应链管理外部实践。一是强化已形成的生态共生网络，通过引入更多参与者，发展补链项目，增强共生网络的稳定性。二是由管理部门进行统筹规划，使部分未能参与园区循环的企业尽可能参与更广泛的区域循环系统中。在供应商的选择上，突破园区空间地理限制，沿供应链上下游延伸形成柔性、稳定的生态共生网络。在选择供应商和销售商合作时考察其环境绩效并设定标准，形成供应链下游产品生命周期末端的再循环，综合考虑末端产品回收及处理的可行性。为此，环境保护部、商务部、科学技术部在 2011 年出台的《关于加强国家生态工业示范园区建设的指导意见》中明确提到要鼓励园区内企业开展环境机制的创新，如推动园区内企业开展绿色采购和绿色供应链管理。三是强化园区与所在社区的沟通，随着居民环保意识的日益提升，针对环保相关的投诉也逐渐增多，生态工业园区管委会及相关企业应保证合规、合法，不对当地的土壤、水等造成污染，同时强化信息透明度，构建与社区的良性沟通渠道。

▶▶ 3. 支持循环经济实践，构造和强化逆向物流体系

当前，我国的可再生资源及原材料、产品的回收再利用率较低。究其原因，

有以下几点：①受限于法规要求，除了当前四类（电器电子、汽车、铅蓄电池和包装物）在开展生产者责任延伸制试点的行业和《废弃电器电子产品回收处理管理条例》中规定的产品外，其他的回收行为均为自发性。②技术能力不足，与欧美日等发达国家差距较大。在技术上没法实现"变废为宝"进而推高了回收成本，导致企业缺乏足够的经济动力去开展回收再利用。③资源和产品末端回收主体和体系的缺失，产生了由谁回收、怎么开展回收的问题。逆向物流是绿色供应链管理中进行原材料和产品末端处理的重要手段。因而，在循环经济系统中，构建和强化逆向物流体系，对于企业层面到区域层面循环经济的实践都有重要意义。

设计并规划完善逆向物流体系，首先，需要根据实际情况，从政府层面以法规的形式来明确回收再利用的责任主体和回收机制，并强制实施。例如，采用生产者责任延伸制或是政府主导的第三方回收体系等。作为补充的消费者回收渠道构建，正规与非正规回收企业的合作等模式都值得去探讨和实践。正规回收商在回收过程中应当了解并明确消费者在回收过程中的关注点，以在质量、价格和信息安全方面上做出合适的决策。中央和地方政府应该提高居民的意识，改善正规渠道的透明度和可追溯性，引导居民参与正式和安全的收集服务。其次，与上下游供应商及客户开展产品设计的合作，从整个生命周期角度考虑拆解、回收、再利用等功能，依照共生关系将回收的资源进行分类再利用，确定回收产品的流向，哪些是流向原材料商，哪些是流向生产企业，哪些是流向第三方处理企业。最后，需要鼓励和支持处理企业（如再制造企业）的发展，通过上下游合作，提升处理企业的处理能力、处理规范和标准，与上游制造企业形成良性互动。

▶ 4. 开展重点行业和重点地区生态工业园的绿色供应链管理试点项目

我国政府在开展绿色供应链管理试点的过程中，应当重点考虑高耗能、重污染行业，这类行业的重点企业都具备了一定的环境管理能力，部分开展实施了循环经济，相当多数量的企业被规划在工业园区之中，形成了产业集群，更有利于循环经济网络的搭建，产生的废弃物也能集中、统一、规范地处理处置。这类企业供应商同质性较高，更容易形成外部共生网络，产生的集群效应更明显，尤其是对供应商的管控上，园区可以通过制定更高的标准进行统一约束。由这类企业推动供应链上企业的循环经济实践，能收到立竿见影的效果。对不同区域而言，由于产业结构不同，可在工业化和环境意识较高的地区率先开展区域层面绿色供应链管理的试点、示范，依托当地的生态工业园，逐步探索由园区层面扩大到区域层面的新型循环经济实践。

▶ 5. 新兴技术在循环经济和绿色供应链管理中的应用

随着信息技术的涌现和工业 4.0 的兴起，全面了解新兴技术在循环经济和绿色供应链管理中的应用至关重要。目前，常提到的工业4.0智能技术包括物联网、增强现实、3D打印、大数据分析、云计算、仿真、工业自动化、网络安全等。尽管这些技术在循环经济和绿色供应链管理中的应用和研究仍处于初级阶段，但是已有实践表明这些技术在循环经济和绿色供应链中的应用具有光明的前景。例如，物联网技术和射频识别（RFID）技术能够在循环供应链管理中应用，用于提升产品的可追溯性和强化产品的整个生命周期的信息管理。因而将循环经济原则集成到企业信息系统中也显得十分迫切。此外，有学者还提出了物联网废物管理框架用于可持续城市的建设，将废物管理与整个产品生命周期相结合，给出四项基本策略：防治废弃物产生、上游废弃物分类、废弃物的准时回收，以及收集废弃物的价值恢复。

▶ 6. 提升企业运营层面管理者针对构造循环经济商业模式的能力

循环经济在供应链层次上的实践活动，除了宏观层面的设计以外，在企业层面的操作上仍然需要引起足够的重视。在企业内部，从设计者到运营管理者，再到物流或供应链管理者，都应当提升相应的技能来构建基于企业运营层面的循环经济商业模式。首先对产品设计者来说，它应当聚焦再服务化，再制造、可维修和可拆解/解构的设计，开展循环设计和基于生命周期的设计。同时利用大数据分析和改善生态设计的产品，使产品向智能化方向发展。对于运营管理者而言，它首先应当聚焦在制定符合循环经济的系统指标，如循环利用率、资源效率、生态效率、循环能力等。同时应制定更灵活的生产计划以应对在拆卸和再制造过程中相关部件供应的不确定性。利用增材制造、数字制造、3D打印、新材料成型工艺，以及 IT 工具和大数据分析来组织清洁生产和废物处理解决。对于物流和供应链管理者而言，它应当建立和改善工业共生的能力，使用设备来改善物料流动和信息的可追溯性和透明度。加强一体化逆向物流相关行动，与非正式部门/回收合作和最终用户发展关系，以改进回收最终办法。在整个能力的发展过程中，注重动态能力的培养是十分关键的，以适应外部环境的变化而保持竞争力。

5.4 循环经济视角下的绿色供应链末端治理：生命周期末端产品治理模式与价值创造

基于前文的分析，在绿色供应链治理和循环经济实践之间的交叉中最聚焦和集中的议题是末端产品的处理、回收及利用。末端治理涉及不同的利益相关者，不同利益相关者扮演的角色差异会影响政策的执行效果。本节对世界范围内发展成熟和普遍实施的末端产品治理模式进行概述，并在此基础上提出一些思考。

▷▷5.4.1　消费者负责模式

消费者负责模式是基于消费者付款原则发展起来的，即谁使用或谁购买，最终的处置就由谁负责（消费者付费）。日本和美国加州实行这种治理模式均已超过20年，收到了较好的效果，无论在理论界还是实践界都引发了广泛的讨论和思考。这种模式实质上是强调了个人的公平性，但同时也存在一些不足之处。

日本首先在立法上对废弃物回收进行专门的规定，如20世纪末实施的《家用电器再循环法》和《促进资源有效利用法》等。这些法律法规对电子类产品的回收进行了明确规定，其目录涵盖了电冰箱到手机等各类型号的电子设备，共收录了30多种产品。其中最为关键的回收渠道主要有两类：一类是由产品经销商或销售商充当回收站，另一类是由政府成立的专门回收点。这些电子产品经过这两类回收站收集之后统一被配送至专业的处理中心或工厂进行下一步的循环利用。这些处理中心和处理厂通常是生产厂商自己负责或委托负责的。目前，日本已经构建了非常齐全的回收及处理网点，遍布全国主要城镇。在此过程中，作为使用方的消费者需要承担整个回收和处理过程中的各类费用，包括运输费用、处理费用等。这些由消费者缴纳的费用最后会到处理企业。具体的操作流程是，消费者在丢弃电子产品时需要向电子产品经销商或者邮局支付相关费用，然后消费者会获得缴费的单据，将其贴在相应的电子产品上，最后才能按照规定日期送至专业的回收点。此外，消费者还可以根据缴费单据上的编号查询，确认自己废弃的电子产品已经得到了妥当的处置，从某种程度上监督了废旧电子的合法处理。美国加州针对废弃电子电器产品的管理也是采用消费者付费的模式，不同之处在于消费者在购买时就需预先支付相应的回收处理费用，防止非法丢弃；具体的回收工作则是由制造企业来组织实施的。

就电子产品而言，虽然最终的处理费用由消费者买单，但是只有生产厂商对电子产品最了解。责任的转移使电子生产企业没有动力去开展促进末端产品最终的回收和处理。从产品的整个生命周期来看，使用前阶段对产品使用的性能及使用后阶段的处理处置起着决定性作用，包括了原材料使用的选择、产品的设计、包装和生产过程。如果能由相关企业在产品生命周期的前期投入足够的精力，例如模块化零部件使其更方便拆解，简易包装，评估电子元器件使用后可再利用的程度等，就能更有效地减少环境影响，提高末端产品的利用效率。此外，生产厂商的介入还能有利于下游回收处理企业的工作效率。在消费者付费模式下，如果企业能主动开展面向末端处理的生态设计，并主动介入末端的处理处置，从产品生命周期来说应该能够更具有环保性和经济性。但是，如何激励生产厂商参与是个问题。

5.4.2 生产者责任延伸制模式

欧盟从 21 世纪初开始制定针对电子废弃物回收的法律法规，于 2003 年颁布并在 2005 年启动实施了 WEEE 指令，此后在 2012 年对其中的内容进行了修订，形成了新版的 WEEE 指令，进一步明确了利益相关方的权责，扩大了产品的目录，对回收利用目标进行了重新设定，包括提升了回收利用率的目标。该指令明确了生产者责任延伸制，即生产者需要承担末端产品从回收到处理的经济责任。具体是指，生产者需承担从私人到回收点或中心之间所产生的费用，并且承担后期的处理处置费用。在新版指令中，明确了经销商和零售商的回收职责。经销商或零售商在售出新产品时需要接收同样类型的废弃产品，而且需要免费收集由终端消费者返回的小型电子产品（长、宽、高均不超过 25cm）。欧盟对所有成员国的收集率进行了规定，自 2019 年起，各个成员国每年必须达成 65% 的收集率目标。德国作为欧盟产生废弃物最多的国家，政府在欧盟生产者责任延伸制的基础上，针对国情，对电子废弃物回收做出了更多要求和规定。在政府的授权与监督下，成立了承接生产者责任延伸制的第三方的协调机构——德国废旧电器登记基金会。该组织由 24 个电子及电器产品的生产企业和 3 个专门的主力协会共同组成。其职责包括生产企业的注册，产品数据的统计汇总，协调末端产品的回收和运输。其中后续的处理处置由德国废弃物管理和再生利用协会进行统一管理，并对这类企业进行监督。由此，德国电子废弃物回收实现了以生产者责任延伸制为主导、政府制定强制目标进行监督、而经销商和零售商承担免费的回收服务。个体消费者就近前往电子电器经销商和零售商处放置大部分废弃产品。

生产者责任延伸制最早产生于废弃电子电器产品的回收利用，其种类繁杂和数量巨大使实施过程中仍然存在很大的困难。这种制度极大地提升了供应链运营效率，形成了闭环供应链，各个环节都有相关方管理，采用循环经济的手段使废弃电子电器产品实现价值最大化。由于生产企业承担了主要的经济责任，它们会更多地考虑前端原材料选择，产品设计、生产和包装，努力降低后期的处理处置费用。此外，生产者责任延伸制除了在电子电器产品中的应用外，已经扩展至更大范围的产品。例如，欧洲实施轮胎生产者责任延伸制，成立生产责任组织进行协调和管理，使超过 90% 的废旧轮胎都得到了正规的处理，并且仍然在探讨包括再利用、再循环和再生在内的多元化用途。在此机制下，轮胎企业降低了环境成本，获取质量稳定、价格更低的再生或循环材料作为原材料。下游的再生市场有序性保障了再生企业"有利可图"，形成良性循环。价值驱动下的生产者责任延伸制显然更易于被市场接受和更具有生命力。

▶▶5.4.3 跨区域协同治理模式

针对末端产品处理的消费者付费模式和生产者责任延伸制模式都有其适用场景和边界，任何一种并不总是有效的。例如，美国的电子电器产品废弃物的治理模式，各州之间都存在明显的差异，有的选择消费者付费模式，有的选择生产者责任延伸模式，有的是政府主导整个回收和处理过程。产品的特征特性也在某种程度上决定了该采用哪种治理模式，例如当前我国流行的外卖行业，产生了非常严重的包装物"白色垃圾"，这个生产者完全没法解决，只能从消费端入手，可以采用消费者付费的治理模式。采用类似思想的还有我国 2008 年实施的"限塑令"等。"限塑令"明确禁止了生产和销售超薄塑料袋，而且消费者在要求使用时必须额外付费购买。目前，我国吉林省已经开展了全面"禁塑"，海南省开始了分阶段的"禁塑"试点。跨区域的协同治理才是末端产品处理处置的大难题。显然，供应商和消费者的分布广泛为如何治理废旧产品带来了很大的挑战。各个区域的法规不一致，执法程度不一致，包括回收系统和处理企业的能力的差异，使废弃物管理困难重重。我国曾推行包括汽车电子产品在内的生产者责任延伸制试点，多年过去了，仍成效不大。在当前贸易全球化的背景下，废旧产品的协同处理显得尤为重要。例如，进入欧洲市场，它们会根据自己对相应产品的管理要求来让出口企业首先缴纳处理保证金等。发展中国家市场也逐渐加强了对这方面的重视，这也是出口型企业需要履行的社会责任之一。

生命周期末端产品的处理是个明显的社会问题，从各国治理手段来说，都有立法和详细的规定来界定清晰相关利益方的权责。考虑到区域之间的差异，可能由消费者付费模式似乎更能体现出一致性和公平性。但仍然会带来诸如回收点分布和建设，处理处置企业的产能、技术实力等问题，还有其中的运输物流成本等必然会导致不同的区域对消费者付费模式中收取费用的差异。更具有市场化的生产者责任延伸制治理模式会存在同样的问题，不同区域成本不同，并不是所有的产品都适用于生产者责任延伸制。我国大量的基础性商品的中小企业显然也无力承担相应的费用，这也为整体的处理效率和公平性带来了困难。

我国当前仍在探讨其中的一些措施和方案。例如，长三角区域的绿色供应链联动通过构建平台使这一区域内的企业能够加强合作，在长三角区域层面上推动废弃产品的回收和处理。各地根据自己的产业分布和技术优势等，合理分工合作，在打造绿色供应链的同时，考虑区域层面的循环经济实践，最终实现废弃产品的有效治理。这是对跨区域协同的有益探索和尝试。

本 章 小 结

本章针对当前绿色供应链治理研究领域的重要方向——与循环经济的结合

研究，从已有研究的理论和实践维度进行了总结和分析。作为开展生态文明建设的两个重要的手段，二者从本质上都是为实现经济和环境的双赢。世界著名咨询公司毕马威（KPMG）发布的《2019 全球 CEO 前瞻大调查》中指出环境和气候变化已经是全球企业关注的首要风险。这也是人类经济社会进步之后的必然结果。鉴于我国当前的环保形势，执法强度和力度空前，这也彰显了我国政府推动生态文明建设的决心。由此带来的企业所面临的环保压力和风险也是前所未有的。与此同时，社会的进步仍然需要经济组织的贡献，这就决定了企业的未来发展之路必然是以更环保、更绿色的方式前进。违背潮流的企业也会随之被淘汰。在此背景之下，应将更成熟的循环经济实践模式和以供应链为核心的企业绿色供应链治理模式相结合，相互借鉴，以期能产生更接近于双赢的企业运营、管控和商业模式。

首先，本章对循环经济的定义和实践进行了介绍，此外对循环经济在我国的发展历程和实践的现状进行了梳理。其次，从已有的研究中归纳总结出组织理论视角下绿色供应链管理和循环经济的研究内容，依据其研究的内在逻辑结合绿色供应链管理和循环经济的特征，从不同的维度提出了两个领域相互借鉴的内容。再次，从实践的角度来看，循环经济的实践核心准则是基于"减量化、再循环和再利用"，实践层次分为微观、中观和宏观层面。绿色供应链管理则是根据企业运营活动分为了绿色采购、生态设计、内部环境管理、与客户的环境合作及逆向物流与资源再生五类。在微观层面上（企业），循环经济和绿色供应链管理实践既有区别又有较多的重合之处。在绩效上，两者都强调了经济效益和环境效益，循环经济强调的是通过循环的方式"变废为宝"来获取经济价值，而绿色供应链管理要求在取得经济效益的同时必须关注环境影响。虽然出发点略有差异，但是对环境的要求都是一致的——节能减排。当前对于员工和社区的关注越来越多，社会绩效也逐步成为企业重要考量。最后，本章在考虑供应链以外利益相关者的基础上提出了循环经济视角下的绿色供应链治理，强调对绿色供应链向循环供应链转化的发展趋势，并对循环供应链的商业模式和价值创造进行了剖析，这对循环经济和绿色供应链治理均有很强的借鉴意义。为更好地指导循环经济视角下绿色供应链的治理，对已有的具体做法进行了总结和分析，并从宏观层面上提出了如何促进这一交叉领域的发展，为更好地服务生态文明战略提供参考。此外，本章讨论两者交叉程度最高的末端产品治理模式，分析了各类模式的利弊，并对未来的跨区域协同治理模式提出了一些想法和思考。

参 考 文 献

[1] GENOVESE A，ACQUAYE A A，FIGUEROA A，et al. Sustainable supply chain management

and the transition towards a circular economy: evidence and some applications [J]. Omega: international journal of management science, 2017, 66: 344-357.

[2] PEARCE D, TURNER R. Economics of natural resources and the environment [M]. Baltimore, Maryland: John Hopkins University Press, 1990.

[3] MURRAY A, SKENE K, HAYNES K. The circular economy: an interdisciplinary exploration of the concept and application in a global context [J]. Journal of business ethics, 2017, 140 (3): 369-380.

[4] KIRCHHERR J, REIKE D, HEKKERT M. Conceptualizing the circular economy: an analysis of 114 definitions [J]. Resources, conservation and recycling, 2017, 127: 221-232.

[5] GENG Y, SARKIS J, ULGIATI S, et al. Measuring China's circular economy [J]. Science, 2013, 339 (6127): 1526-1527.

[6] Ellen MacArthur Foundation. Towards the circular economy [R]. Cowes, Isle of Wight: Ellen MacArther Foundation, 2012.

[7] GENG Y, FU J, SARKIS J, et al. Towards a national circular economy indicator system in China: an evaluation and critical analysis [J]. Journal of cleaner production, 2012, 23 (1): 216-224.

[8] 郭坤, 徐爱好, 张再生. 发达国家循环经济发展的实践及借鉴 [J]. 宏观经济管理, 2015 (5): 87-89.

[9] 马歆, 郭福利. 循环经济理论与实践 [M]. 北京: 中国经济出版社, 2018.

[10] 李兆前, 齐建国, 吴贵生. 从3R到5R: 现代循环经济基本原则的重构 [J]. 数量经济技术经济研究, 2008 (1): 53-59.

[11] GENG Y, DOBERSTEIN B. Developing the circular economy in China: challenges and opportunities for achieving 'leapfrog development' [J]. International journal of sustainable development and world ecology, 2008, 15 (3): 231-239.

[12] YUAN Z W, BI J, MORIGUICHI Y. The circular economy—a new development strategy in China [J]. Journal of industrial ecology, 2006, 10 (1-2): 4-8.

[13] GENG Y, ZHANG P, ULGIATI S, et al. Emergy analysis of an industrial park: the case of Dalian, China [J]. Science of the total environment, 2010, 408 (22): 5273-5283.

[14] SU B, HESHMATI A, GENG Y, et al. A review of the circular economy in China: moving from rhetoric to implementation [J]. Journal of cleaner production, 2013, 42: 215-227.

[15] SARKIS J, ZHU Q, LAI K H. An organizational theoretic review of green supply chain management literature [J]. International journal of production economics, 2011, 130 (1): 1-15.

[16] LIU J, FENG Y, ZHU Q, et al. Green supply chain management and the circular economy: reviewing theory for advancement of both fields [J]. International journal of physical distribution & logistics management, 2018, 48 (8): 794-817.

[17] SARKIS J, ZHU Q H, LAI K H. An organizational theoretic review of green supply chain management literature [J]. International journal of production economics, 2011, 130 (1): 1-15.

[18] ZHU Q H, TIAN Y H, SARKIS J. Diffusion of selected green supply chain management practices: an assessment of Chinese enterprises [J]. Production planning & control, 2012, 23 (10-11): 837-850.

[19] CHERTOW M R. Industrial symbiosis: literature and taxonomy [J]. Annual review of energy and the environment, 2000, 25 (1): 313-337.

[20] GENG Y, SARKIS J, ULGIATI S. Sustainability, well-being, and the circular economy in China and worldwide [J]. Science, 2016, 6278: 73-76.

[21] WONG C Y, BOON-ITT S, WONG C W Y. The contingency effects of environmental uncertainty on the relationship between supply chain integration and operational performance [J]. Journal of operations management, 2011, 29 (6): 604-615.

[22] TACHIZAWA E M, WONG C Y. Towards a theory of multi-tier sustainable supply chains: a systematic literature review [J]. Supply chain management: an international journal, 2014, 19 (5-6): 643-663.

[23] JACKSON M, LEDERWASCH A, GIURCO D. Transitions in theory and practice: managing metals in the circular economy [J]. Resources, 2014, 3 (3): 516-543.

[24] CHUNG C J, WEE H M. Green-component life-cycle value on design and reverse manufacturing in semi-closed supply chain [J]. International journal of production economics, 2008, 113 (2): 528-545.

[25] ZHU Q, SARKIS J, LAI K-H. Supply chain-based barriers for truck-engine remanufacturing in China [J]. Transportation research part E: logistics and transportation review, 2014, 68: 103-117.

[26] 肖序, 曾辉祥. 可持续供应链管理与循环经济能力: 基于制度压力视角 [J]. 系统工程理论与实践, 2017, 37 (7): 1793-1804.

[27] 李莉, 李晹, 刘赫男. 基于循环经济理念的供应链管理模式研究 [J]. 物流技术, 2007 (8): 147-151.

[28] FAROOQUE M, ZHANG A, THURER M, et al. Circular supply chain management: a definition and structured literature review [J]. Journal of cleaner production, 2019, 228: 882-900.

[29] NASIR M H A, GENOVESE A, ACQUAYE A A, et al. Comparing linear and circular supply chains: a case study from the construction industry [J]. International journal of production economics, 2017, 183: 443-457.

[30] FRANCO M A. Circular economy at the micro level: a dynamic view of incumbents' struggles and challenges in the textile industry [J]. Journal of cleaner production, 2017, 168: 833-845.

[31] GOLEV A, CORDER G D. Quantifying metal values in e-waste in Australia: the value chain perspective [J]. Minerals engineering, 2017, 107: 81-87.

[32] KALMYKOVA Y, SADAGOPAN M, ROSADO L. Circular economy—From review of theories and practices to development of implementation tools [J]. Resources conservation and recycling, 2018, 135: 190-201.

[33] WITJES S, LOZANO R. Towards a more circular economy: proposing a framework linking sus-

tainable public procurement and sustainable business models [J]. Resources, conservation and recycling, 2016, 112: 37-44.

[34] GHISELLINI P, JI X, LIU G, et al. Evaluating the transition towards cleaner production in the construction and demolition sector of China: a review [J]. Journal of cleaner production, 2018, 195: 418-434.

[35] WANG Y, HAZEN B T. Consumer product knowledge and intention to purchase remanufactured products [J]. International journal of production economics, 2016, 181: 460-469.

[36] CASTELLANI V, SALA S, MIRABELLA N. Beyond the throwaway society: a life cycle-based assessment of the environmental benefit of reuse [J]. Integrated environmental assessment and management, 2015, 11 (3): 373-382.

[37] YANG M, SMART P, KUMAR M, et al. Product-service systems business models for circular supply chains [J]. Production planning & control, 2018, 29 (6): 498-508.

[38] ANASTAS P T, ZIMMERMAN J B. Design through the 12 principles of green engineering [J]. Environmental science & technology, 2003, 37 (5): 94A-101A.

[39] SERDARASAN S. A review of supply chain complexity drivers [J]. Computers & industrial engineering, 2013, 66 (3): 533-540.

[40] JAIN S, JAIN N K, METRI B. Strategic framework towards measuring a circular supply chain management [J]. Benchmarking: an international journal, 2018, 25 (8): 3238-3252.

[41] LIFSET R, ATASU A, TOJO N. Extended producer responsibility: national, international, and practical perspectives [J]. Journal of industrial ecology, 2013, 17 (2): 162-166.

[42] PARK J, DÍAZ-POSADA N, MEJÍA-DUGAND S. Challenges in implementing the extended producer responsibility in an emerging economy: the end-of-life tire management in Colombia [J]. Journal of cleaner production, 2018, 189: 754-762.

[43] 中国轮胎循环利用协会. 中国轮胎循环利用行业"十三五"规划 [R]. 北京: 中国轮胎循环利用协会, 2016.

[44] European Tyre and Rubber Manufactures' Association. End-of-life tyre report 2015 [R]. Brussels: European Tyre and Rubber Manufacturers' Association, 2015.

[45] LAMBERT A J D, BOONS F A. Eco-industrial parks: stimulating sustainable development in mixed industrial parks [J]. Technovation, 2002, 22 (8): 471-484.

[46] 阳盼盼. 我国工业循环经济发展的现实困境与路径选择 [J]. 改革与战略, 2017, 33 (12): 84-89.

[47] JABBOUR A B L D S, ROJAS LUIZ J V, ROJAS LUIZ O R, et al. Circular economy business models and operations management [J]. Journal of cleaner production, 2019, 235: 1525-1539.

第 6 章

———

绿色供应链管理到治理的重点领域

6.1 低碳技术及供应链扩散

▶ 6.1.1 基本概念

低碳技术是指在传统高耗能部门通过清洁能源及可再生能源，或是传统化石能源的清洁高效使用，降低二氧化碳的排放，引领能源利用方式转变的绿色新技术。

通过碳足迹分析、成本管理和合作伙伴选择等方法，企业将低碳、清洁、绿色等理念融入计划、采购、制造、交付和回收五个基本流程，从而形成了低碳供应链。

绿色供应链又称环境意识供应链，是低碳供应链的延伸，涉及产品的供应商、生产商、销售商、分销商和用户等多方利益相关者，将绿色环保理念纳入原料获取、加工、包装、仓储、运输和使用过程中，实现最大限度的环境友好和资源利用效率。

供应链扩散是指供应链经过一段时间，经由特定的使用渠道，从一个供应链使用单位移植到其他使用单位的过程。

绿色技术创新扩散是指一项绿色技术创新通过市场或者非市场的传播渠道，向潜在运用企业传播，并被后者所采纳的过程。

协同减排是指具有产业关联的两个或两个以上企业，通过彼此之间资源或信息的交流，建立起了长期稳定的契约关系，并以此达到了一致性的减排效果的企业行为。

碳税是一种以二氧化碳排放量为征税对象，按照一定利率征收的税种。通过将二氧化碳排放所造成的环境损失转化成企业内部成本，从而达到减少二氧化碳排放、保护环境的目的。

碳交易全称为碳排放权交易机制，是指在市场机制条件下，将二氧化碳排放权作为一种商品，实现二氧化碳排放权的市场化，是世界各国为实现节能减排问题探索的新路径。

供应链协同是指供应链上各节点企业为了实现共同的利益目标，同担风险共享收益而进行的深度合作，使信息在供应链各环节自由流动，实现技术的协同促进，再造业务流程，以应对激烈的市场竞争和动态的环境变化。

智能制造是指由智能机器和人类专家构成的人机一体化智能系统，在制造环节实现人类所具有的智能活动，如分析、推理、判断、构思和决策等，是我国实现制造强国的重要前进方向。

▶6.1.2　历史发展与研究现状

低碳技术供应链协同管理是当前研究的热点话题，它脱胎于近年来较为热点的绿色供应链管理话题，强调依托供应链开展低碳技术的协同与合作。自 20 世纪 90 年代以来，从供应链角度研究工业企业的环境管理问题日益受到相关学者的重视，绿色供应链管理由此逐步兴起与发展起来，目前的研究主要集中在以下几个方面：

1) 绿色供应链管理的驱动与障碍因素的研究。绿色供应链管理影响因素的识别是促进绿色供应链高效运行的前提与基础，是有针对性地进行绿色供应链管理的关键。对该领域的研究正逐步从早期的定性案例描述到目前的计量实证分析过渡。

2) 绿色供应链管理的组织运作研究。复杂性是绿色供应链组织系统的基本特征之一，不少学者围绕绿色供应链组织网络的复杂性问题开展研究。这里的复杂性强调绿色供应链系统中消费者、生产者等参与主体和政府法规以及技术进步等环境因素的外生性或差异性。

3) 绿色供应链管理的要素条件。企业绿色供应链管理的开展需要具备哪些要素条件一直是学者较为关注的问题。资源基础理论（Resource Based View）认为企业可以通过掌握有价值、稀缺、不可仿效，以及不可再生的资源来获得竞争优势，因此该理论被不少学者应用到探索绿色供应链的要素条件问题上。

低碳是绿色的一个重要方面，近年来很多学者开始从绿色供应链的角度解析低碳减排问题，逐渐形成低碳供应链管理。低碳供应链管理强调全供应链各个环节的低碳足迹，即通过全生命周期评估等方法，研究一个产品"从原料到生产再到废弃"整个周期中的碳排放，从而在产品层面上寻找最优的减排方案，尤其是企业在设计和生产绿色产品时，如何在控制制造成本的情况下，最小化产品碳足迹，是低碳供应链的重要任务目标。此外，通过监测和评估供应商的碳排放情况，企业可以避免与碳排放相关的风险，并在供应链层面上保持竞争力。

协同合作是低碳技术的供应链管理的重要组成要素。协同管理突出强调要素间的系统、配合的思想，不仅注重企业自身资源优势，而且还关注企业与环境变化的关系，同时重视系统协同的思想，将供应链不同企业的各项活动统筹到系统的价值链中来研究，以实现各项资源的优化配置和合理利用。协同效应是协同管理的关键，它是指复杂系统中各决策单元通过彼此的相互作用产生的超越自身单独作用的整体作用或聚合作用，协同效应能够产生各子系统单独无法形成的新的效应值，从而使系统整体在运动演化中不断保持良性循环。供应链上企业技术的协同合作，不是各要素、各子系统个体效应的简单叠加，而是供应链系统内部通过错综复杂的关系和相互作用形成的全新的整体效应,该效应的整体功能往往要超出各要素的功能之和。

1)目前关于供应链低碳技术协同的研究还处在起步阶段,研究的角度与切入点较分散,没有形成统一的概念框架与逻辑体系。然而,学者对企业间通过资源与信息的交换实现减排协作的研究由来已久,并依托不同的理论体系形成了丰富的研究成果,这些研究成果在一定程度上可以被看作协同减排研究的有机组成部分,并为后续研究提供了良好的研究基础。例如,基于供应链的合作减排,虽然不等同于低碳技术的协同,但在很大程度上具备协同减排的特征,尤其是都涉及多个企业通过彼此的协作配合达到减排目的,而且很多减排合作是基于低碳技术合作来实现的,例如,Smoliński 和 Pichlak(2009)将技术合作的理念应用到西里西亚清洁煤炭技术与工艺的研发上,强调建立企业之间及企业与政府之间的技术合作联盟能够提升清洁生产技术的研发效率,提高地区的创新能力与竞争力。De Marchi(2012)从实证分析的角度探讨了西班牙制造业企业研发合作与环境技术创新之间的关系,他认为企业层面清洁生产技术的合作能够有效提升企业环境管理创新水平,达到更好的减排降耗、防控污染的目的,而合作对象主要集中在供应商、知识密集型服务商及相关高校。

2)目前关于供应链低碳技术协同的研究还较分散,缺乏整体系统的研究。大多数学者往往局限在技术合作、供应链管理、生态产业链的构建等各自领域范围内探讨减排的相关问题,但忽视了将供应链技术合作看作一个总体,从供应链协同出发综合考虑技术合作和选择的各个方面。

3)目前研究往往只注重了表面现象,只着眼于强调企业间的技术合作意义,但忽视了如何开展低碳技术协同合作、供应链企业开展低碳技术协同有哪些障碍、需要设计怎样的机制作为支撑等基础性的科学问题。

4)目前关于供应链低碳技术协同合作的研究以案例分析与实证研究为主,缺少对数量建模方法的尝试,没有形成多元化的方法论体系。

5)目前对于供应链低碳技术协同的研究,往往只关注企业与企业之间的资源交流与信息交互,而忽视了政府在企业供应链协同过程中的基础作用:在协同减排之初,政府常常是企业开展低碳技术合作的主要推手,尤其是在不同类型政策约束下,企业的供应链行为管理实践会出现较大的差异。

6.1.3 主要实践

当前供应链低碳技术的协同都是在不同的政策约束和驱动下完成的,目前的主要案例和实践,在不同类别政策措施下有着不同的表现。

1. 行政规制下供应链低碳技术升级和协同策略

现阶段,我国实行的减排政策以行政规制为主,即通过行政命令来限制企业二氧化碳的排放或部分能源的使用。例如为了保障空气质量，钢铁水泥等高耗能产业经常遭受行政上的停工停产，或缩减生产规模，短期内，由于企业无法完成低碳技术升级，所以需要通过合理地选择低碳生产技术来控制企业的碳排放量，以减少该政策带来的风险与压力。面对行政规制，很多企业选择加强供应链的低碳协同管理，和上下游企业联动，实现高排放生产工艺的淘汰和替代，满足行政规制中排放上限的要求。

2. 碳税政策约束下供应链低碳技术升级和协同策略

碳税是一种根据企业产生的碳排放量，按照一定比率征收的税种。它将碳排放看作一种环境污染，通过将环境污染所造成的损失转化成为环境污染者的内部成本，达到减少碳排放、减缓全球变暖的目的。虽然我国还没有实施碳税政策，但是欧洲很多国家针对不同产品都开始开征碳税。我国作为世界上最大的贸易国之一，企业和国际上下游开展贸易往来时，会受到贸易国家碳税政策的影响。

如供应链上游国家开征碳税，我国企业作为下游企业，直接面临的就是原材料价格的上涨，这时候企业的供应链技术协同实践包括：联合设计开发，降低原材料端的碳排放水平；开发减量化技术、提高原材料的使用效率；开发原材料替代工艺，寻求低碳原材料的替代。

如供应链下游国家开征碳税，我国企业作为上游企业，直接面临的是产品低碳化的需求，这时候企业的供应链技术协同实践包括：联合设计开发，找到低碳化产品的配比方案；提高工艺水平，不断降低自身的碳足迹，满足下游企业的低碳化需求。

3. 碳交易框架下供应链低碳技术选择和协同策略

碳排放权交易机制是联合国基于外部理论和产权理论，为应对全球气候变化问题、减少温室气体排放而设计的一种新型国际贸易机制，它给企业的生产运营带来了新的机遇和挑战。碳市场分为两种，强制性碳市场和自愿性碳市场，碳市场类型不同，企业供应链技术协同策略实践有不同的表现。

（1）强制性碳市场企业供应链低碳技术升级和协同策略

我国电力行业已经开始实施强制性的碳市场政策，电力企业开始面临强制性的减排压力，为了提高自身的竞争力，必然会积极淘汰落后机组，升级现有机组，发展碳减排技术，提高煤电发电效率，减少耗煤量与单位碳排放量。同时也会不断发展新能源技术，逐步提高清洁能源装机比例，实现电力的长期清洁节能化。这将带来中国电力行业整体的转型升级与改造，实现电力行业从高耗能高污染的发展态势向低耗能低排放的发展态势转变。同时进行全产业链碳资产管理，挖掘碳排放数据价值，这将大大提高我国电力行业的整体管理能力与企业价值。

（2）自愿性碳市场企业供应链低碳技术升级和协同策略

自愿性碳市场给企业带来了很大的机遇，通过执行绿色标准，降低排放量的企业很容易通过碳交易的方式将节省的碳排放指标卖出。企业由于改进生产工艺，提高设备净化水平，将会产生大量的碳配额，通过参与碳交易，提高企业收入。

▶ 6.1.4　未来发展

全供应链低碳技术或工艺的协同设计是未来绿色制造业发展的趋势。技术协同是指供应链上下游企业之间在战略性领域（如产品开发、流程再造、技术培训等）发生的知识或技术共享。由于供应链上下游企业之间一般不存在业务上的冲突关系，并在一定程度上具有利益的一致性，因此更容易形成彼此的信任，实现技术上的合作。此外，节能减排相关技术和知识一般情况下不会涉及企业的核心价值，而且技术的延伸和实践还往往需要上下游企业间的合作，这也增强了上下游企业间开展节能减排技术协同的可能性。产品的生态设计是企业进行节能减排的有效手段之一，它的实现一定程度上需要同上下游企业的技术协同。例如，为了节能减排的需要，许多企业在产品设计的时候考虑到了产品材料和零部件的回收与再利用，需要对产品零部件进行模块化的设计以方便对零部件的拆解和回收，这个过程一方面需要与上游零部件的供应商进行模块化生产方面的技术合作与知识共享，另一方面还要与下游企业共同设计逆向物流的回收渠道。

基于资源循环利用技术的企业低碳供应链管理也是未来发展的重要方向。废弃产品的回收再利用是企业间开展技术合作的重要环节：一方面，废弃产品的回收需要构建相应的逆向物流渠道，需要上下游企业在废弃产品的回收运输以及配送信息（如回收产品时间点的选择、废弃产品库存控制等）共享方面的协同配合；另一方面，为了便于废弃产品的回收利用，在产品设计时就要考虑到废弃产品的回收利用问题，同时设计相应的回收物流网络与管理系统，这个过程中上下游企业间的协同合作属于技术协同的范畴。经回收的废弃产品按照使用方式的不同可以分为再利用（Reuse）和再循环（Recycling）。再利用可以分为两种类型：一是对回收的废弃产品进行清洗、打磨、维修和再包装等环节，使其重新进入市场流通；二是将废弃产品进行拆解，对具有使用价值的零部件进行回收利用。再利用的过程一般涉及生产商和销售商之间的协同合作，需要企业间在回收物流以及废弃产品使用价值甄别方面的配合。再循环是指在回收废弃产品或零部件没有再利用价值的情况下，对其进行处理，还原到初始原材料再使用的过程。

6.2 再制造供应链管理

6.2.1 基本概念

中国工程院院士徐滨士将再制造定义为：以产品全生命周期设计和管理为指导，以优质、高效、节能、节材、环保为目标，以先进技术和产业化生产为手段，来修复或改变废旧产品的一系列技术措施或工程活动的总称。再制造可以降低成本50%，降低能耗60%，节约原材料70%，对环境的不良影响与新品生产制造相比经济效益显著。一般来说，再制造可以将产品循环在多生命周期内使用，实现产品及资源的可持续发展，同时达到节能、降低污染排放、创造经济及社会效益的目标，是实现循环低碳经济发展模式的重要技术途径，同时也是再循环的最佳形式。

近年来，从供应链角度研究机械装备制造企业的环境管理问题日益受到相关学者的重视，再制造供应链管理由此逐步兴起与发展起来。机械装备再制造是当前供应链管理领域研究的热点话题，强调依托闭环供应链上各个节点企业开展再制造技术的协同与合作。

6.2.2 主要实践

我国再制造产业处于发展的初期阶段，政府在再制造市场中起到了不容忽视的重要作用。2005年，国务院在《关于加快发展循环经济的若干意见》中明确提出支持发展再制造，第一批循环经济试点将再制造作为重点领域。2009年1月实施的《中华人民共和国循环经济促进法》将再制造纳入法制化轨道。2010年5月13日，国家发展和改革委员会等11部门联合发布《关于推进再制造产业发展的意见》，将以汽车发动机、变速器、发电机等零部件再制造为重点，把汽车零部件再制造试点范围扩大到传动轴、机油泵、水泵等部件；同时，推动工程机械、机床等再制造，大型废旧轮胎翻新。根据此文件，2009年年底，我国汽车零部件再制造试点已形成汽车发动机、变速器、转向机、发电机共23万台套的再制造能力，我国在再制造基础理论和关键技术研发领域取得重要突破，开发应用的自动化纳米颗粒复合电刷镀等再制造技术已经达到国际先进水平。

在政策方面，国家大力深化改革，坚持问题导向，消除机动车零部件再制造的法律障碍，切实加强报废机动车回收拆解过程中环境保护的力度。已经实施18年的《报废汽车回收管理办法》（2001年6月16日公布）同时废止。

但是，随着经济社会发展和人民生活水平的提高，《报废汽车回收管理办法》已经不能完全适应新形势新情况的需要，其局限具体体现在如下方面：

一是国家大力发展循环经济，汽车零部件再制造是重点领域之一，《报废汽车回收管理办法》关于拆解的报废汽车"五大总成"应当作为废金属交售给钢铁企业作为冶炼原料的规定，对再制造企业获得旧件构成了法律障碍。

二是为适应加大环境保护力度的要求，需要采取更加有效的措施，解决报废机动车回收拆解过程中固体废物、废油液等污染环境的突出问题。

三是在报废机动车回收拆解行业存在对市场干预过多、行政许可条件不完全合理等问题，与"放管服"的改革精神不符。此外，《报废汽车回收管理办法》的部分规定，需要与近年出台的一些法律、行政法规相衔接。

《报废汽车回收管理办法》（以下简称《管理办法》）自 2019 年 6 月 1 日起施行，这部行政法规的施行对于规范报废汽车回收活动、保障道路交通秩序和人民生命财产安全、保护环境发挥了积极作用。

《管理办法》强化了环境保护方面的要求，在报废机动车回收企业资质认定条件中，增加了存储拆解场地、设备设施、拆解操作规范等方面的规定。同时进一步明确生态环境主管部门的事中事后监管职责，加大了对有关违法行为的处罚力度。《管理办法》落实国务院关于"放管服"改革的要求，删去报废机动车的收购价格参照废旧金属市场价格计价的规定，取消报废机动车回收拆解企业特种行业许可；创新管理方式，推行网上申请、网上受理，方便企业办事；加强事中事后监管，强化部门之间执法活动的衔接，形成监管合力。《管理办法》还在报废机动车回收程序、违法拼装机动车等有关问题上与《中华人民共和国道路交通安全法》做了衔接；进一步补充完善了有关法律责任的规定，对危害人民生命财产安全的违法行为加大了处罚力度。《管理办法》适应发展循环经济需要，规定拆解的报废机动车发动机、方向机、变速器、前后桥、车架"五大总成"具备再制造条件的，可以按照国家有关规定出售给具备再制造能力的企业予以循环利用，消除了报废机动车零部件再制造的法律障碍；同时建立有效的安全管理制度，要求回收企业如实记录报废机动车"五大总成"等主要部件的数量、型号、流向等信息并上传至回收信息系统，做到来源可查、去向可追。

在企业层面，随着《管理办法》的施行，我国在法规方面明确"五大总成"允许开展再制造，对报废机动车回收行业来说，无疑是"久旱逢甘雨"。大量高附加值汽车零部件将有机会走向"新岗位"，"汽车废，零件废"将变为"汽车废，零件用"，为汽车行业绿色发展树立新模式。摒弃旧办法中废车收购价格参照废旧金属市场价格计价方式，将有效促进机动车回收利用行业上下游有序衔接，不仅可以推动机动车零部件再制造行业规模化发展，也将提高机动车回收利用率，改善回收拆解企业经营状况，提升报废机动车回收残值和消费者的交车积极性，实现消费者、拆解企业、再制造企业三方共赢。

鑫广再生资源（上海）有限公司总经理费文磊介绍，按照新规定，拆解的报废机动车"五大总成"只会交给有资质的专业企业来做再利用处理,不会在拆解后直接流入市场,新规定能有效避免报废汽车流入黑市,意义重大。

▶ 6.2.3 未来发展

我国汽车报废行业的潜在规模巨大,有极大的改进空间,未来发展前景广阔。据公安部交通管理局发布的消息,2020 年全国机动车保有量达 3.72 亿辆,其中汽车 2.81 亿辆。如果按照 10 年以上或者行驶公里数计算,或根据国际报废率 5% 推算,我国在 2020 年后即将迎来机动车的报废高峰,报废车市场的容量和空间也将迅速增长,迎来千亿元市场。中国再生资源回收利用协会报废车分会秘书长张莹介绍,当前发达国家的机动车零部件再制造利用率达 45%,个别零部件可达 80% 的再制造率,而我国不足 10%,同国外相比差距较大。中国汽车流通协会常务理事贾新光介绍,实际上我国汽车的报废率不高,近几年来我国汽车的推测报废率在 2.5% ~3.7%,实际拆解率不足 1%。上海市再生资源回收利用行业协会报废汽车专业委员会秘书长史蕴棣说:"报废机动车行业长期以来相对封闭,全国也只有六七百家企业,难以满足市场需求。现在市场总量控制被放开,企业也将有更多机会。"

我国基础设施建设领域持续高速发展,这导致了各种工程机械的需求量大增。伴随着国内工程机械销量、保有量的大幅增长,我国已经成为工程机械主要生产国家,中国机械装备市场巨大的保有量为机械装备再制造实践提供了无限的商机,也为管理理论的丰富和完善提供了土壤。

6.3 绿色包装与物流

▶ 6.3.1 基本概念

绿色包装通常是指包装产品能够循环使用,包装材料能够循环再生、再利用或能在自然环境中降解。绿色包装的设计应以环境和资源为核心,遵循在不影响性能的情况下减少材料的使用与浪费、增加柔性包装的可回收性、包装废弃物的处理对环境和人类不造成危害等原则。简单而言,绿色包装通常要求包装材料和包装产品在整个生产和使用的过程中对人类和环境都不会造成危害,它的理念包含两层含义:一是减少对环境的污染,二是节约资源。

21 世纪,绿色包装的逐渐兴起对传统物流包装提出了新的发展要求和改进方向,要求包装不仅能起到保护与盛载被包装物、储运与促销等作用,更要求包装材料的减量化与包装的可重复使用,力图在不影响包装性能的情况下减少包装对环境的负面影响。因此,绿色包装在绿色物流中起着至关重要的作用。

在实践中，物流绿色包装应在满足物流基本要求的情况下，从绿色包装原材料的选择、材料的绿色加工与制造，到绿色包装的使用与包装废弃物的回收再生，最终到包装材料的处置阶段这一全生命周期过程中，尽量减少对自然资源的消耗，降低对人体健康和自然环境造成的危害，使包装在满足保护与盛载功能、储运与促销功能、美化商品和传达信息功能的同时符合环保与卫生、循环与再生利用的要求。可以通过4R1D原则指导物流绿色包装的设计及制造。

1）物流绿色包装在设计时应遵循包装的减量化（Reduce）原则。在满足包装基本功能的条件下选用最少的原材料，避免过度包装对资源造成不必要的浪费，对自然环境造成污染。欧美部分发达国家已将包装的减量化视为发展绿色包装的首选措施。

2）物流绿色包装应易于再利用（Reuse）和再填充使用（Refill）。再利用是指多次使用或用另一种方式使用已被用过的物品，绿色包装在设计时应考虑包装在生命周期中的再利用次数，通过对包装的再利用可以达到节约包装原材料、减少包装废弃物、保护环境的目的。

3）物流绿色包装应易于回收再生（Recycle）。包装在失去原有的使用价值后应对其进行回收处置。因此，包装在生产时应尽量选取具有回收再生价值的原材料，通过对包装废弃物进行回收再制造，能有效节约资源，同时可对不可再生的材料进行无害化处理，如回炉提炼热能，既能减少对环境的污染，又能充分利用资源。

4）物流绿色包装的废弃物要易于降解腐化（Degradable）。包装废弃物作为包装的生命末端产物，应进行合理的处置，不应形成永久垃圾，成为大自然的负担。因此，包装的原材料应易于降解腐化，通过堆肥化达到改善土壤的目的。

6.3.2　主要实践

绿色包装的实践包括了政策立法层面的实践和企业运营的实践。随着可持续发展理念的不断深入，世界各国都高度重视包装废弃物的回收再利用。美国环境保护局规定废弃物处理顺序是"减量化—再利用—循环再生—焚烧—填埋"，欧盟《包装和包装废物指令》对包装废弃物的回收利用做了规定：包装废弃物可通过重复再利用、材料回收再生、能源回收再生、堆肥化再生等几种形式进行循环再生。2000年，英国政府颁布了《英格兰和威尔士废物管理战略》，充分运用市场激励手段促进包装废弃物的合理处置：优先考虑废弃物的减量化，其次是包装废弃物的再利用和再恢复，最后才是填埋处置。

我国也颁布了一系列相关的法律法规倡导包装废弃物的回收再利用。1997年5月1日，国家技术监督局正式发布了《包装废弃物的处理与利用　通则》（GB/T 16716—1996），对包装废弃物的分类、回收方法、储运过程等做了详细的说明和规范。1996 年 4 月 1 日正式实施的《中华人民共和国固体废物污染环境防治法》第十七条明确规定产品生产者、销售者、使用者应当按照国家有关规定对可以回收利用的产品包装物和容器等回收利用，但并没有回收再生和再利用的具体规定。根据《中华人民共和国固体废物污染环境防治法》，我国又颁布了《包装资源回收利用暂行管理办法》，阐明了纸、塑料、金属、玻璃等包装废弃物的回收利用管理原则，并详细阐述了包装废弃物的回收渠道、回收办法、处理与奖惩原则等。此外，《中华人民共和国循环经济促进法》《生产者责任延伸制度推行方案》《生活垃圾分类制度实施方案》等法规的颁布和实施，一定程度上都促进了包装废弃物的回收再利用。

在企业层面，随着 2018 年修订的《快递封装用品》系列国家标准对外发布，阿里巴巴、京东、苏宁等电商巨头为顺应绿色环保、可持续发展的大趋势，纷纷推出绿色物流计划，并开始积极推广新型的绿色包装产品。

▶ 1. 阿里巴巴环保行动

2016 年 6 月，菜鸟联合 30 多家物流合作伙伴发起了业内最大规模的联合环保行动，通过绿色包裹、绿色回收、绿色智能、绿色配送四大具体措施推动绿色物流发展。此外，天猫于 2016 年开始积极建设绿色包装联盟，而盒马从创办之初就建立起了一套智慧、绿色的供应链体系减少分装，已经初步实现了物流全流程零耗材的目标。

▶ 2. 京东 "青流计划"

2018 年 5 月 25 日，京东主办了"青流万向——全球可持续发展升级发布会"，京东物流未来将从聚焦绿色物流领域上升为整个京东集团可持续发展战略。"青流计划"是京东物流于 2017 年联合九大品牌商共同发起的一项绿色供应链联合行动，从减量包装、绿色物流技术创新和应用、节能减排等多个方面入手推动物流行业绿色化发展。其中，在包装方面，京东物流包装科研检测中心研发的新型两层物流标签每年可减少 700t 纸张使用，生物降解快递袋的大规模使用每年可替代近 100 亿个传统塑料袋，同时已投放近 100 万个青流循环箱并在部分城市为用户提供自选循环包装服务。此外，京东物流与宝洁、雀巢、联合利华等知名公司还通过"协同仓"项目、带板运输方式等，在推进绿色物流的同时大幅提升供应链运营效率。

此外，国内的瑞丰高材等公司也开发出了利用玉米生产的可生物降解的塑料。使用该种塑料的包装在使用完毕后能够和有机物一起进行堆肥处理，进而实现完全的生物降解，降低对环境的污染。

▶ 6.3.3　未来发展

绿色物流包装的未来发展趋势也遵循 4R1D 的原则，即从包装的减量化、再利用、再填充使用、易于回收再生及易于降解腐化几个方面展开。同时，由于物联网等新一代信息技术的进步，租赁和共享等降低包装使用量的管理措施也将进一步发展，实现物流包装的绿色化。下面以《英国塑料公约》为例，分析绿色物流包装的发展趋势。该公约旨在将整个价值链中的企业与英国政府和非政府组织联合起来，为塑料创造循环经济。考虑到目前塑料包装的可降解性较弱，也因此成为未来绿色物流包装关注的重要方面。

趋势一：消除有问题或不必要的一次性包装

截至 2020 年年底，公约成员总共清除 11 亿个有问题和不必要的一次性塑料制品。截至 2019 年，大多数成员已经淘汰了饮管和棉签等几类物品。超市已经移除了 3 400t 不必要的新鲜农产品塑料包装，重量相当于 272 辆伦敦公交车，并移除了 1.375 亿个塑料果蔬标签。消除和减少包装的使用量，避免过度包装，是提升绿色物流包装的重要手段，具有从根本上缓解包装对环境影响的作用，因此是绿色物流包装的重要发展趋势。

趋势二：制造 100% 可重复使用、可回收或堆肥塑料包装

2018 年，公约成员销售的塑料包装中有 65% 是可回收的。2019 年的一系列举措包括超市清除了超过 19 000t 不可回收的黑色塑料，相当于 15 亿个即食餐盘。到 2020 年年底，所有公约成员要从其包装中清除 21 000t 不可回收的 PVC 和聚苯乙烯。另外，可重复使用的包装也有所增加，例如 Waitrose 超市的"无包装"试用店设置了干货、葡萄酒、啤酒和洗涤剂的再填充站，消费者自带容器在再填充站取用各种物品。目前面临的一大挑战是开发塑料薄膜（如面包袋和薯片包装）的回收系统，塑料薄膜占消费品塑料包装的 25%，但只有 4% 被回收。白色污染是包装对环境影响的重要表现之一，提升塑料包装的重复使用次数，进而降低塑料包装的使用数量和废弃数量也是绿色物流包装的未来趋势之一。

趋势三：增加塑料包装中能够有效回收或堆肥的比例

可降解的塑料包装能够降低白色污染，提升包装的环境友好度，是推进绿色包装的重要趋势。可降解的塑料包装能够和果皮、食物等一同降解，既方便了居民，也降低了包装的回收再利用的成本。英国目前有 44% 的塑料包装被回收。这有赖于英国在塑料后处理方面的重要新投资，其中包括废物管理巨头 Viridor 和 Biffa 宣布的新回收设施工厂。同时，确保为居民提供正确的信息和鼓励他们参与回收利用行动仍然是一个挑战。在这方面，所有的超市都部署了"包装回收标签"（on-Pack Recycling Labelling）系统，百事可乐、依云和 innocent 饮料品牌等都加强了包装回收标签识别，以使居民更加清楚回收细节。另外，所有大型超级市场都通过在店内提供可拉伸薄膜塑料（如通常不能在家中进行回收的冷冻食品袋、运输袋和面包袋等）的塑料回收点，来帮助客户提高回收率。

趋势四：增加塑料包装中所含的可再生成分

2018 年，公约成员的塑料包装中平均含有10%可再生成分，这样就可以节省超过 100 万桶（超过 90 000t）用于生产初生塑料的石油，相当于超过 100 万头海豚的重量。公约成员采取的行动包括品牌生产 100%可再生成分的水瓶，例如可口可乐的 Glaceau Smartwater 和 Highland Spring 的生态瓶。个人护理和洗衣产品中含有的可再生成分也在持续增加。要使塑料包装达到含有 30%的再生成分，主要面临的挑战是确保有足够的优质再生塑料可供使用。

趋势五：提升物流包装材料的共享比率

物联网、无人驾驶、人工智能等新的科技为托盘、周转箱等物流包装材料的共享提供了坚实的技术支撑，将大大提升这类包装材料共享的便利程度，并降低运营的成本。未来随着"共享经济"这一理念的深入人心，更多专业的包装共享租赁平台将进一步"涌现"，进而降低全社会物流包装材料的使用量，并提升这类包装材料的设计、制造、运营的专业化程度，规模经济的效应也将进一步支持新技术的研发投入，为物流包装的绿色化提供进一步的支持。

本 章 小 结

本章在前面章节的关于绿色供应链治理及价值创造理论分析的基础上，提出了三个从管理到治理的重点实践领域：低碳技术及供应链扩散、再制造供应链管理、绿色包装与物流。低碳技术如何扩散至供应链，供应链成员之间如何协同实现低碳技术扩散的绩效提升，是绿色供应链管理到治理的第一个重点实践领域。再制造供应链管理是实现绿色供应链管理价值创造的又一重点领域。从供应链角度研究机械装备制造企业的环境管理问题，供应链上下游企业间的技术合作与协同不可缺少。绿色包装与物流是实现绿色供应链管理到治理的另一重要实践。借助物联网等信息技术的发展，实现包装在减量化、再利用、再填充使用、易于回收再生、易于降解腐化方面的突破，可以帮助企业及供应链上下游实现绿色供应链实践的绩效提升。

参 考 文 献

［1］ SMOLI N̆ SKI A，PICHLAK M. Innovation in Polish industry：the cluster concept applied to clean coal technologies in Silesia［J］. Technology in society，2009，31（4）：356-364.

［2］ DE MARCHI V. Environmental innovation and R&D cooperation：empirical evidence from Spanish manufacturing firms［J］. Research policy，2012，41（3）：614-623.

第 7 章

———

总结与展望

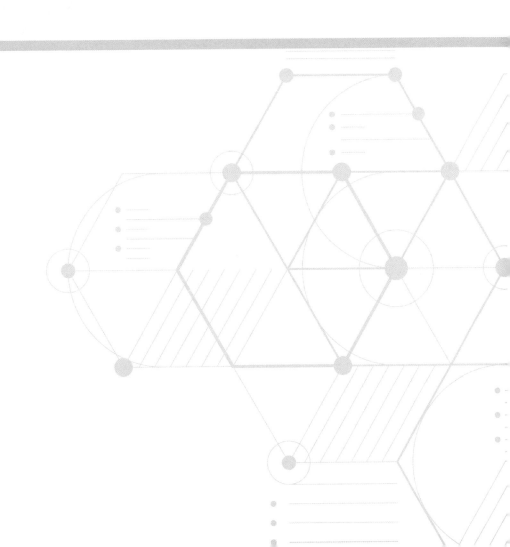

7.1　总结

随着资源环境约束的加剧，绿色增长和低碳发展是中国步入新常态下经济发展的必然选择。在此背景下，2007 年党的十七大报告提出要建设生态文明，基本形成节约能源资源和保护生态环境的产业结构、增长方式、消费模式。2012 年 11 月 8 日党的十八大报告提出"五位一体"，即经济建设、政治建设、文化建设、社会建设、生态文明建设，明确指出着力推进绿色发展、循环发展、低碳发展。2015 年中共中央政治局会议明确将"绿色化"提升到国家战略层面。2017 年党的十九大报告更是强调了生态文明建设，明确提出要建立绿色生产和消费的法律制度和政策导向，建立健全绿色低碳循环发展的经济体系。总结全书，我们得出以下结论：

（1）绿色供应链管理已成为中国政府推动企业可持续发展的重要抓手，但仍存在困难

国家相继出台一系列政策措施推动企业绿色供应链管理，如：国务院推出"中国制造 2025"，明确制造业绿色发展是基本方针之一；工业和信息化部《工业绿色发展规划（2016—2020 年)》中制定了节能减排的明确指标，开展绿色制造的试点和示范，其中 2016 年—2018 年每年补贴 20 亿元支持 100 家左右企业开展绿色设计平台建设、绿色关键工艺突破和绿色供应链系统构建；2017 年 10 月 13 日，国务院办公厅印发《关于积极推进供应链创新与应用的指导意见》，任务之一是大力倡导绿色制造，积极推行绿色流通，建立逆向物流体系。2018 年 4 月 10 日，商务部、工业和信息化部、生态环境部等八部门联合发布《关于开展供应链创新与应用试点的通知》，开展城市试点和企业试点。但是，工业和信息化部调研发现：企业仍关注内部环境实践，认为绿色供应链建设难度大，绿色供应链管理要求难以向更前端（二级及以上）供应商传递，绿色供应链末端生产企业对废旧产品资源化利用与协同创新的责任履行不充分。

（2）多利益相关者推动的绿色供应链治理成为一种趋势，绿化供应链从一级推向更高级

对于企业来说，仅监管一级供应商可能的环保违规行为，已经无法避免可能的环境风险。如第 3 章介绍的，冲突矿产、公众环境研究中心对评估的披露等，都让企业认识到必须关注整条供应链的环境行为，考虑更多利益相关者的要求。因此，绿色供应链管理已经逐步发展为绿色供应链治理。从企业实践来看，主要变化是从运营层进一步提升到战略层的行动，目标从短期遵守环保法规过渡到长期避免可能的违法，从选择规制供应商到帮助供应商乃至建立非正式合作关系，从一级供应商拓展到更高级的高耗能、重污染的关键供应商。从

企业实践驱动和影响来看，传统的绿色供应链管理，除了考虑环保现有和潜在的环保法规，主要考虑供应链上下游（尤其是下游客户和消费者）的影响；而绿色供应链治理，要考虑更多利益相关者，如外部非政府组织、社区和内部高层、中层和员工的驱动与影响。但是，随着供应商层级的提升，供应链风险日趋增大，企业的影响力逐步减少；政府的法规相对比较明确，但利益相关者的要求可能存在很多不确定性。企业需要开展绿色供应链治理，但如何有效开展相关实践仍任重道远。

（3）绿色价值链管理实现经济和环境协同，是企业积极行动的方向

对企业来说，避免环境风险是重要和必须的，但实现价值创造才能从根本上驱动企业开展持续努力。因此，一些企业已经开始在与上下游环境合作的过程中，寻找价值创造和提升的机会，传统的绿色供应链管理逐步发展为绿色价值链管理。传统的绿色采购与原材料、零部件的供应商合作，主要是为了提高产品的绿色度以争取市场的青睐；现在，有企业开始与设备供应商合作，如分担设备供应商部分研发成本，以减少设备使用过程中的用电，在节约用电成本的同时也减少了碳排放。也有企业开始与供应链上下游企业开展生态设计，如电动车企业（特斯拉）跟踪动力电池的发电方式、续航里程、充电时间；有些企业甚至参与或自主研发充电电池，如比亚迪，以获得先发和竞争优势。一些企业通过改变商业模式，如提供更多的服务、以租代售乃至提供功能而非产品的模式，利用自身对产品的知识减少产品使用过程中的环境影响，甚至通过优化废旧产品的再利用、再循环水平，在获得环境绩效的同时更创造了成本节约或者额外的经济收益。但是，只有合理共享新创的价值、分担可能存在的风险，绿色价值链管理才能真正有效实施。

（4）政府引导绿色供应链管理与循环经济的融合，可以推动企业环保实践实现可持续发展

循环经济和绿色供应链管理都受到了政府的高度重视，但无论是政府推动还是现有研究，绿色供应链管理都是以上下游企业的"条"开展研究，而循环经济以行政"块"为边界。对于绿色供应链管理，大部分研究以企业为单位，狭义的研究重点分析与上下游企业的环境合作，广义的研究还包括内部环境管理、生态设计和逆向物流（资源再生）；少量的研究以供应链为单位，研究核心企业如何驱动上下游的环保实践，关键问题就是什么是核心企业？如何驱动核心企业？核心企业是否有能力影响上下游？对于循环经济来说，政府主要从微观企业、中观工业园、宏观省市区区域推动开展各种实践。微观和中观层面以企业为重点研究对象，宏观层面还考虑了企业与社会的融合，如生活垃圾是否可以作为工业的原材料？企业或者工业园所在的社区如何对其产生影响？绿色供应链管理与循环经济既存在差别，又存在重叠。如何融合绿色供应链管理的

"条"和循环经济的"块",是未来实践和研究的方向。

7.2 展望

绿色供应链管理向绿色供应链治理、绿色价值链管理发展,绿色供应链管理与循环经济协同,已经受到国内外企业界、政府、学术界和其他利益相关者的普遍关注。全球资源能源和环境问题的日益突出及突发事件的影响,又引发了全球供应链的新布局。因此,随着政府推动、利益相关者影响及企业实践的发展,将会涌现出新的研究问题。

(1)绿色供应链治理中的多主体、多目标协同

供应链上的环境风险,经常不是出现在一级、二级供应商,而是出现在三级乃至更远的供应商。因此,如何识别存在环境风险的关键供应商,如何监管这些供应商,都是需要深入研究的新问题。对于这些供应商,客户无法通过合同和现场检查等加以监管,但会受到其他利益相关者(如供应链上下游企业所在的政府、全球性和地方性的非政府组织)的影响。这些问题可能不仅是供应链上下游的经济、环境目标的问题,而是涉及多个主体、不同目标的协同。例如,由于发达国家的环保法规,一些跨国公司把供应链上的高耗能、重污染企业有计划地迁到发展中国家或者培育发展中国家的供应商,而通常这些发展中国家的企业研发水平较低,从供应链总体来看,这种迁移会带来更多的环境污染和排放。但是,如何激励跨国公司在这种供应商外迁的过程中转移已有的节能减排技术?非政府组织对跨国公司的监管和合作,如何能够促进整条供应链环境、经济绩效的共同提升?对于中国来说,在"一带一路"倡议中,如何与对方国家同时实现经济收益,保护环境提升形象,也是值得研究的问题。

(2)绿色价值链管理中的收益共享和风险共担机制

现有的绿色供应链管理实践与研究主要在于避免风险和节能减排,但只有实现价值创造,企业才能真正积极开展相关实践。绿色价值链管理的关键就是利用供应链不同企业的优势,通过合作在实现环境绩效的同时创造经济收益。供应商对自己的原材料、零部件和设备更为了解,供应商的改进可以明显提升产品生产和最终的环境绩效;客户更了解需求,与客户的环境合作可以更好地开发受欢迎的产品。但是,如何共享收益、共担风险,是绿色价值链管理成功实施的关键。对于设备供应商来说,可以通过研发和设计改进产品节能减排的效果,但这种设备供应商投入、客户受益的模式,如果缺少必要的利益共享机制,难以激发设备供应商的努力。进一步讲,设备供应商的改进,如果没有客户的深度参与,可能会给设备使用带来风险,甚至影响产品质量。如何避免风险、界定风险出现后供应商和客户的责任,都是需要解决的现实问题。一些新

兴技术（如物联网、人工智能、区块链、云计算和大数据等）的出现，能否减少绿色价值链管理中出现的不确定性问题？如果可以，其影响机理和实现模式是什么？这些都是值得研究的问题。

（3）绿色供应链管理与循环经济的协同

供应链上的企业通常分布在不同园区、区域和国家，使供应链整体协同与优化难以实现。跨国公司为了最大化经济收益，把高耗能重污染或者劳动密集型的环节外包给发展中国家，中国也出现把重工业从东部转向中部和西部的趋势。但这种转移是否最大化利用了资源？由于日益增加的物流成本，以及欠发达地区日益觉醒的环境意识，这种转移已经难以实现经济最优。循环经济是从企业、工业园区、区域乃至国际各个层次开展研究。实际上，供应商的环境风险，可能会造成供应链中断，而这种中断风险与供应商所在地区的环保法规立法与执法力度直接相关，因此以"条"为边界的绿色供应链管理与以"块"为边界的循环经济存在重叠。但是，对于绿色供应链管理与循环经济如何协同，还缺少深入的理论研究。总结剖析相关的经验和面临的挑战，可以构建绿色供应链管理与循环经济协同的理论框架。